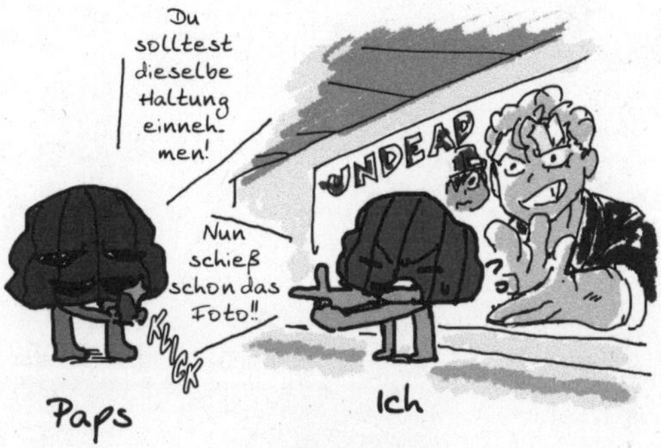

戸塚慶文
Yoshifumi Tozuka

Als ich an der Geschichte dieses Bandes gearbeitet habe, sind viele großartige Dinge passiert. Ich habe einen Preis gewonnen, habe tatsächlich mein erstes Farbcover im Jump-Magazin gekriegt, erhielt eine riesige Werbeanzeige für diverse Bahnhöfe und wurde von meinen Assistentinnen, Redakteurinnen und Redakteuren, den Verlegern und allen anderen Beteiligten über alle Maße unterstützt. Ich möchte mich bei euch allen für den tollen Support bedanken. Wieder einmal wurde mir klar, dass diese Arbeit nur dank vieler Menschen möglich ist.

Das da oben ist ein Bild von meinem Vater und mir, als wir uns die Anzeige in Ikebukuro angesehen haben.

CARLSEN MANGA

Aus dem Japanischen von Martin Gericke

First published in Japan in 2020 by SHUEISHA Inc., Tokyo.
German translation rights in Germany, Austria, Luxembourg and German-speaking Switzerland arranged by SHUEISHA Inc. through VME PLB SAS, France.

Redaktion: Anne Berling
Textbearbeitung: Nina Kroesing
Herstellung: Björn Liebchen

ISBN: 978-3-551-71057-4

UNDEAD UNLUCK

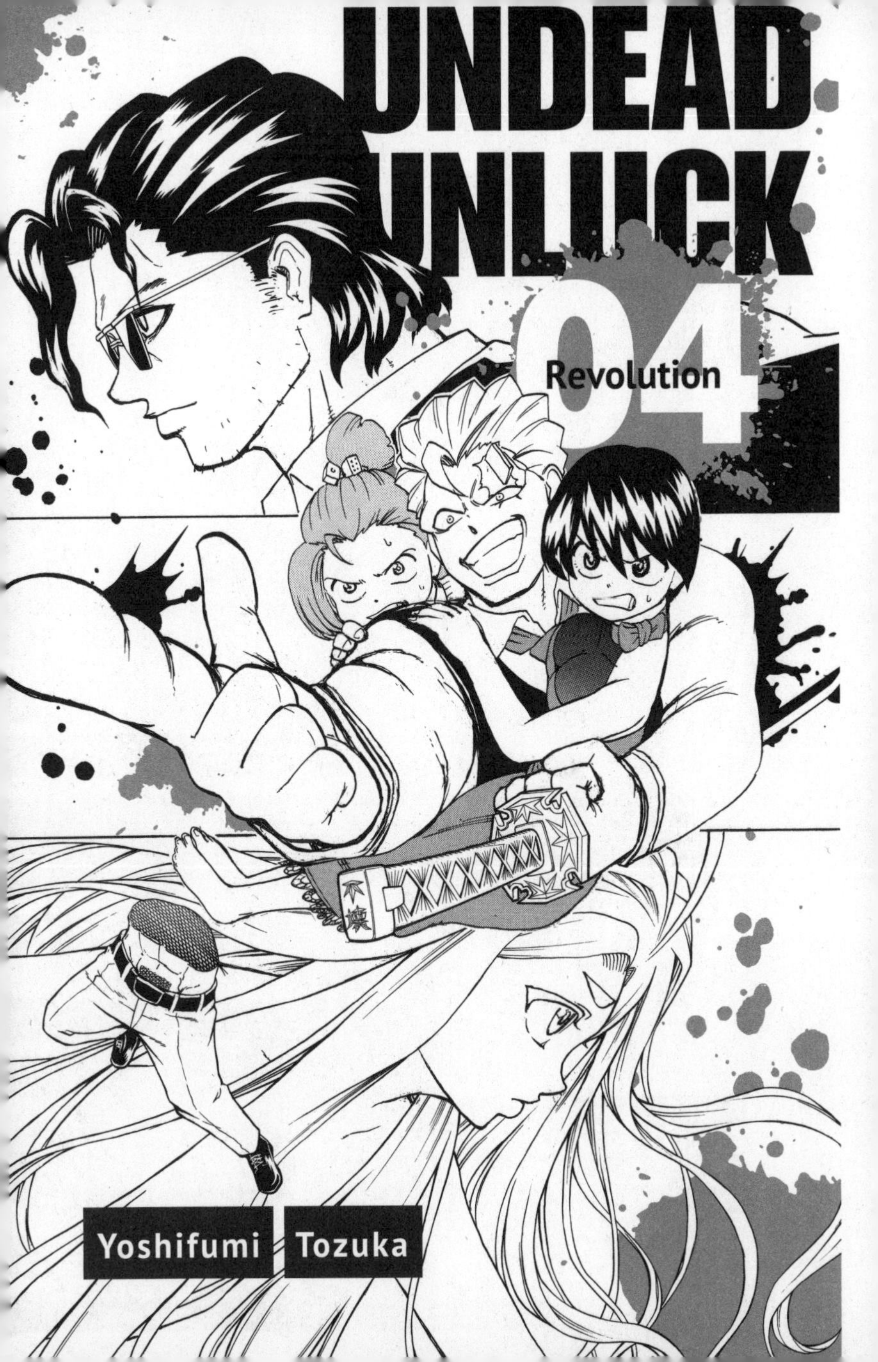
UNDEAD UNLUCK
04
Revolution
Yoshifumi Tozuka

UNDEAD UNLUCK

CHARAKTERE

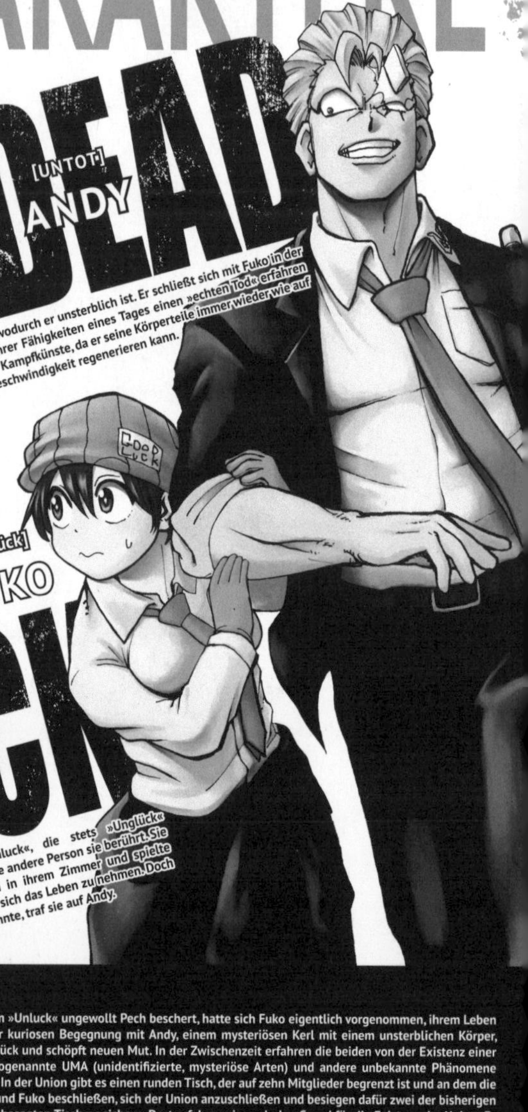

UNDEAD

[UNTOT]

ANDY

Besitzt die Fähigkeit »Undead«, wodurch er unsterblich ist. Er schließt sich mit Fuko in der Hoffnung zusammen, mithilfe ihrer Fähigkeiten eines Tages einen »echten Tod« erfahren zu können. Besitzt erstaunliche Kampfkünste, da er seine Körperteile immer wieder wie auf Knopfdruck und in rasender Geschwindigkeit regenerieren kann.

UNLUCK

[Unglück]

FUKO

Besitzt die Fähigkeit »Unluck«, die stets »Unglück« heraufbeschwört, sobald eine andere Person sie berührt. Sie lebte lange zurückgezogen in ihrem Zimmer und spielte bereits mit dem Gedanken, sich das Leben zu nehmen. Doch bevor es dazu kommen konnte, traf sie auf Andy.

STORY

Da sie anderen Menschen mit ihrem »Unluck« ungewollt Pech beschert, hatte sich Fuko eigentlich vorgenommen, ihrem Leben ein Ende zu setzen. Doch nach der kuriosen Begegnung mit Andy, einem mysteriösen Kerl mit einem unsterblichen Körper, gewinnt sie ihren Lebenswillen zurück und schöpft neuen Mut. In der Zwischenzeit erfahren die beiden von der Existenz einer Organisation, der Union, welche sogenannte UMA (unidentifizierte, mysteriöse Arten) und andere unbekannte Phänomene aufspürt und in Gewahrsam nimmt. In der Union gibt es einen runden Tisch, der auf zehn Mitglieder begrenzt ist und an dem die Negatoren sich versammeln. Andy und Fuko beschließen, sich der Union anzuschließen und besiegen dafür zwei der bisherigen Mitglieder, um sich einen Platz am besagten Tisch zu sichern. Dort erfahren sie auch den Grund für die Existenz der Union: Es gilt, die vom Schöpfer auferlegten Quests zu lösen und gegen ihn zu rebellieren. So machen sich Andy und Fuko auf den Weg, um den als Unrepair bekannten Negator zu rekrutieren, werden aber stattdessen in einen Kampf mit ihm verwickelt, als er seine Ablehnung gegenüber der Union deutlich macht. Fuko wird schwer verwundet, was Tatjana dazu veranlasst, ihre Kräfte zu entfesseln. Aber wird das reichen, um Unrepair aufzuhalten?

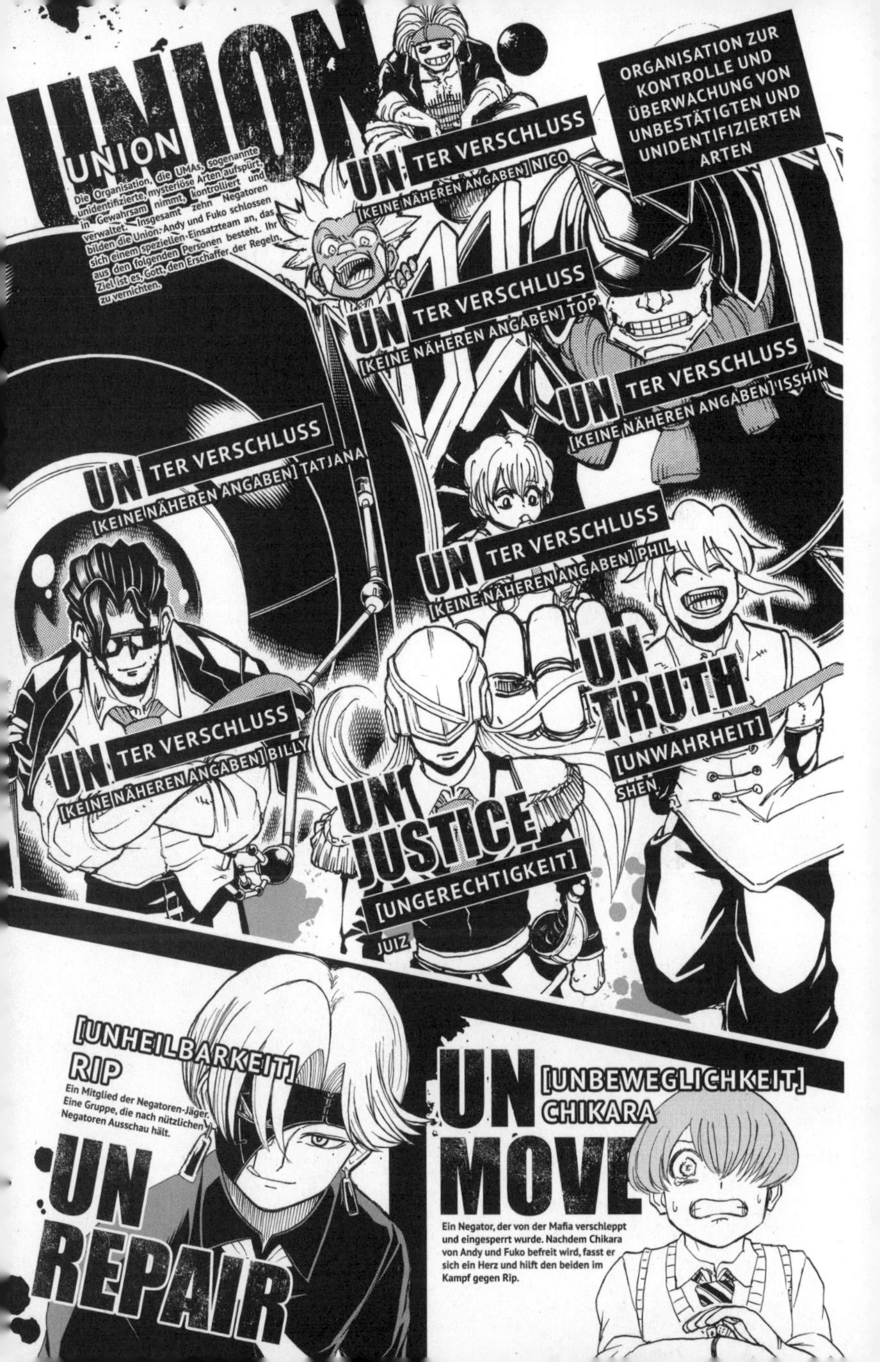
UNION
UNION
Die Organisation, die UMAs, sogenannte unidentifizierte, mysteriöse Arten aufspürt, in Gewahrsam nimmt, kontrolliert und verwaltet. Insgesamt zehn Negatoren bilden die Union. Andy und Fuko schlossen sich einem speziellen Einsatzteam an, das aus den folgenden Personen besteht. Ihr Ziel ist es, Gott, den Erschaffer der Regeln, zu vernichten.
ORGANISATION ZUR KONTROLLE UND ÜBERWACHUNG VON UNBESTÄTIGTEN UND UNIDENTIFIZIERTEN ARTEN
UN TER VERSCHLUSS
[KEINE NÄHEREN ANGABEN] NICO
UN TER VERSCHLUSS
[KEINE NÄHEREN ANGABEN] TOP
UN TER VERSCHLUSS
[KEINE NÄHEREN ANGABEN] ISSHIN
UN TER VERSCHLUSS
[KEINE NÄHEREN ANGABEN] TATJANA
UN TER VERSCHLUSS
[KEINE NÄHEREN ANGABEN] PHIL
UN TER VERSCHLUSS
[KEINE NÄHEREN ANGABEN] BILLY
UN TRUTH
[UNWAHRHEIT]
SHEN
UN JUSTICE
[UNGERECHTIGKEIT]
JUIZ
[UNHEILBARKEIT]
RIP
Ein Mitglied der Negatoren-Jäger. Eine Gruppe, die nach nützlichen Negatoren Ausschau hält.
UN REPAIR
UN MOVE
[UNBEWEGLICHKEIT]
CHIKARA
Ein Negator, der von der Mafia verschleppt und eingesperrt wurde. Nachdem Chikara von Andy und Fuko befreit wird, fasst er sich ein Herz und hilft den beiden im Kampf gegen Rip.

UNDEAD UNLUCK

INHALT 04 Revolution

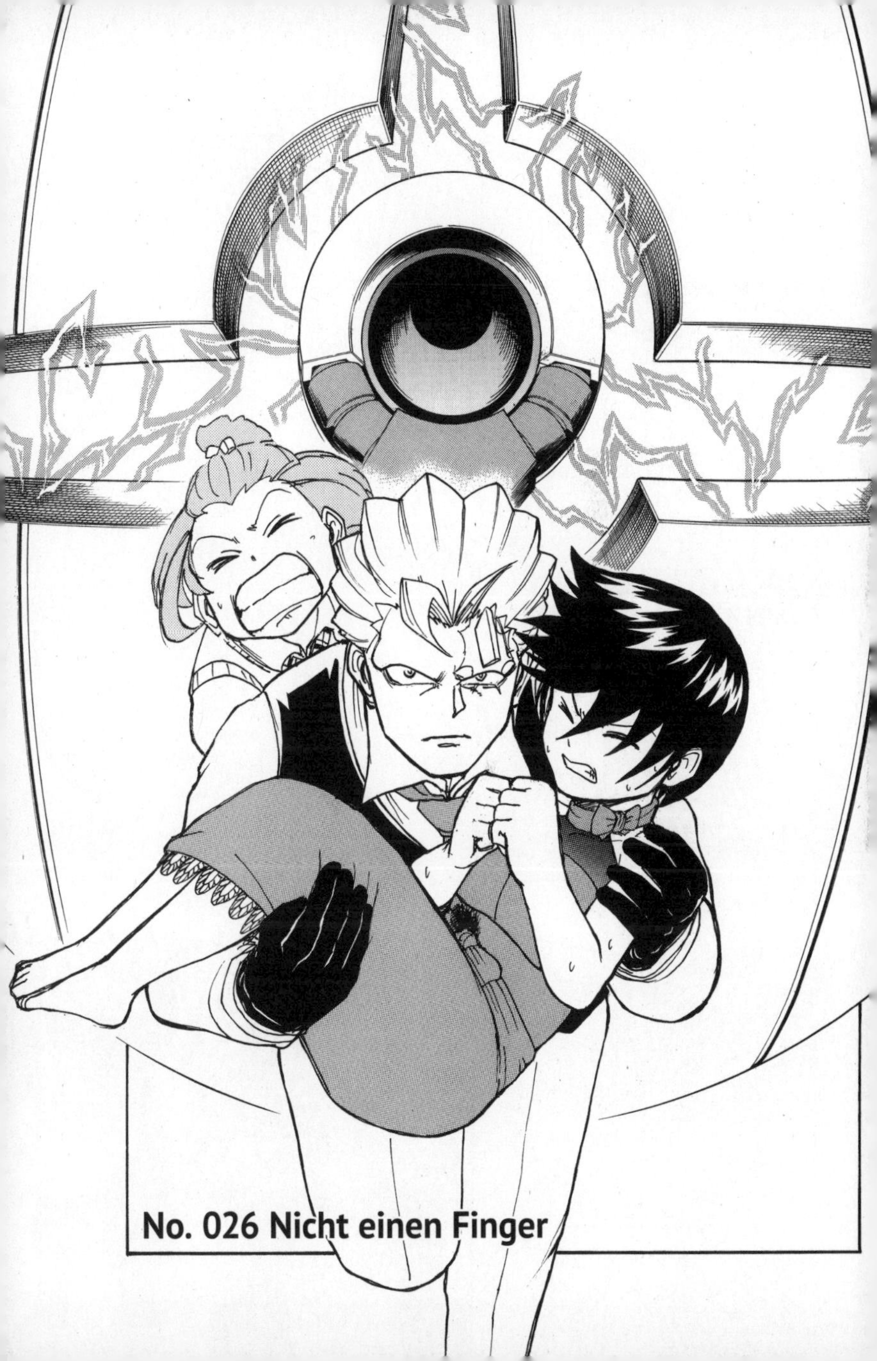

No. 026 Nicht einen Finger

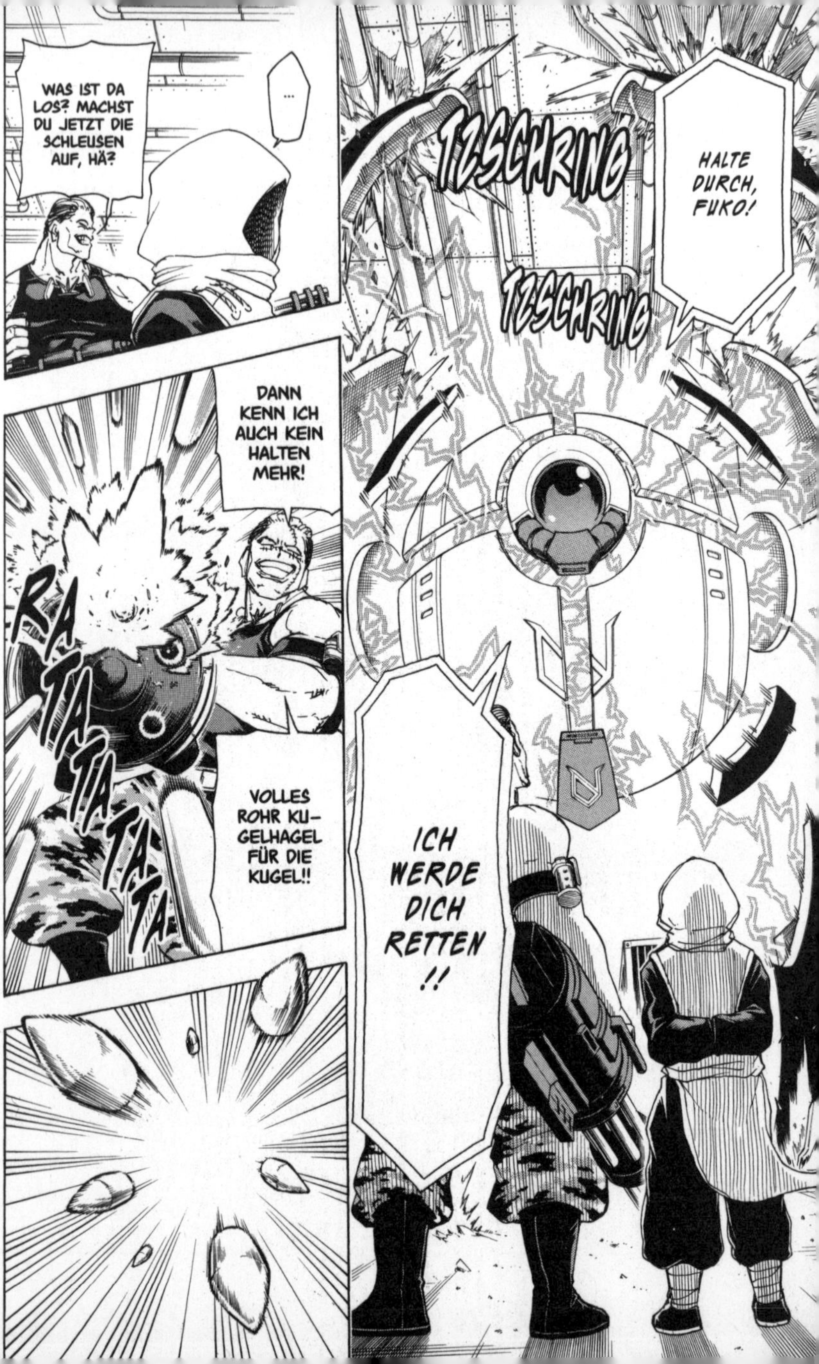

HALTE DURCH, FUKO!
TZSCHRING
TZSCHRING
ICH WERDE DICH RETTEN !!
...
WAS IST DA LOS? MACHST DU JETZT DIE SCHLEUSEN AUF, HÄ?
DANN KENN ICH AUCH KEIN HALTEN MEHR!
RATATATATATA
VOLLES ROHR KUGELHAGEL FÜR DIE KUGEL!!

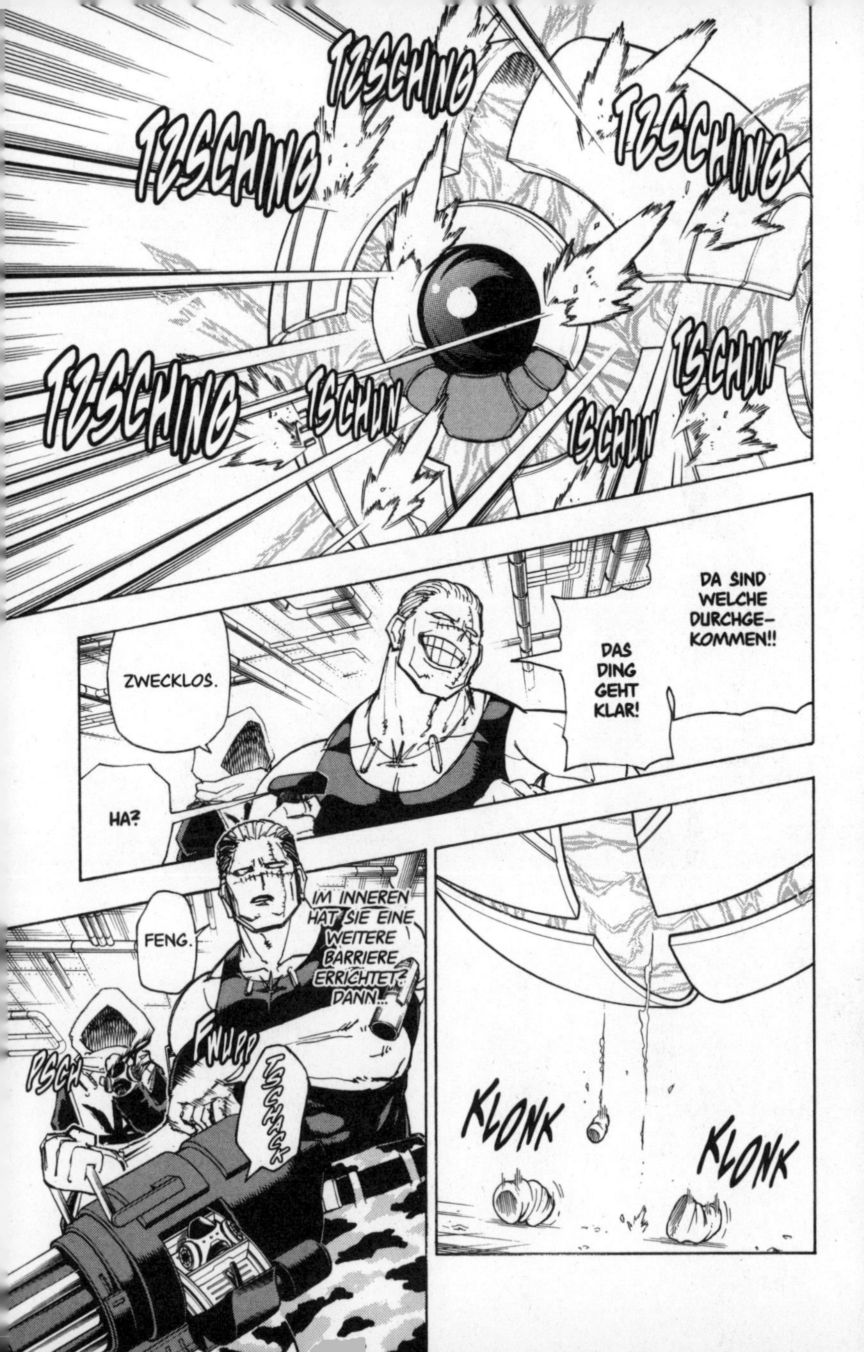

TZSCHING
TZSCHING
TZSCHING
TZSCHING
TSCHUN
TSCHUN
TSCHUN
DA SIND WELCHE DURCHGEKOMMEN!!
DAS DING GEHT KLAR!
ZWECKLOS.
HA?
KLONK
KLONK
IM INNEREN HAT SIE EINE WEITERE BARRIERE ERRICHTET. DANN...
FENG.
FWUPP
TSCHACK
PSCH

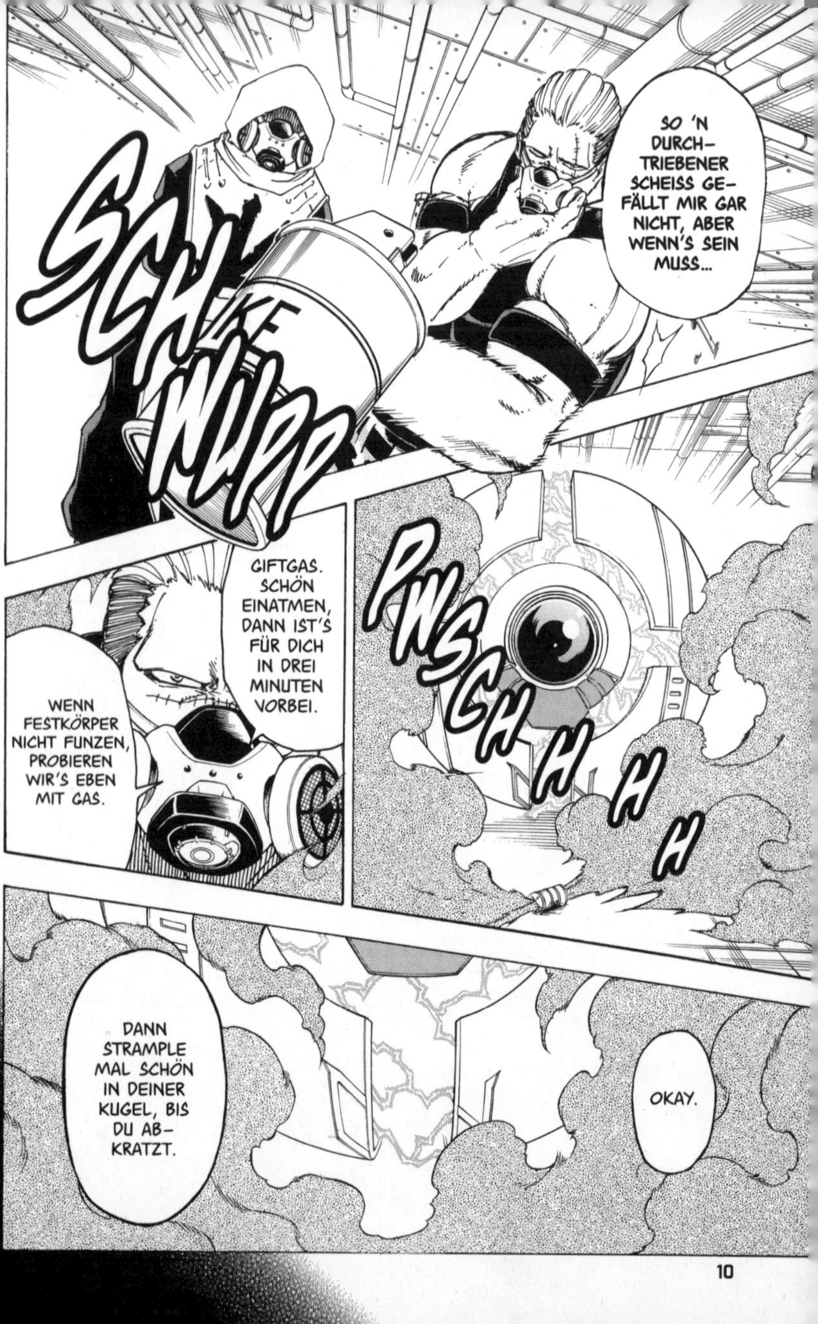
SO 'N DURCH-TRIEBENER SCHEISS GEFÄLLT MIR GAR NICHT, ABER WENN'S SEIN MUSS...
PWSCHHHHH
WENN FESTKÖRPER NICHT FUNZEN, PROBIEREN WIR'S EBEN MIT GAS.
GIFTGAS. SCHÖN EINATMEN, DANN IST'S FÜR DICH IN DREI MINUTEN VORBEI.
DANN STRAMPLE MAL SCHÖN IN DEINER KUGEL, BIS DU ABKRATZT.
OKAY.

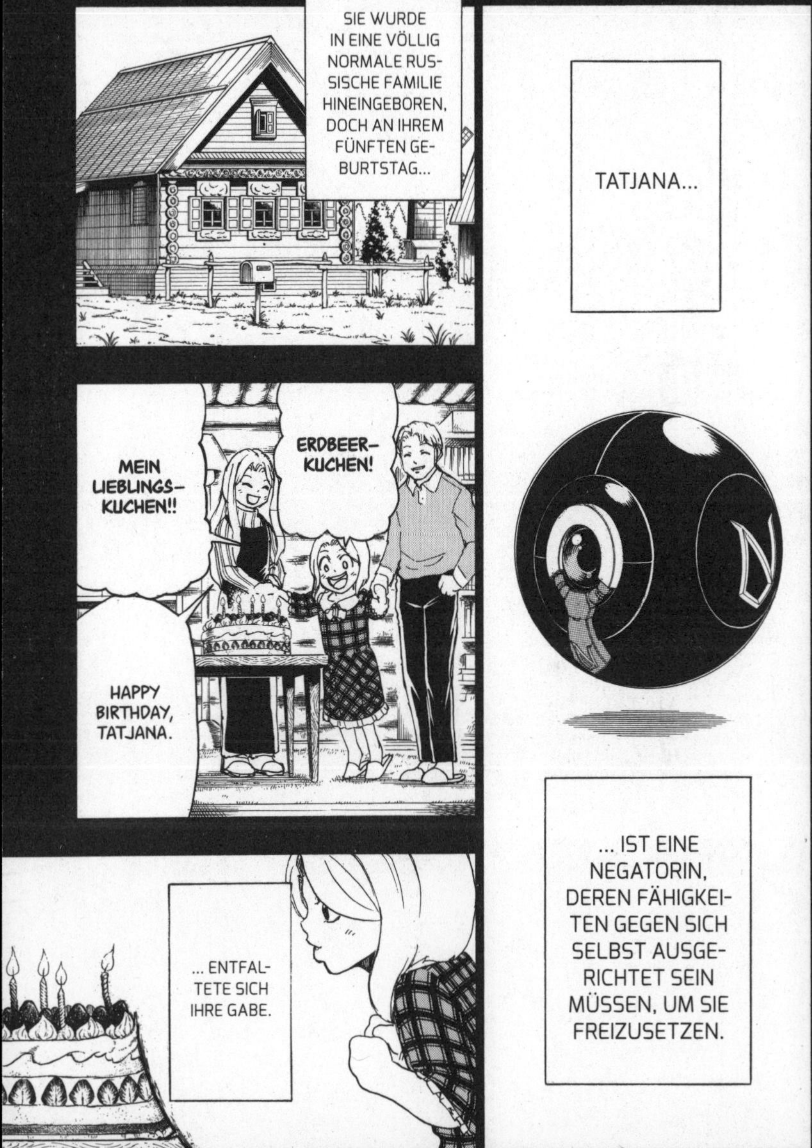
TATJANA...
... IST EINE NEGATORIN, DEREN FÄHIGKEITEN GEGEN SICH SELBST AUSGERICHTET SEIN MÜSSEN, UM SIE FREIZUSETZEN.
SIE WURDE IN EINE VÖLLIG NORMALE RUSSISCHE FAMILIE HINEINGEBOREN, DOCH AN IHREM FÜNFTEN GEBURTSTAG...
ERDBEERKUCHEN!
MEIN LIEBLINGSKUCHEN!!
HAPPY BIRTHDAY, TATJANA.
... ENTFALTETE SICH IHRE GABE.

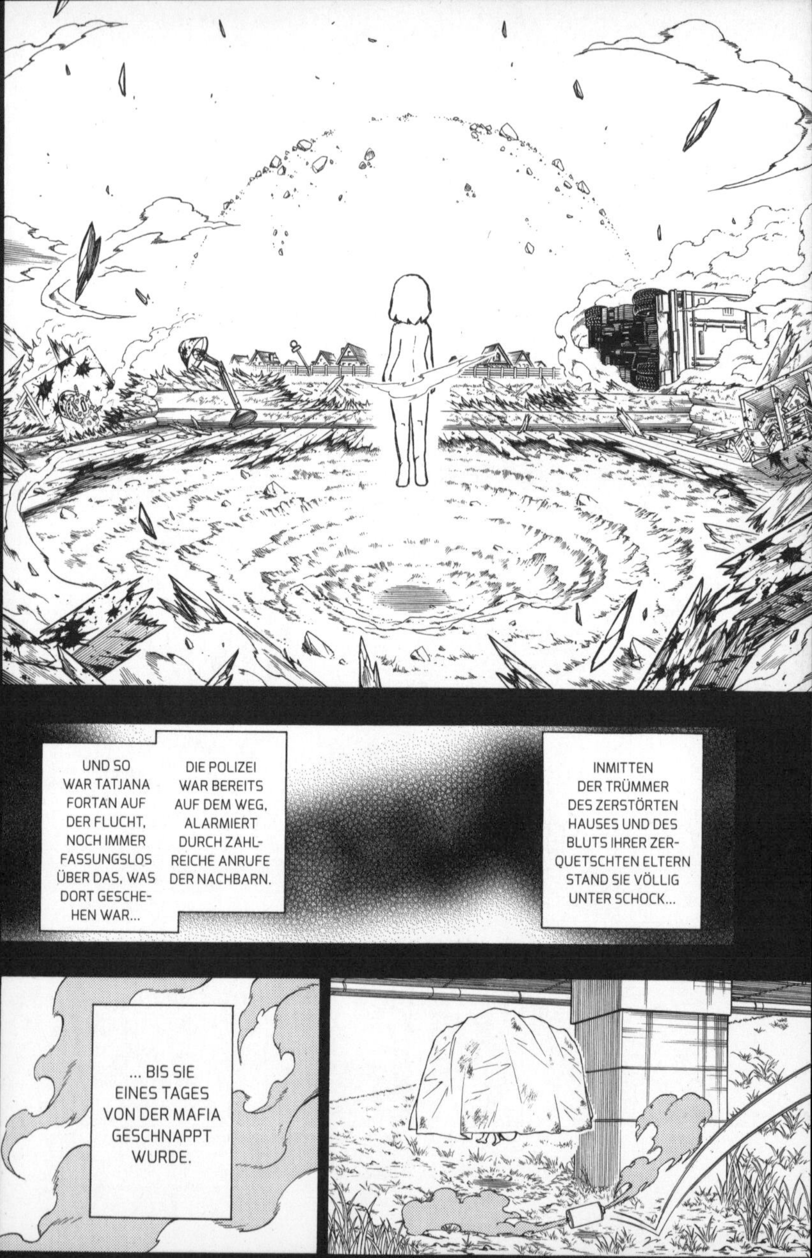
INMITTEN DER TRÜMMER DES ZERSTÖRTEN HAUSES UND DES BLUTS IHRER ZERQUETSCHTEN ELTERN STAND SIE VÖLLIG UNTER SCHOCK...
DIE POLIZEI WAR BEREITS AUF DEM WEG, ALARMIERT DURCH ZAHLREICHE ANRUFE DER NACHBARN.
UND SO WAR TATJANA FORTAN AUF DER FLUCHT, NOCH IMMER FASSUNGSLOS ÜBER DAS, WAS DORT GESCHEHEN WAR...
... BIS SIE EINES TAGES VON DER MAFIA GESCHNAPPT WURDE.

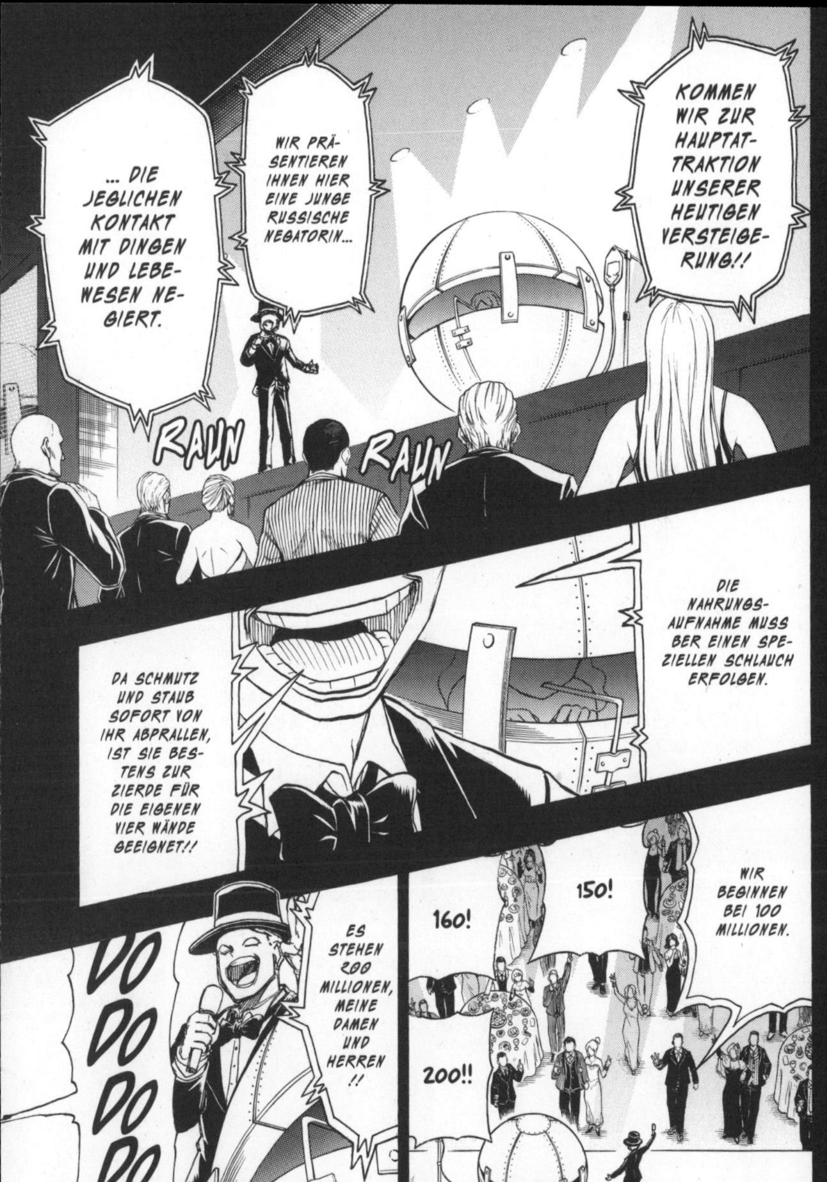
KOMMEN WIR ZUR HAUPTATTRAKTION UNSERER HEUTIGEN VERSTEIGERUNG!!
WIR PRÄSENTIEREN IHNEN HIER EINE JUNGE RUSSISCHE NEGATORIN...
... DIE JEGLICHEN KONTAKT MIT DINGEN UND LEBEWESEN NEGIERT.
RAUN
RAUN
DIE NAHRUNGSAUFNAHME MUSS BER EINEN SPEZIELLEN SCHLAUCH ERFOLGEN.
DA SCHMUTZ UND STAUB SOFORT VON IHR ABPRALLEN, IST SIE BESTENS ZUR ZIERDE FÜR DIE EIGENEN VIER WÄNDE GEEIGNET!!
WIR BEGINNEN BEI 100 MILLIONEN.
150!
160!
200!!
ES STEHEN 200 MILLIONEN, MEINE DAMEN UND HERREN!!
DODODODODOMM

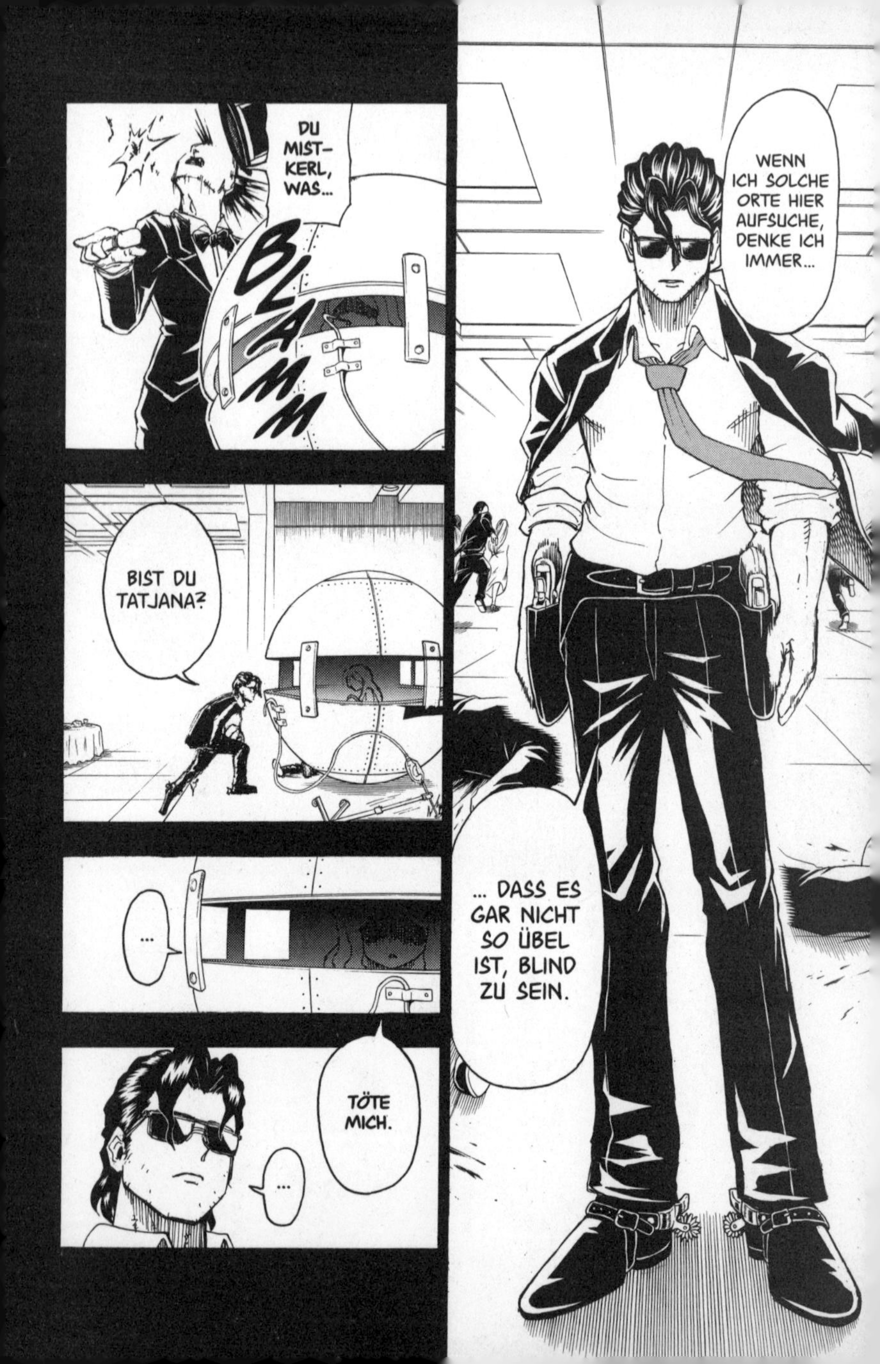
WENN ICH SOLCHE ORTE HIER AUFSUCHE, DENKE ICH IMMER...
... DASS ES GAR NICHT SO ÜBEL IST, BLIND ZU SEIN.
DU MISTKERL, WAS...
BLAMMM
BIST DU TATJANA?
...
TÖTE MICH.
...

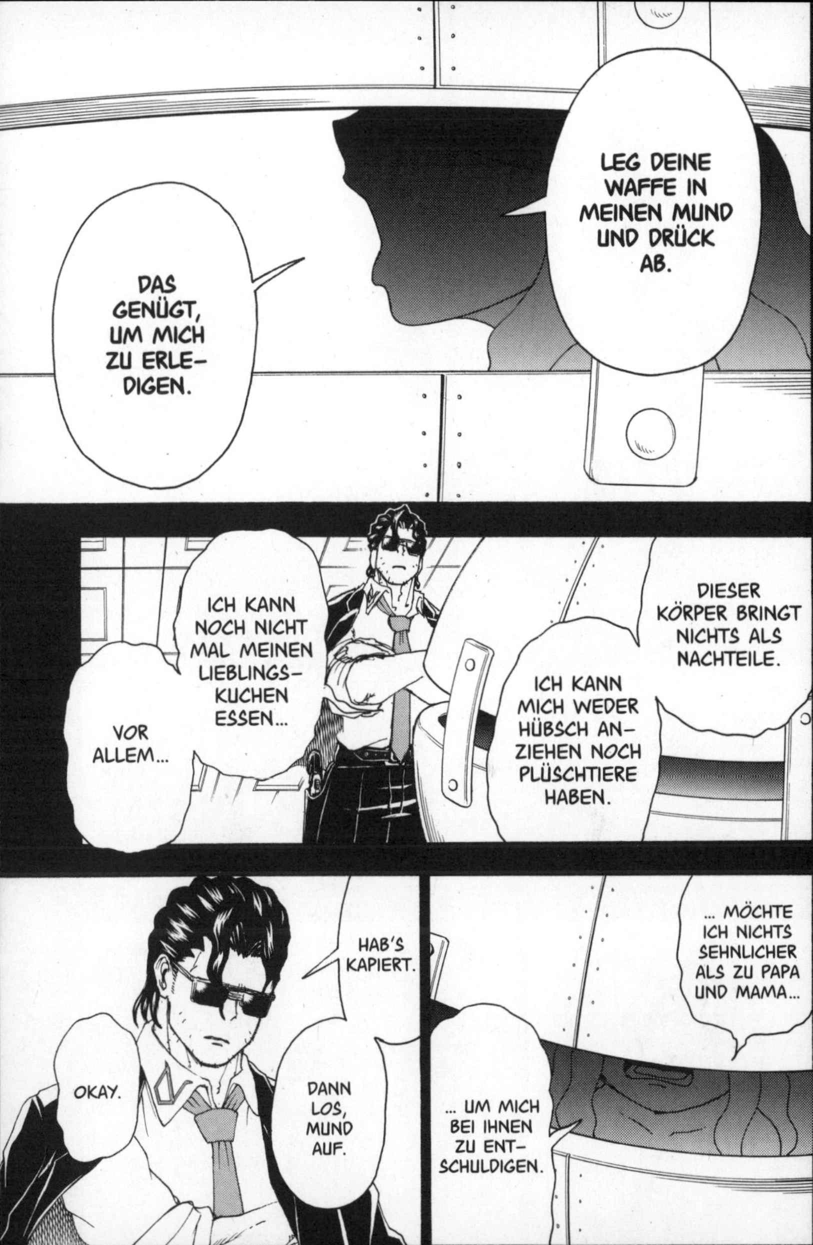
LEG DEINE WAFFE IN MEINEN MUND UND DRÜCK AB.
DAS GENÜGT, UM MICH ZU ERLEDIGEN.
DIESER KÖRPER BRINGT NICHTS ALS NACHTEILE.
ICH KANN MICH WEDER HÜBSCH ANZIEHEN NOCH PLÜSCHTIERE HABEN.
ICH KANN NOCH NICHT MAL MEINEN LIEBLINGSKUCHEN ESSEN...
VOR ALLEM...
... MÖCHTE ICH NICHTS SEHNLICHER ALS ZU PAPA UND MAMA...
... UM MICH BEI IHNEN ZU ENTSCHULDIGEN.
HAB'S KAPIERT.
DANN LOS, MUND AUF.
OKAY.

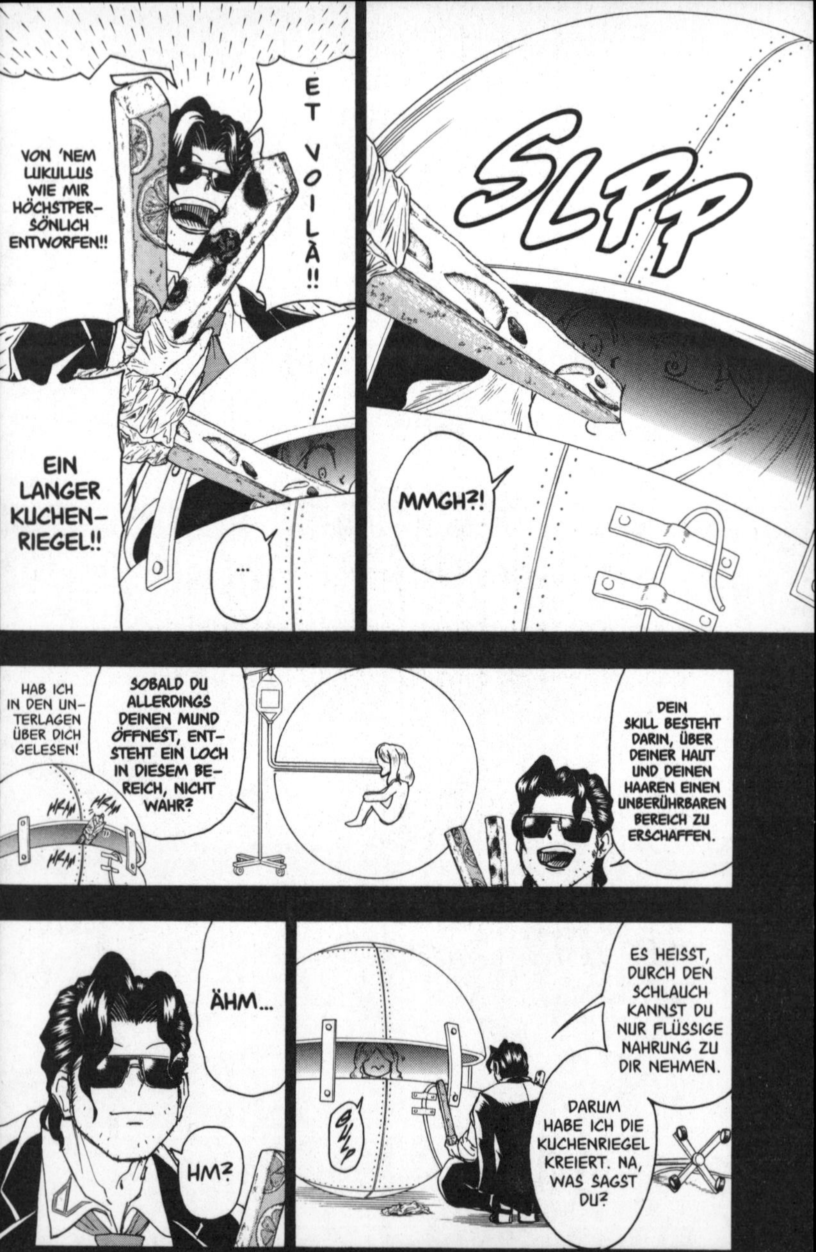
SLPP
MMGH?!
ET VOILÀ!!
VON 'NEM LUKULLUS WIE MIR HÖCHSTPERSÖNLICH ENTWORFEN!!
EIN LANGER KUCHEN-RIEGEL!!
...
DEIN SKILL BESTEHT DARIN, ÜBER DEINER HAUT UND DEINEN HAAREN EINEN UNBERÜHRBAREN BEREICH ZU ERSCHAFFEN.
SOBALD DU ALLERDINGS DEINEN MUND ÖFFNEST, ENTSTEHT EIN LOCH IN DIESEM BEREICH, NICHT WAHR?
HAB ICH IN DEN UNTERLAGEN ÜBER DICH GELESEN!
ES HEISST, DURCH DEN SCHLAUCH KANNST DU NUR FLÜSSIGE NAHRUNG ZU DIR NEHMEN.
DARUM HABE ICH DIE KUCHENRIEGEL KREIERT. NA, WAS SAGST DU?
ÄHM...
HM?

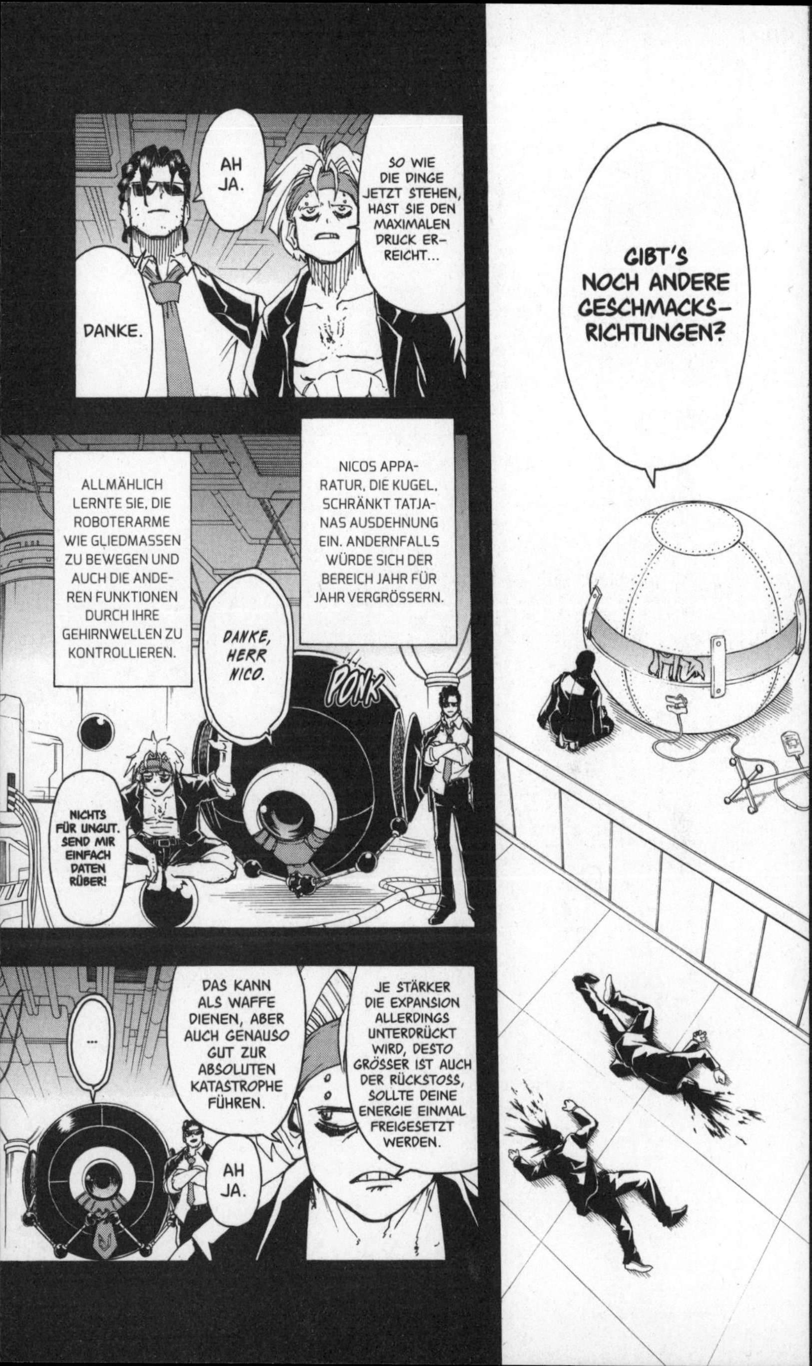
GIBT'S NOCH ANDERE GESCHMACKS-RICHTUNGEN?
SO WIE DIE DINGE JETZT STEHEN, HAST SIE DEN MAXIMALEN DRUCK ER-REICHT...
AH JA.
DANKE.
NICOS APPA-RATUR, DIE KUGEL, SCHRÄNKT TATJA-NAS AUSDEHNUNG EIN. ANDERNFALLS WÜRDE SICH DER BEREICH JAHR FÜR JAHR VERGRÖSSERN.
ALLMÄHLICH LERNTE SIE, DIE ROBOTERARME WIE GLIEDMASSEN ZU BEWEGEN UND AUCH DIE ANDE-REN FUNKTIONEN DURCH IHRE GEHIRNWELLEN ZU KONTROLLIEREN.
PONK
DANKE, HERR NICO.
NICHTS FÜR UNGUT. SEND MIR EINFACH DATEN RÜBER!
JE STÄRKER DIE EXPANSION ALLERDINGS UNTERDRÜCKT WIRD, DESTO GRÖSSER IST AUCH DER RÜCKSTOSS, SOLLTE DEINE ENERGIE EINMAL FREIGESETZT WERDEN.
DAS KANN ALS WAFFE DIENEN, ABER AUCH GENAUSO GUT ZUR ABSOLUTEN KATASTROPHE FÜHREN.
AH JA.
...

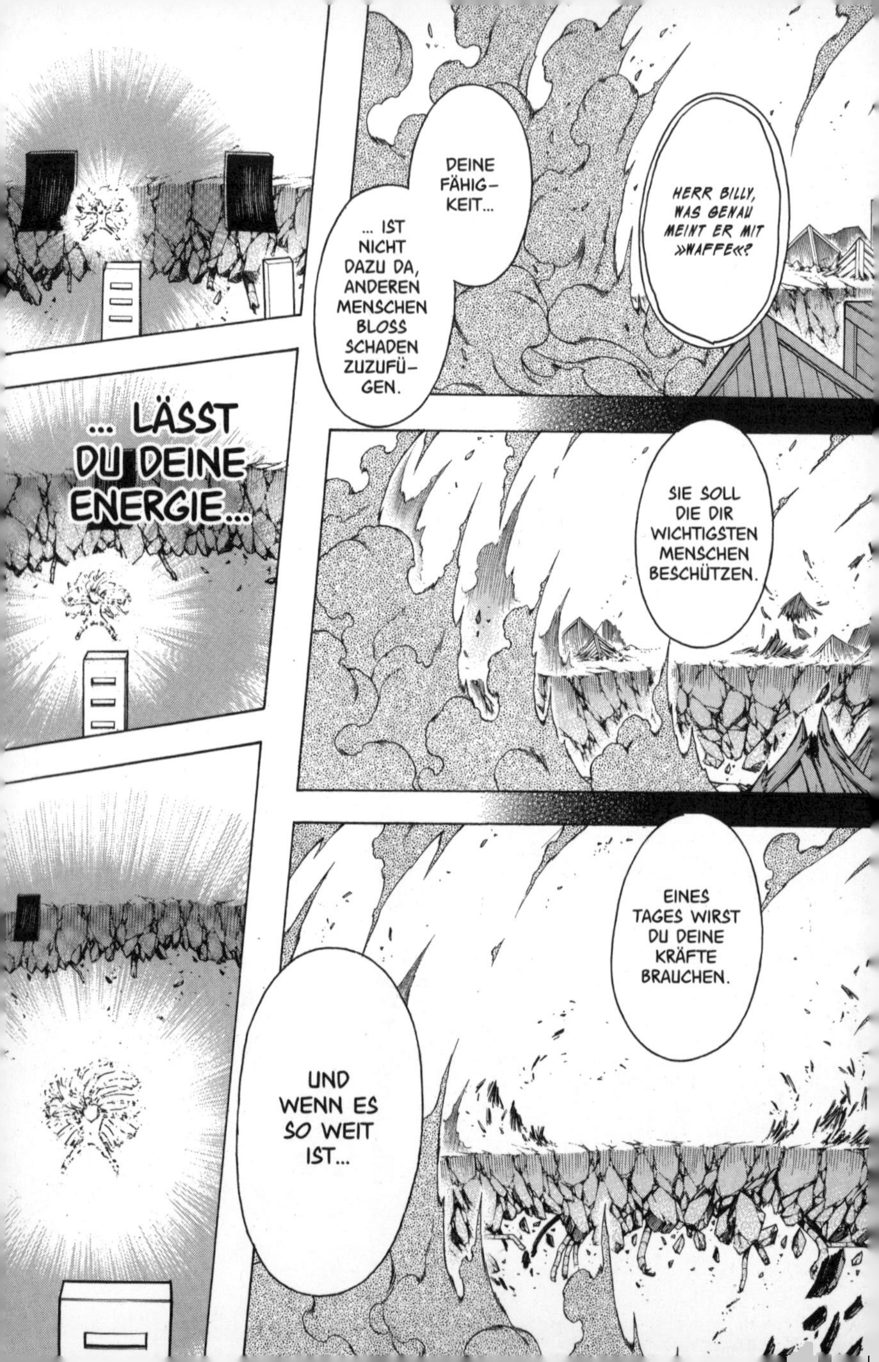

HERR BILLY, WAS GENAU MEINT ER MIT »WAFFE«?
DEINE FÄHIGKEIT...
... IST NICHT DAZU DA, ANDEREN MENSCHEN BLOSS SCHADEN ZUZUFÜGEN.
SIE SOLL DIE DIR WICHTIGSTEN MENSCHEN BESCHÜTZEN.
EINES TAGES WIRST DU DEINE KRÄFTE BRAUCHEN.
UND WENN ES SO WEIT IST...
... LÄSST DU DEINE ENERGIE...

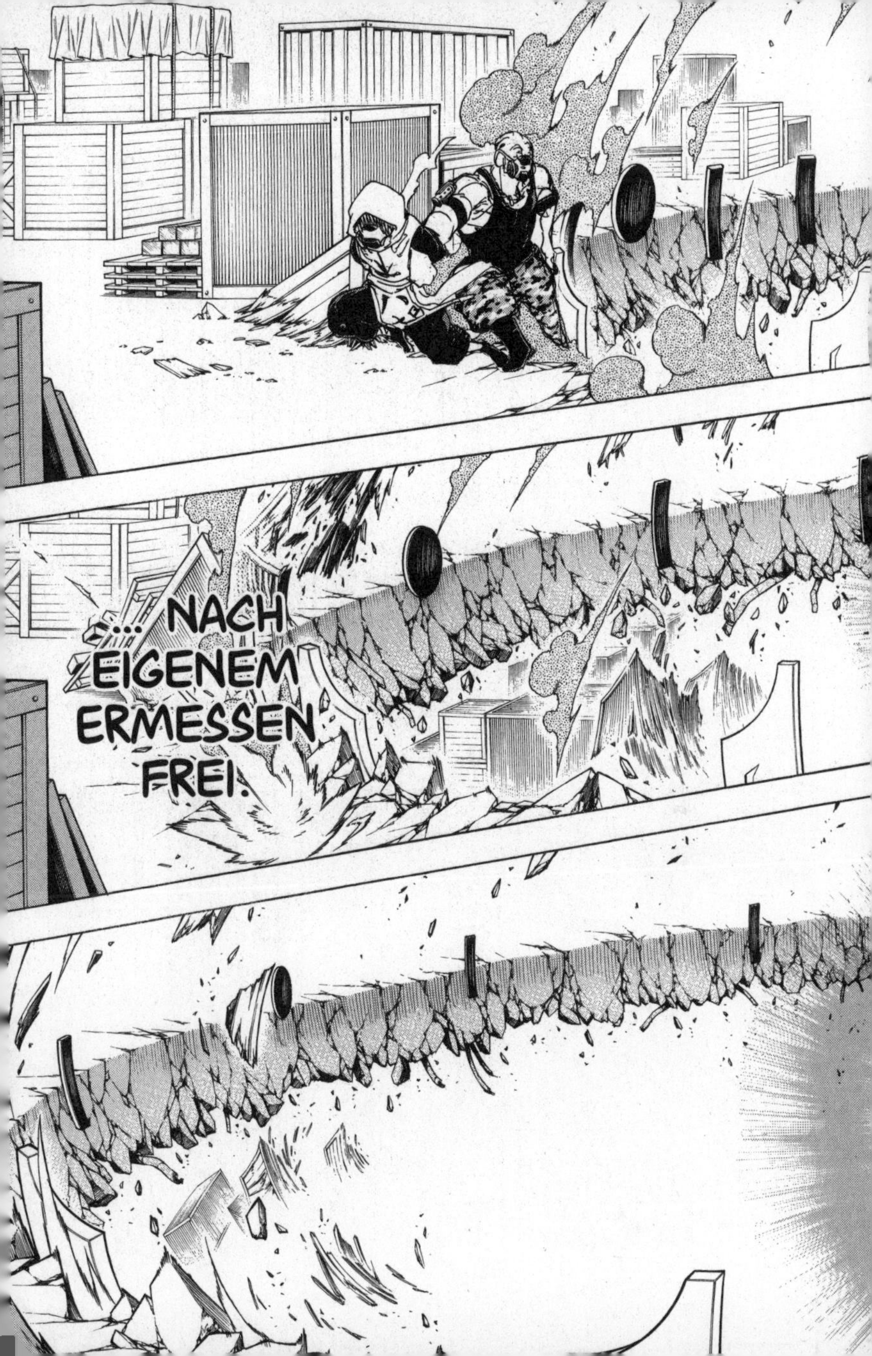
... NACH EIGENEM ERMESSEN FREI.

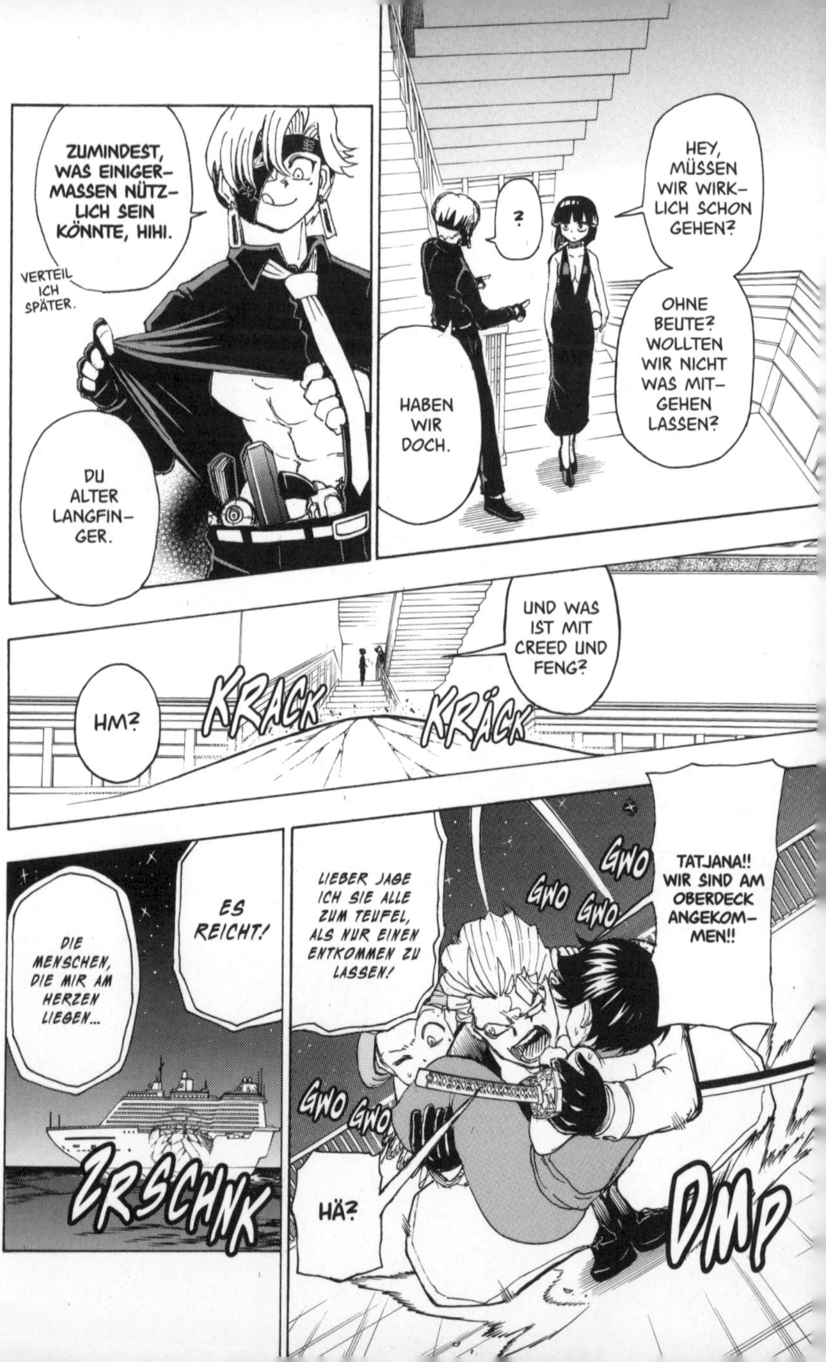

HEY, MÜSSEN WIR WIRKLICH SCHON GEHEN?
?
OHNE BEUTE? WOLLTEN WIR NICHT WAS MITGEHEN LASSEN?
HABEN WIR DOCH.
ZUMINDEST, WAS EINIGERMASSEN NÜTZLICH SEIN KÖNNTE, HIHI.
VERTEIL ICH SPÄTER.
DU ALTER LANGFINGER.
UND WAS IST MIT CREED UND FENG?
KRÄCK
KRACK
HM?
TATJANA!! WIR SIND AM OBERDECK ANGEKOMMEN!!
GWO
GWO GWO
LIEBER JAGE ICH SIE ALLE ZUM TEUFEL, ALS NUR EINEN ENTKOMMEN ZU LASSEN!
GWO GWO
DMP
HÄ?
ES REICHT!
DIE MENSCHEN, DIE MIR AM HERZEN LIEGEN...
ZRSCHNK

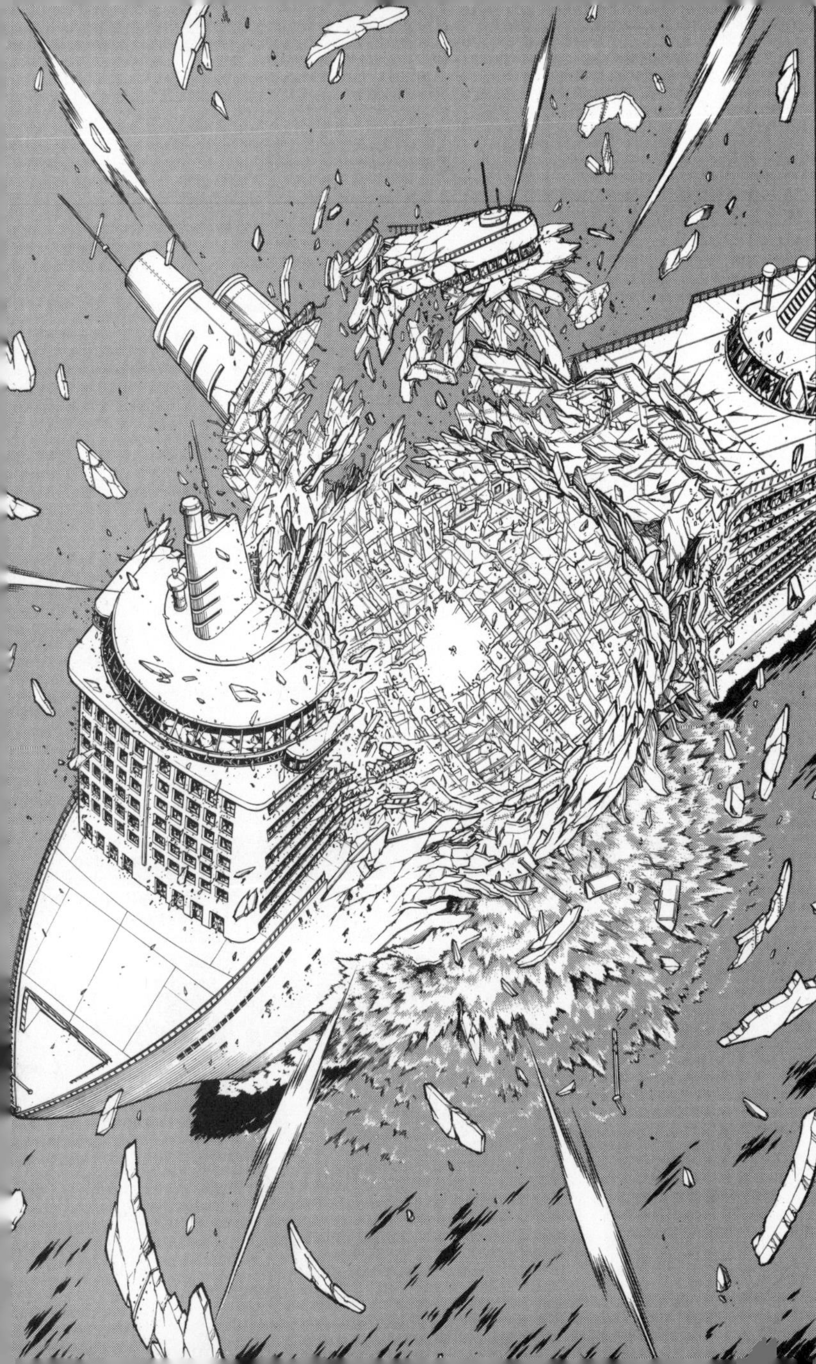

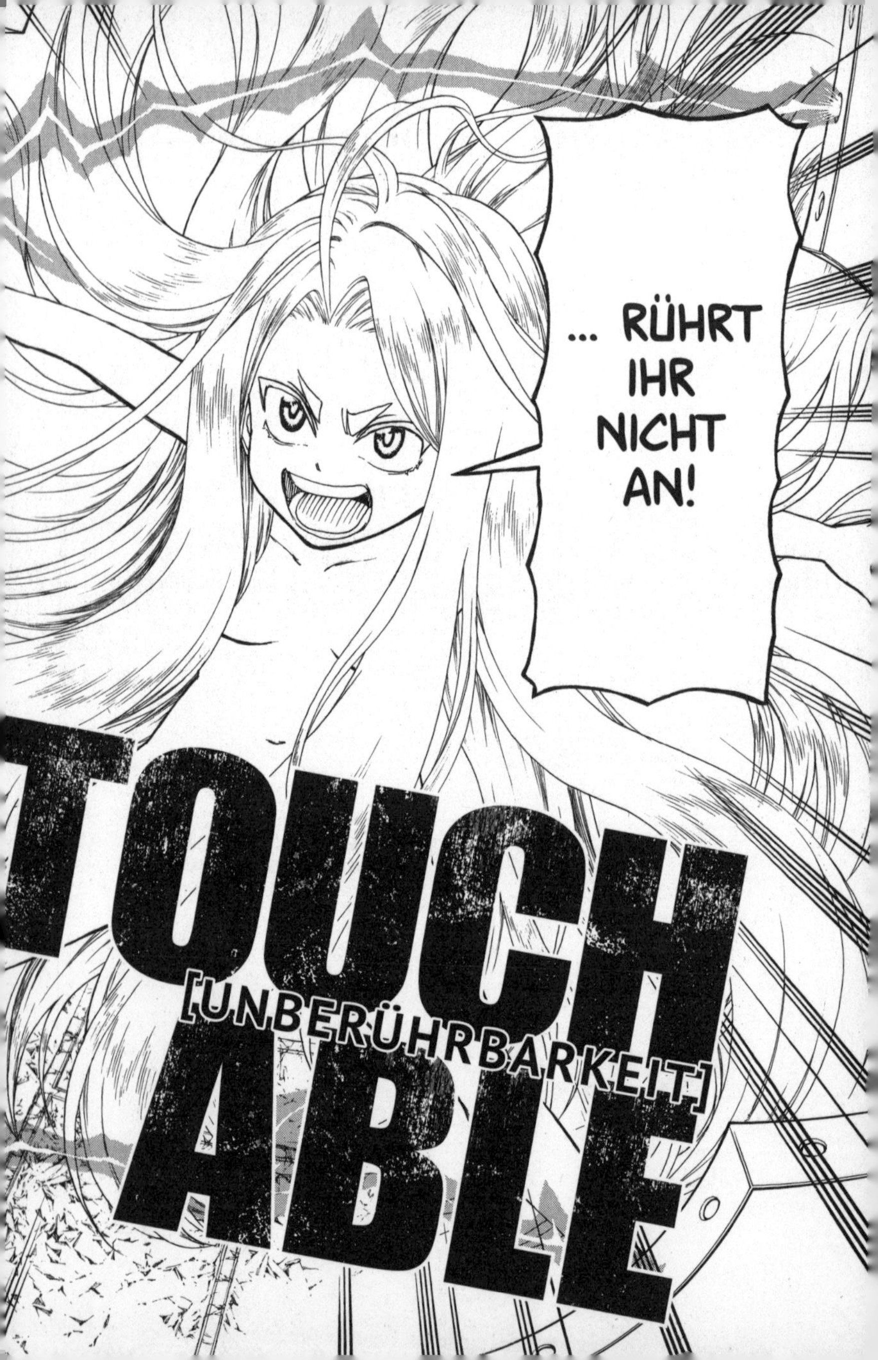
... RÜHRT IHR NICHT AN!
TOUCH ABLE
[UNBERÜHRBARKEIT]

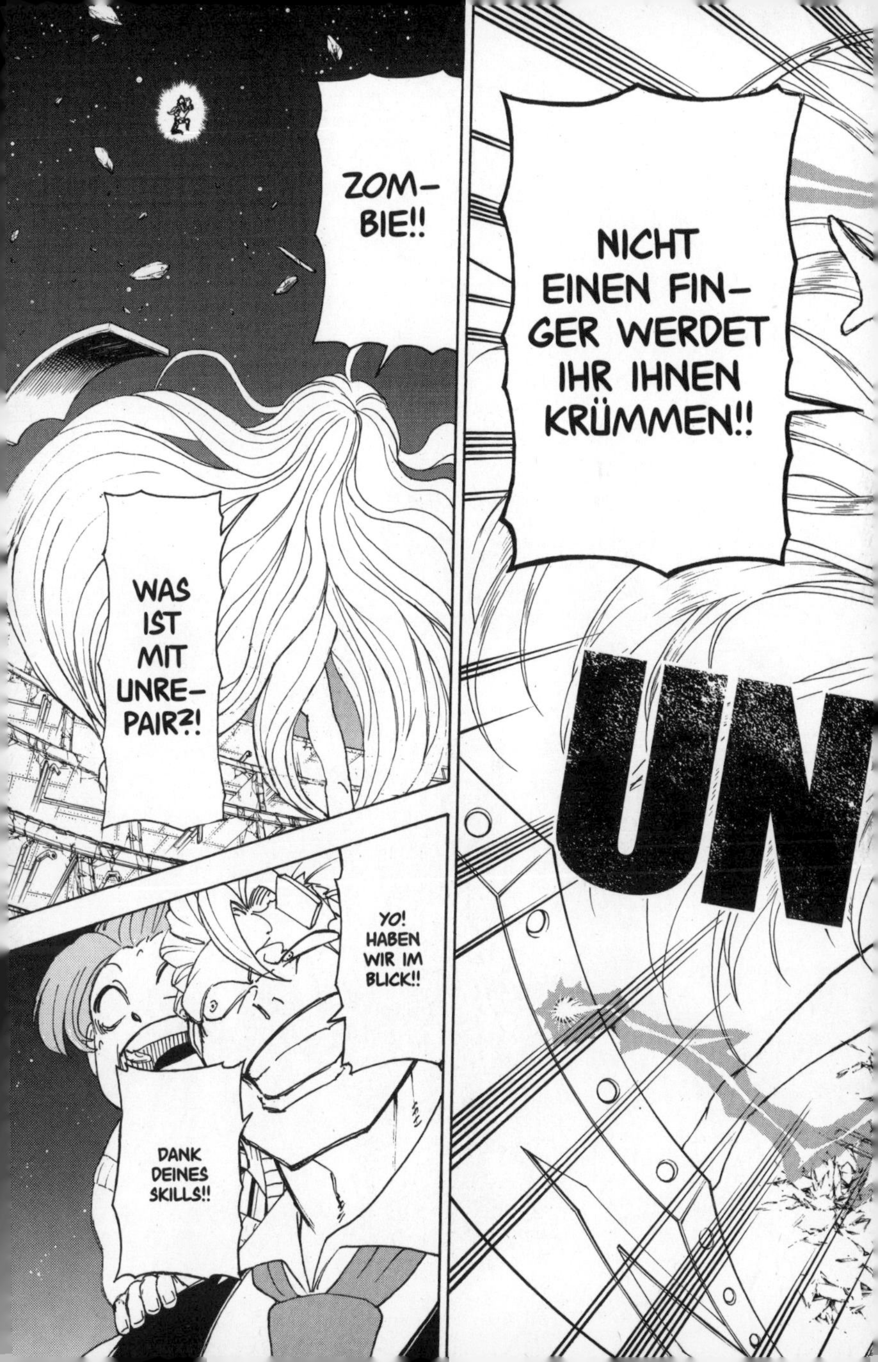
NICHT EINEN FINGER WERDET IHR IHNEN KRÜMMEN!!
UN
ZOMBIE!!
WAS IST MIT UNREPAIR?!
YO! HABEN WIR IM BLICK!!
DANK DEINES SKILLS!!

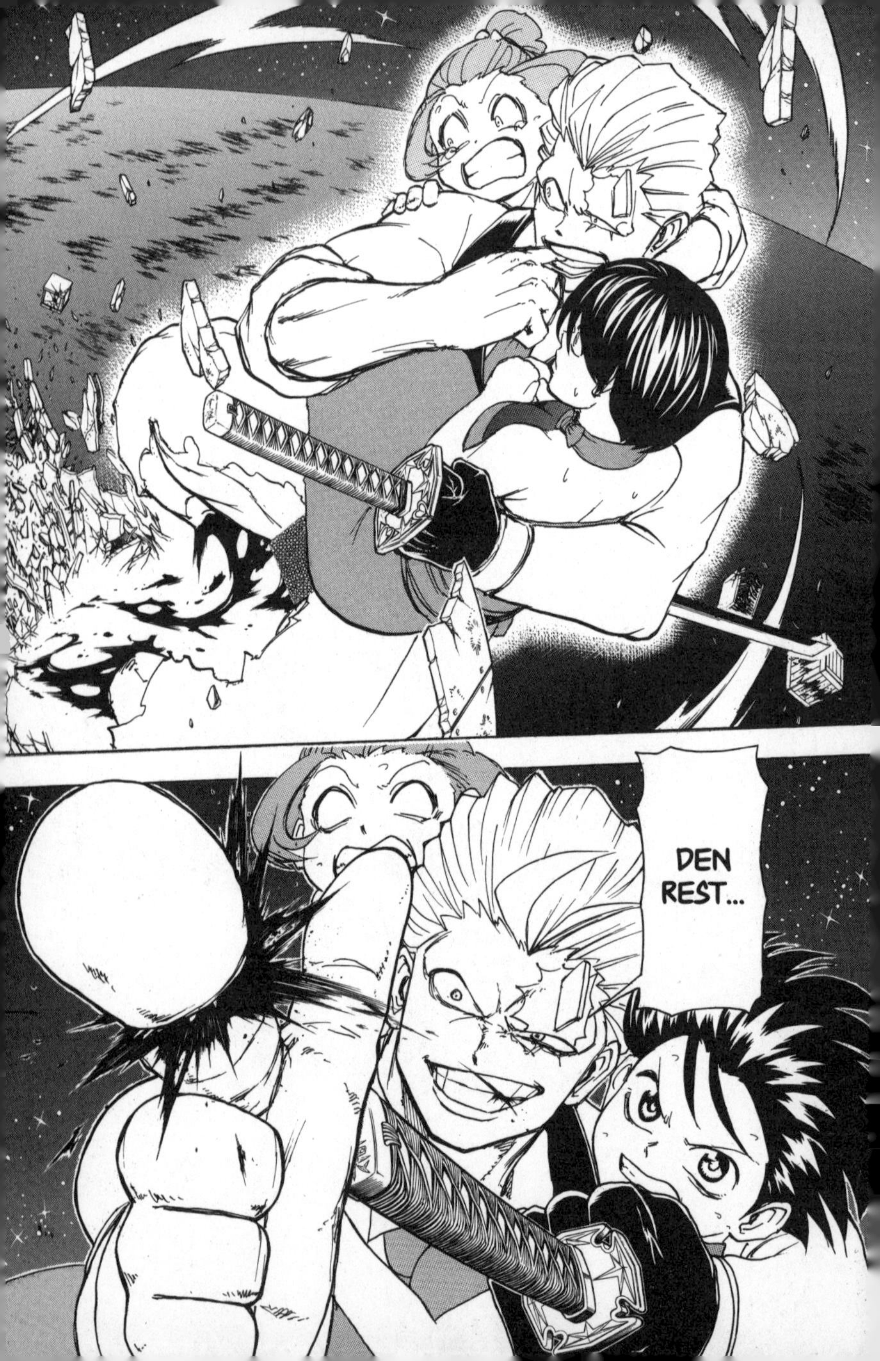
DEN
REST...

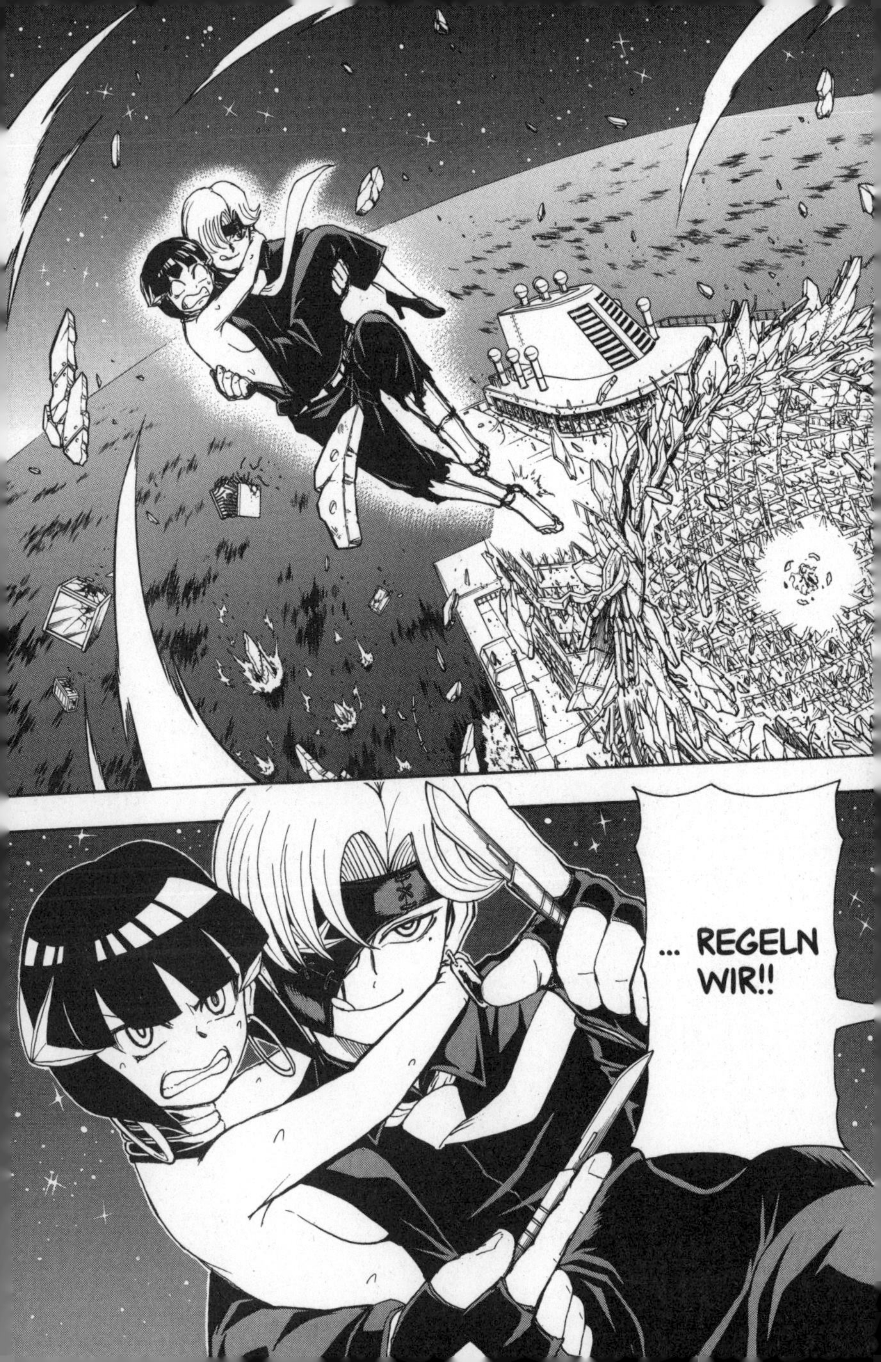
... REGELN WIR!!

TATJANA

ALTER: WILL SIE NICHT SAGEN, ABER HAT DAS GEFÜHL, WIE EIN KLEINKIND BEHANDELT ZU WERDEN

GRÖSSE: IN DER KUGEL ETWA 2,30 METER. UND OHNE KUGEL? HM, DEFINITIV GRÖSSER ALS TOP! ALSO VIELLEICHT...

GEWICHT: WILL SIE NICHT SAGEN. SO WAS FRAGT MAN EINE DAME NICHT, ODER?

HOBBIES: MIT HERRN BILLY SÜSSIGKEITEN BACKEN UND PLÜSCHTIERE SAMMELN

BESONDERE FÄHIGKEITEN: HERRN BILLY UNTERSTÜTZEN, GEHIRNWELLEN KONTROLLIEREN

LIEBLINGSESSEN: DIE KUCHENRIEGEL VON HERRN BILLY. AM LIEBSTEN DIE MIT MANGOGESCHMACK. UND SUSHI. (SUSHI IST LECKER UND RELATIV LEICHT ZU ESSEN)

FÄHIGKEIT: UNTOUCHABLE FÄHIGKEIT, DIE GEGEN SICH SELBST AUSGERICHTET IST

SIE ERZEUGT EINEN IMMERWÄHRENDEN UT-BEREICH (UNTOUCHABLE-AREA, VON NICO SO BENANNT) ÜBER IHRER HAUT UND IHREN HAAREN. DIE GRÖSSE DES BEREICHS VARIIERT UND KANN ZWISCHEN EINEM METER, JE NACH GEFÜHLSSCHWANKUNGEN ABER AUCH ZWEI BIS FÜNF METER BETRAGEN. NACHDEM SIE DER UNION BEIGETRETEN IST, WURDE SIE MIT EINER MASSGESCHNEIDERTEN RÜSTUNG, DER KUGEL, AUSGESTATTET UND LERNTE NACH UND NACH, WIE SIE IHREN UT-BEREICH BIS ZU EINEM GEWISSEN GRAD DURCH WILLENSKRAFT KONTROLLIEREN KANN. DA STETS DIE GEFAHR BESTEHT, DASS IHRE KRÄFTE AUSSER KONTROLLE GERATEN, WOLLTE SIE MIT SO WENIGEN MENSCHEN WIE MÖGLICH EINE FREUNDSCHAFTLICHE BEZIEHUNG EINGEHEN. SIE HATTE LEDIGLICH BILLY, NICO UND JUIZ ALS IHRE ENGSTEN VERTRAUTEN. NACHDEM SIE SICH ALLERDINGS MIT FUKO ANGEFREUNDET HATTE, BEGANN SIE SICH AUCH FÜR MUI UND MICO ZU ERWÄRMEN.

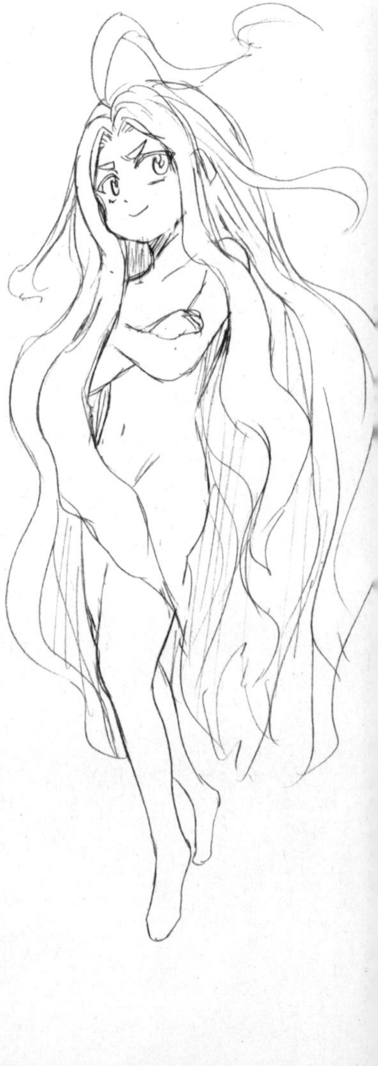

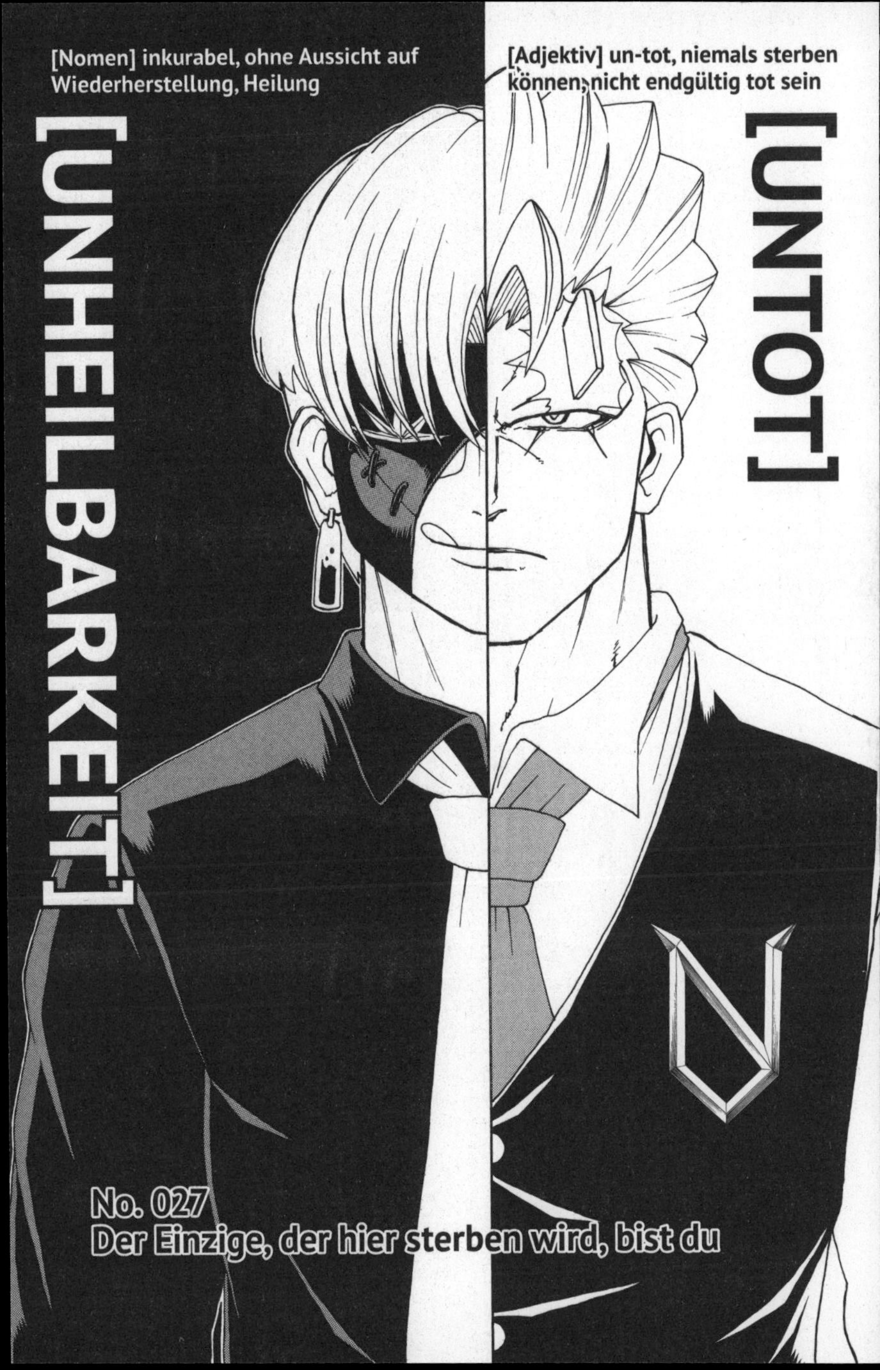
[Adjektiv] un-tot, niemals sterben können, nicht endgültig tot sein
[UNTOT]
[Nomen] inkurabel, ohne Aussicht auf Wiederherstellung, Heilung
[UNHEILBARKEIT]
No. 027
Der Einzige, der hier sterben wird, bist du

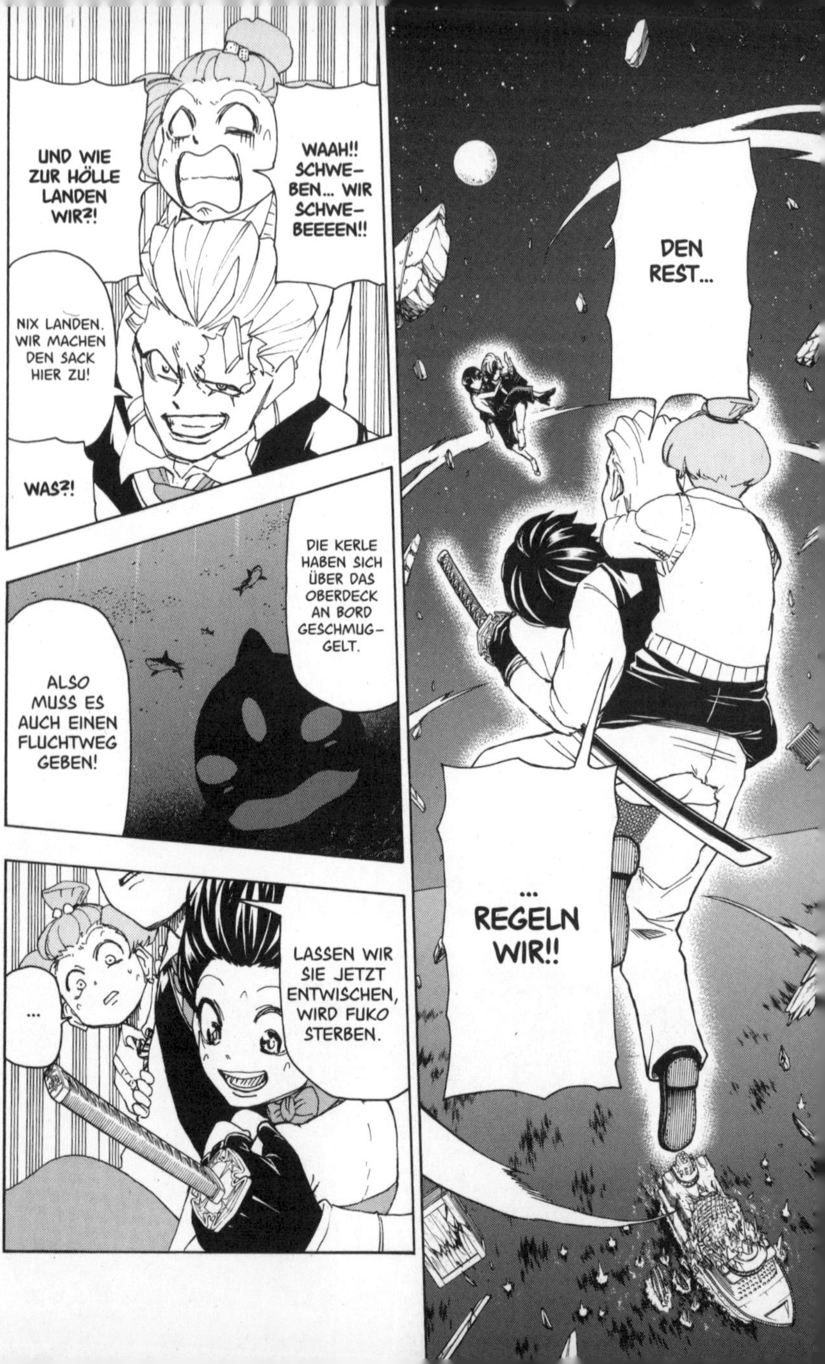
WAAH!! SCHWEBEN... WIR SCHWEBEEEEN!!
UND WIE ZUR HÖLLE LANDEN WIR?!
NIX LANDEN. WIR MACHEN DEN SACK HIER ZU!
WAS?!
DIE KERLE HABEN SICH ÜBER DAS OBERDECK AN BORD GESCHMUGGELT.
ALSO MUSS ES AUCH EINEN FLUCHTWEG GEBEN!
LASSEN WIR SIE JETZT ENTWISCHEN, WIRD FUKO STERBEN.
...
DEN REST...
... REGELN WIR!!

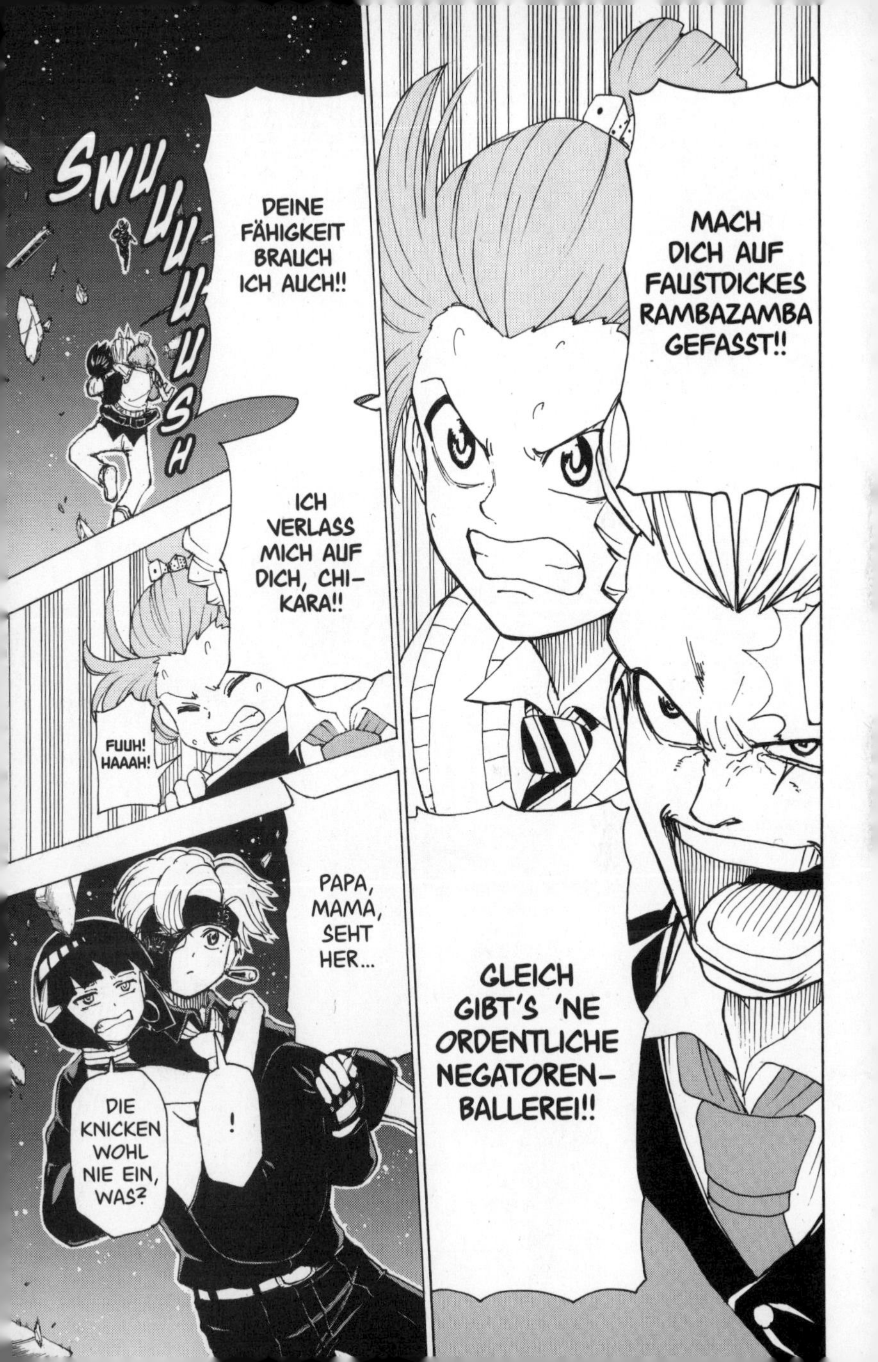
MACH DICH AUF FAUSTDICKES RAMBAZAMBA GEFASST!!
DEINE FÄHIGKEIT BRAUCH ICH AUCH!!
SWUUUUUUSH
ICH VERLASS MICH AUF DICH, CHI-KARA!!
FUUH! HAAAH!
GLEICH GIBT'S 'NE ORDENTLICHE NEGATOREN-BALLEREI!!
PAPA, MAMA, SEHT HER...
!
DIE KNICKEN WOHL NIE EIN, WAS?

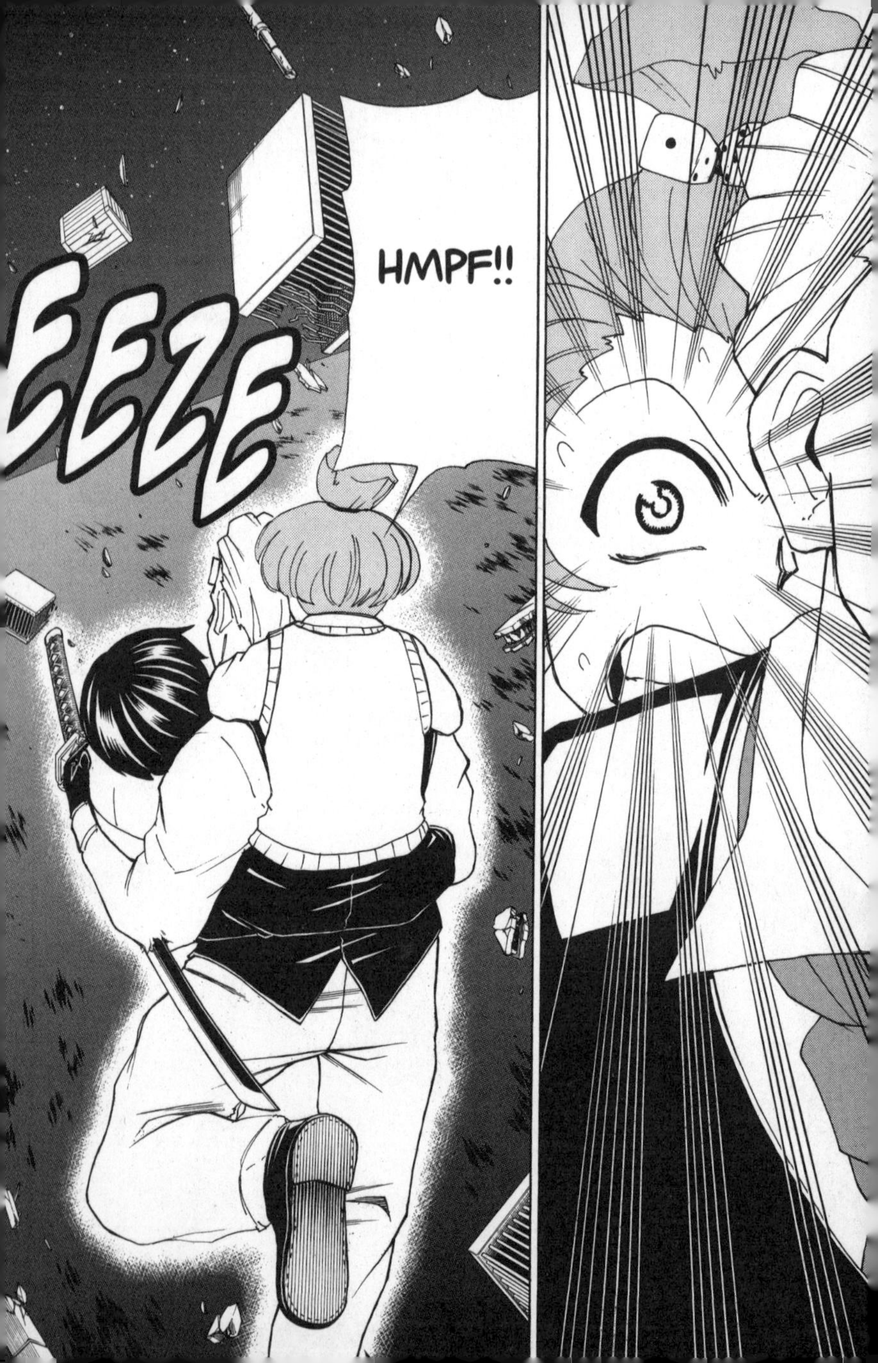
HMPF!!

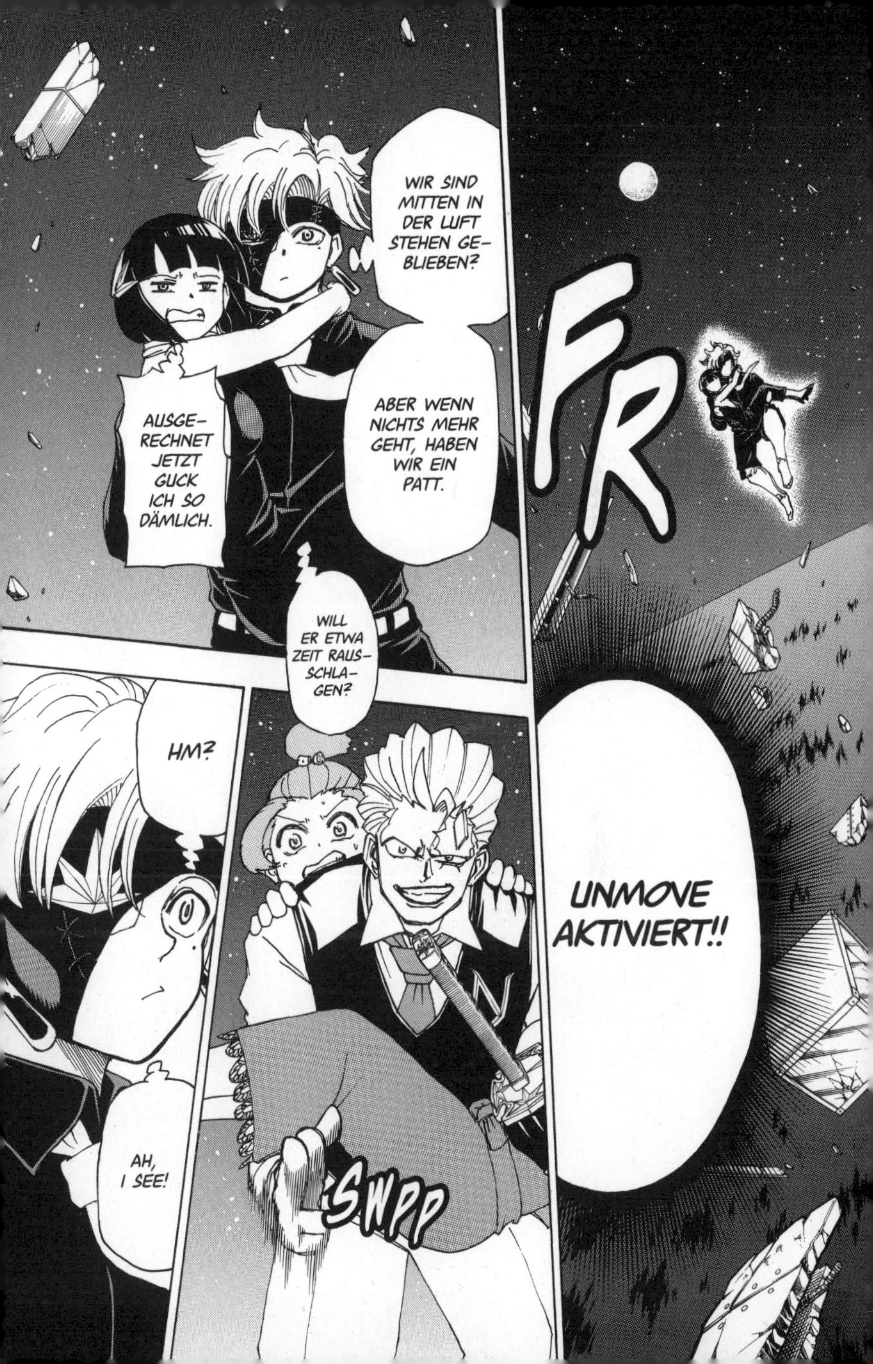
FR
WIR SIND MITTEN IN DER LUFT STEHEN GEBLIEBEN?
AUSGE-RECHNET JETZT GUCK ICH SO DÄMLICH.
ABER WENN NICHTS MEHR GEHT, HABEN WIR EIN PATT.
WILL ER ETWA ZEIT RAUS-SCHLA-GEN?
UNMOVE AKTIVIERT!!
HM?
AH, I SEE!
SWPP

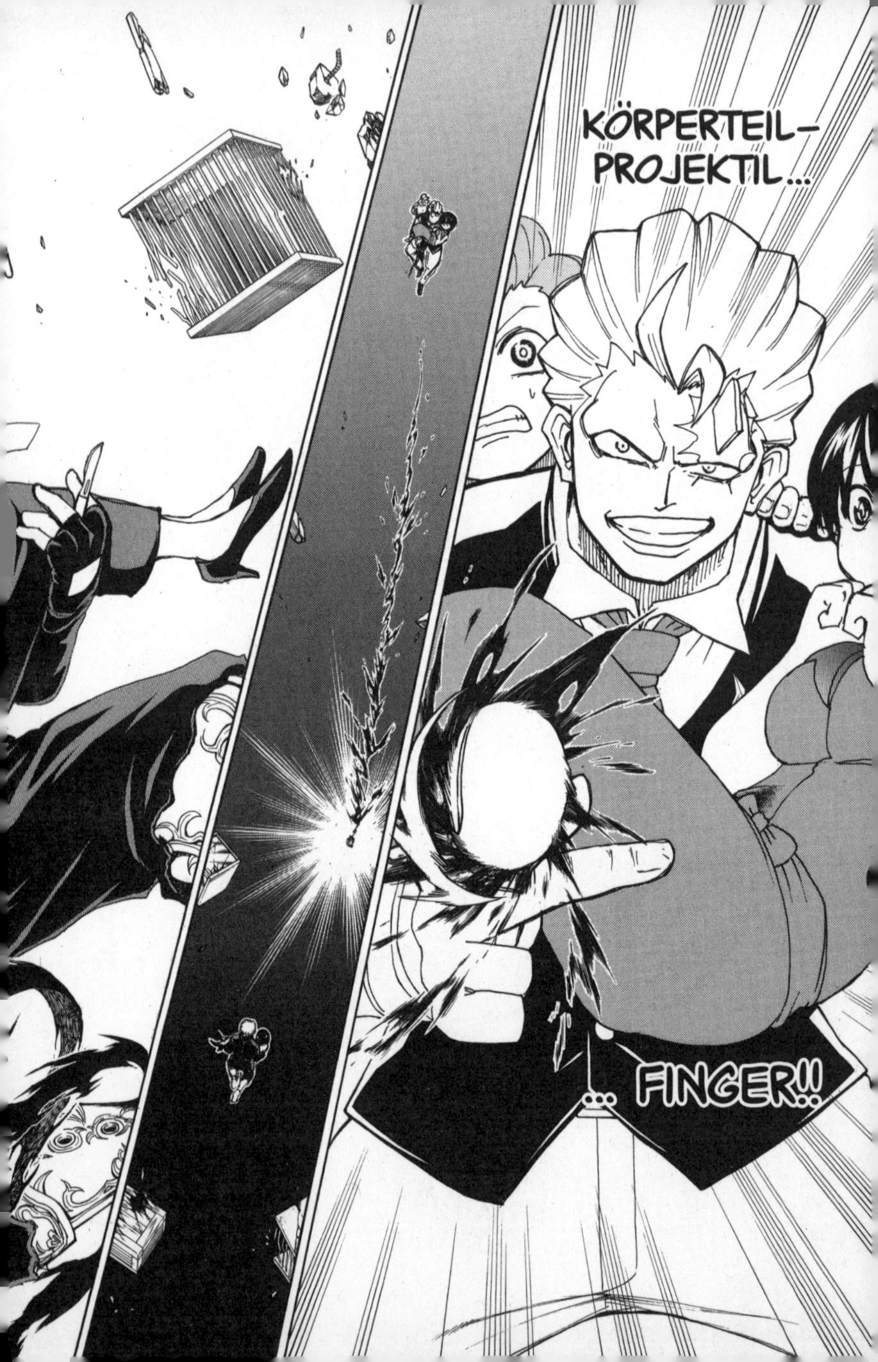
KÖRPERTEIL-
PROJEKTIL…
… FINGER!!

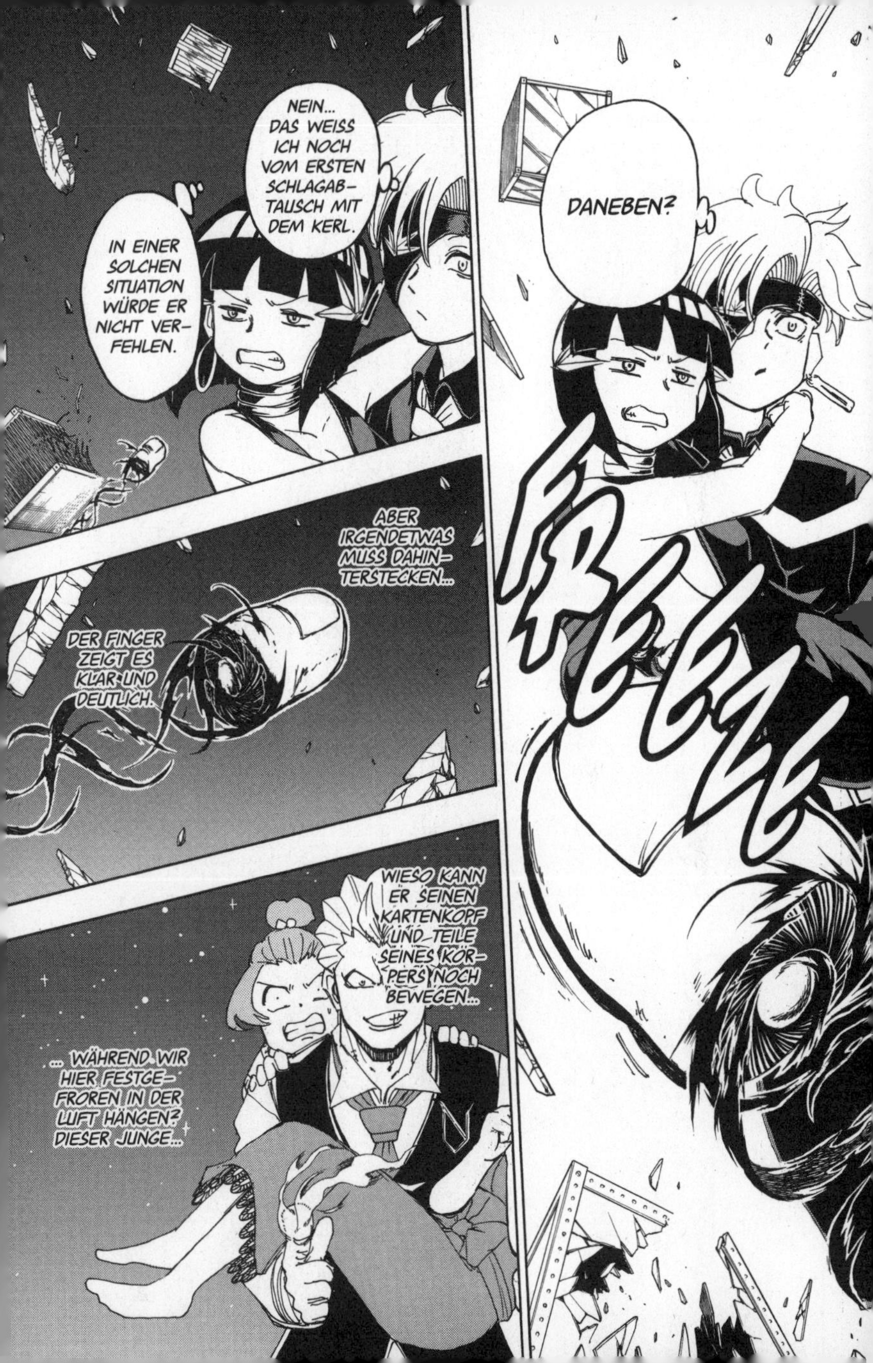
DANEBEN?
FR
NEIN... DAS WEISS ICH NOCH VOM ERSTEN SCHLAGAB-TAUSCH MIT DEM KERL.
IN EINER SOLCHEN SITUATION WÜRDE ER NICHT VER-FEHLEN.
ABER IRGENDETWAS MUSS DAHIN-TERSTECKEN...
DER FINGER ZEIGT ES KLAR UND DEUTLICH.
WIESO KANN ER SEINEN KARTENKOPF UND TEILE SEINES KÖR-PERS NOCH BEWEGEN...
... WÄHREND WIR HIER FESTGE-FROREN IN DER LUFT HÄNGEN? DIESER JUNGE...

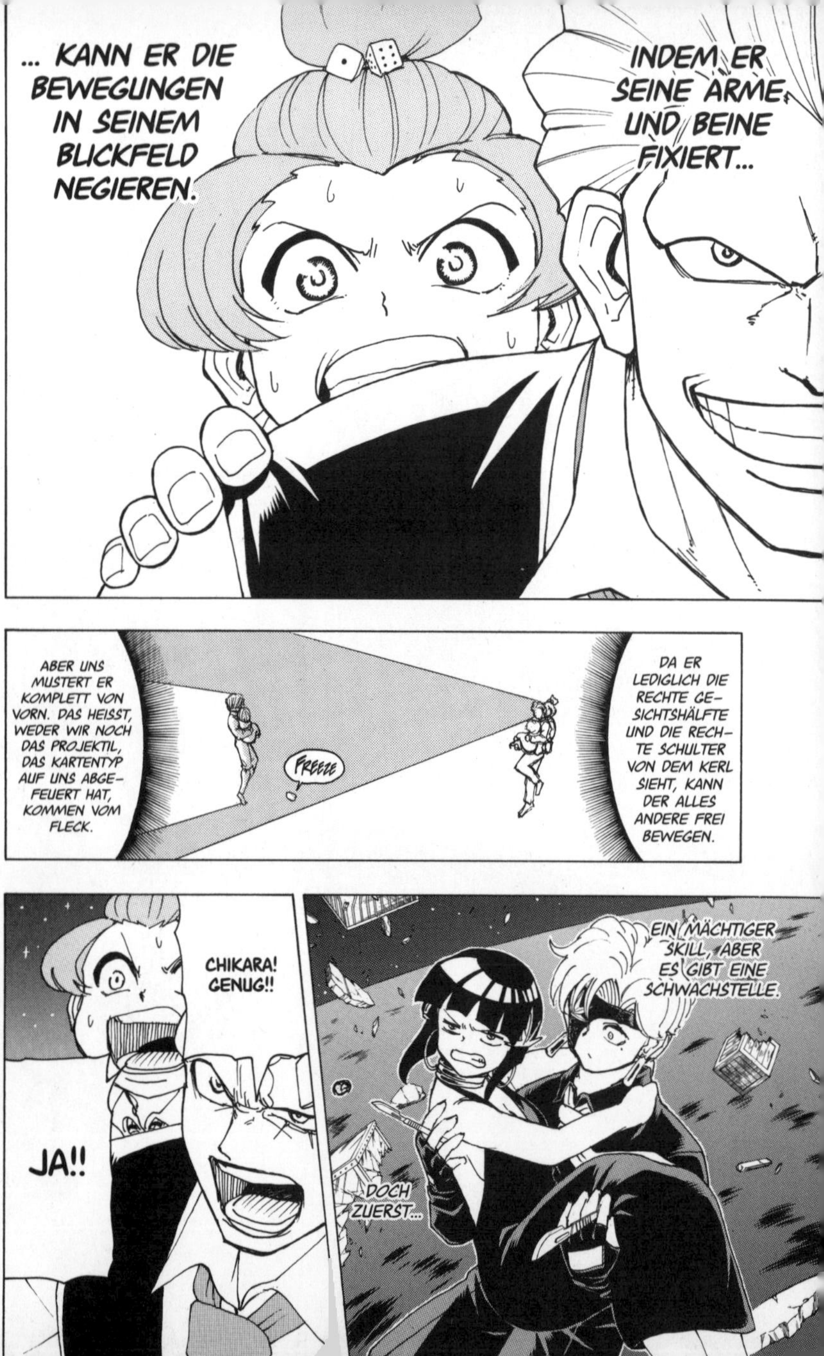
INDEM ER SEINE ARME UND BEINE FIXIERT...
... KANN ER DIE BEWEGUNGEN IN SEINEM BLICKFELD NEGIEREN.
DA ER LEDIGLICH DIE RECHTE GESICHTSHÄLFTE UND DIE RECHTE SCHULTER VON DEM KERL SIEHT, KANN DER ALLES ANDERE FREI BEWEGEN.
FREEZE
ABER UNS MUSTERT ER KOMPLETT VON VORN. DAS HEISST, WEDER WIR NOCH DAS PROJEKTIL, DAS KARTENTYP AUF UNS ABGEFEUERT HAT, KOMMEN VOM FLECK.
EIN MÄCHTIGER SKILL, ABER ES GIBT EINE SCHWACHSTELLE.
DOCH ZUERST...
CHIKARA! GENUG!!
JA!!

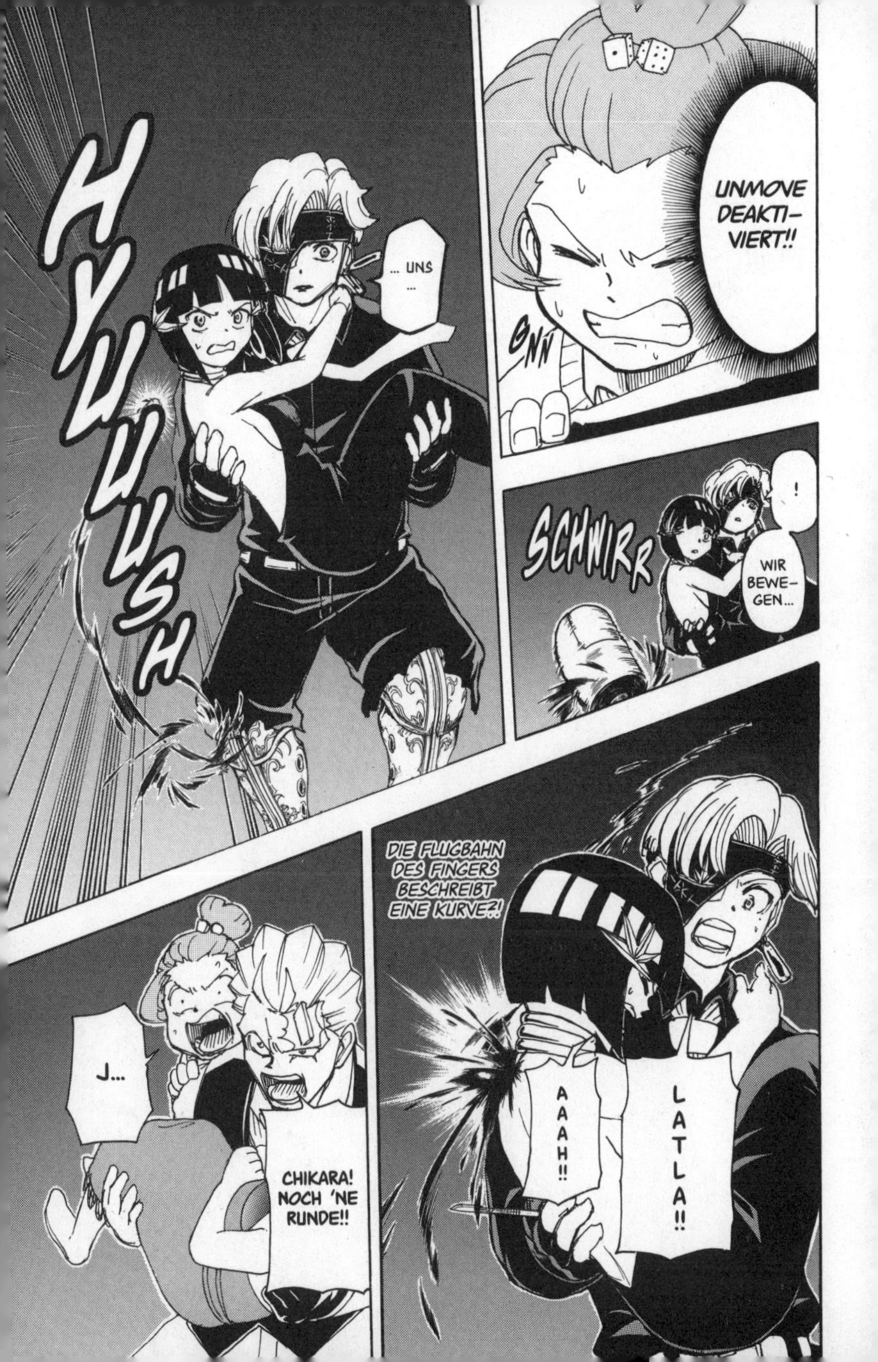
UNMOVE DEAKTI-VIERT!!
GNN
... UNS ...
HYUUUSH
!
WIR BEWE-GEN...
SCHWIRR
DIE FLUGBAHN DES FINGERS BESCHREIBT EINE KURVE?!
LATLA!!
AAAH!!
CHIKARA! NOCH 'NE RUNDE!!
J...

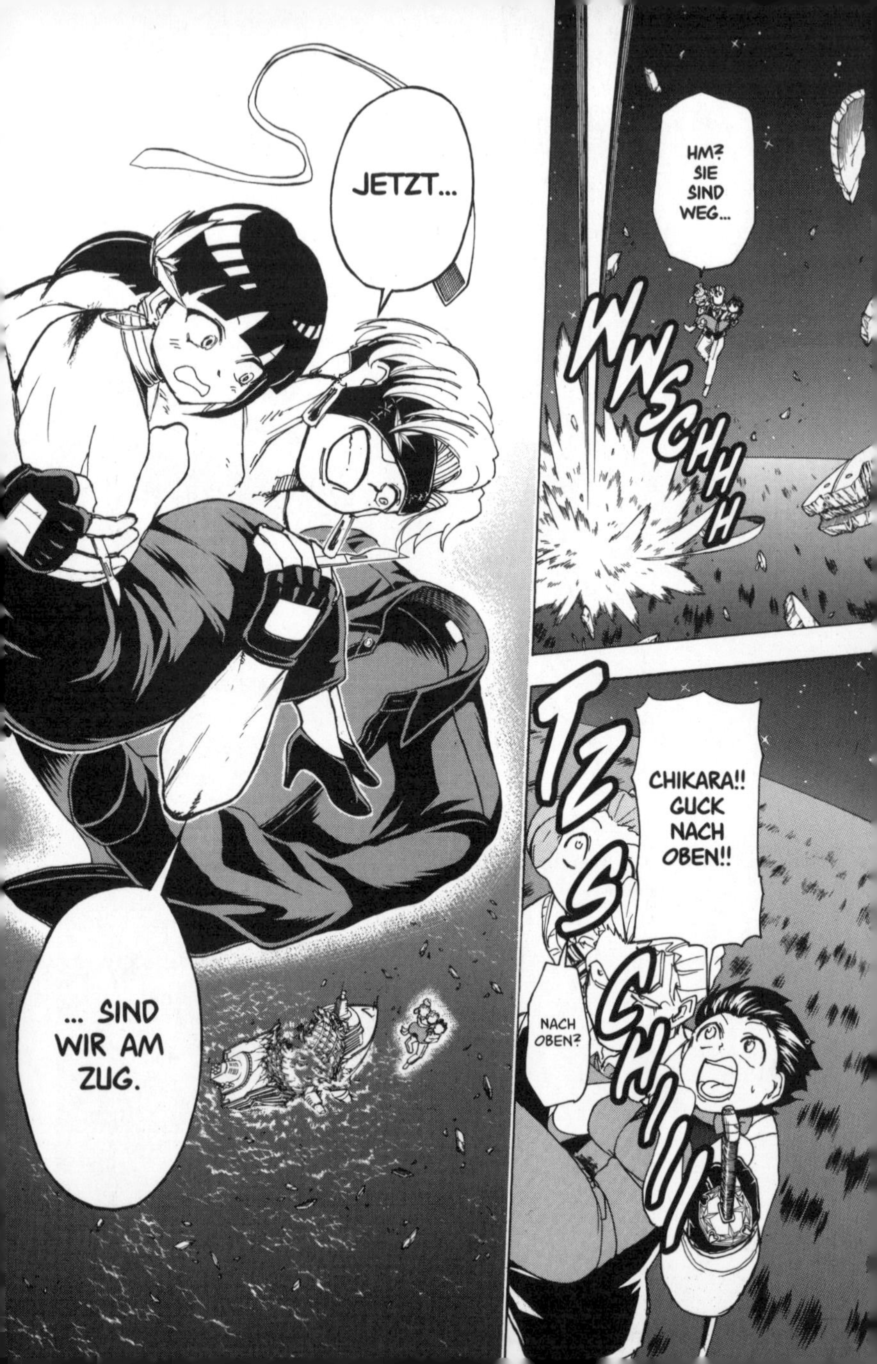
HM? SIE SIND WEG...
WWSCHHHH
CHIKARA!! GUCK NACH OBEN!!
NACH OBEN?
TZSCHIIII
JETZT...
... SIND WIR AM ZUG.

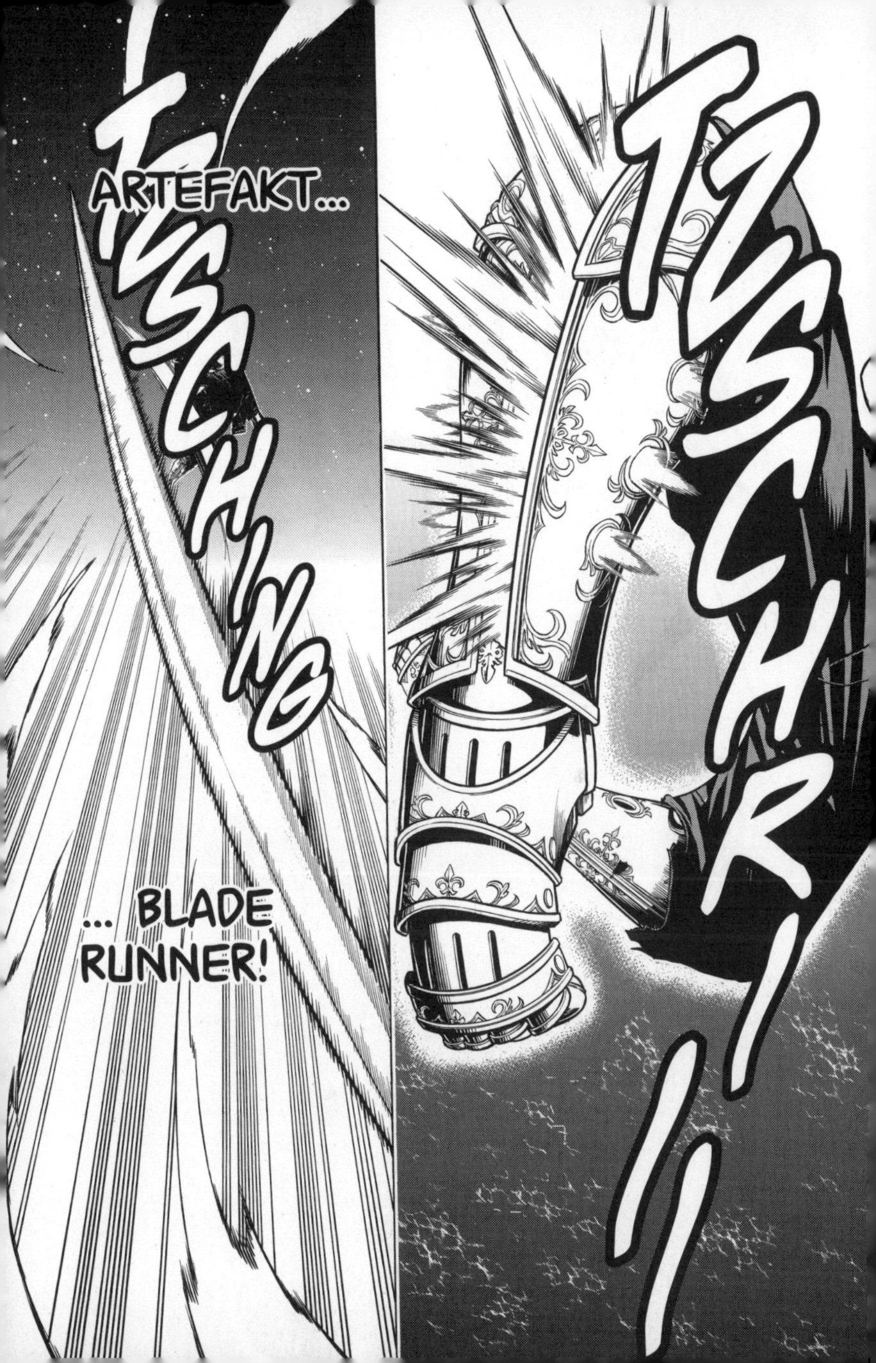

TSCHR!!
TSCHING
ARTEFAKT...
... BLADE RUNNER!

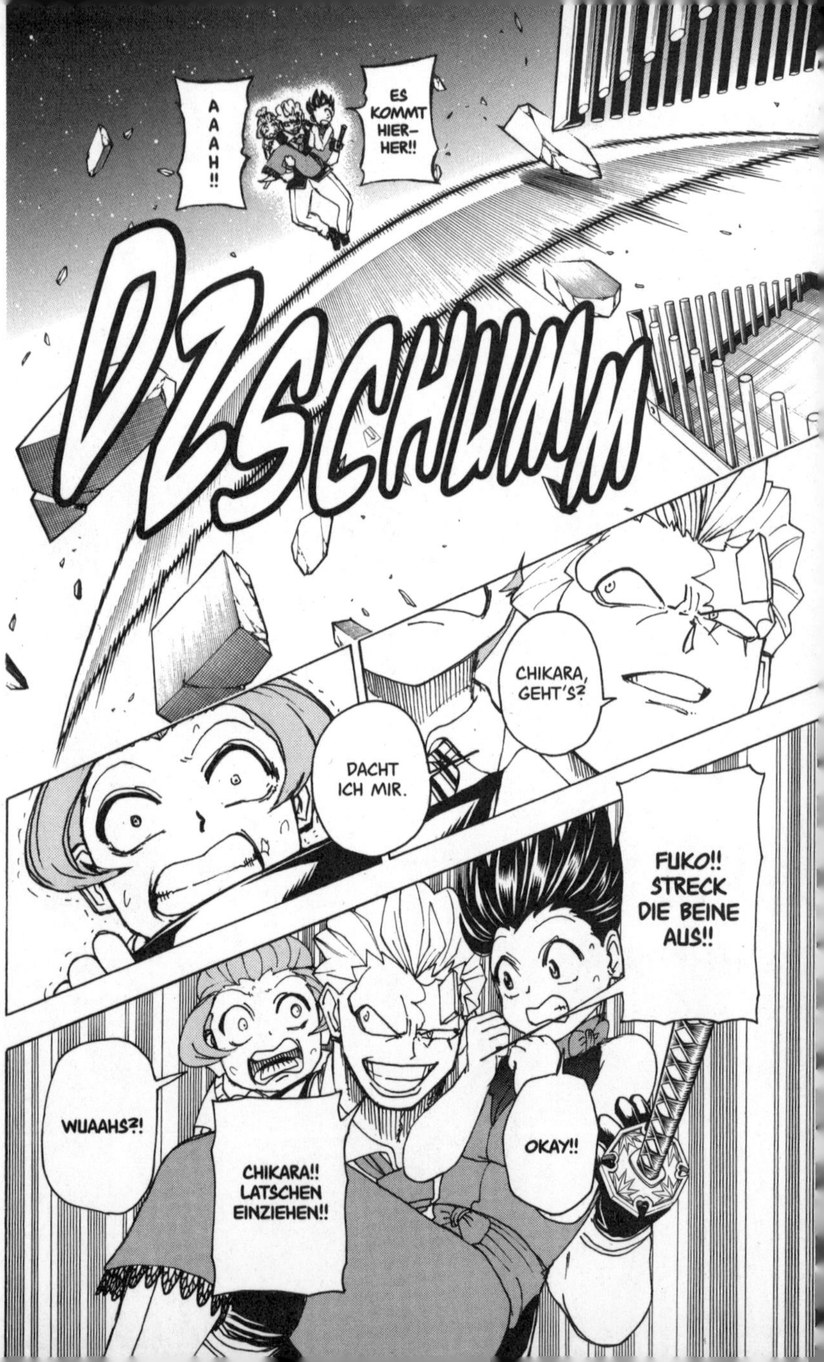
ES KOMMT HIER-HER!!
AAAAH!!
DZSCHUMM
CHIKARA, GEHT'S?
DACHT ICH MIR.
FUKO!! STRECK DIE BEINE AUS!!
OKAY!!
CHIKARA!! LATSCHEN EINZIEHEN!!
WUAAHS?!

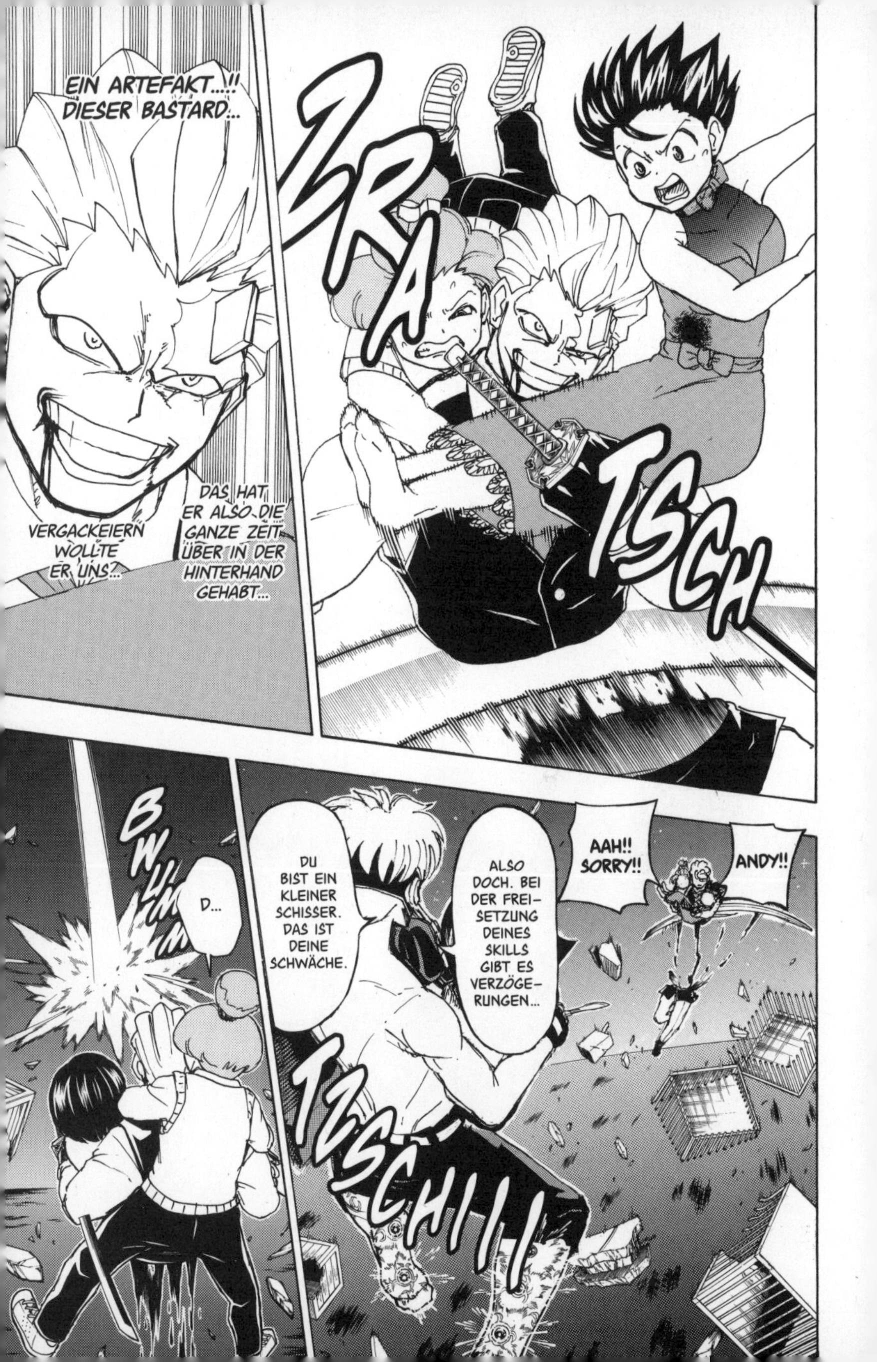
ZRA
TSCH
EIN ARTEFAKT...!! DIESER BASTARD...
DAS HAT ER ALSO DIE GANZE ZEIT ÜBER IN DER HINTERHAND GEHABT...
VERGACKEIERN WOLLTE ER UNS?...
ANDY!!
AAH!! SORRY!!
ALSO DOCH. BEI DER FREI-SETZUNG DEINES SKILLS GIBT ES VERZÖGE-RUNGEN...
DU BIST EIN KLEINER SCHISSER. DAS IST DEINE SCHWÄCHE.
TZSCHIII
D...
BWUMM

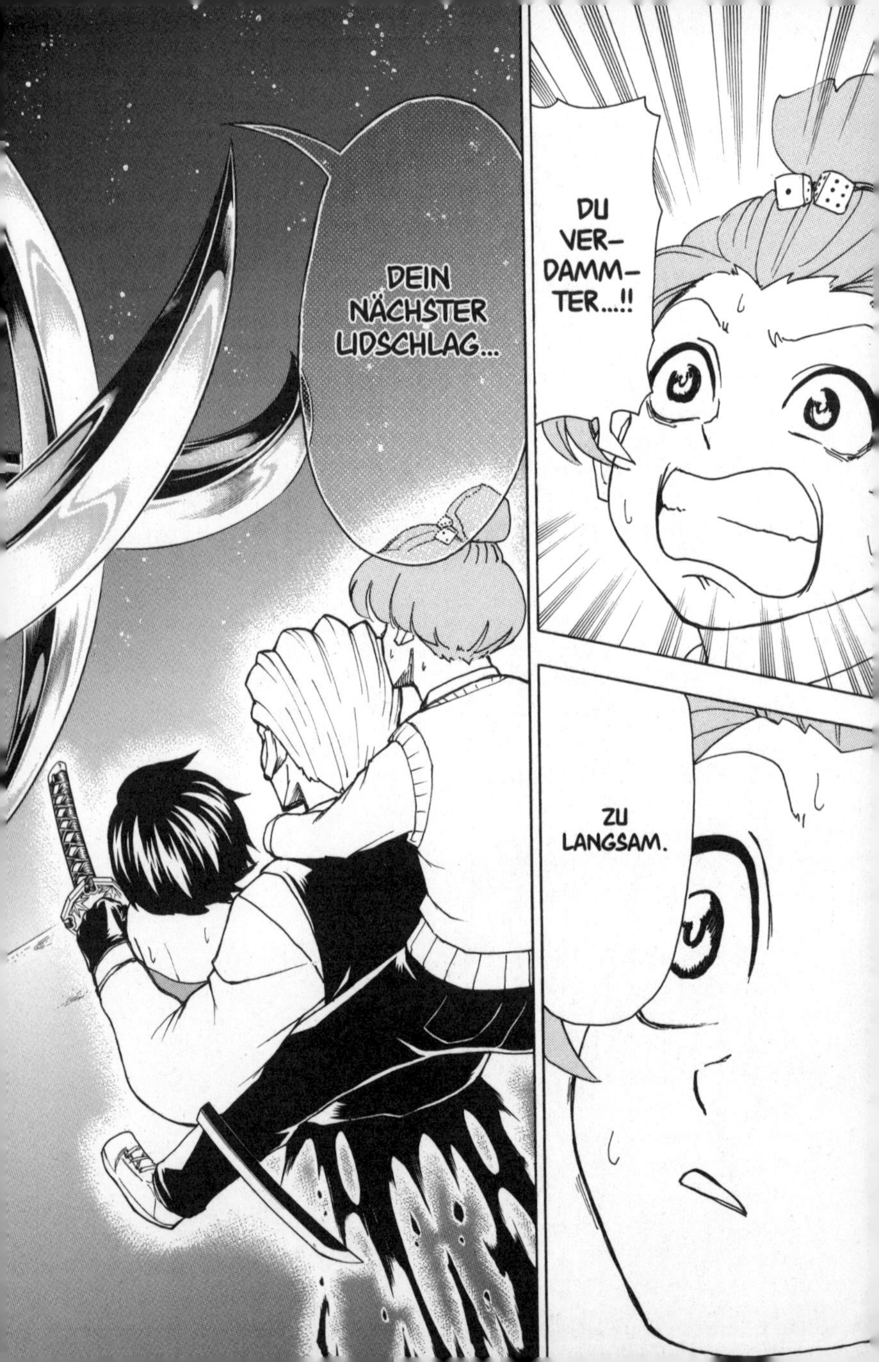

DU VER-DAMM-TER...!!
DEIN NÄCHSTER LIDSCHLAG...
ZU LANGSAM.

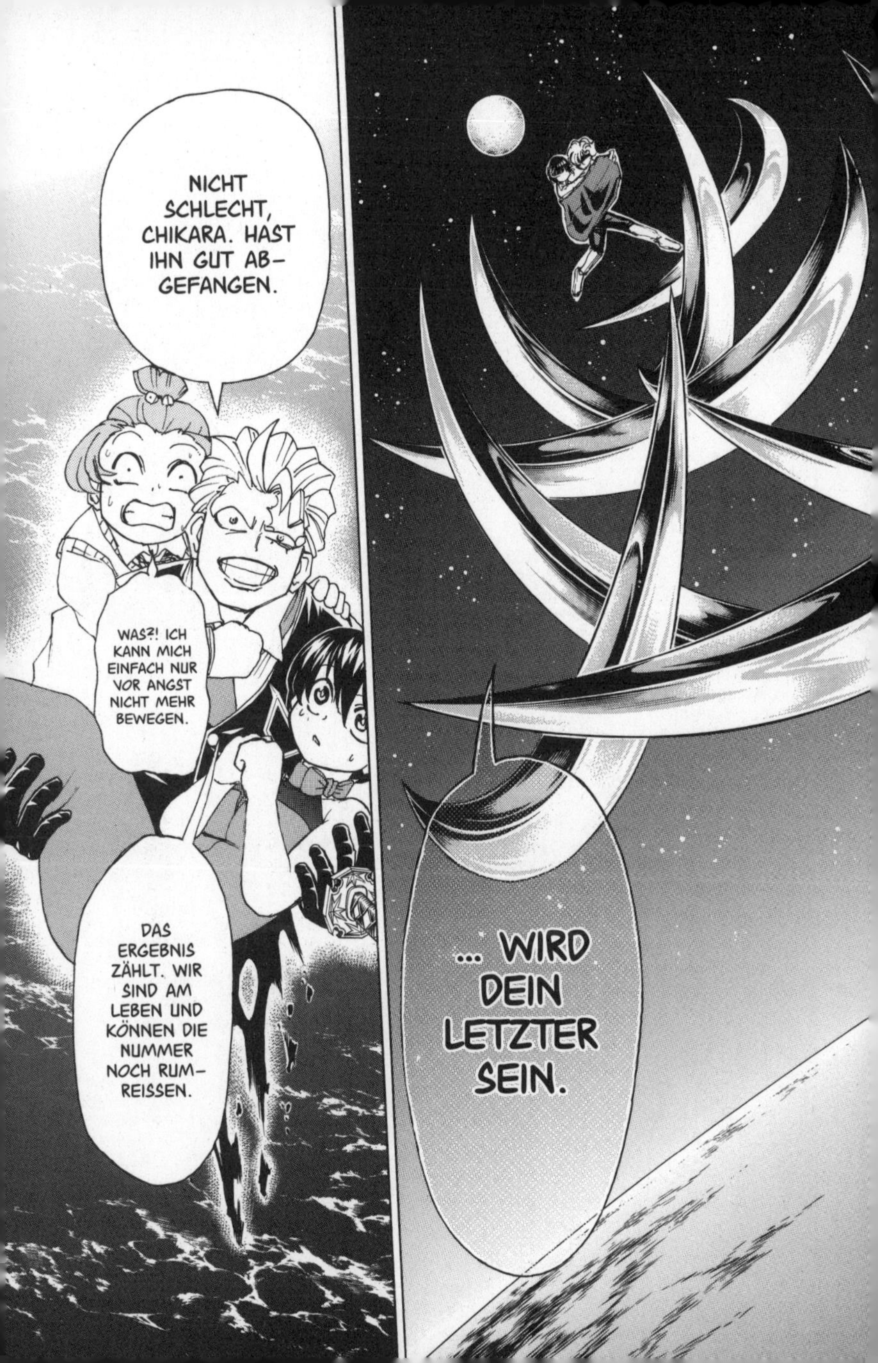
... WIRD DEIN LETZTER SEIN.
NICHT SCHLECHT, CHIKARA. HAST IHN GUT AB-GEFANGEN.
WAS?! ICH KANN MICH EINFACH NUR VOR ANGST NICHT MEHR BEWEGEN.
DAS ERGEBNIS ZÄHLT. WIR SIND AM LEBEN UND KÖNNEN DIE NUMMER NOCH RUM-REISSEN.

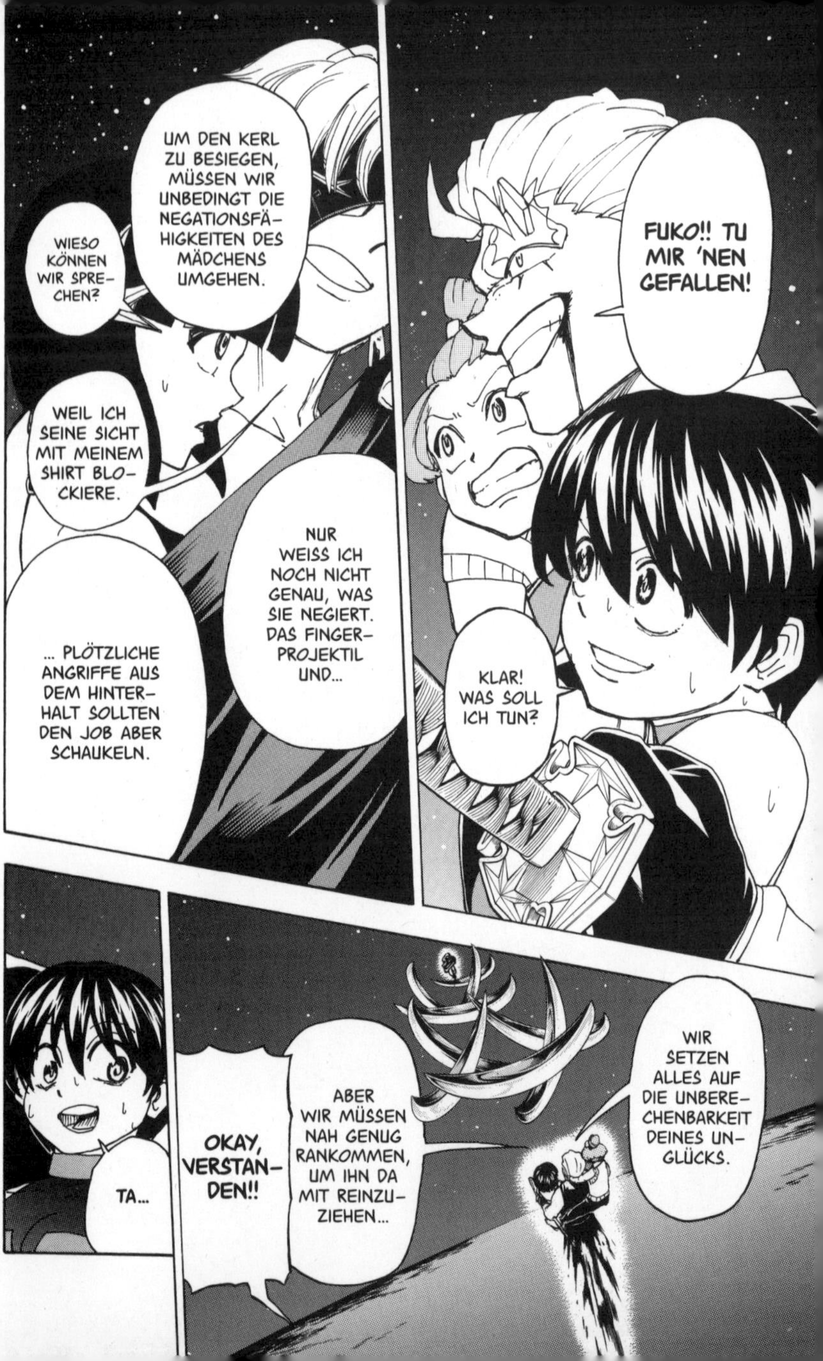
FUKO!! TU MIR 'NEN GEFALLEN!
KLAR! WAS SOLL ICH TUN?
UM DEN KERL ZU BESIEGEN, MÜSSEN WIR UNBEDINGT DIE NEGATIONSFÄHIGKEITEN DES MÄDCHENS UMGEHEN.
WIESO KÖNNEN WIR SPRECHEN?
WEIL ICH SEINE SICHT MIT MEINEM SHIRT BLOCKIERE.
NUR WEISS ICH NOCH NICHT GENAU, WAS SIE NEGIERT. DAS FINGERPROJEKTIL UND...
... PLÖTZLICHE ANGRIFFE AUS DEM HINTERHALT SOLLTEN DEN JOB ABER SCHAUKELN.
WIR SETZEN ALLES AUF DIE UNBERECHENBARKEIT DEINES UNGLÜCKS.
ABER WIR MÜSSEN NAH GENUG RANKOMMEN, UM IHN DA MIT REINZUZIEHEN...
OKAY, VERSTANDEN!!
TA...

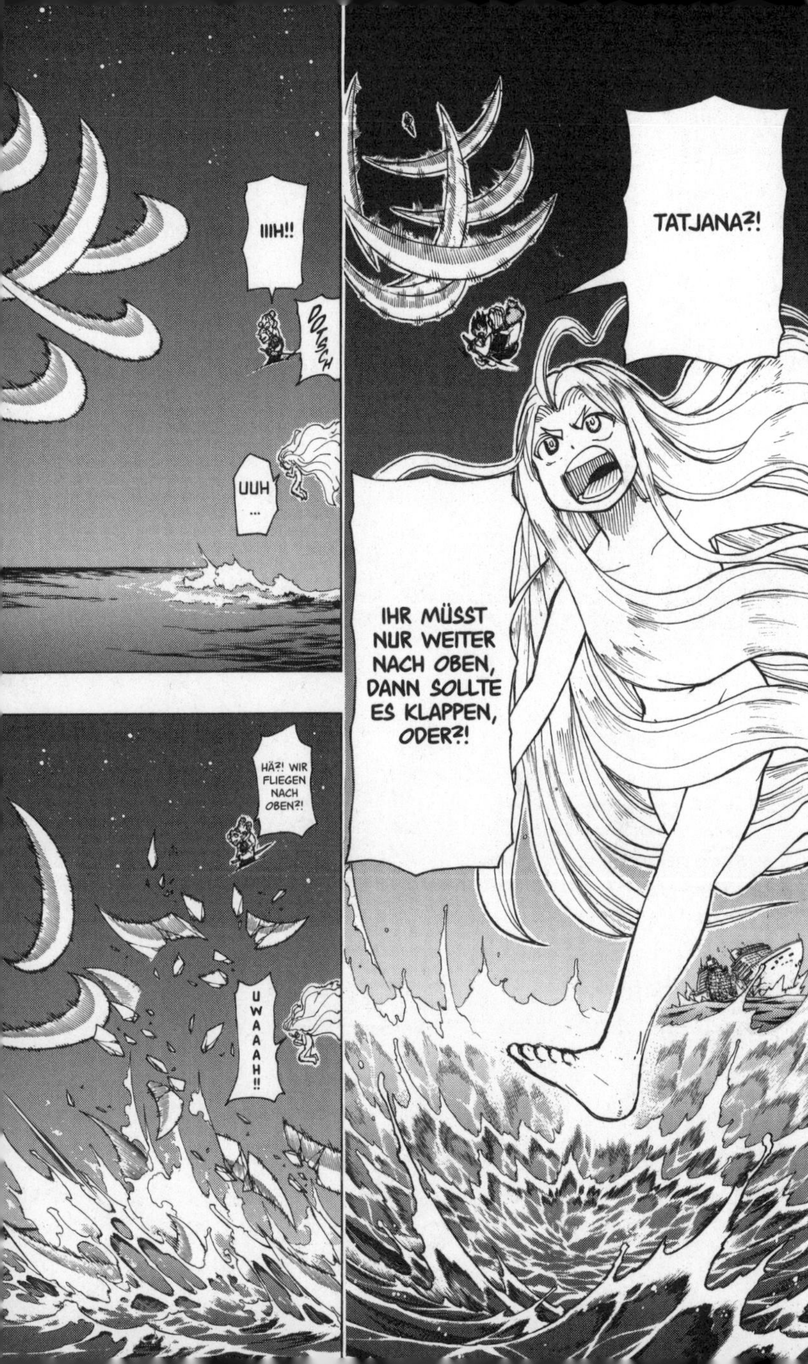

TATJANA?!
IHR MÜSST NUR WEITER NACH OBEN, DANN SOLLTE ES KLAPPEN, ODER?!
IIIH!!
DOISCH
UUH ...
HÄ?! WIR FLIEGEN NACH OBEN?!
UWAAAH!!

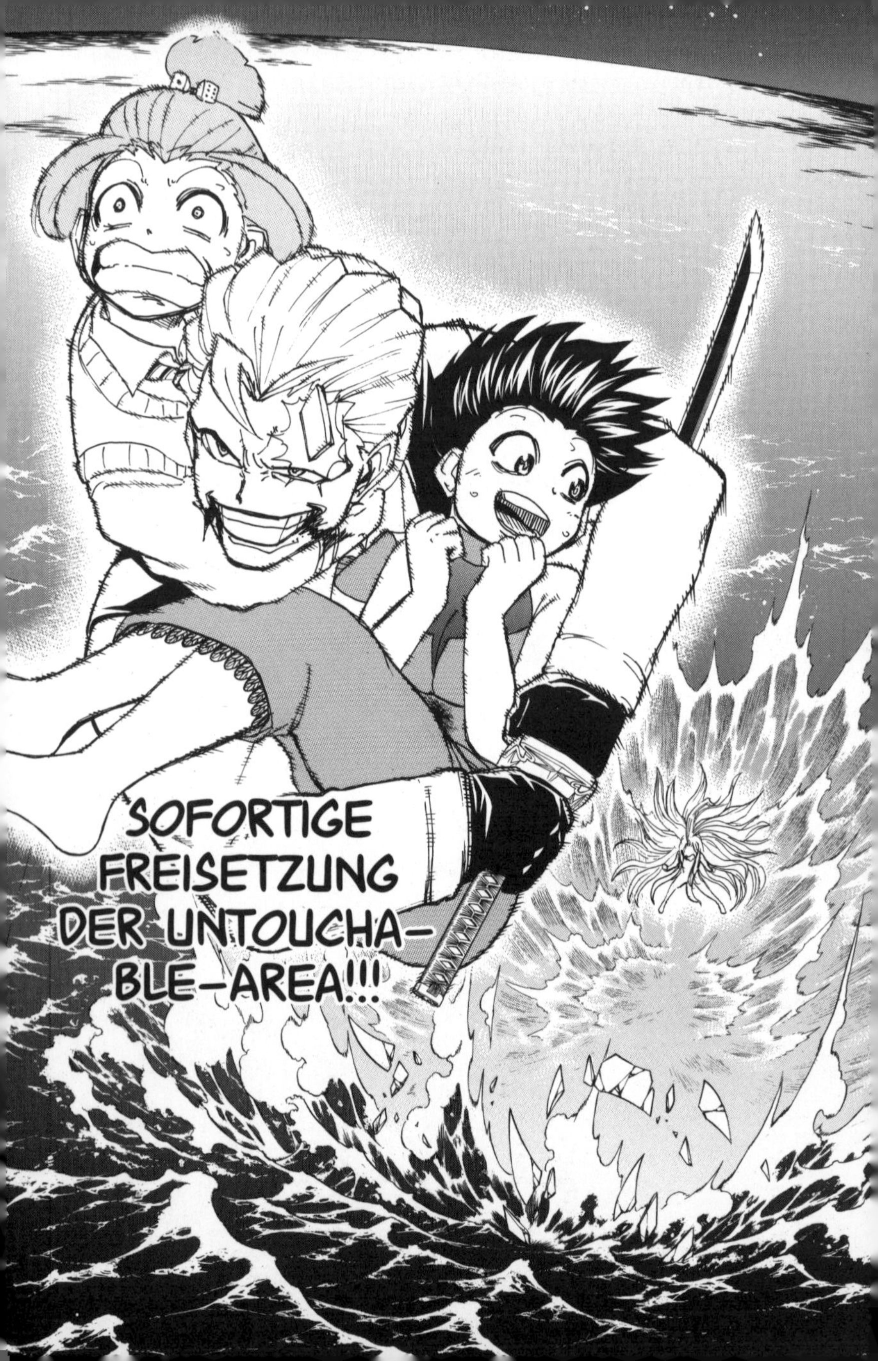
SOFORTIGE FREISETZUNG DER UNTOUCHA-BLE-AREA!!!

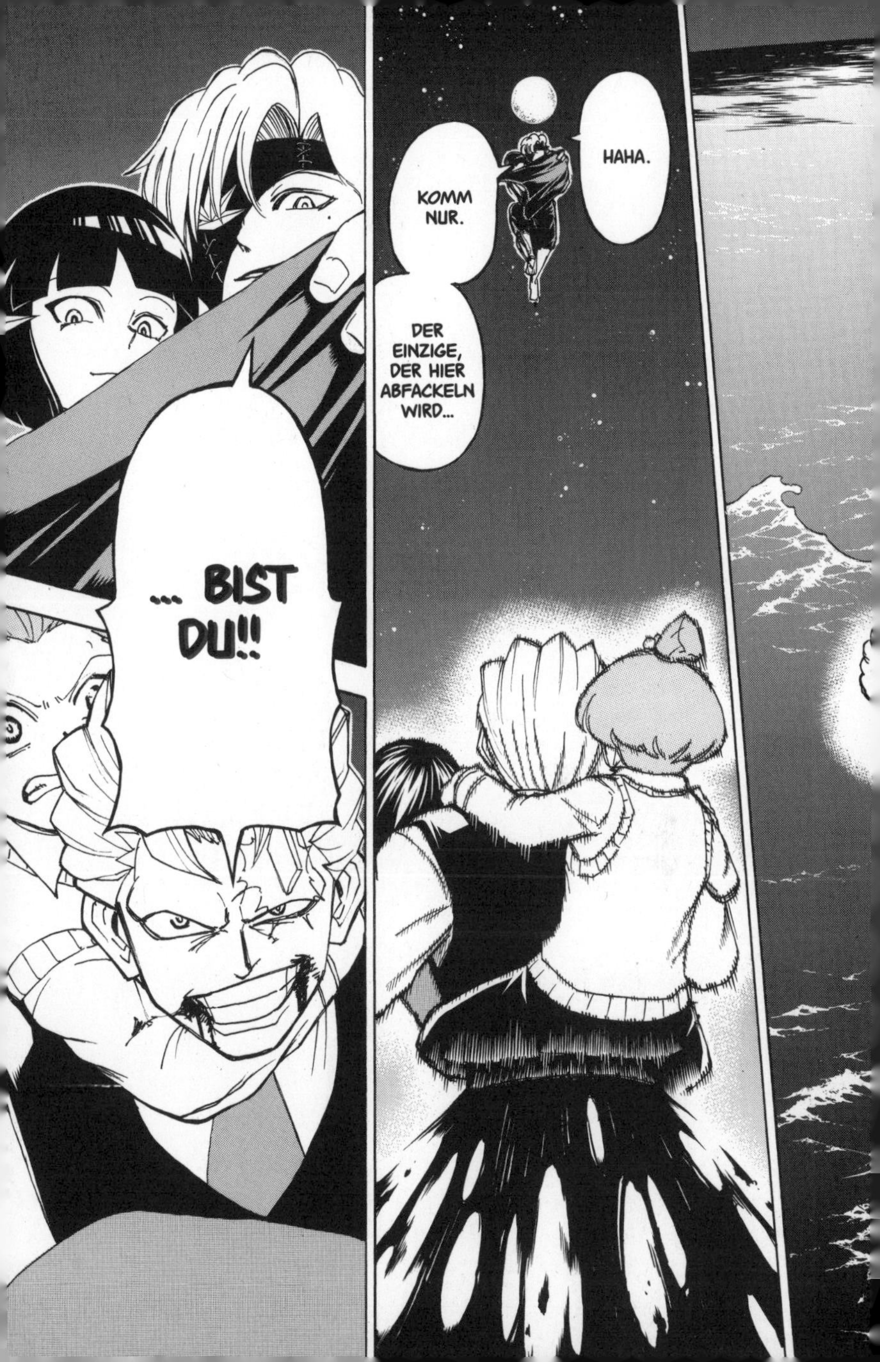
HAHA.
KOMM NUR.
DER EINZIGE, DER HIER ABFACKELN WIRD...
... BIST DU!!

OBWOHL WIR NOCH NICHT ALLES ÜBER IHRE FÄHIGKEITEN WISSEN, HABE ICH MICH ENTSCHIEDEN, IHRE STECKBRIEFE HIER MIT ANZUFÜHREN, DA SIE RELATIV HÄUFIG IN DER GESCHICHTE AUFTAUCHEN.

RIP

ALTER: EIN JAHR JÜNGER ALS LATLA

GRÖSSE: 1,80 METER ODER SO? WIE GROSS WAR ER GLEICH WIEDER? (JETZT IST ER VIELLEICHT SO 1,40 METER)

GEWICHT: GENAUSO SCHWER WIE LATLA *PATSCH* (GERÄUSCH EINER OHRFEIGE)

HOBBIES: AUGENKLAPPEN UND MESSER SAMMELN. LATLA ÄRGERN.

BESONDERE FÄHIGKEIT: SEZIEREN, NÄHEN, KOCHEN LIEBLINGSGERICHT: PASTA

LATLA

ALTER: ÄLTER ALS RIP

GRÖSSE: 1,70 METER ODER SO ÄHNLICH MÜSSTEN ES SEIN

GEWICHT: WILLST DU STERBEN?

HOBBIES: KRISTALLE SAMMELN (OFTMALS GEGENSTÄNDE, DIE RIP IHR SCHENKT, WEIL ER SAGT, DASS SIE IHR GUT STEHEN WÜRDEN)

BESONDERE FÄHIGKEIT: WAHRSAGEN

LIEBLINGSGERICHTE: RIPS SPAGHETTI BOLOGNESE (HAT ES IHM ABER NOCH NIE GESAGT, WEIL ER MIT LOB NICHT SO GUT UMGEHEN KANN. ER ENTWICKELT DANN OFT EINEN EGO-ÜBERFLUG)

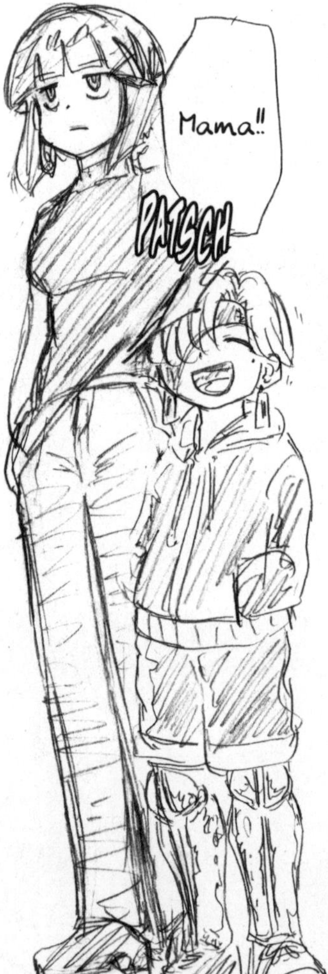

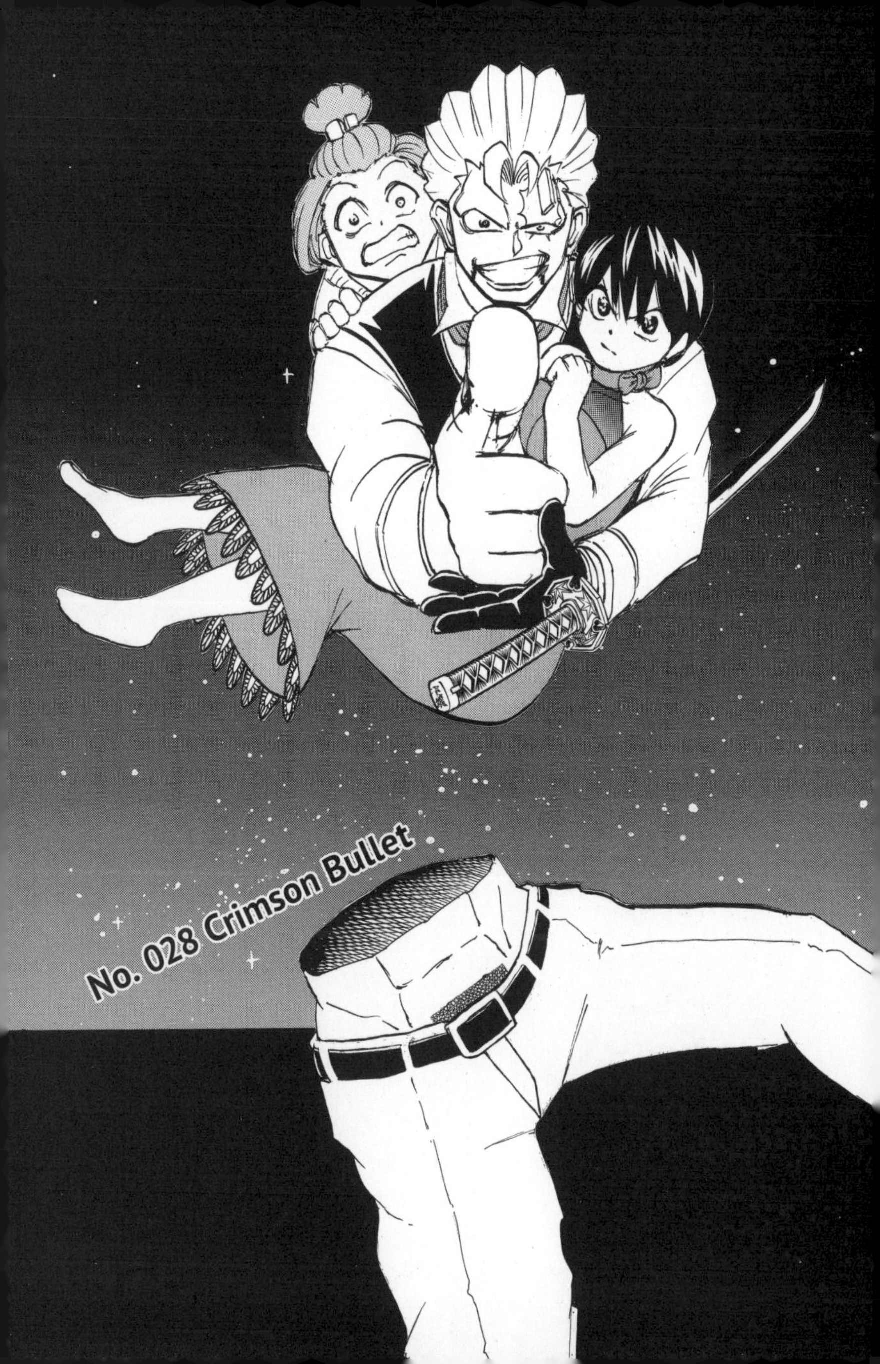
No. 028 Crimson Bullet

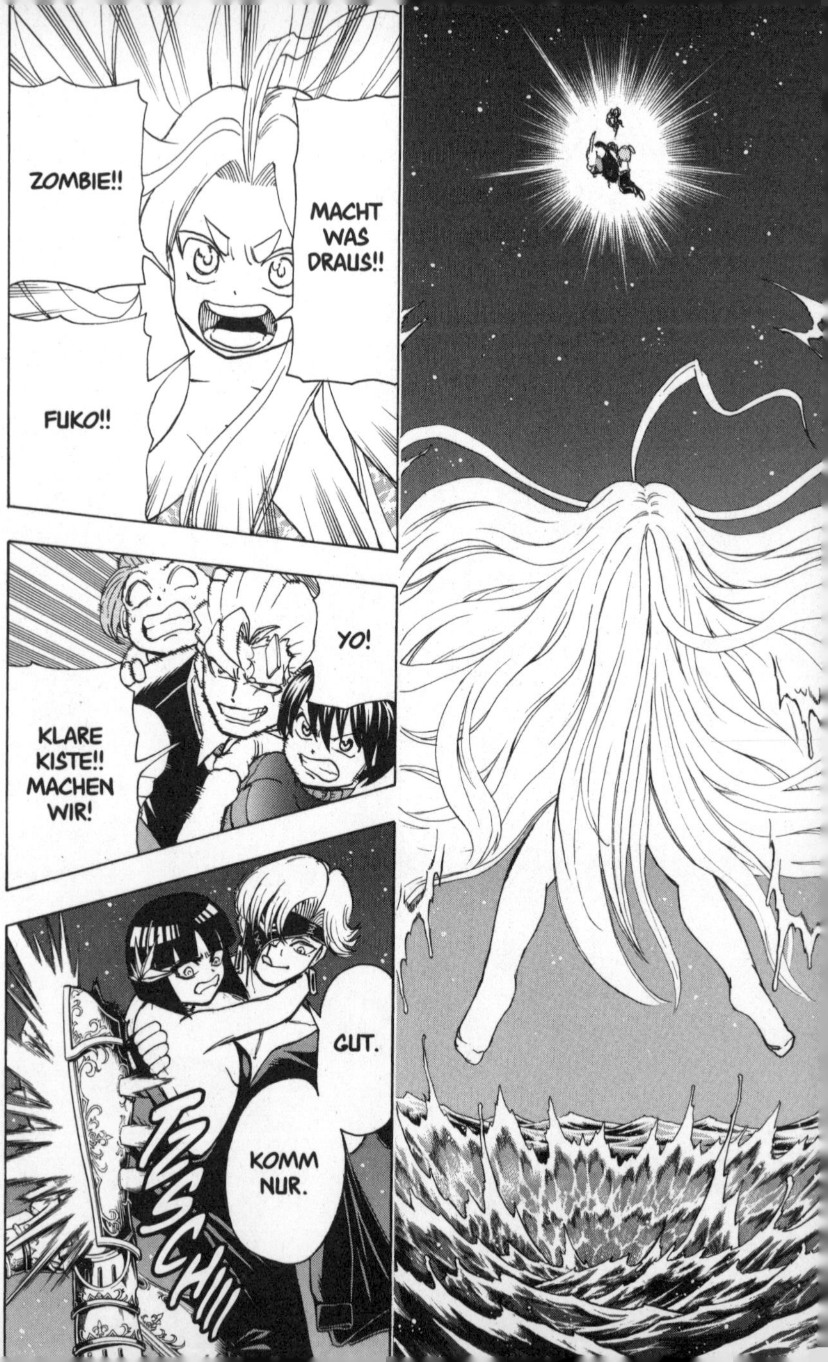
MACHT WAS DRAUS!!
ZOMBIE!!
FUKO!!
YO!
KLARE KISTE!! MACHEN WIR!
GUT.
KOMM NUR.
ZWSCH!!!

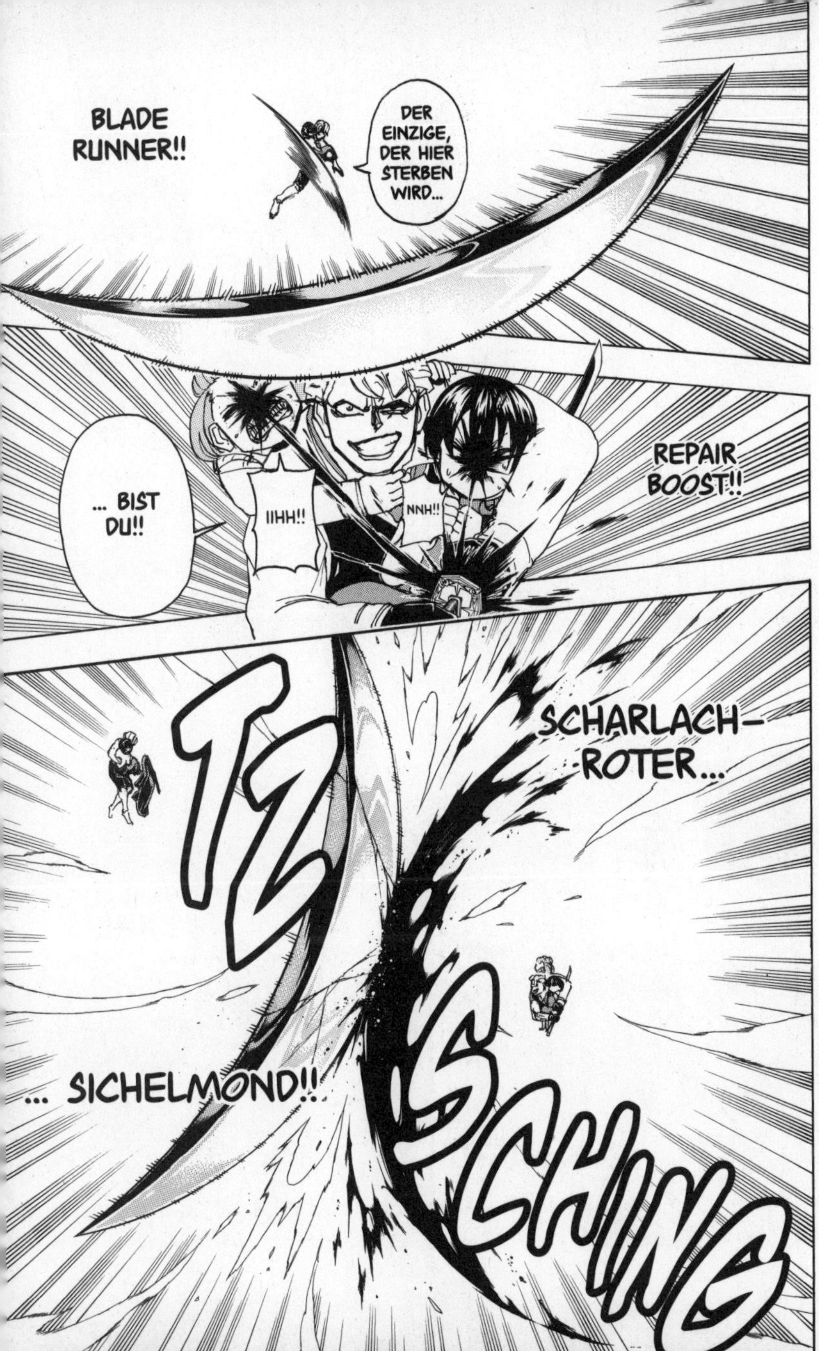
DER EINZIGE, DER HIER STERBEN WIRD...
BLADE RUNNER!!
REPAIR BOOST!!
NNH!!
IIHH!!
... BIST DU!!
SCHARLACH-ROTER...
... SICHELMOND!!
TZSCHING

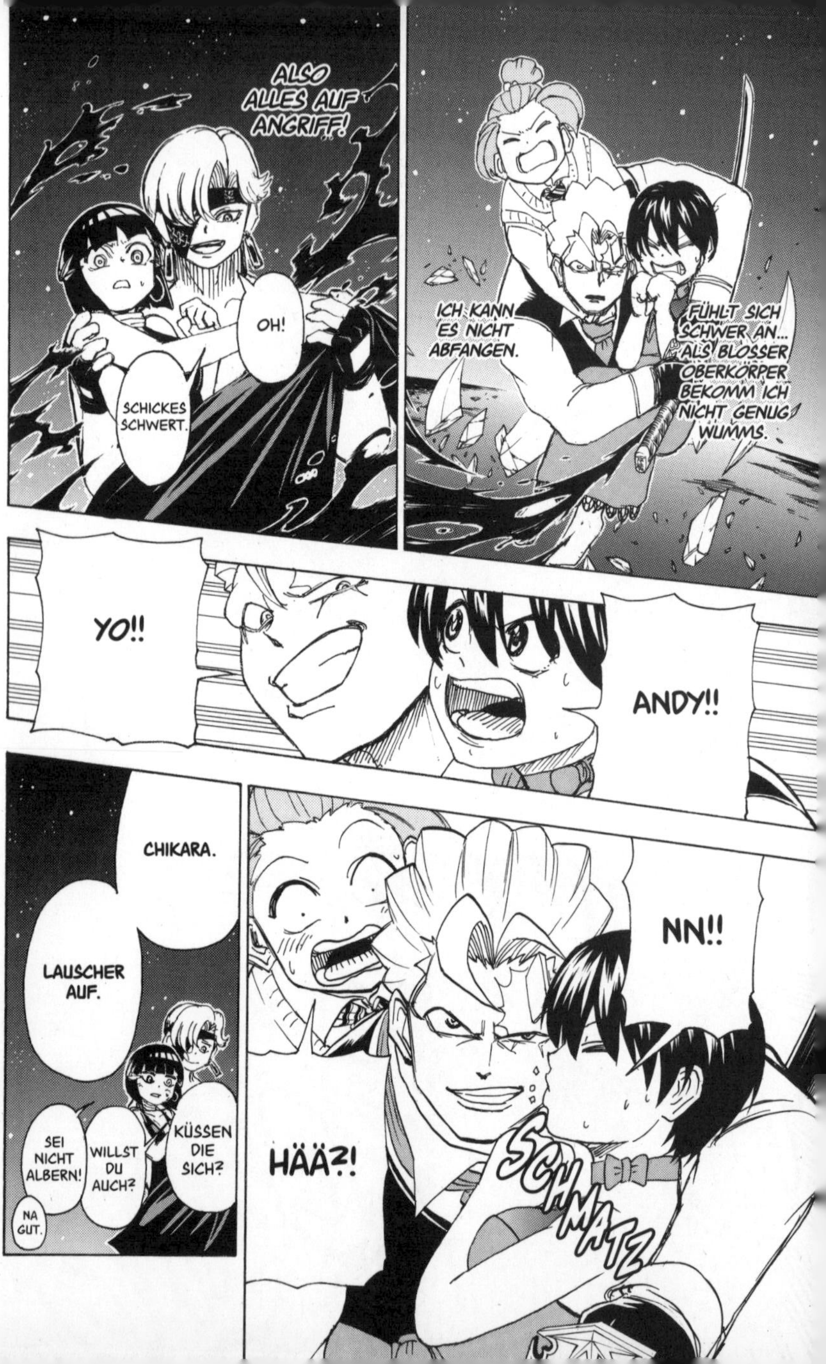
ICH KANN ES NICHT ABFANGEN.
FÜHLT SICH SCHWER AN... ALS BLOSSER OBERKÖRPER BEKOMM ICH NICHT GENUG WUMMS.
ALSO ALLES AUF ANGRIFF!
OH!
SCHICKES SCHWERT.
ANDY!!
YO!!
NN!!
SCHMATZ
HÄÄ?!
CHIKARA.
LAUSCHER AUF.
KÜSSEN DIE SICH?
WILLST DU AUCH?
SEI NICHT ALBERN!
NA GUT.

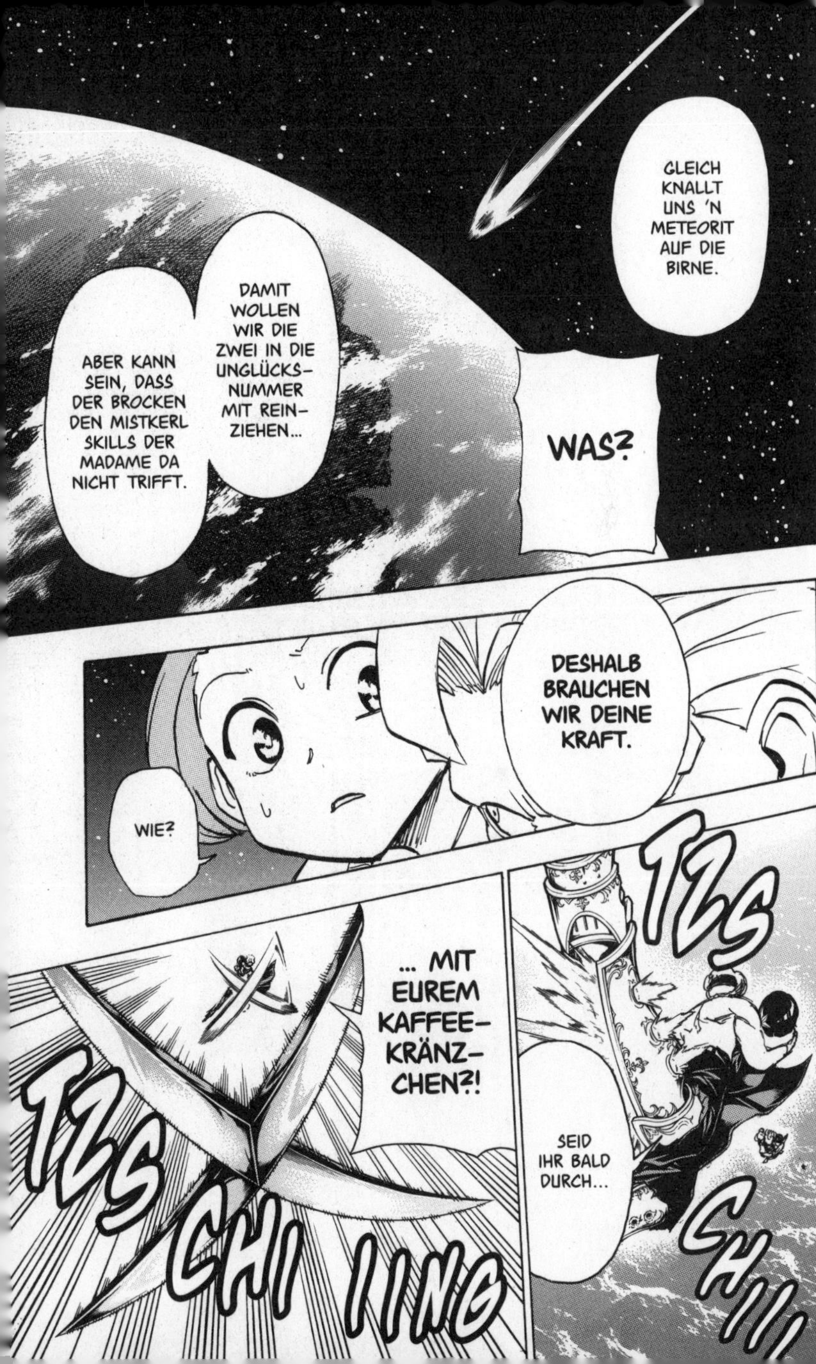
GLEICH KNALLT UNS 'N METEORIT AUF DIE BIRNE.
WAS?
DAMIT WOLLEN WIR DIE ZWEI IN DIE UNGLÜCKS-NUMMER MIT REIN-ZIEHEN...
ABER KANN SEIN, DASS DER BROCKEN DEN MISTKERL SKILLS DER MADAME DA NICHT TRIFFT.
DESHALB BRAUCHEN WIR DEINE KRAFT.
WIE?
TZS
CHIII
SEID IHR BALD DURCH...
... MIT EUREM KAFFEE-KRÄNZCHEN?!
TZS CHI IING

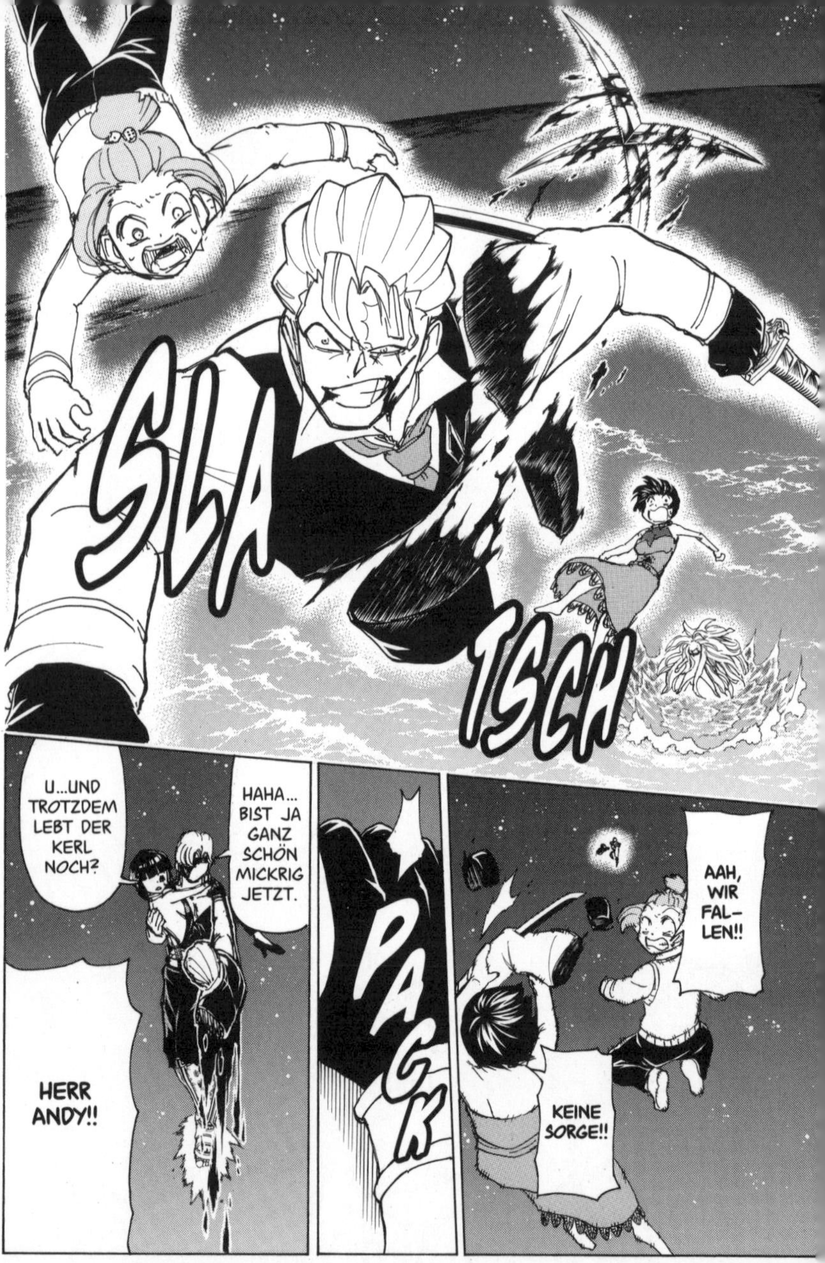
SLATSCH
AAH, WIR FAL-LEN!!
KEINE SORGE!!
PACK
HAHA... BIST JA GANZ SCHÖN MICKRIG JETZT.
U...UND TROTZDEM LEBT DER KERL NOCH?
HERR ANDY!!

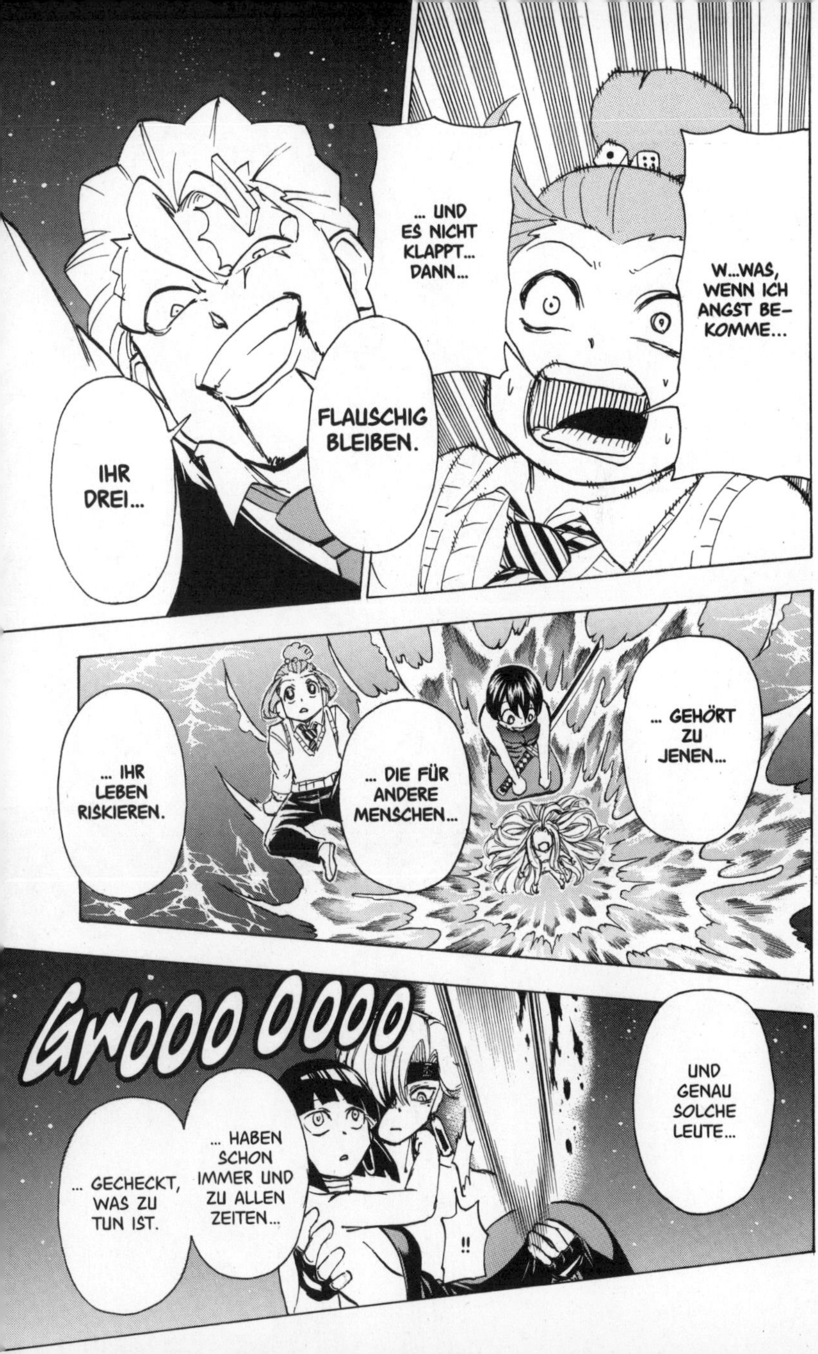
W...WAS, WENN ICH ANGST BE-KOMME...
... UND ES NICHT KLAPPT... DANN...
FLAUSCHIG BLEIBEN.
IHR DREI...
... GEHÖRT ZU JENEN...
... DIE FÜR ANDERE MENSCHEN...
... IHR LEBEN RISKIEREN.
GWOOO OOOO
UND GENAU SOLCHE LEUTE...
!!
... HABEN SCHON IMMER UND ZU ALLEN ZEITEN...
... GECHECKT, WAS ZU TUN IST.

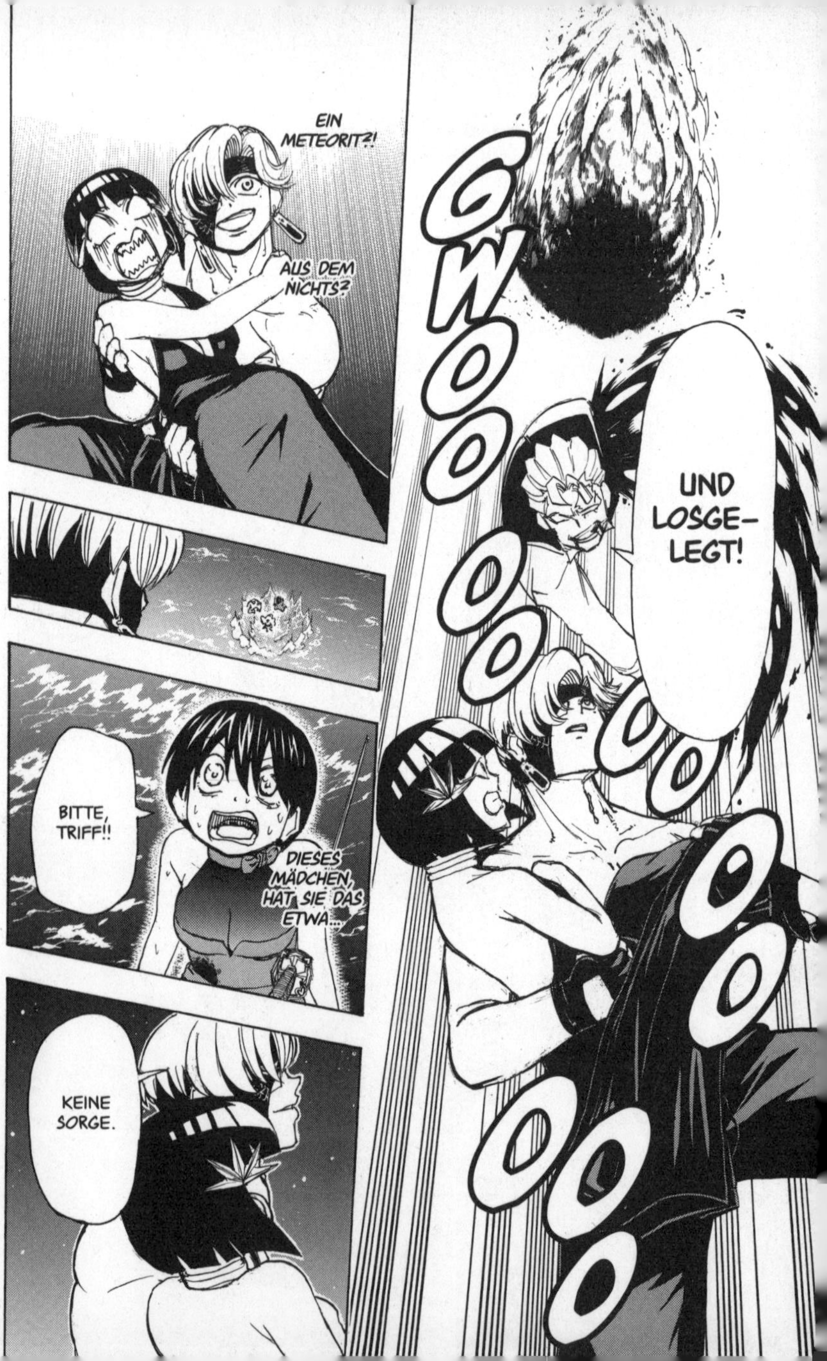

GWOOOOOOOOOOOOOOOO
UND LOSGE-LEGT!
EIN METEORIT?!
AUS DEM NICHTS?
BITTE, TRIFF!!
DIESES MÄDCHEN, HAT SIE DAS ETWA...
KEINE SORGE.

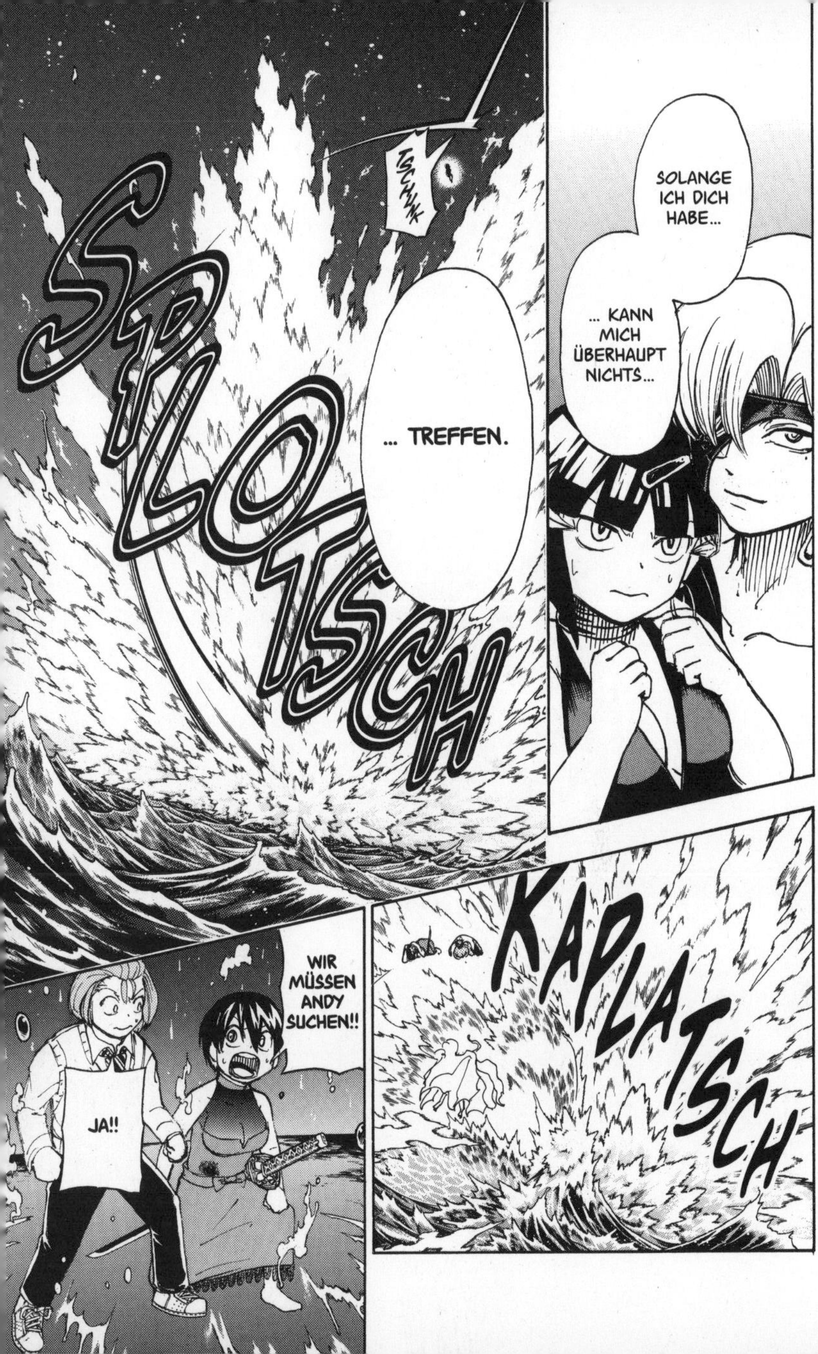
SOLANGE ICH DICH HABE...
... KANN MICH ÜBERHAUPT NICHTS...
... TREFFEN.
TSCHUNK
SPLOTSCH
KAPLATSCH
WIR MÜSSEN ANDY SUCHEN!!
JA!!

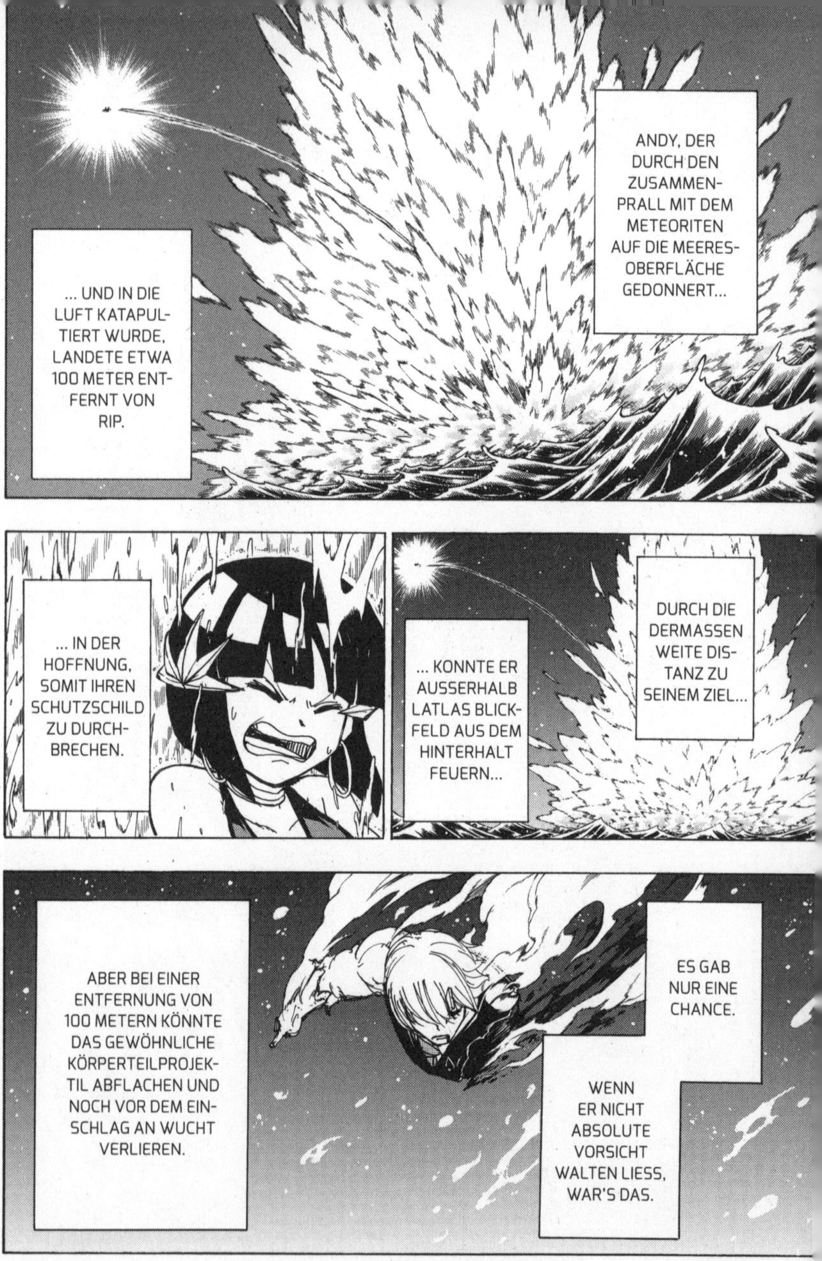
ANDY, DER DURCH DEN ZUSAMMEN-PRALL MIT DEM METEORITEN AUF DIE MEERES-OBERFLÄCHE GEDONNERT...
... UND IN DIE LUFT KATAPUL-TIERT WURDE, LANDETE ETWA 100 METER ENT-FERNT VON RIP.
DURCH DIE DERMASSEN WEITE DIS-TANZ ZU SEINEM ZIEL...
... KONNTE ER AUSSERHALB LATLAS BLICK-FELD AUS DEM HINTERHALT FEUERN...
... IN DER HOFFNUNG, SOMIT IHREN SCHUTZSCHILD ZU DURCH-BRECHEN.
ES GAB NUR EINE CHANCE.
WENN ER NICHT ABSOLUTE VORSICHT WALTEN LIESS, WAR'S DAS.
ABER BEI EINER ENTFERNUNG VON 100 METERN KÖNNTE DAS GEWÖHNLICHE KÖRPERTEILPROJEK-TIL ABFLACHEN UND NOCH VOR DEM EIN-SCHLAG AN WUCHT VERLIEREN.

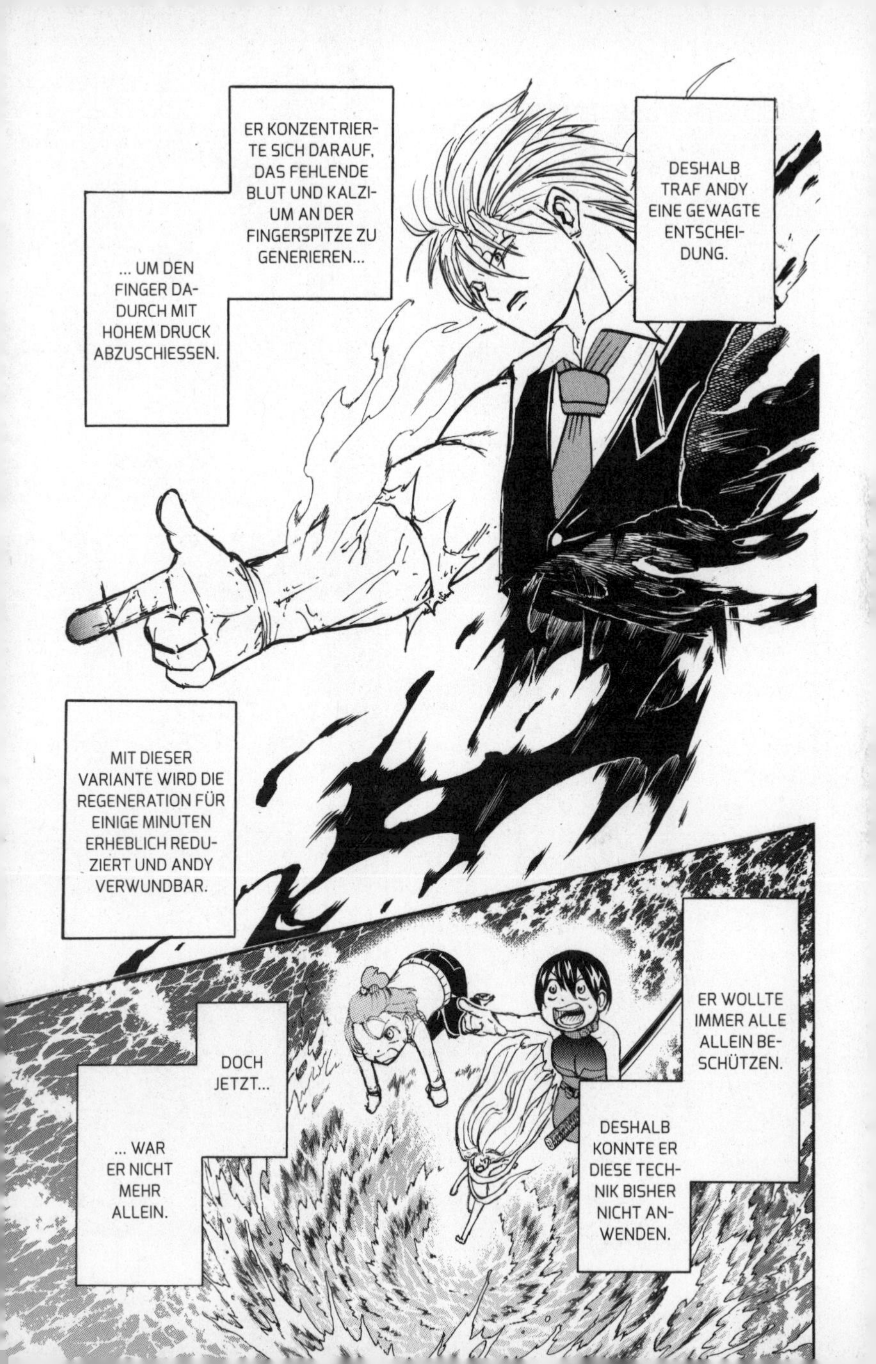
DESHALB TRAF ANDY EINE GEWAGTE ENTSCHEIDUNG.
ER KONZENTRIERTE SICH DARAUF, DAS FEHLENDE BLUT UND KALZIUM AN DER FINGERSPITZE ZU GENERIEREN...
... UM DEN FINGER DADURCH MIT HOHEM DRUCK ABZUSCHIESSEN.
MIT DIESER VARIANTE WIRD DIE REGENERATION FÜR EINIGE MINUTEN ERHEBLICH REDUZIERT UND ANDY VERWUNDBAR.
ER WOLLTE IMMER ALLE ALLEIN BESCHÜTZEN.
DESHALB KONNTE ER DIESE TECHNIK BISHER NICHT ANWENDEN.
DOCH JETZT...
... WAR ER NICHT MEHR ALLEIN.

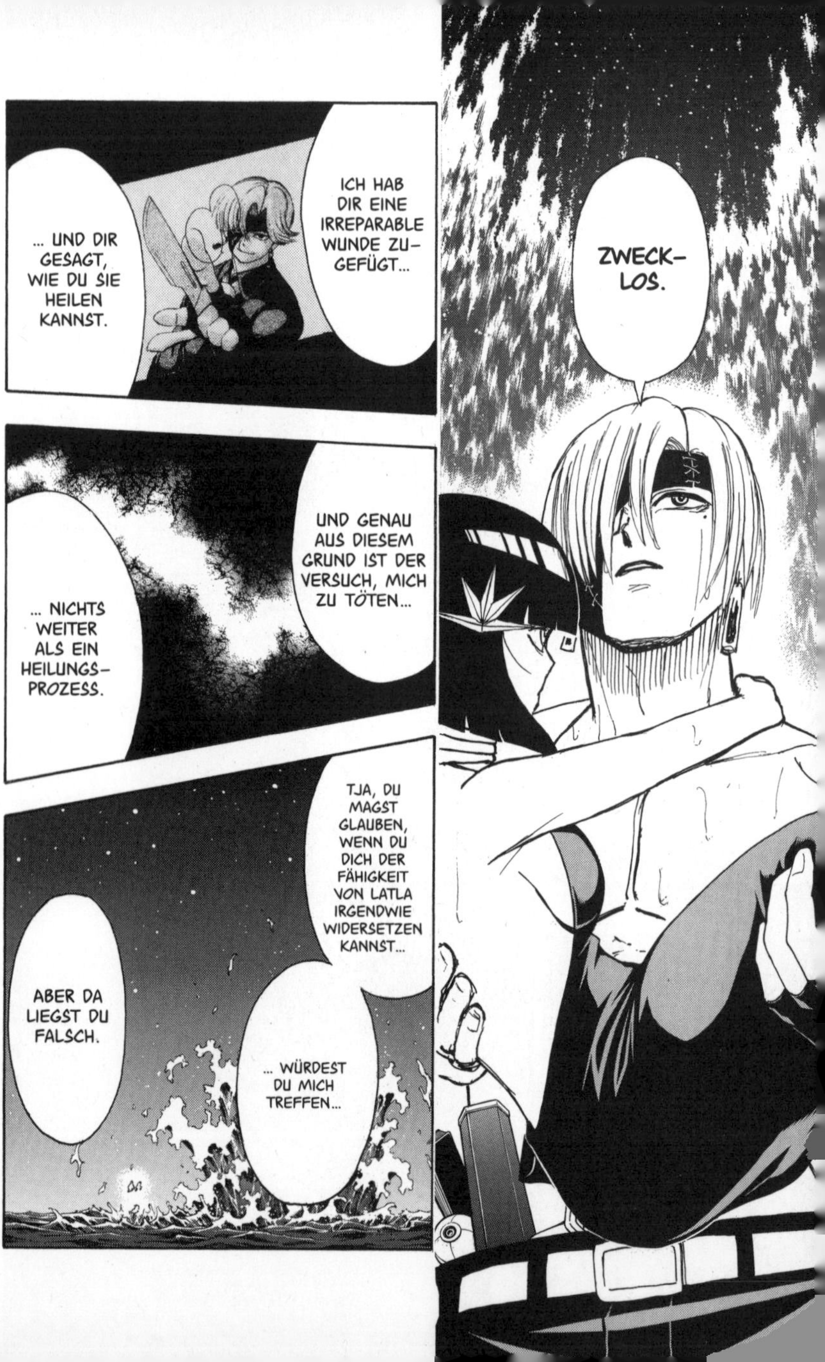
ZWECK-LOS.
ICH HAB DIR EINE IRREPARABLE WUNDE ZU-GEFÜGT...
... UND DIR GESAGT, WIE DU SIE HEILEN KANNST.
UND GENAU AUS DIESEM GRUND IST DER VERSUCH, MICH ZU TÖTEN...
... NICHTS WEITER ALS EIN HEILUNGS-PROZESS.
TJA, DU MAGST GLAUBEN, WENN DU DICH DER FÄHIGKEIT VON LATLA IRGENDWIE WIDERSETZEN KANNST...
... WÜRDEST DU MICH TREFFEN...
ABER DA LIEGST DU FALSCH.

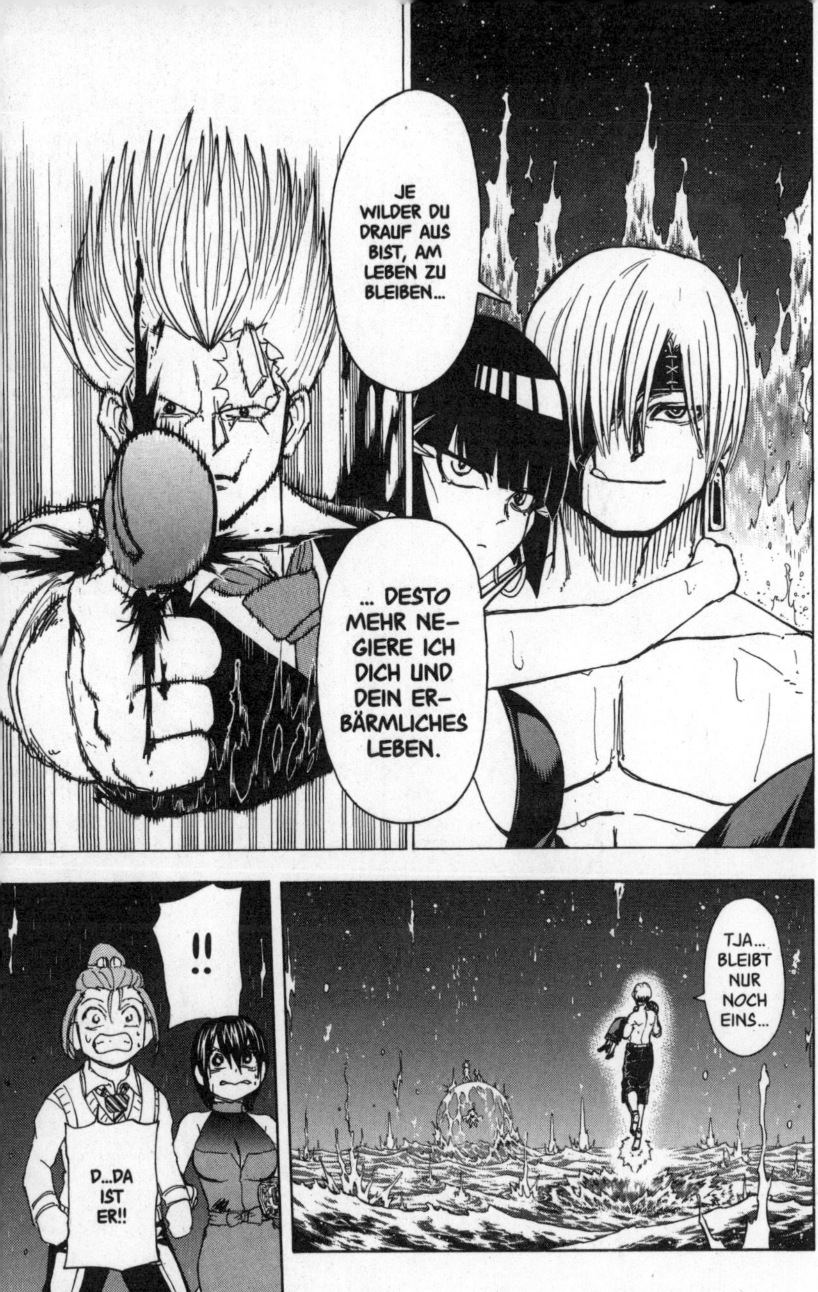
JE WILDER DU DRAUF AUS BIST, AM LEBEN ZU BLEIBEN...
... DESTO MEHR NE-GIERE ICH DICH UND DEIN ER-BÄRMLICHES LEBEN.
TJA... BLEIBT NUR NOCH EINS...
!!
D...DA IST ER!!

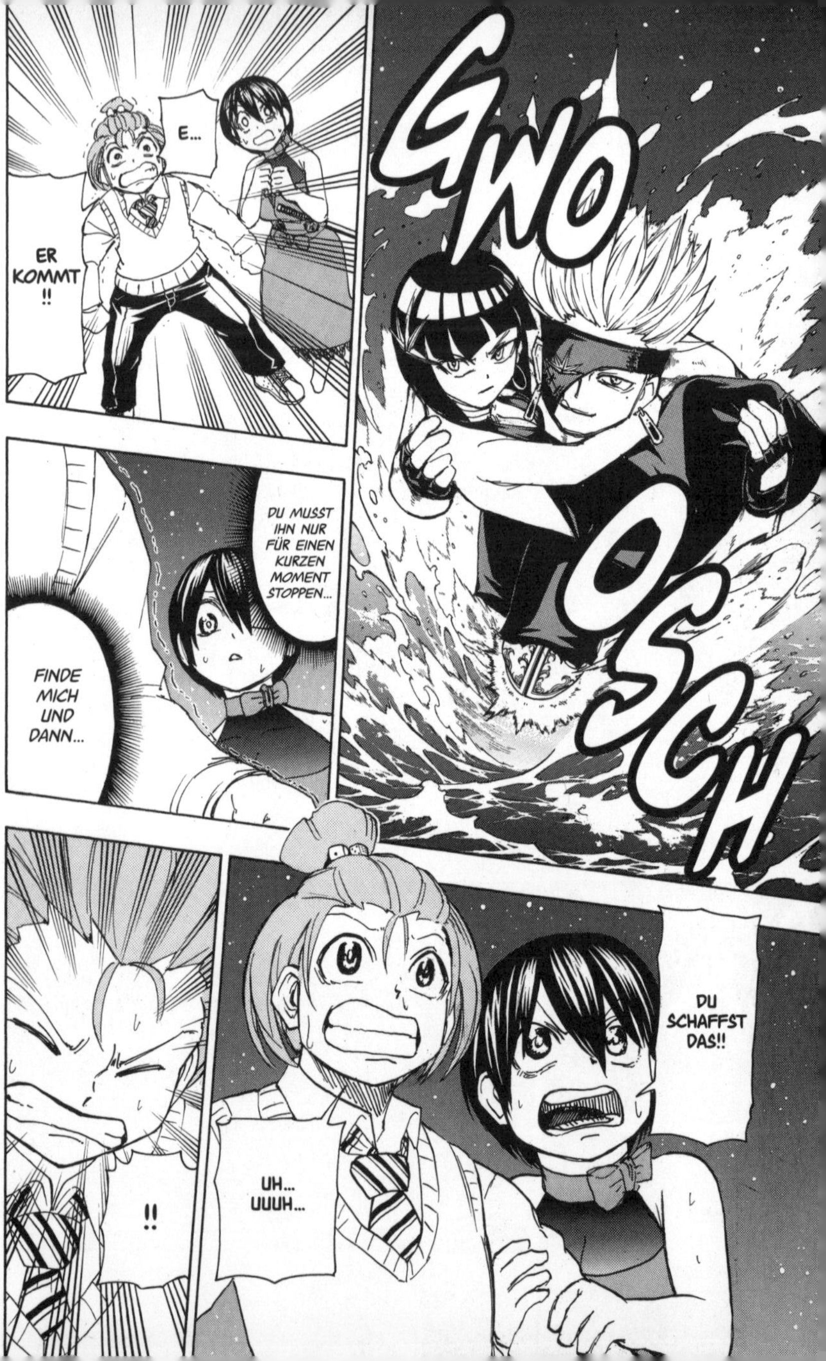
GWOOSCH
E...
ER KOMMT !!
DU MUSST IHN NUR FÜR EINEN KURZEN MOMENT STOPPEN...
FINDE MICH UND DANN...
DU SCHAFFST DAS!!
UH... UUUH...
!!

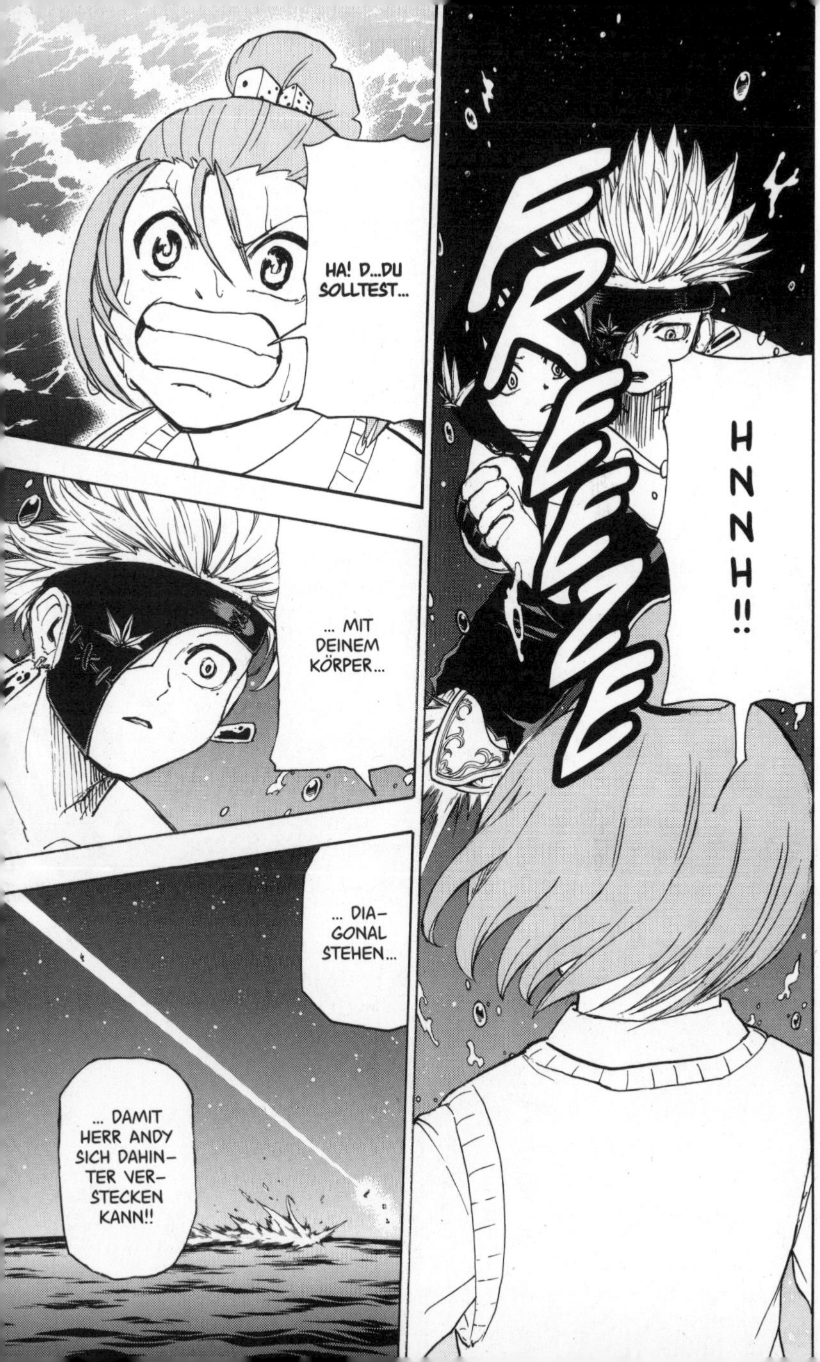
HNNH!!
HA! D...DU SOLLTEST...
... MIT DEINEM KÖRPER...
... DIA-GONAL STEHEN...
... DAMIT HERR ANDY SICH DAHIN-TER VER-STECKEN KANN!!

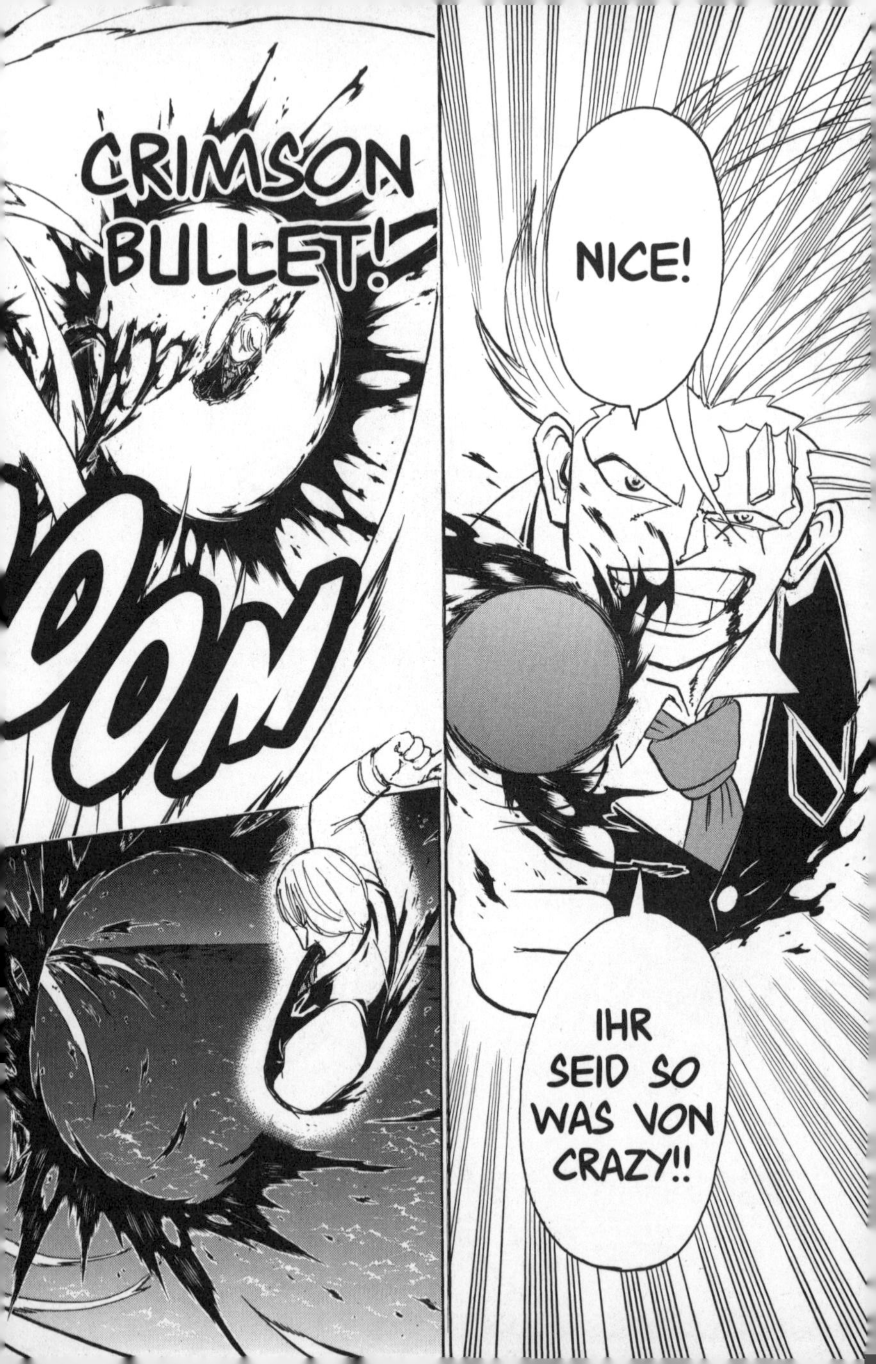
NICE!
IHR SEID SO WAS VON CRAZY!!
CRIMSON BULLET!

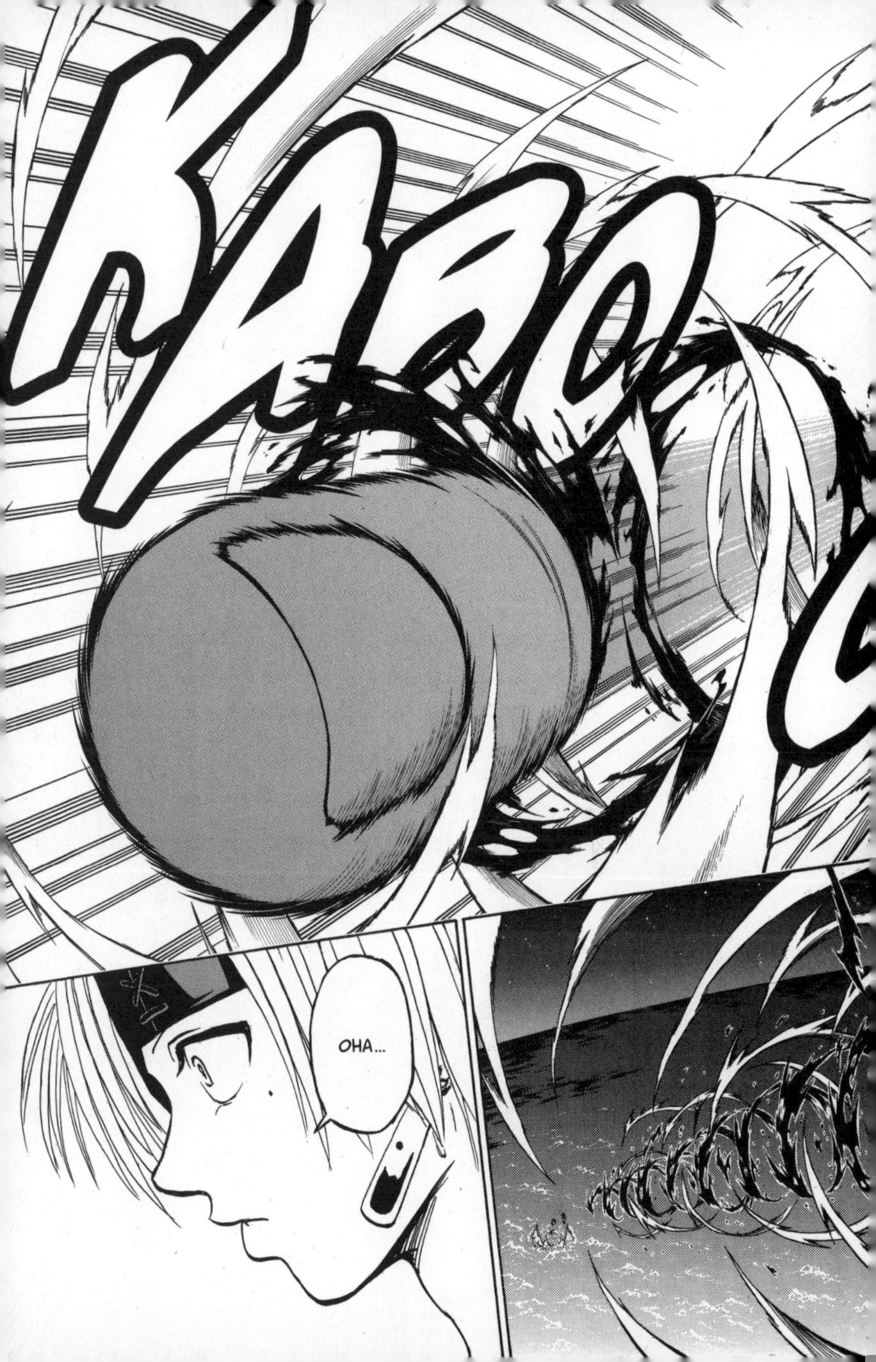
OHA...

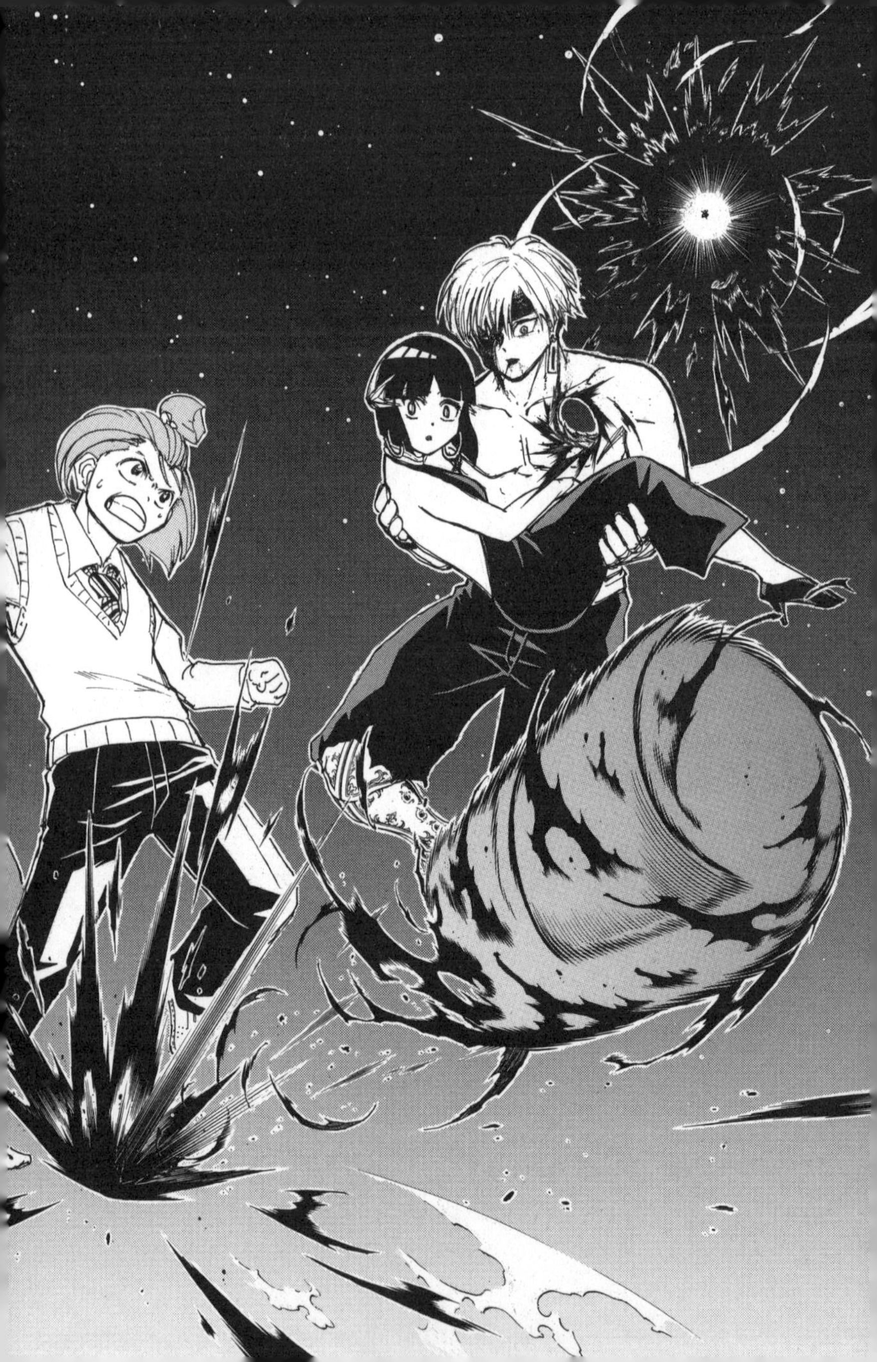

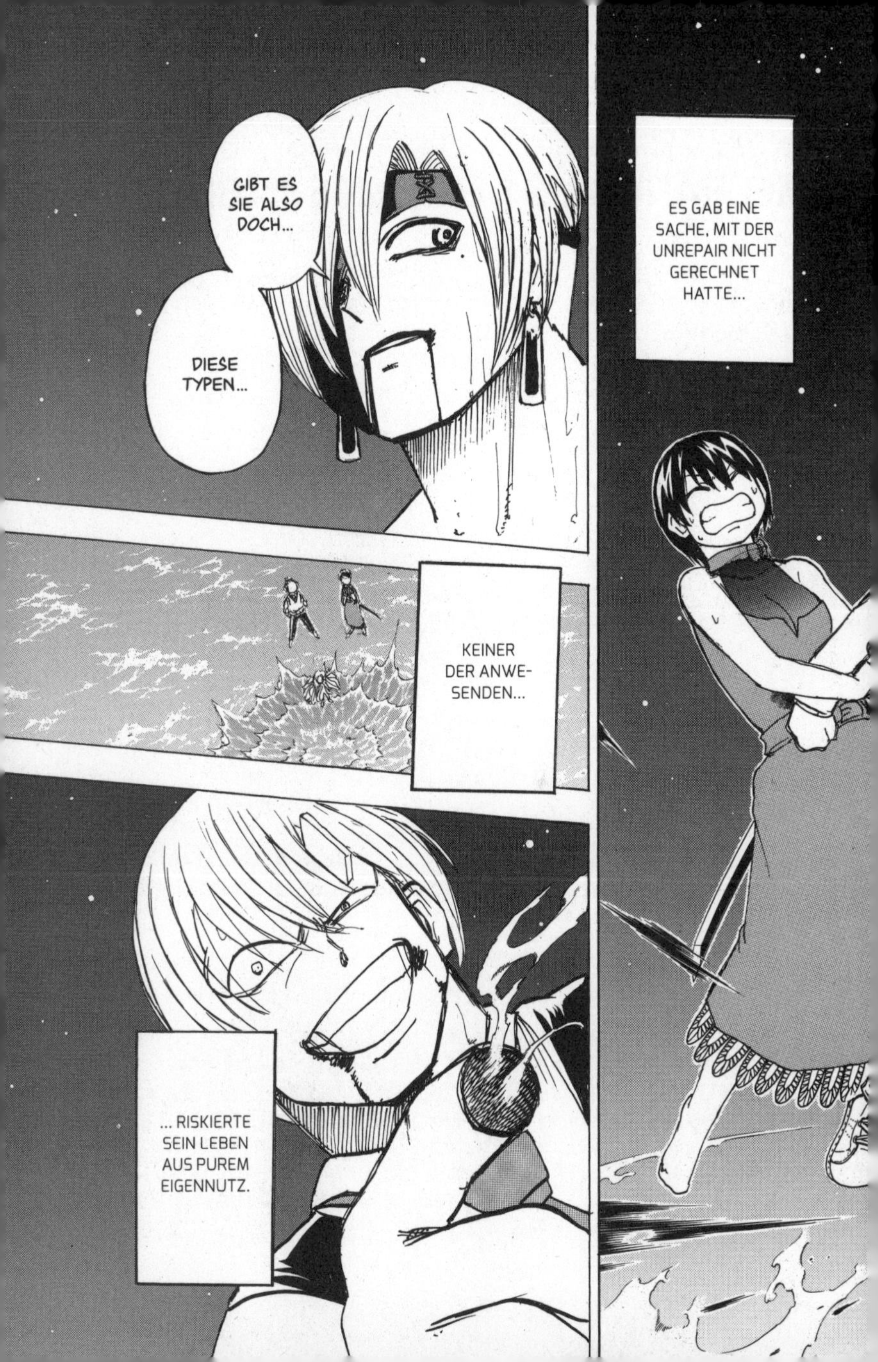
ES GAB EINE SACHE, MIT DER UNREPAIR NICHT GERECHNET HATTE...
GIBT ES SIE ALSO DOCH...
DIESE TYPEN...
KEINER DER ANWE-SENDEN...
... RISKIERTE SEIN LEBEN AUS PUREM EIGENNUTZ.

MECHANISMUS DER CRIMSON BULLET

IM GEGENSATZ ZUR GÄNGIGEN VARIANTE DES FINGERPROJEKTILS VERWENDET DIE CRIMSON BULLET DIE REGENERATIONSFÄHIGKEIT DES BLUTES ANSTATT DES FLEISCHES FÜR DEN ANTRIEB.

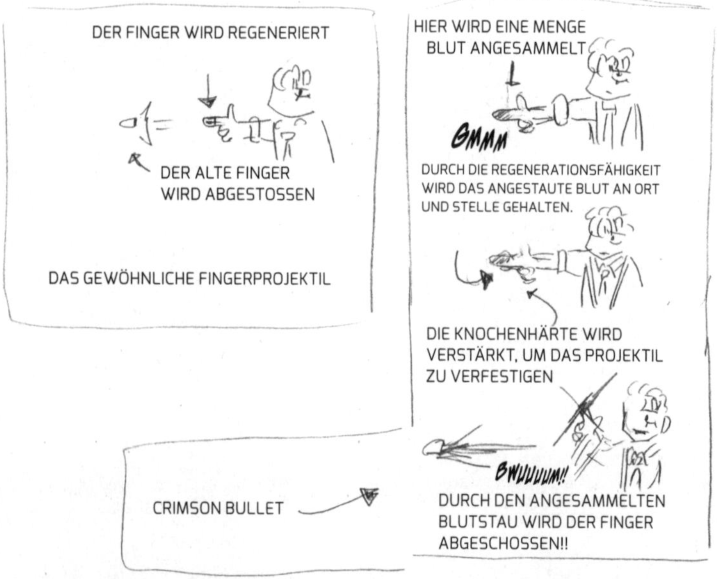

IHR NACHTEIL IST, DASS SIE ANDYS REGENERATIONSFÄHIGKEIT VERLANGSAMT, ABER SIE IST DERZEIT DIE STÄRKSTE FINGERKUGEL, DIE ANDY EINSETZEN KANN. WENN DIE REGENERATIONSVERZÖGERUNG NICHT WÄRE, KÖNNTE ER SIE VIEL EINFACHER VERWENDEN, DAHER SUCHT ER MOMENTAN NACH MÖGLICHKEITEN, SEINE REGENERATIONSFÄHIGKEITEN ZU STÄRKEN. NACHDEM ER VOM KAMPF ZWISCHEN VICTOR UND SHEN ERFAHREN HAT, SCHEINT ER NEUERDINGS SEINEN EIGENEN KAMPFSTIL NOCH MAL NEU ZU ÜBERDENKEN.

No. 029 UNDER

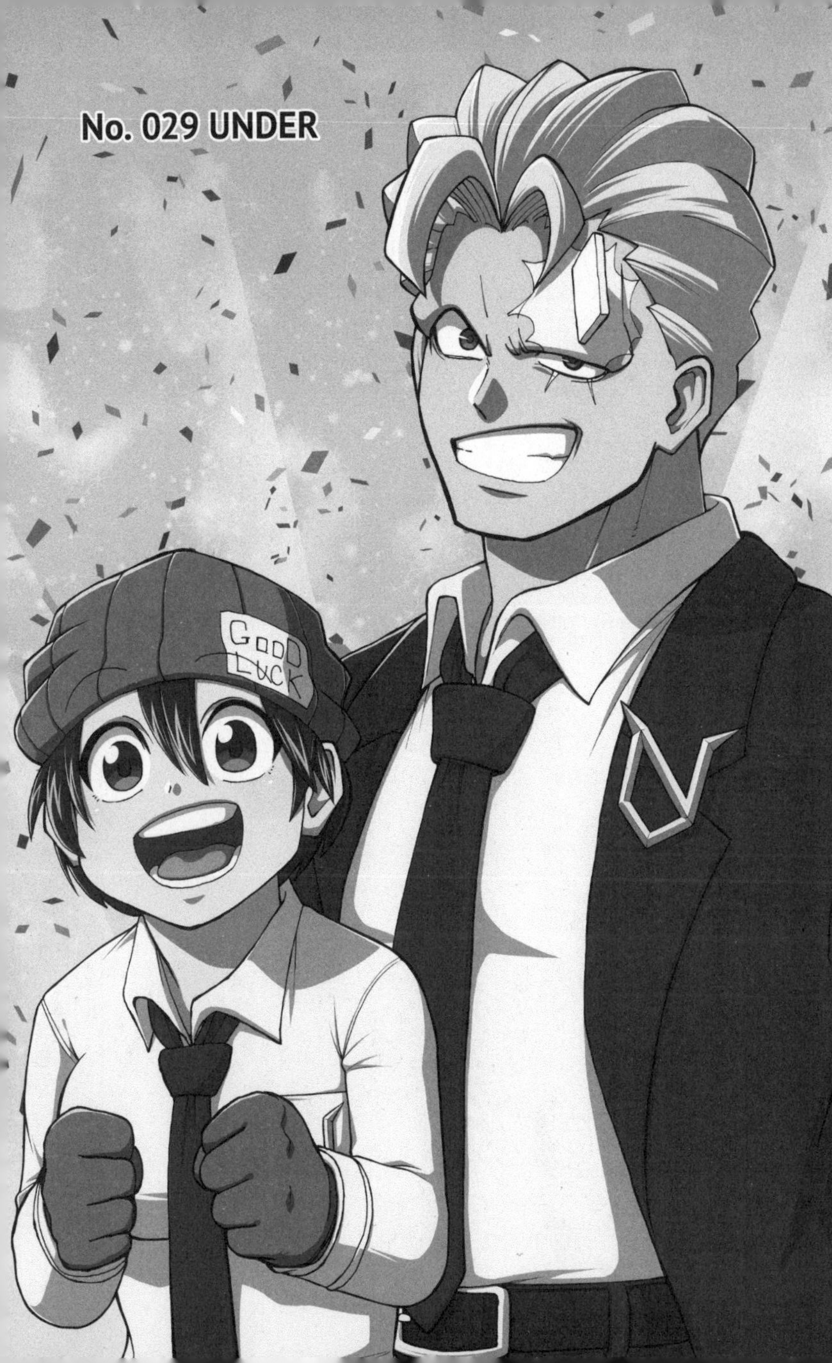

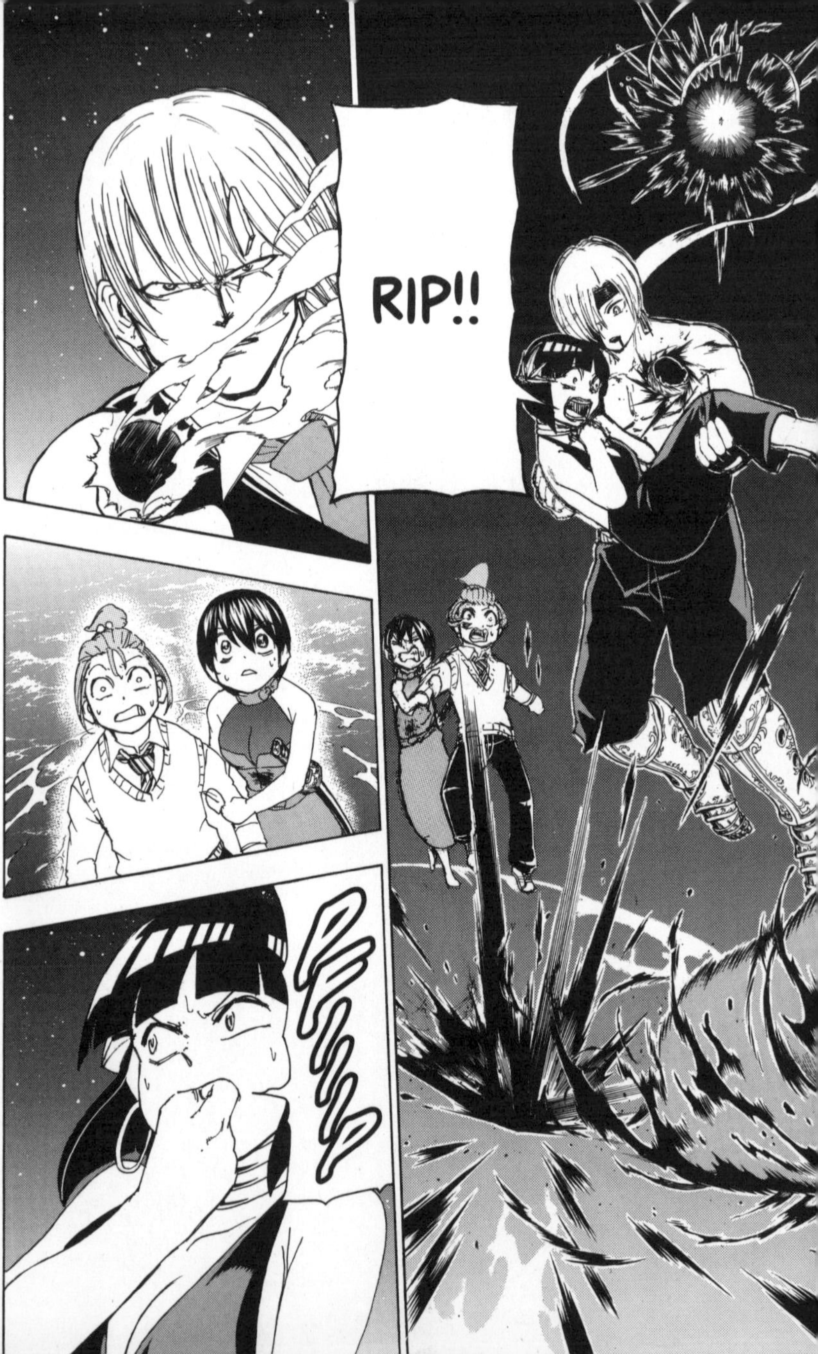
RIP!!

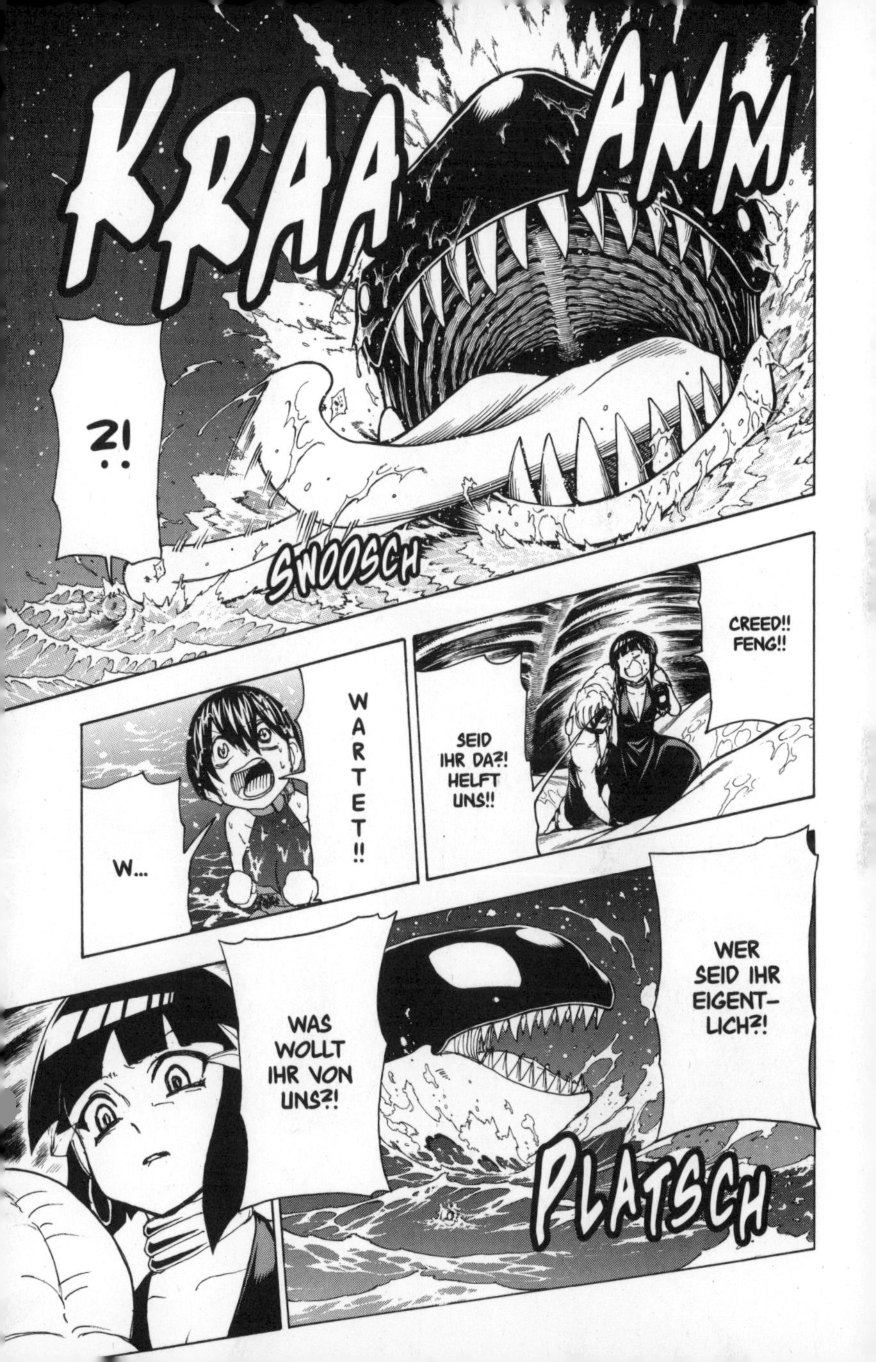
KRAA AMM
?!
SWOOSCH
CREED!! FENG!!
SEID IHR DA?! HELFT UNS!!
WARTET!!
W...
WER SEID IHR EIGENT-LICH?!
WAS WOLLT IHR VON UNS?!
PLATSCH

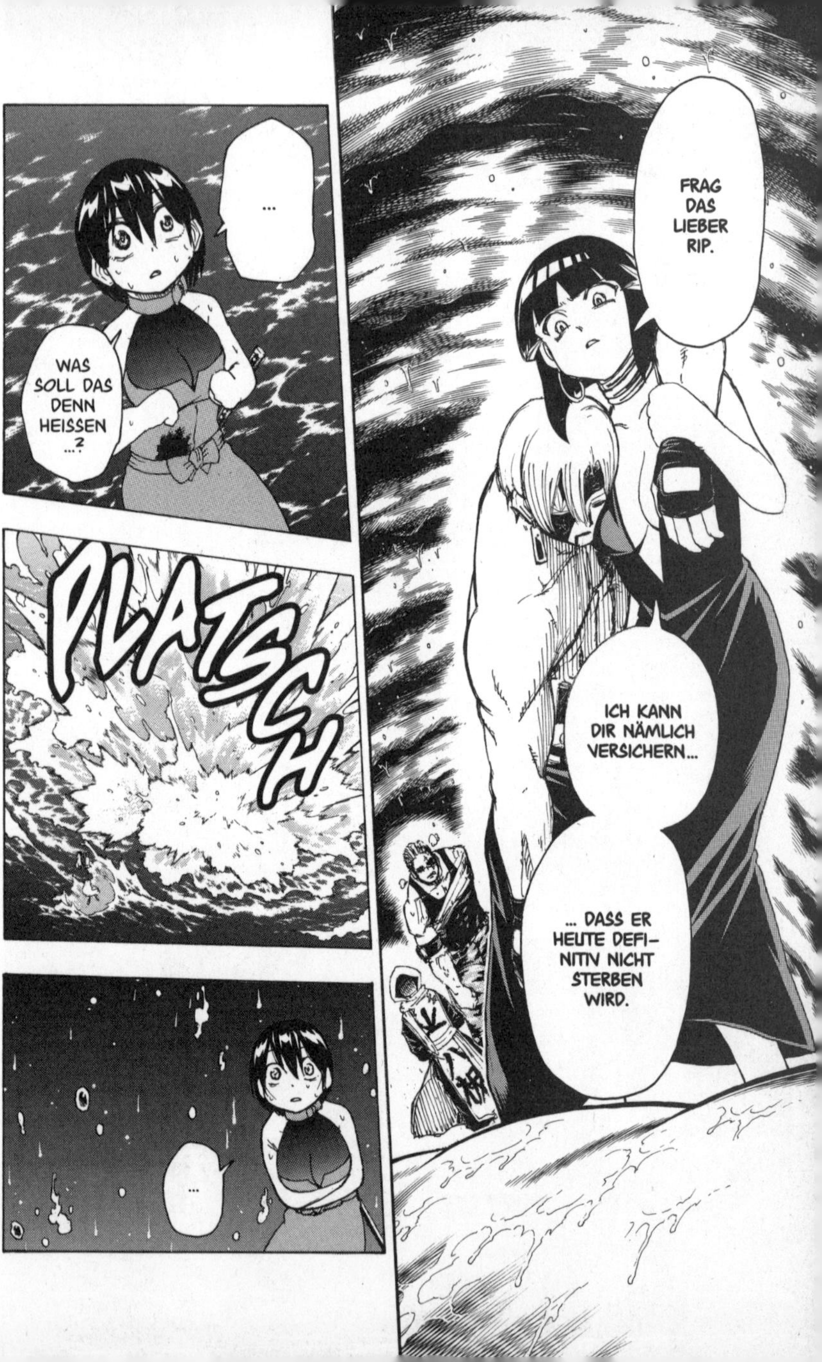
FRAG DAS LIEBER RIP.
ICH KANN DIR NÄMLICH VERSICHERN...
... DASS ER HEUTE DEFI-NITIV NICHT STERBEN WIRD.
...
WAS SOLL DAS DENN HEISSEN ...?
PLATSCH
...

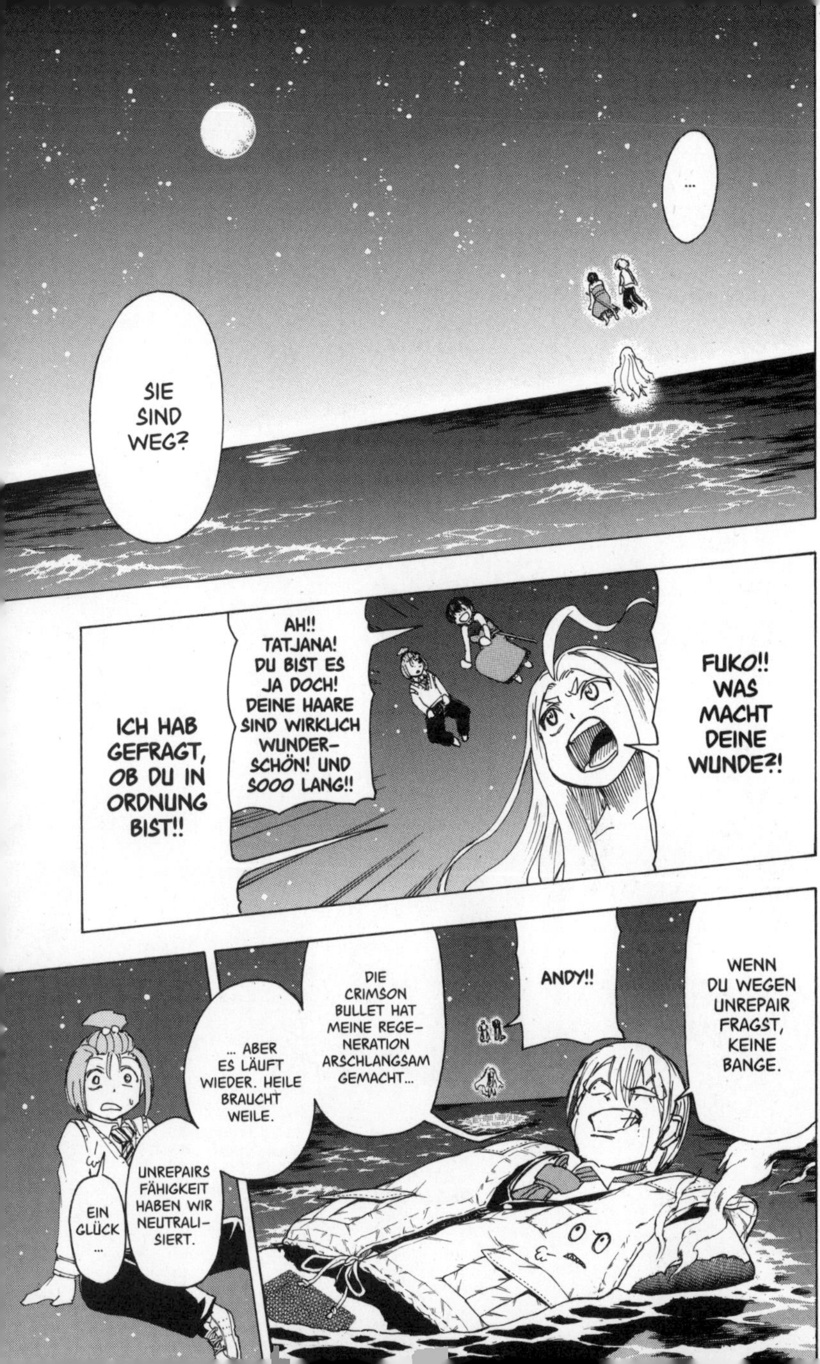
...
SIE SIND WEG?
FUKO!! WAS MACHT DEINE WUNDE?!
AH!! TATJANA! DU BIST ES JA DOCH! DEINE HAARE SIND WIRKLICH WUNDER-SCHÖN! UND SOOO LANG!!
ICH HAB GEFRAGT, OB DU IN ORDNUNG BIST!!
WENN DU WEGEN UNREPAIR FRAGST, KEINE BANGE.
ANDY!!
DIE CRIMSON BULLET HAT MEINE REGE-NERATION ARSCHLANGSAM GEMACHT...
... ABER ES LÄUFT WIEDER. HEILE BRAUCHT WEILE.
UNREPAIRS FÄHIGKEIT HABEN WIR NEUTRALI-SIERT.
EIN GLÜCK ...

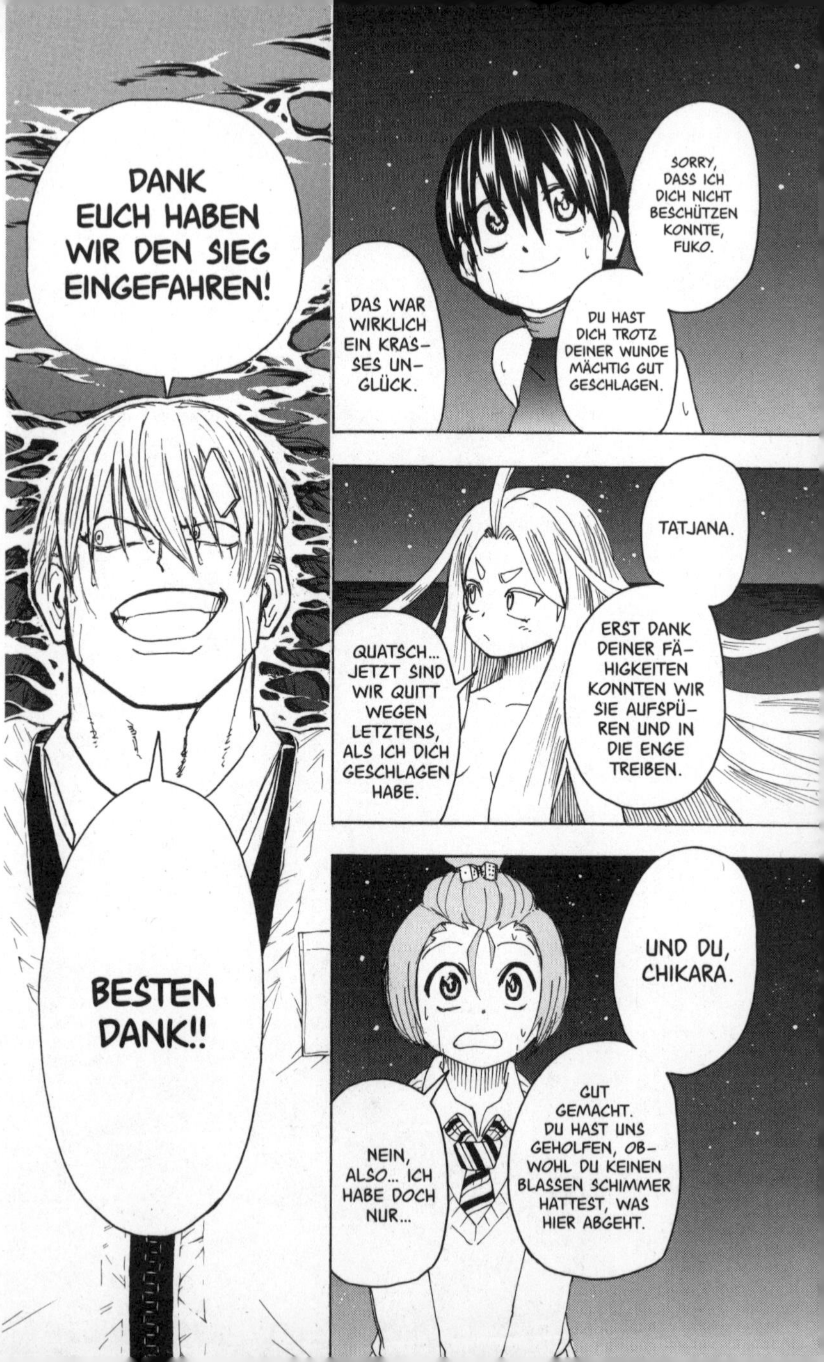
SORRY, DASS ICH DICH NICHT BESCHÜTZEN KONNTE, FUKO.
DU HAST DICH TROTZ DEINER WUNDE MÄCHTIG GUT GESCHLAGEN.
DAS WAR WIRKLICH EIN KRAS-SES UN-GLÜCK.
TATJANA.
ERST DANK DEINER FÄ-HIGKEITEN KONNTEN WIR SIE AUFSPÜ-REN UND IN DIE ENGE TREIBEN.
QUATSCH... JETZT SIND WIR QUITT WEGEN LETZTENS, ALS ICH DICH GESCHLAGEN HABE.
UND DU, CHIKARA.
GUT GEMACHT. DU HAST UNS GEHOLFEN, OB-WOHL DU KEINEN BLASSEN SCHIMMER HATTEST, WAS HIER ABGEHT.
NEIN, ALSO... ICH HABE DOCH NUR...
DANK EUCH HABEN WIR DEN SIEG EINGEFAHREN!
BESTEN DANK!!

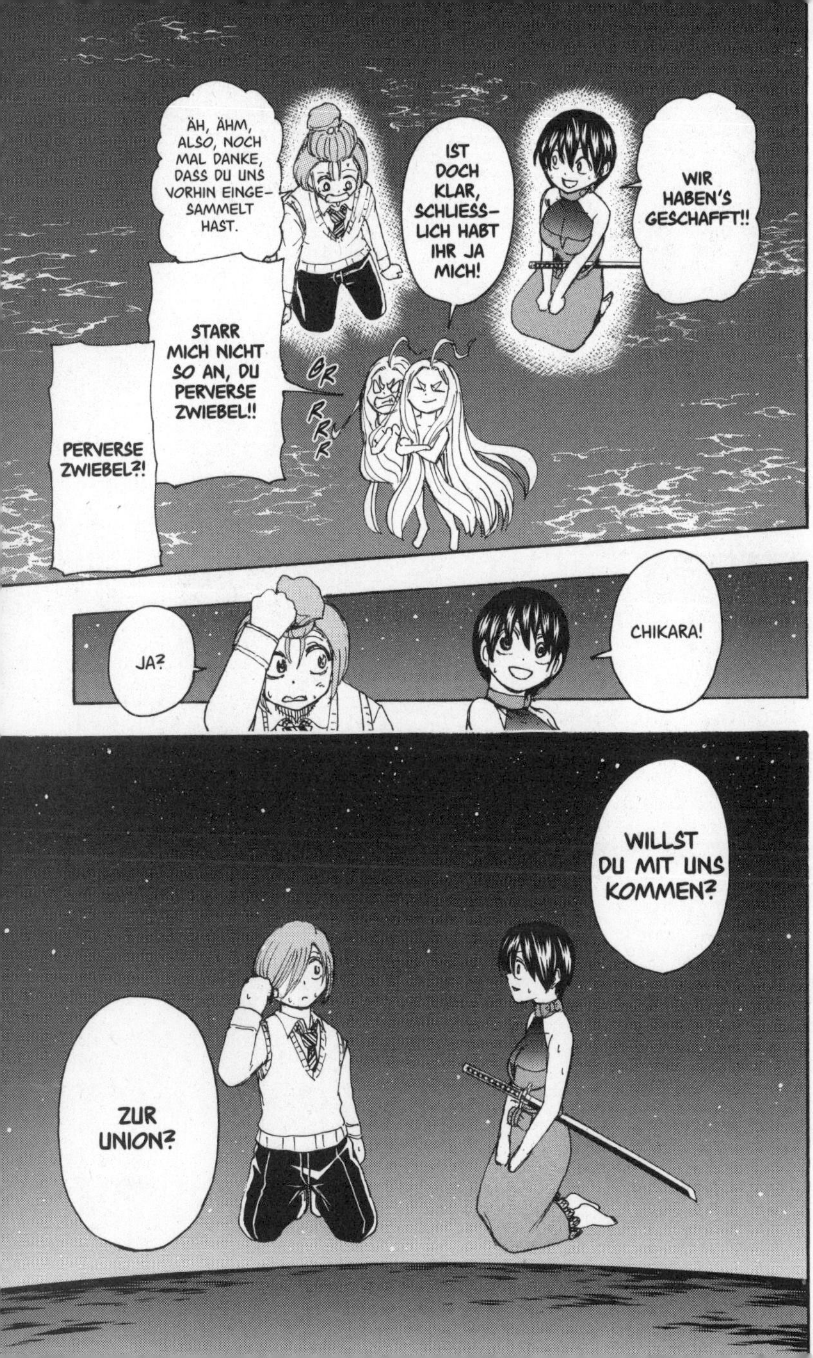
WIR HABEN'S GESCHAFFT!!
IST DOCH KLAR, SCHLIESS-LICH HABT IHR JA MICH!
ÄH, ÄHM, ALSO, NOCH MAL DANKE, DASS DU UNS VORHIN EINGE-SAMMELT HAST.
GRRRR
STARR MICH NICHT SO AN, DU PERVERSE ZWIEBEL!!
PERVERSE ZWIEBEL?!
CHIKARA!
JA?
WILLST DU MIT UNS KOMMEN?
ZUR UNION?

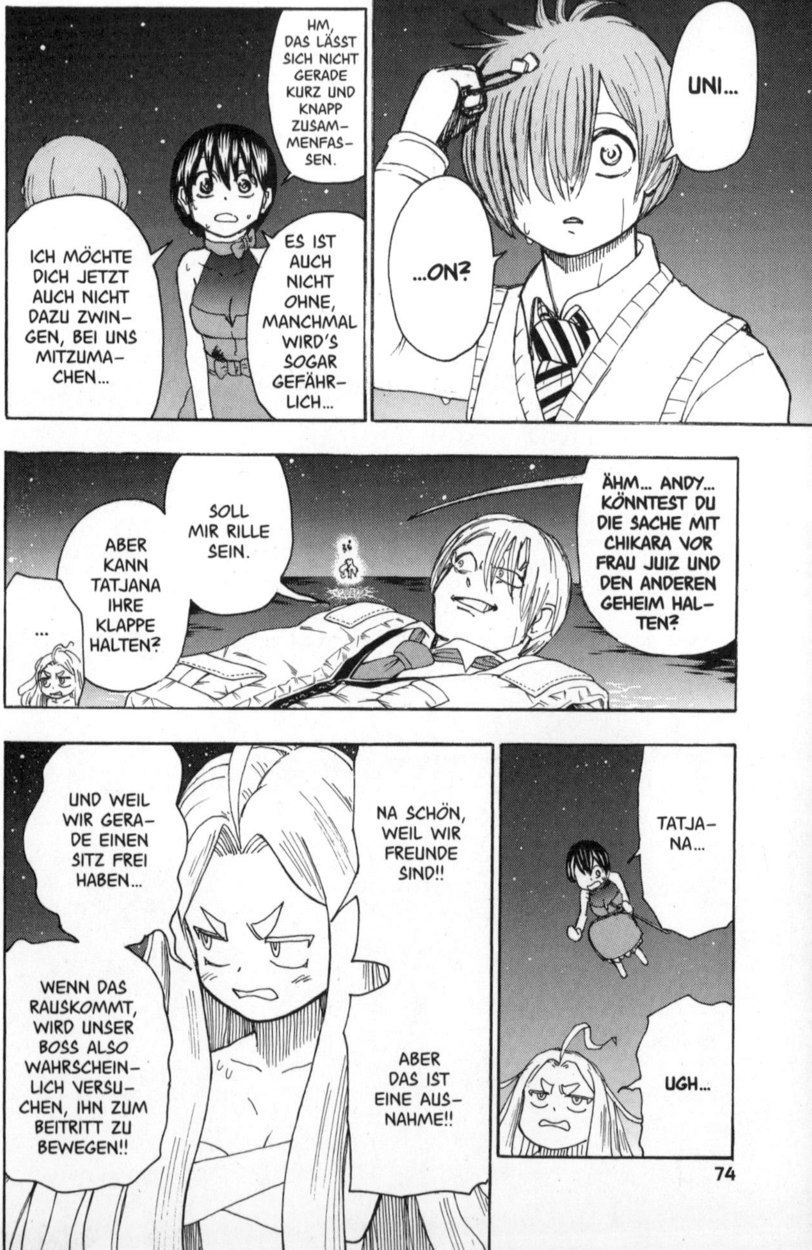
UNI...
...ON?
HM, DAS LÄSST SICH NICHT GERADE KURZ UND KNAPP ZUSAMMENFASSEN.
ES IST AUCH NICHT OHNE, MANCHMAL WIRD'S SOGAR GEFÄHRLICH...
ICH MÖCHTE DICH JETZT AUCH NICHT DAZU ZWINGEN, BEI UNS MITZUMACHEN...
ÄHM... ANDY... KÖNNTEST DU DIE SACHE MIT CHIKARA VOR FRAU JUIZ UND DEN ANDEREN GEHEIM HALTEN?
SOLL MIR RILLE SEIN.
ABER KANN TATJANA IHRE KLAPPE HALTEN?
...
TATJANA...
UGH...
NA SCHÖN, WEIL WIR FREUNDE SIND!!
ABER DAS IST EINE AUSNAHME!!
UND WEIL WIR GERADE EINEN SITZ FREI HABEN...
WENN DAS RAUSKOMMT, WIRD UNSER BOSS ALSO WAHRSCHEINLICH VERSUCHEN, IHN ZUM BEITRITT ZU BEWEGEN!!

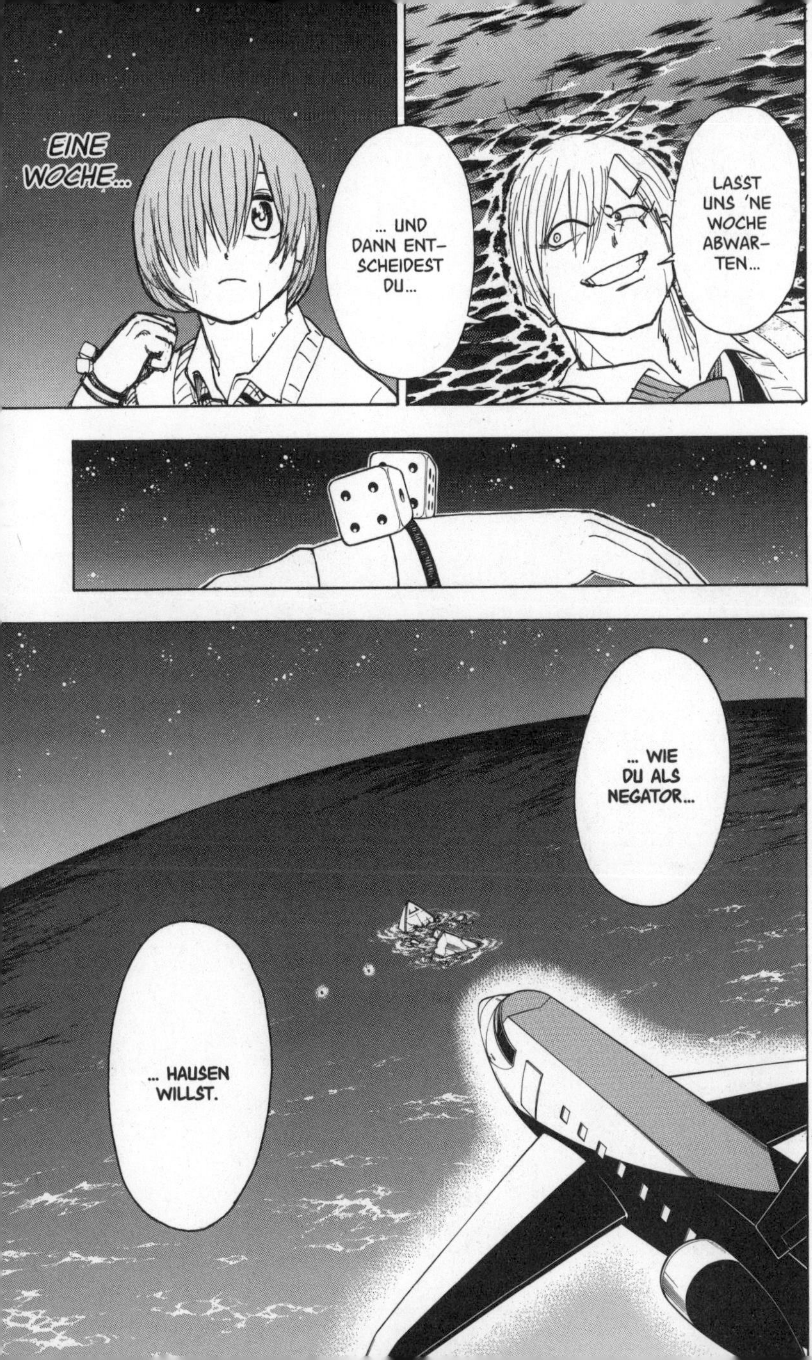
LASST UNS 'NE WOCHE ABWARTEN...
... UND DANN ENTSCHEIDEST DU...
EINE WOCHE...
... WIE DU ALS NEGATOR...
... HAUSEN WILLST.

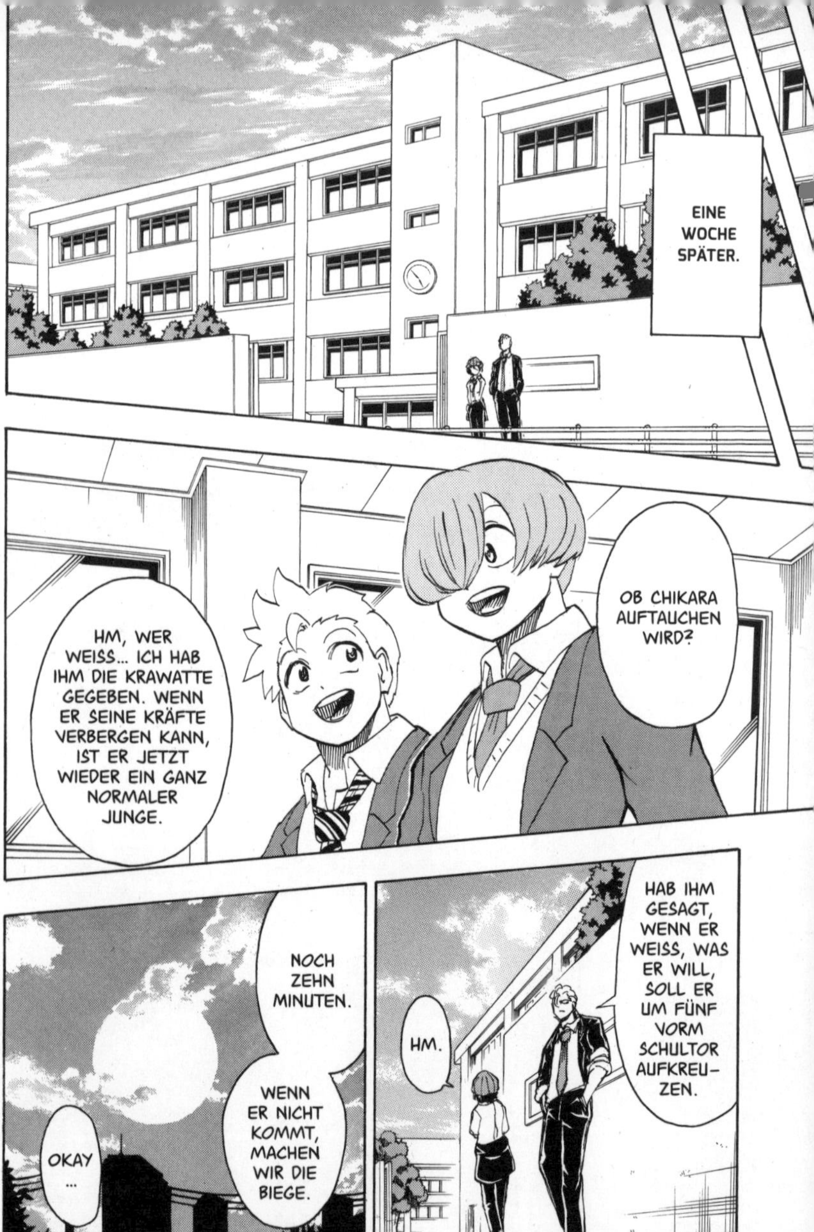
EINE WOCHE SPÄTER.
OB CHIKARA AUFTAUCHEN WIRD?
HM, WER WEISS... ICH HAB IHM DIE KRAWATTE GEGEBEN. WENN ER SEINE KRÄFTE VERBERGEN KANN, IST ER JETZT WIEDER EIN GANZ NORMALER JUNGE.
HAB IHM GESAGT, WENN ER WEISS, WAS ER WILL, SOLL ER UM FÜNF VORM SCHULTOR AUFKREU-ZEN.
HM.
NOCH ZEHN MINUTEN.
WENN ER NICHT KOMMT, MACHEN WIR DIE BIEGE.
OKAY ...

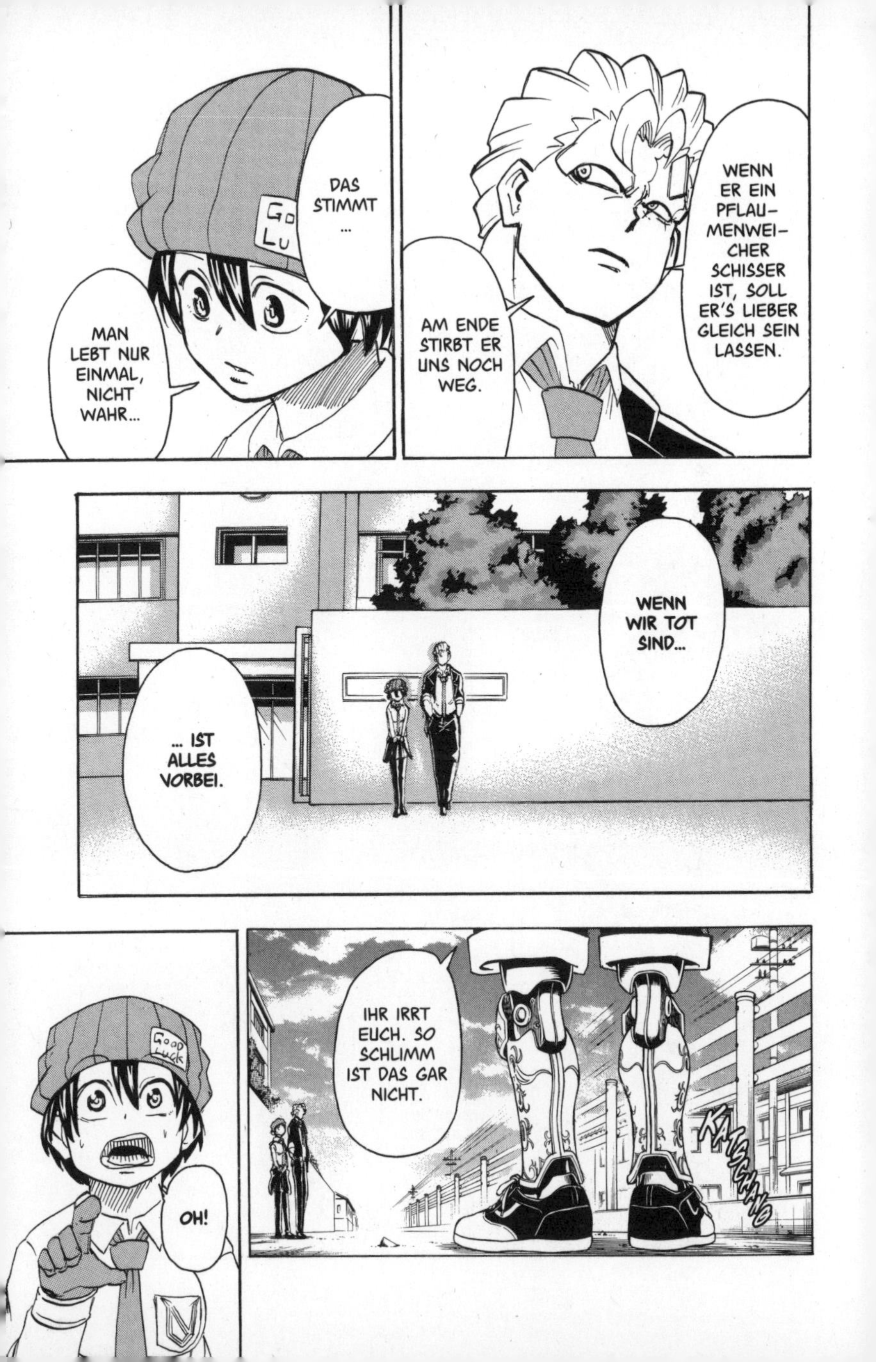
WENN ER EIN PFLAUMENWEICHER SCHISSER IST, SOLL ER'S LIEBER GLEICH SEIN LASSEN.
AM ENDE STIRBT ER UNS NOCH WEG.
DAS STIMMT ...
MAN LEBT NUR EINMAL, NICHT WAHR...
WENN WIR TOT SIND...
... IST ALLES VORBEI.
IHR IRRT EUCH. SO SCHLIMM IST DAS GAR NICHT.
OH!

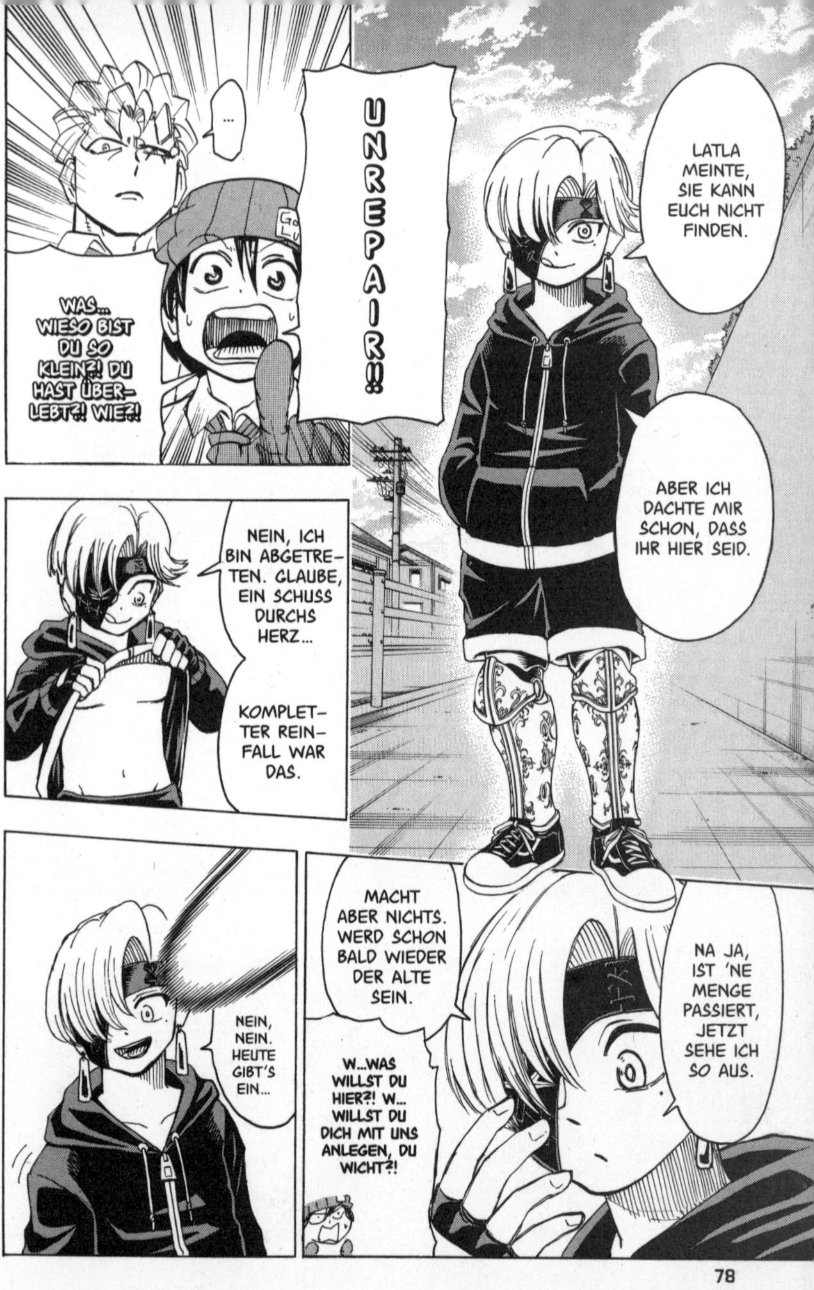
LATLA MEINTE, SIE KANN EUCH NICHT FINDEN.
ABER ICH DACHTE MIR SCHON, DASS IHR HIER SEID.
UNREPAIR!!
...
WAS... WIESO BIST DU SO KLEIN?! DU HAST ÜBERLEBT?! WIE?!
NEIN, ICH BIN ABGETRETEN. GLAUBE, EIN SCHUSS DURCHS HERZ...
KOMPLETTER REINFALL WAR DAS.
NA JA, IST 'NE MENGE PASSIERT, JETZT SEHE ICH SO AUS.
MACHT ABER NICHTS. WERD SCHON BALD WIEDER DER ALTE SEIN.
W...WAS WILLST DU HIER?! W... WILLST DU DICH MIT UNS ANLEGEN, DU WICHT?!
NEIN, NEIN. HEUTE GIBT'S EIN...

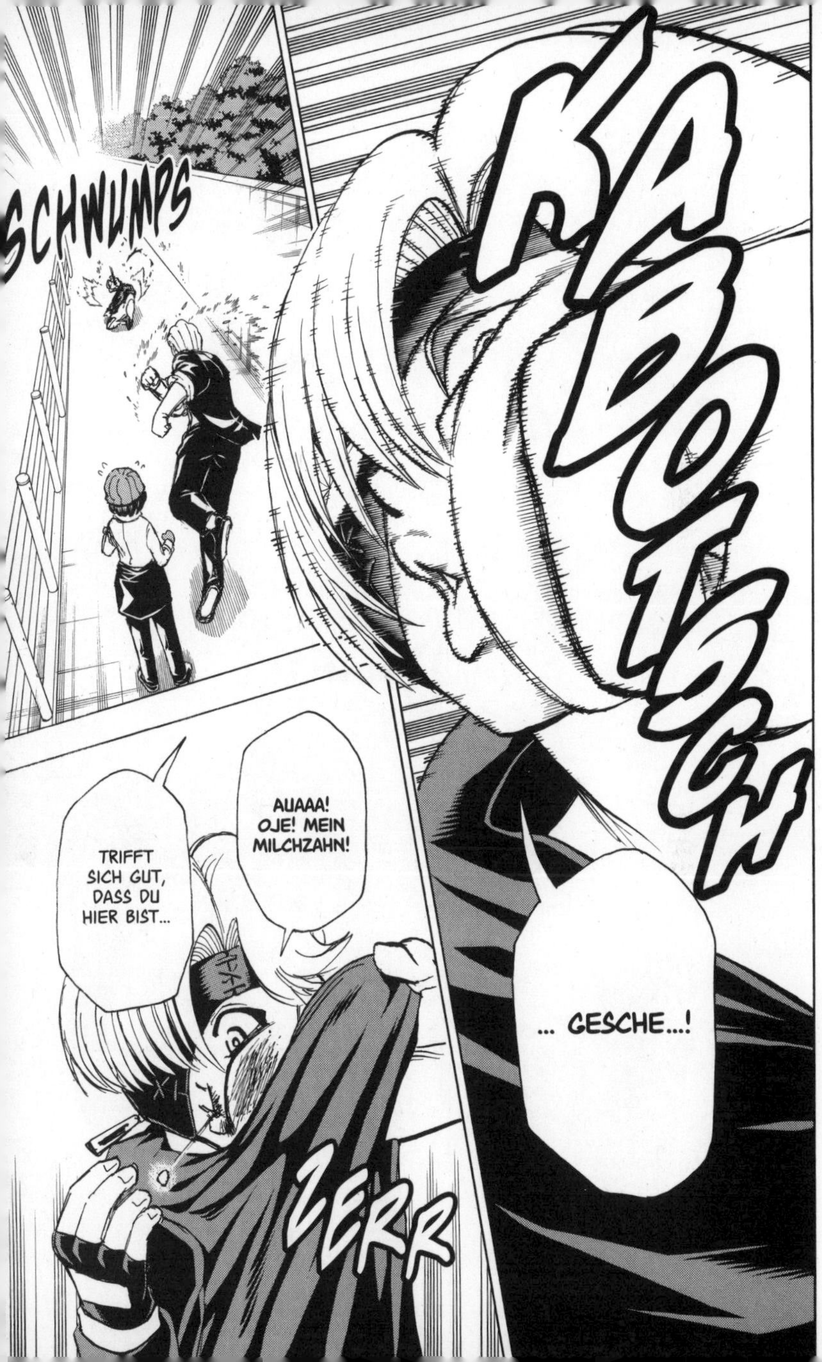
KABOOTSCH
SCHWUMPS
... GESCHE...!
AUAAA! OJE! MEIN MILCHZAHN!
TRIFFT SICH GUT, DASS DU HIER BIST...
ZERR

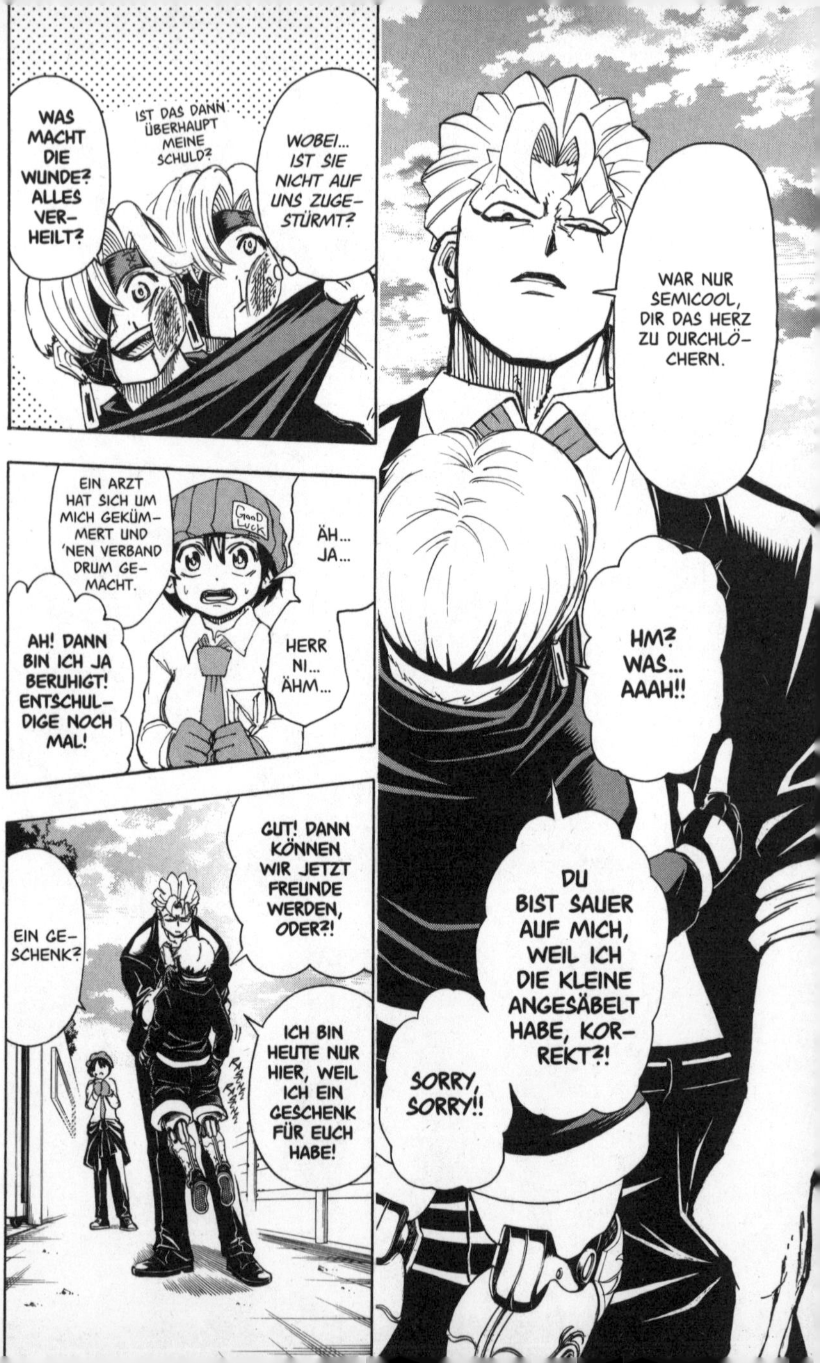
WAR NUR SEMICOOL, DIR DAS HERZ ZU DURCHLÖCHERN.
HM? WAS... AAAH!!
DU BIST SAUER AUF MICH, WEIL ICH DIE KLEINE ANGESÄBELT HABE, KORREKT?!
SORRY, SORRY!!
WOBEI... IST SIE NICHT AUF UNS ZUGESTÜRMT?
IST DAS DANN ÜBERHAUPT MEINE SCHULD?
WAS MACHT DIE WUNDE? ALLES VERHEILT?
ÄH... JA...
EIN ARZT HAT SICH UM MICH GEKÜMMERT UND 'NEN VERBAND DRUM GEMACHT.
HERR NI... ÄHM...
AH! DANN BIN ICH JA BERUHIGT! ENTSCHULDIGE NOCH MAL!
GUT! DANN KÖNNEN WIR JETZT FREUNDE WERDEN, ODER?!
ICH BIN HEUTE NUR HIER, WEIL ICH EIN GESCHENK FÜR EUCH HABE!
EIN GESCHENK?

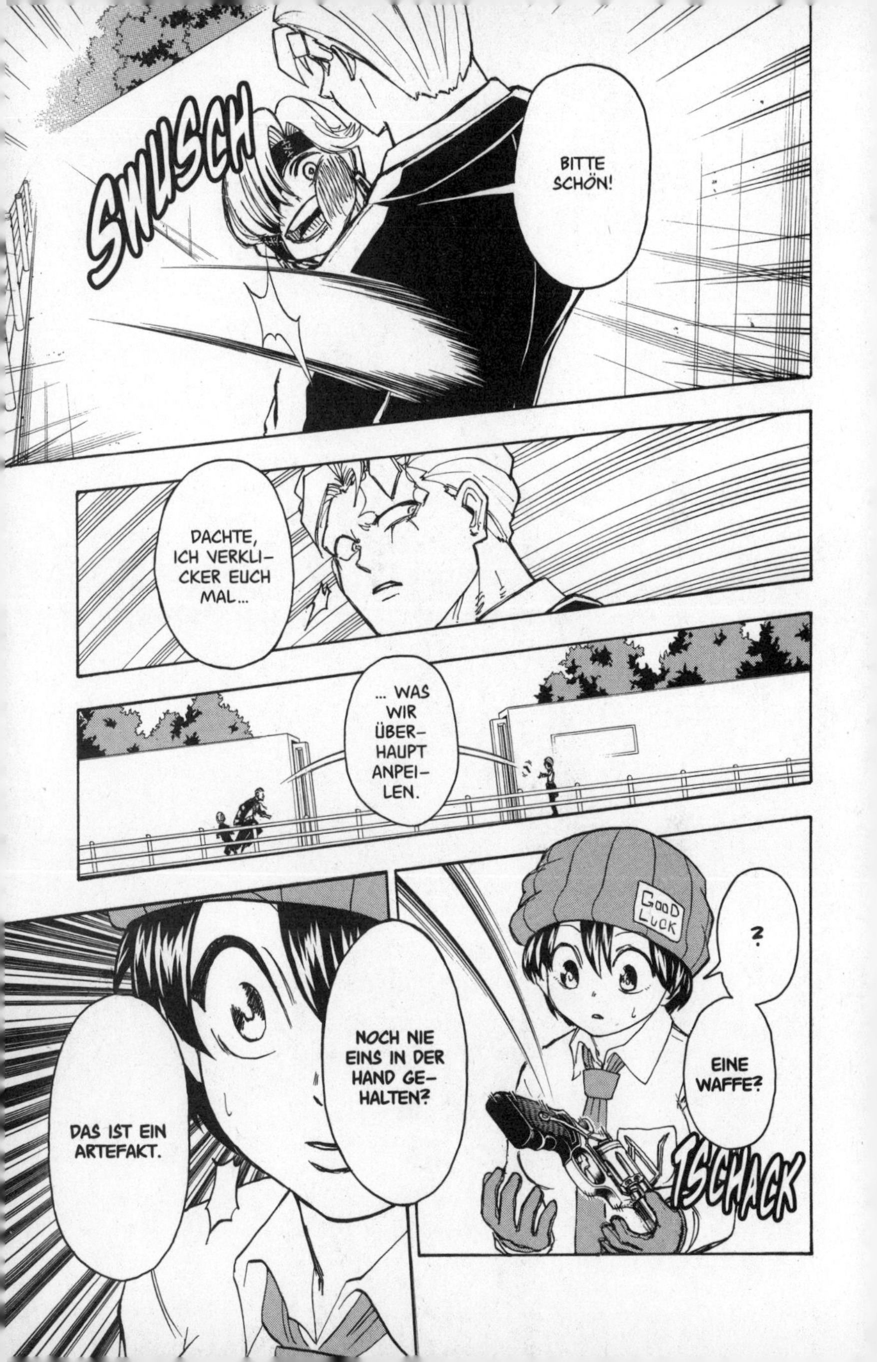
BITTE SCHÖN!
SWUSCH
DACHTE, ICH VERKLICKER EUCH MAL...
... WAS WIR ÜBERHAUPT ANPEILEN.
?
GOOD LUCK
EINE WAFFE?
TSCHACK
NOCH NIE EINS IN DER HAND GEHALTEN?
DAS IST EIN ARTEFAKT.

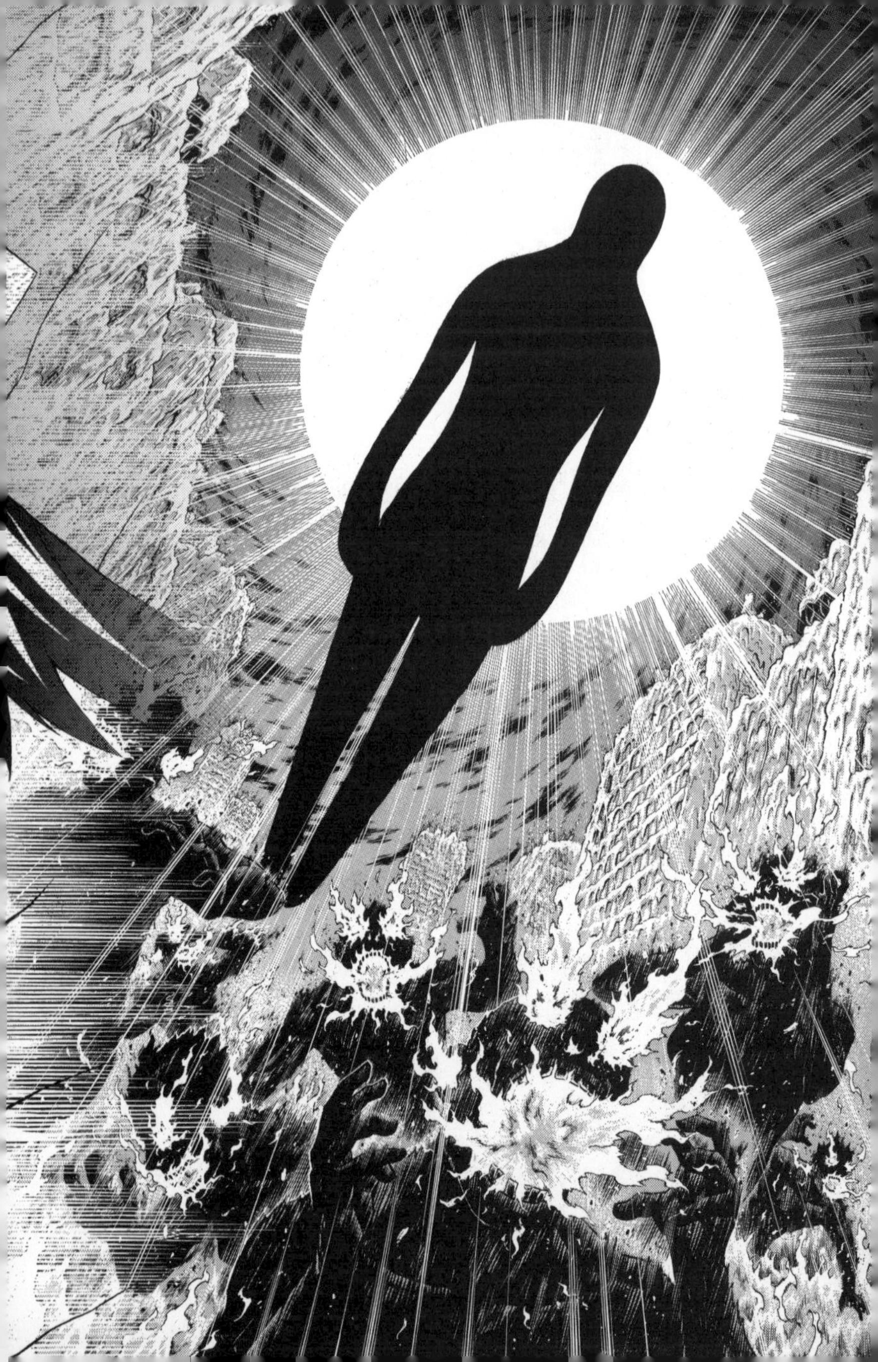

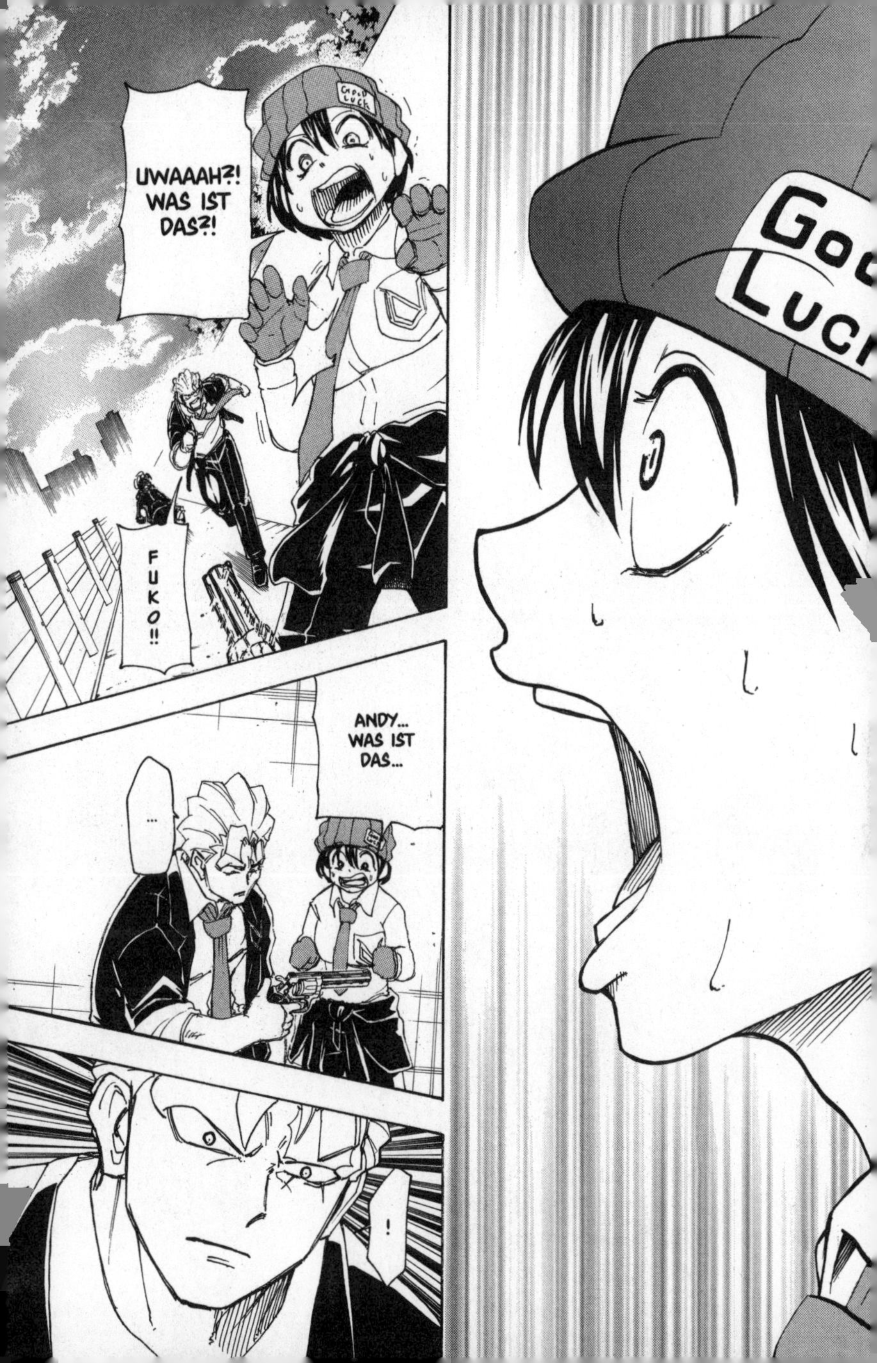
UWAAAH?! WAS IST DAS?!
FUKO!!
ANDY... WAS IST DAS...
...
!
GOOD LUCK

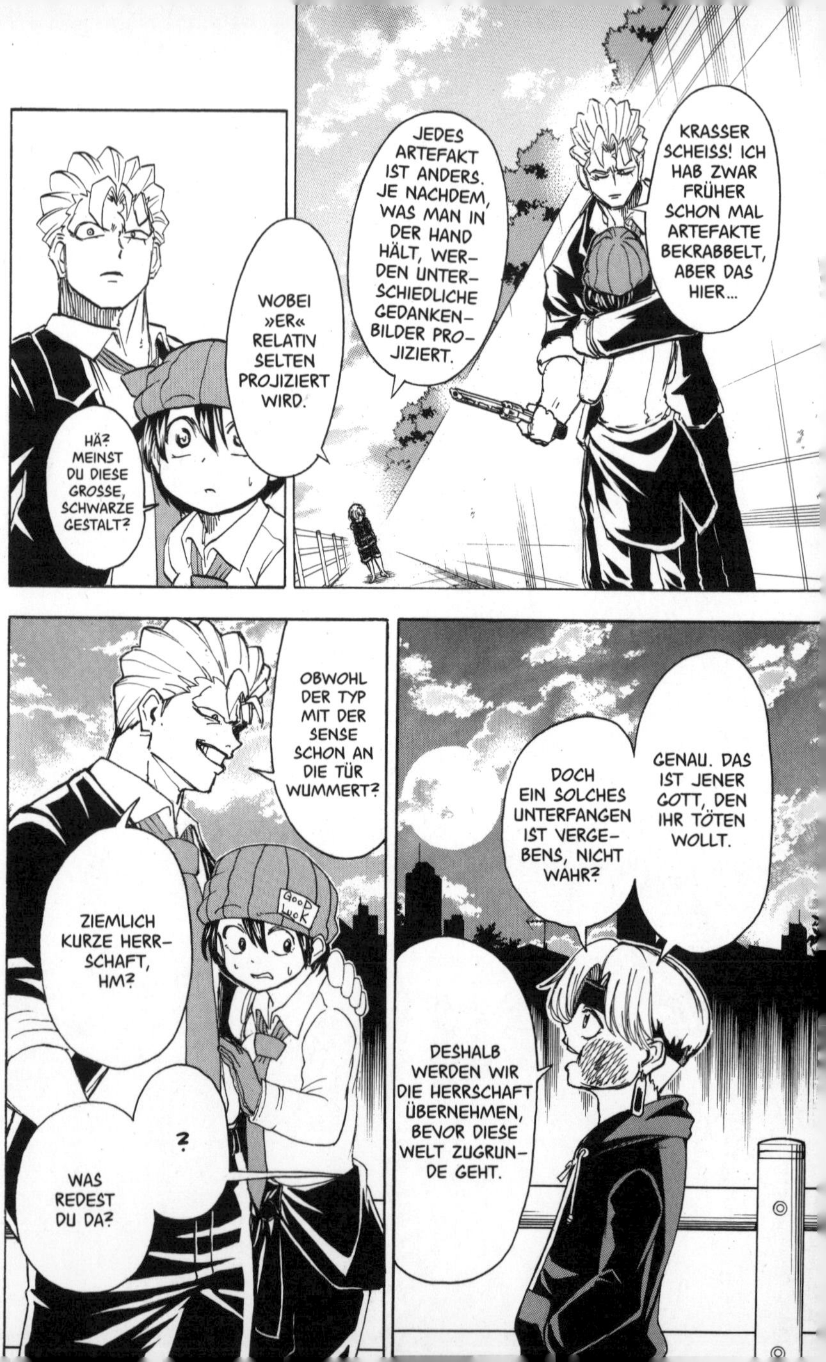

KRASSER SCHEISS! ICH HAB ZWAR FRÜHER SCHON MAL ARTEFAKTE BEKRABBELT, ABER DAS HIER...
JEDES ARTEFAKT IST ANDERS. JE NACHDEM, WAS MAN IN DER HAND HÄLT, WERDEN UNTERSCHIEDLICHE GEDANKENBILDER PROJIZIERT.
WOBEI »ER« RELATIV SELTEN PROJIZIERT WIRD.
HÄ? MEINST DU DIESE GROSSE, SCHWARZE GESTALT?
GENAU. DAS IST JENER GOTT, DEN IHR TÖTEN WOLLT.
DOCH EIN SOLCHES UNTERFANGEN IST VERGEBENS, NICHT WAHR?
DESHALB WERDEN WIR DIE HERRSCHAFT ÜBERNEHMEN, BEVOR DIESE WELT ZUGRUNDE GEHT.
OBWOHL DER TYP MIT DER SENSE SCHON AN DIE TÜR WUMMERT?
ZIEMLICH KURZE HERRSCHAFT, HM?
GOOD LUCK
?
WAS REDEST DU DA?

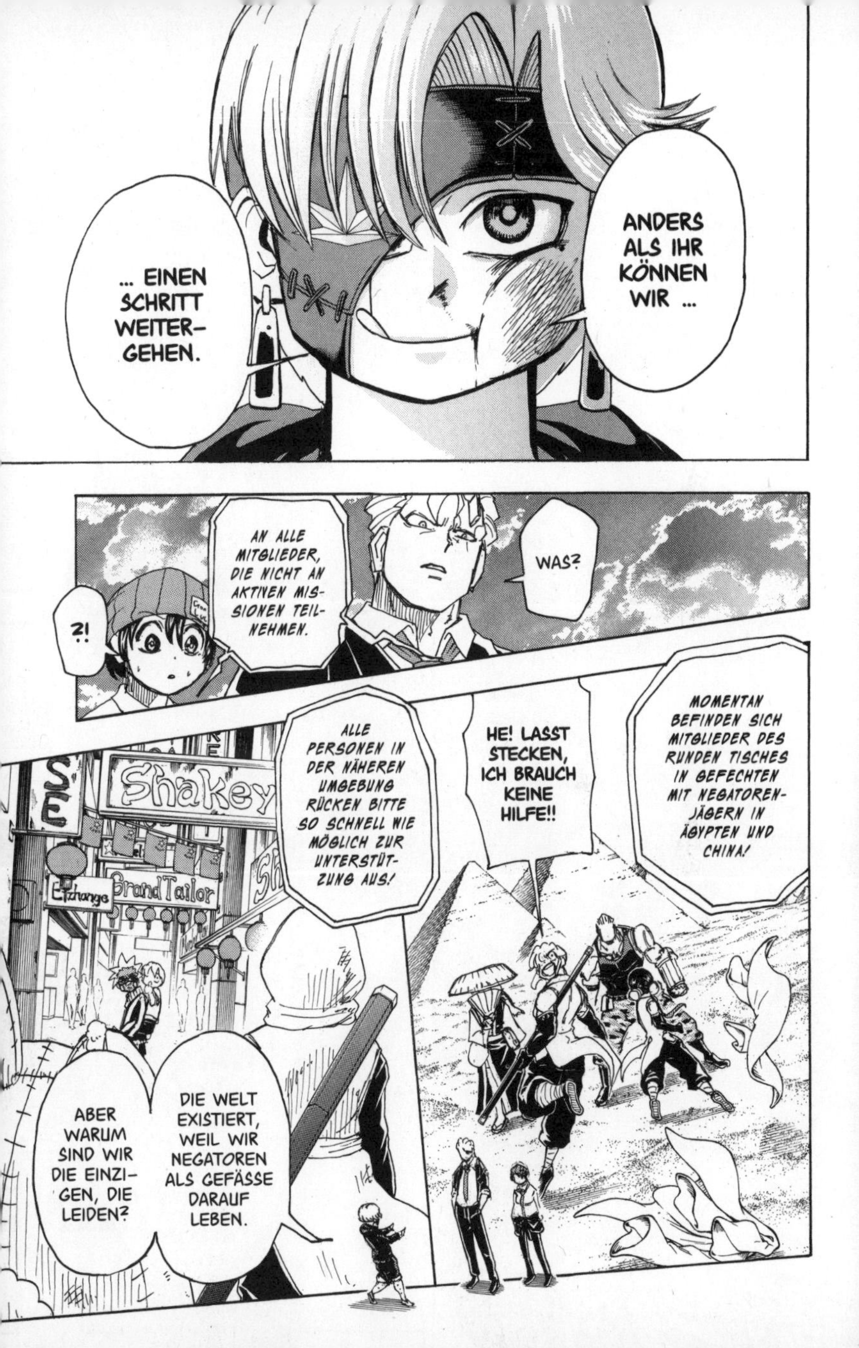
ANDERS ALS IHR KÖNNEN WIR ...
... EINEN SCHRITT WEITER-GEHEN.
WAS?
AN ALLE MITGLIEDER, DIE NICHT AN AKTIVEN MISSIONEN TEILNEHMEN.
?!
MOMENTAN BEFINDEN SICH MITGLIEDER DES RUNDEN TISCHES IN GEFECHTEN MIT NEGATOREN-JÄGERN IN ÄGYPTEN UND CHINA!
HE! LASST STECKEN, ICH BRAUCH KEINE HILFE!!
ALLE PERSONEN IN DER NÄHEREN UMGEBUNG RÜCKEN BITTE SO SCHNELL WIE MÖGLICH ZUR UNTERSTÜTZUNG AUS!
Shakey
Grand Tailor
DIE WELT EXISTIERT, WEIL WIR NEGATOREN ALS GEFÄSSE DARAUF LEBEN.
ABER WARUM SIND WIR DIE EINZIGEN, DIE LEIDEN?

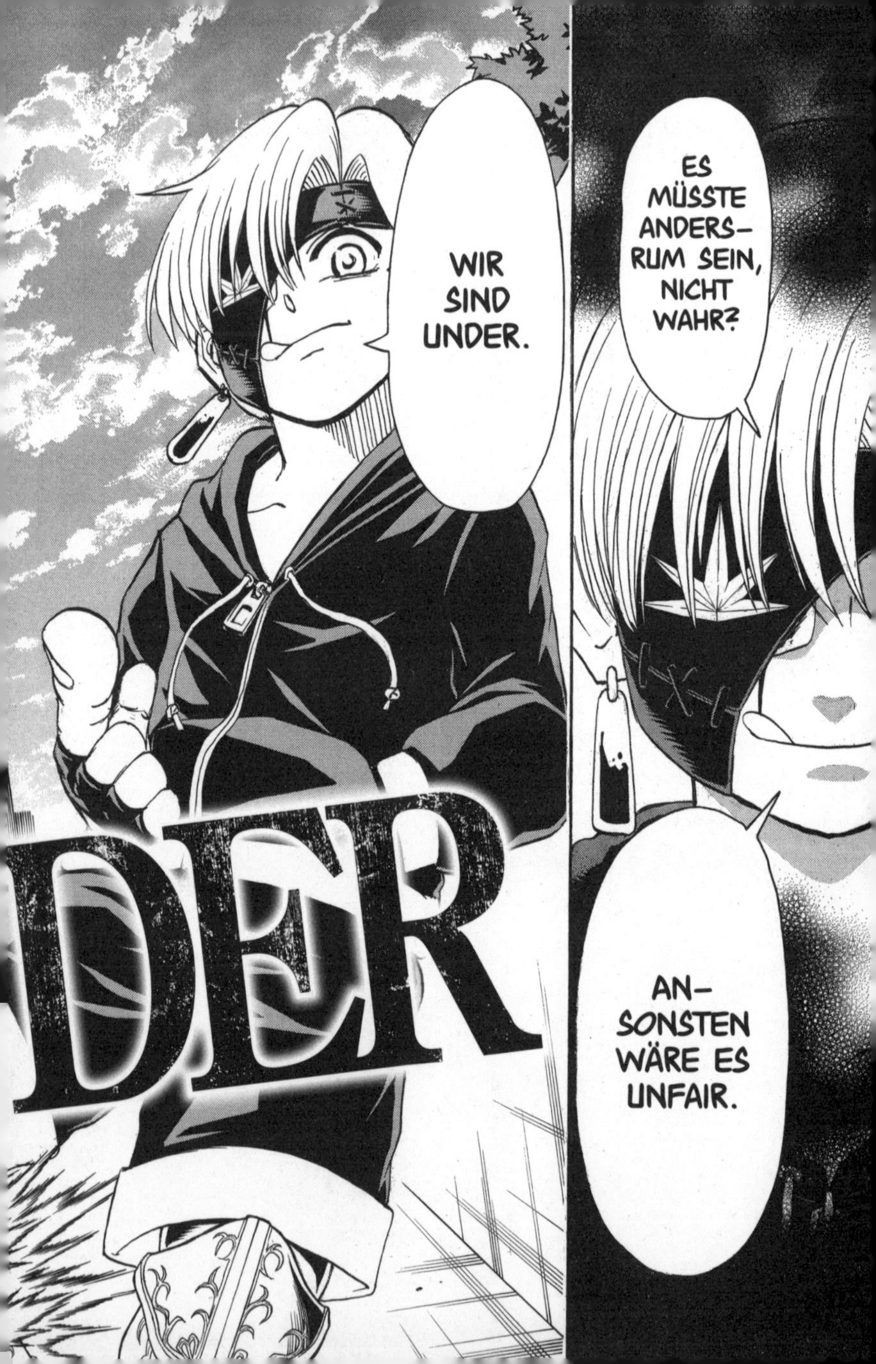
ES MÜSSTE ANDERS-RUM SEIN, NICHT WAHR?
ANSONSTEN WÄRE ES UNFAIR.
WIR SIND UNDER.
DER

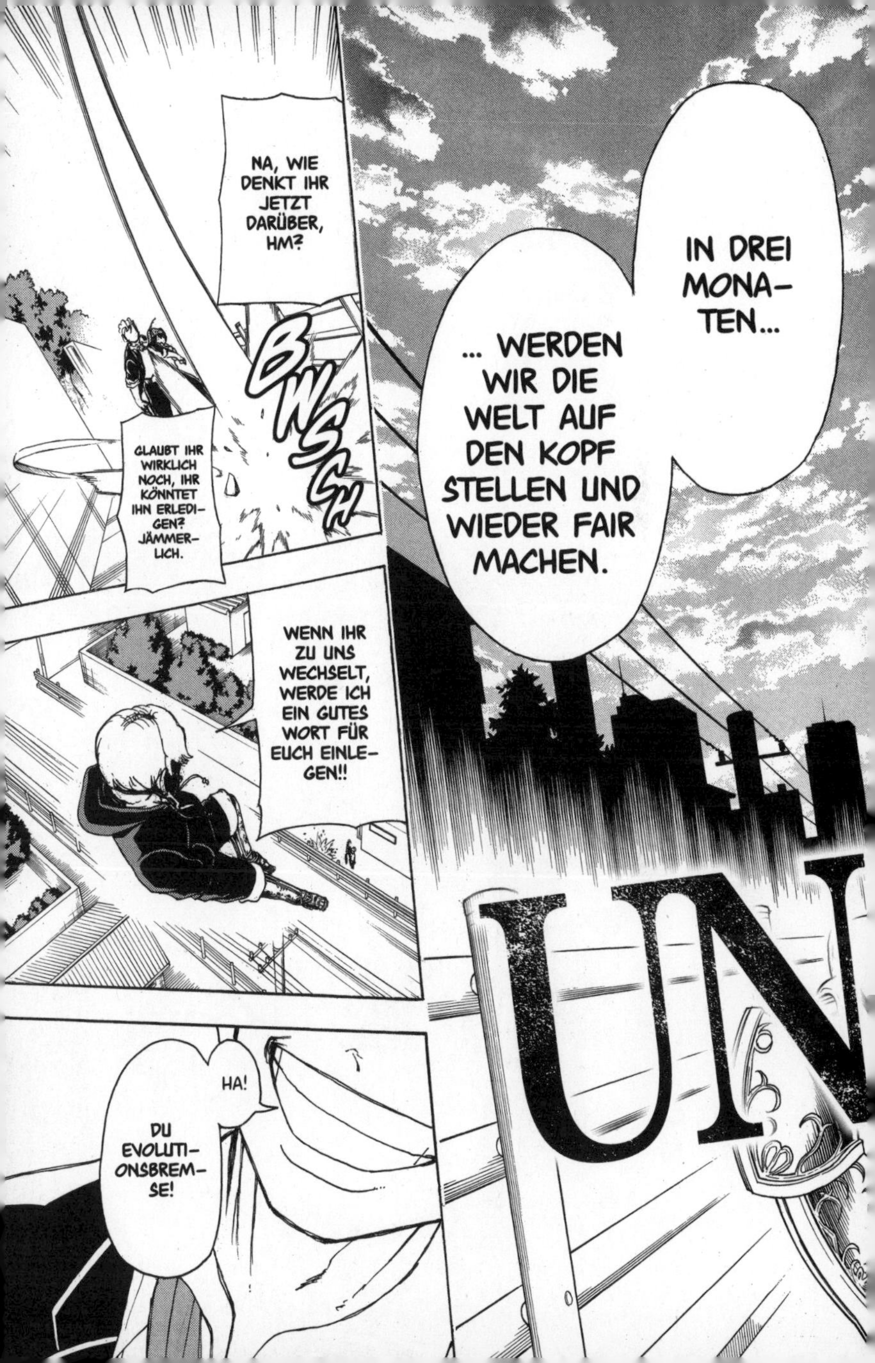
IN DREI MONATEN...
... WERDEN WIR DIE WELT AUF DEN KOPF STELLEN UND WIEDER FAIR MACHEN.
UN
NA, WIE DENKT IHR JETZT DARÜBER, HM?
BWSCH
GLAUBT IHR WIRKLICH NOCH, IHR KÖNNTET IHN ERLEDIGEN? JÄMMERLICH.
WENN IHR ZU UNS WECHSELT, WERDE ICH EIN GUTES WORT FÜR EUCH EINLEGEN!!
HA!
DU EVOLUTIONSBREMSE!

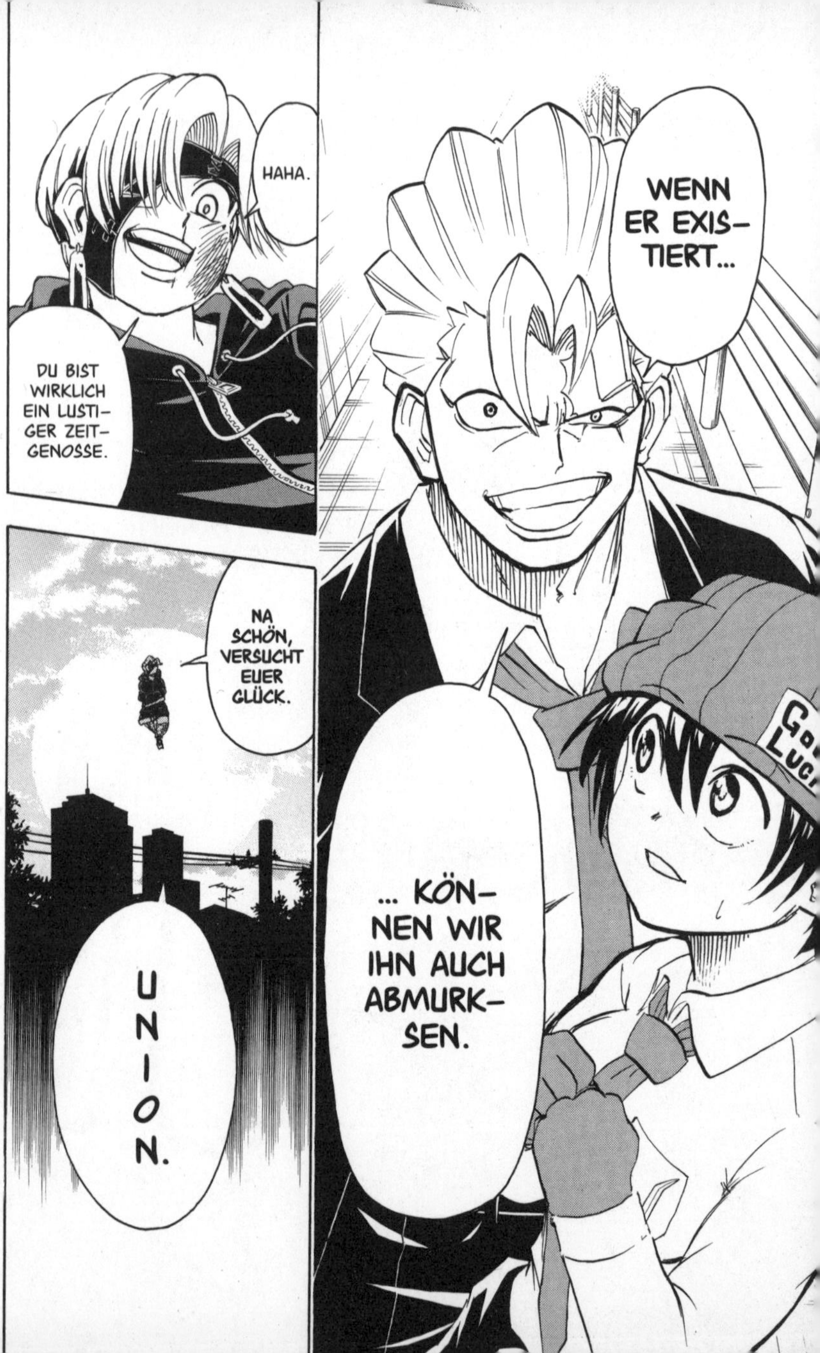
WENN ER EXISTIERT...
... KÖNNEN WIR IHN AUCH ABMURKSEN.
HAHA.
DU BIST WIRKLICH EIN LUSTIGER ZEITGENOSSE.
NA SCHÖN, VERSUCHT EUER GLÜCK.
UNION.

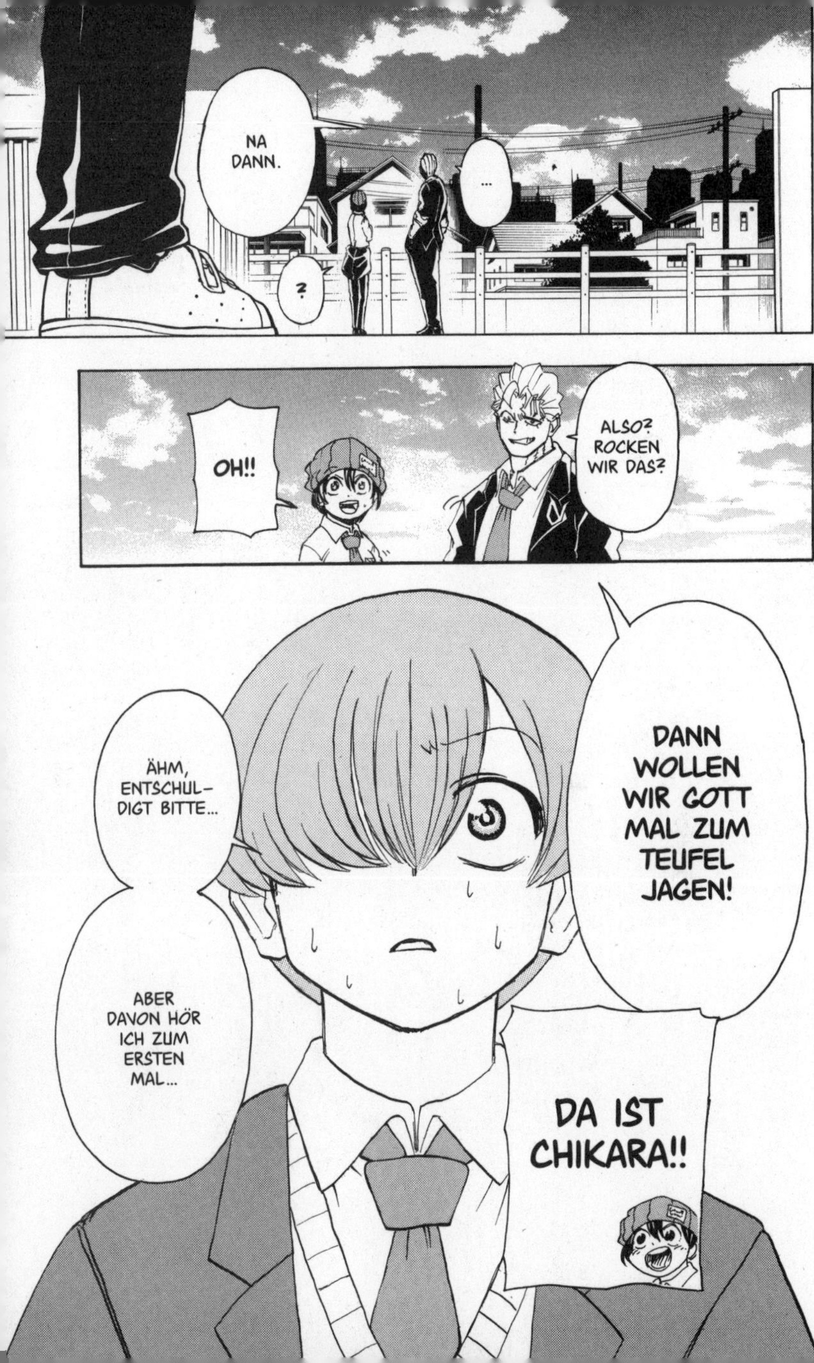
NA DANN.
...
?
ALSO? ROCKEN WIR DAS?
OH!!
DANN WOLLEN WIR GOTT MAL ZUM TEUFEL JAGEN!
DA IST CHIKARA!!
ÄHM, ENTSCHUL-DIGT BITTE...
ABER DAVON HÖR ICH ZUM ERSTEN MAL...

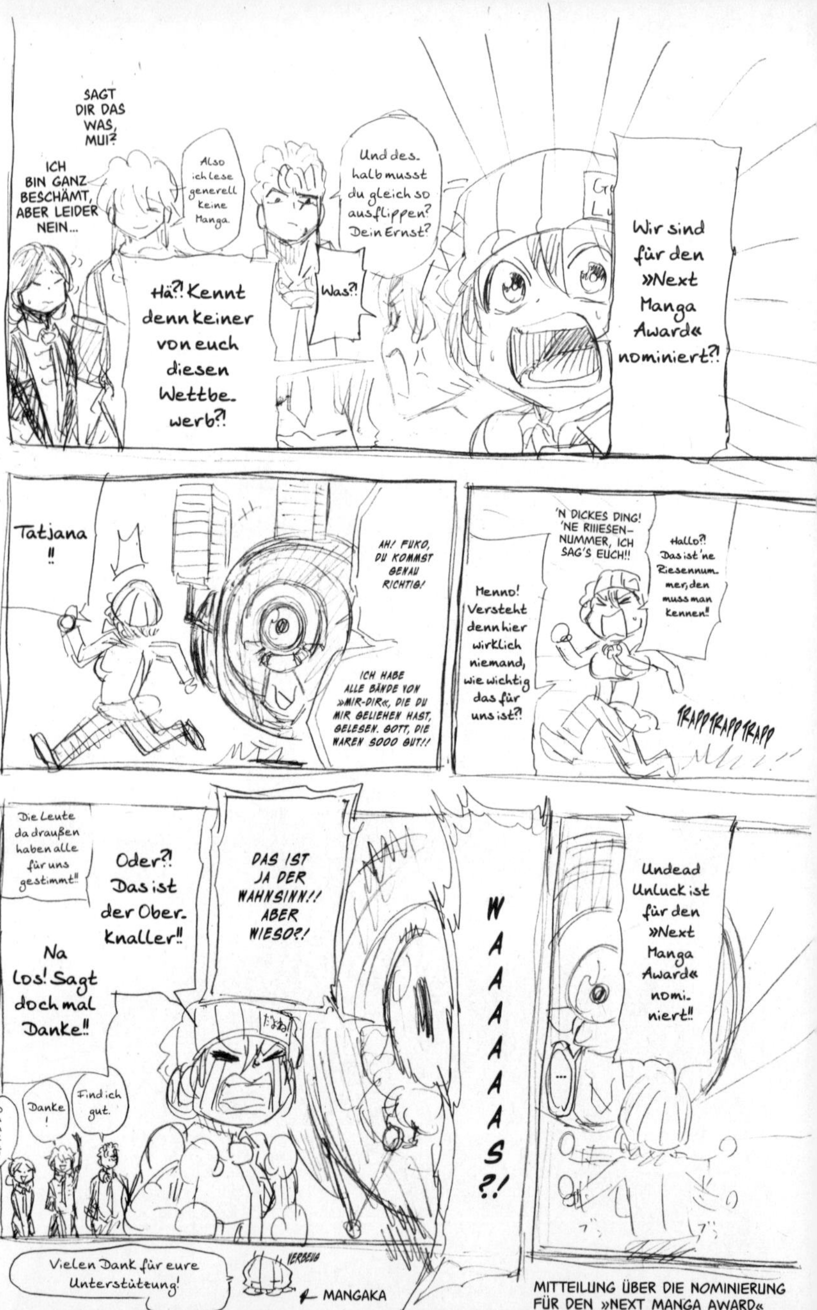

MITTEILUNG ÜBER DIE NOMINIERUNG FÜR DEN »NEXT MANGA AWARD« (TWITTER: @UNDEADUNLUCK OF)

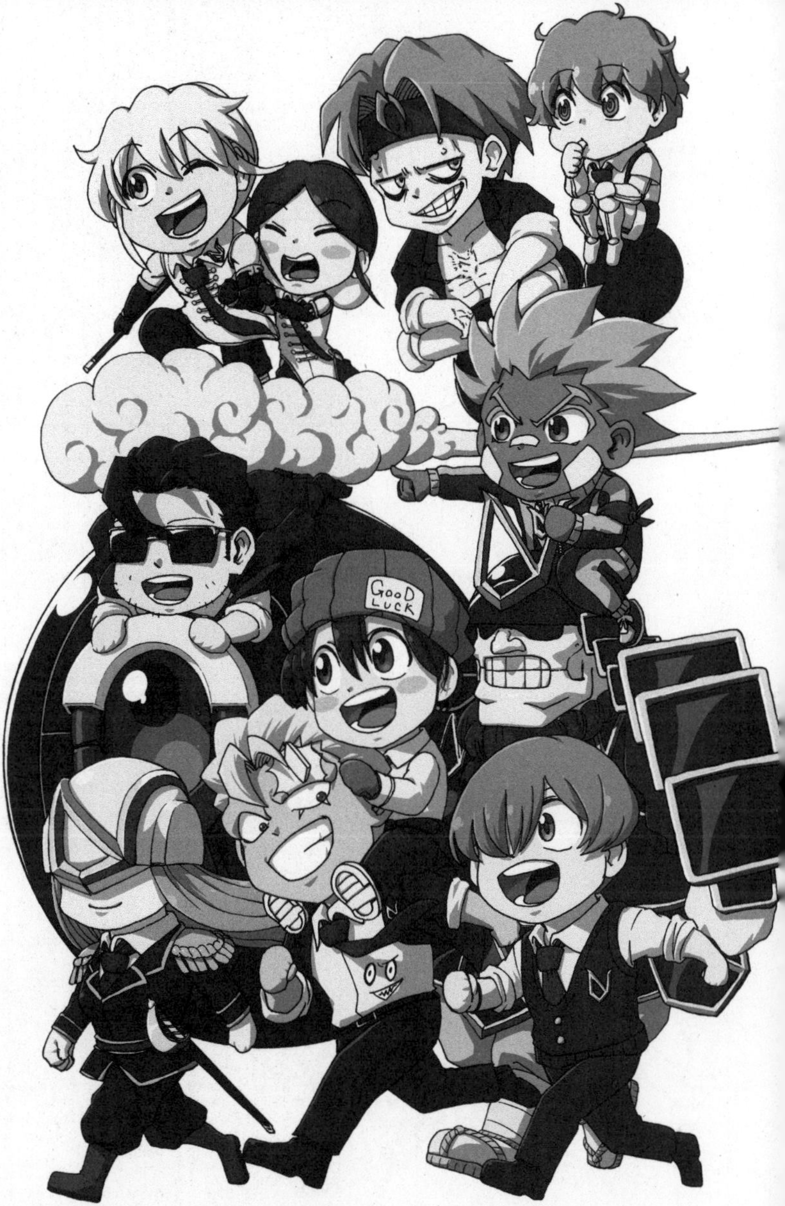

No. 030 Wenn ich bei euch…

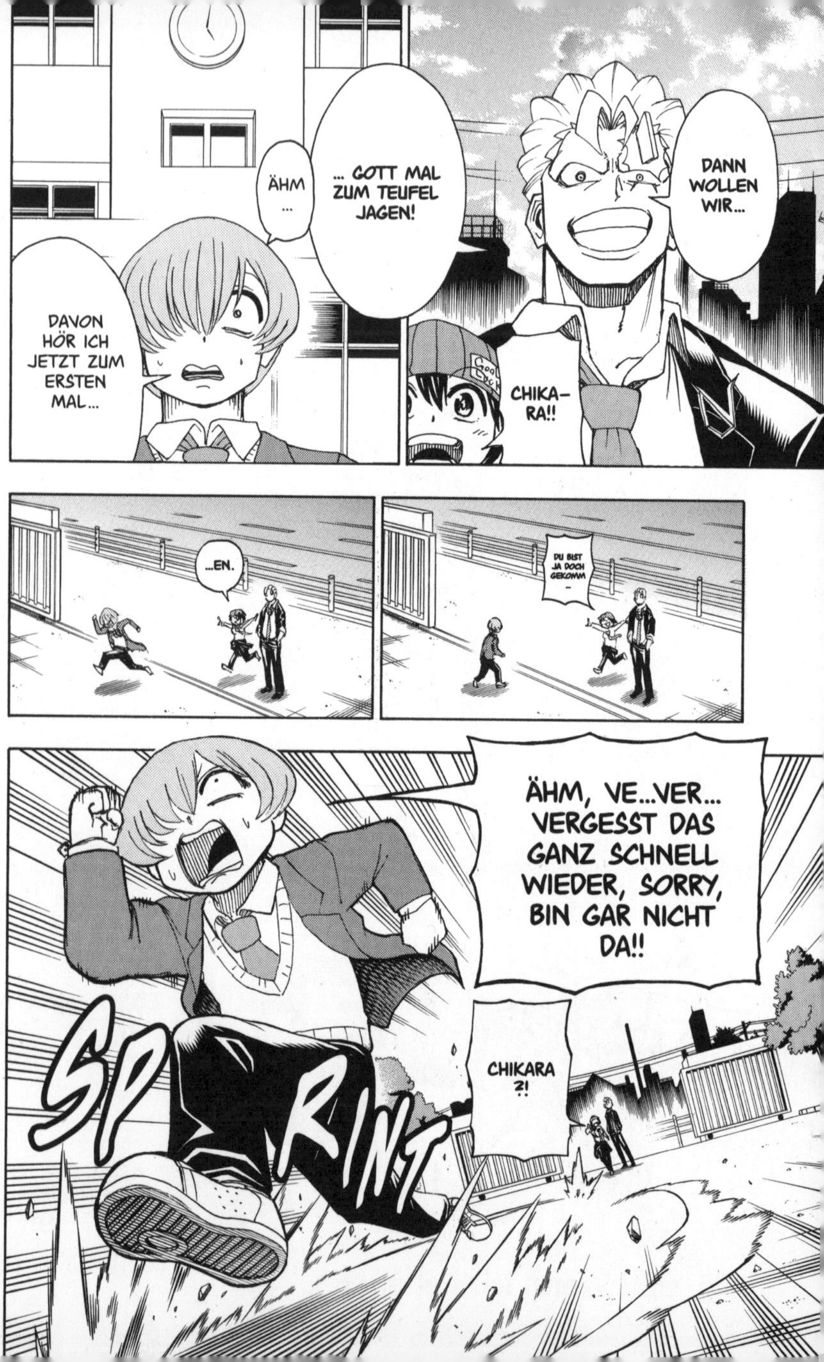
DANN WOLLEN WIR...
... GOTT MAL ZUM TEUFEL JAGEN!
CHIKA-RA!!
ÄHM ...
DAVON HÖR ICH JETZT ZUM ERSTEN MAL...
DU BIST JA DOCH GEKOMM –
...EN.
ÄHM, VE...VER... VERGESST DAS GANZ SCHNELL WIEDER, SORRY, BIN GAR NICHT DA!!
CHIKARA ?!
SPRINT

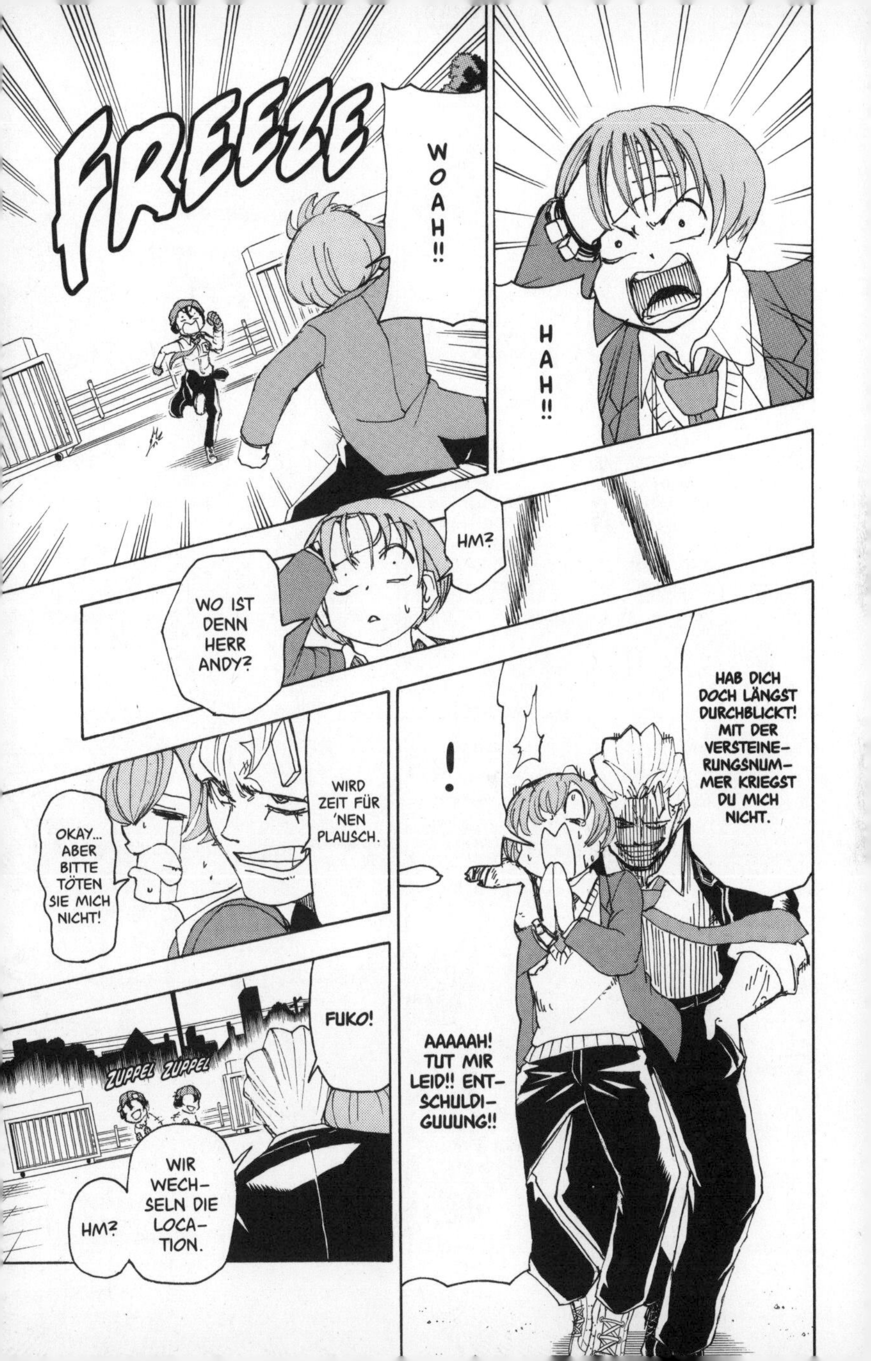
HAH!!
FREEZE
WOAH!!
HM?
WO IST DENN HERR ANDY?
HAB DICH DOCH LÄNGST DURCHBLICKT! MIT DER VERSTEINE-RUNGSNUMMER KRIEGST DU MICH NICHT.
!
AAAAAH! TUT MIR LEID!! ENT-SCHULDI-GUUUNG!!
WIRD ZEIT FÜR 'NEN PLAUSCH.
OKAY... ABER BITTE TÖTEN SIE MICH NICHT!
FUKO!
ZUPPEL ZUPPEL
WIR WECH-SELN DIE LOCA-TION.
HM?

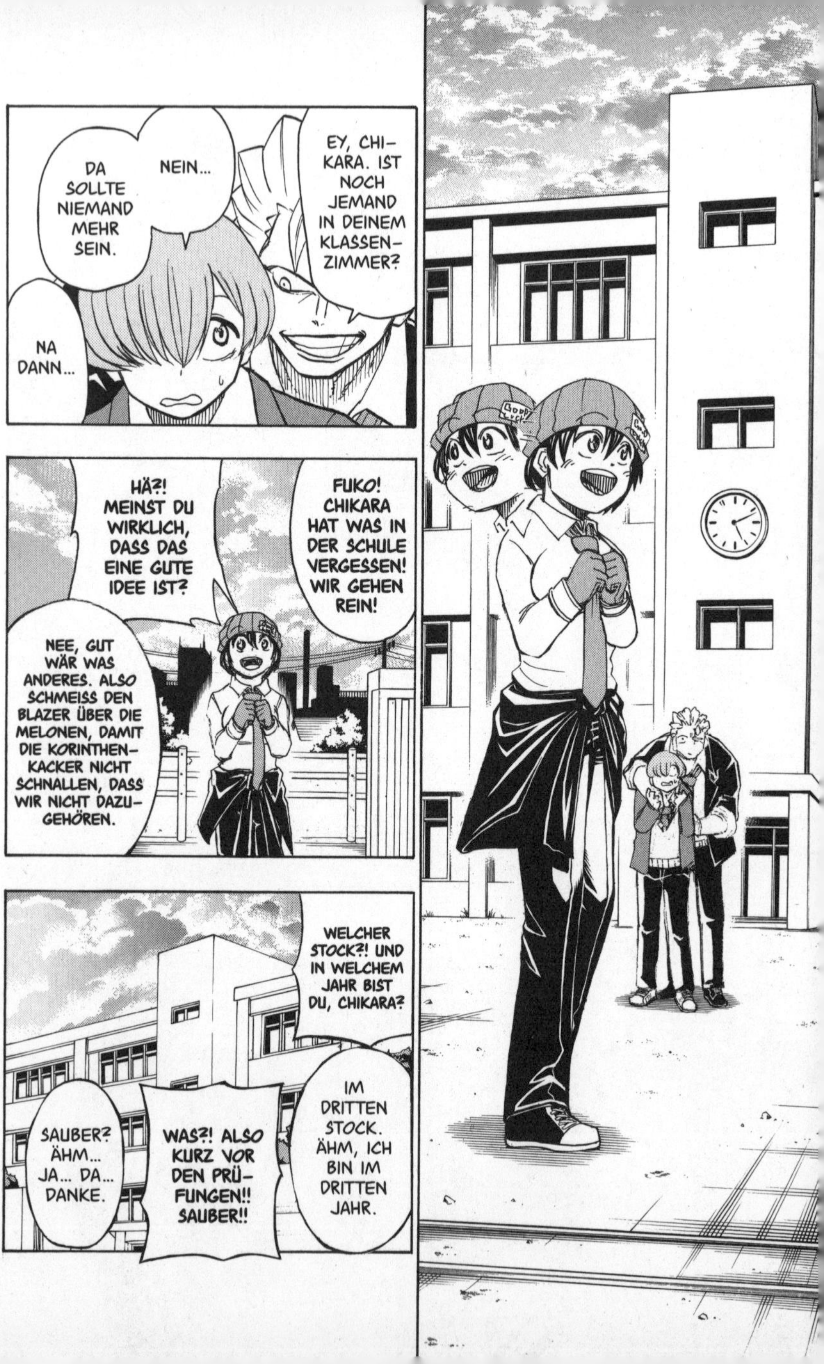
EY, CHIKARA. IST NOCH JEMAND IN DEINEM KLASSENZIMMER?
NEIN...
DA SOLLTE NIEMAND MEHR SEIN.
NA DANN...
FUKO! CHIKARA HAT WAS IN DER SCHULE VERGESSEN! WIR GEHEN REIN!
HÄ?! MEINST DU WIRKLICH, DASS DAS EINE GUTE IDEE IST?
NEE, GUT WÄR WAS ANDERES. ALSO SCHMEISS DEN BLAZER ÜBER DIE MELONEN, DAMIT DIE KORINTHENKACKER NICHT SCHNALLEN, DASS WIR NICHT DAZUGEHÖREN.
WELCHER STOCK?! UND IN WELCHEM JAHR BIST DU, CHIKARA?
IM DRITTEN STOCK. ÄHM, ICH BIN IM DRITTEN JAHR.
WAS?! ALSO KURZ VOR DEN PRÜFUNGEN!! SAUBER!!
SAUBER? ÄHM... JA... DA... DANKE.

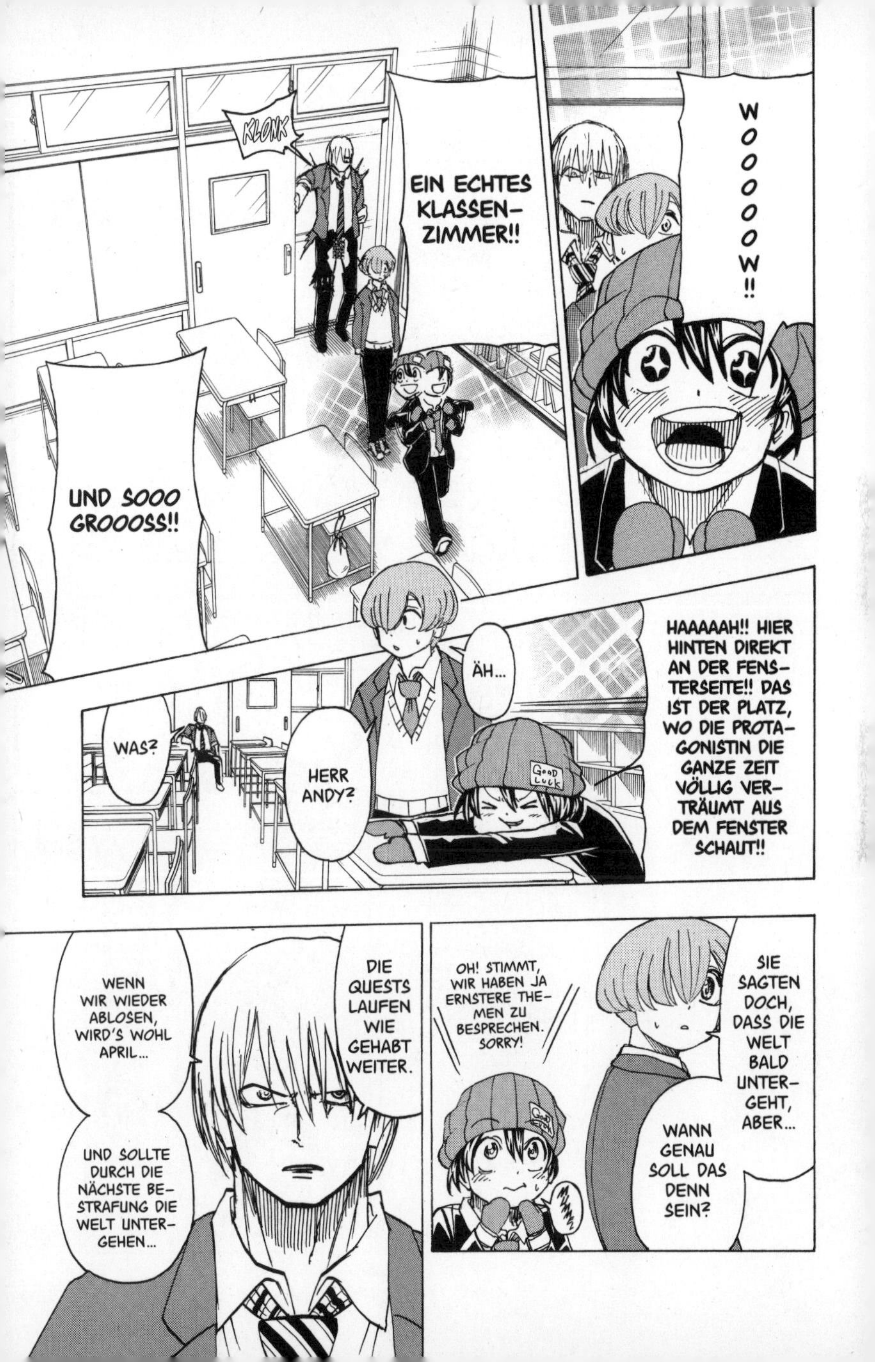
WOOOOOOW!!
EIN ECHTES KLASSEN-ZIMMER!!
KLONK
UND SOOO GROOOSS!!
HAAAAAH!! HIER HINTEN DIREKT AN DER FENS-TERSEITE!! DAS IST DER PLATZ, WO DIE PROTA-GONISTIN DIE GANZE ZEIT VÖLLIG VER-TRÄUMT AUS DEM FENSTER SCHAUT!!
GOOD LUCK
ÄH...
HERR ANDY?
WAS?
SIE SAGTEN DOCH, DASS DIE WELT BALD UNTER-GEHT, ABER...
WANN GENAU SOLL DAS DENN SEIN?
OH! STIMMT, WIR HABEN JA ERNSTERE THE-MEN ZU BESPRECHEN. SORRY!
DIE QUESTS LAUFEN WIE GEHABT WEITER.
WENN WIR WIEDER ABLOSEN, WIRD'S WOHL APRIL...
UND SOLLTE DURCH DIE NÄCHSTE BE-STRAFUNG DIE WELT UNTER-GEHEN...

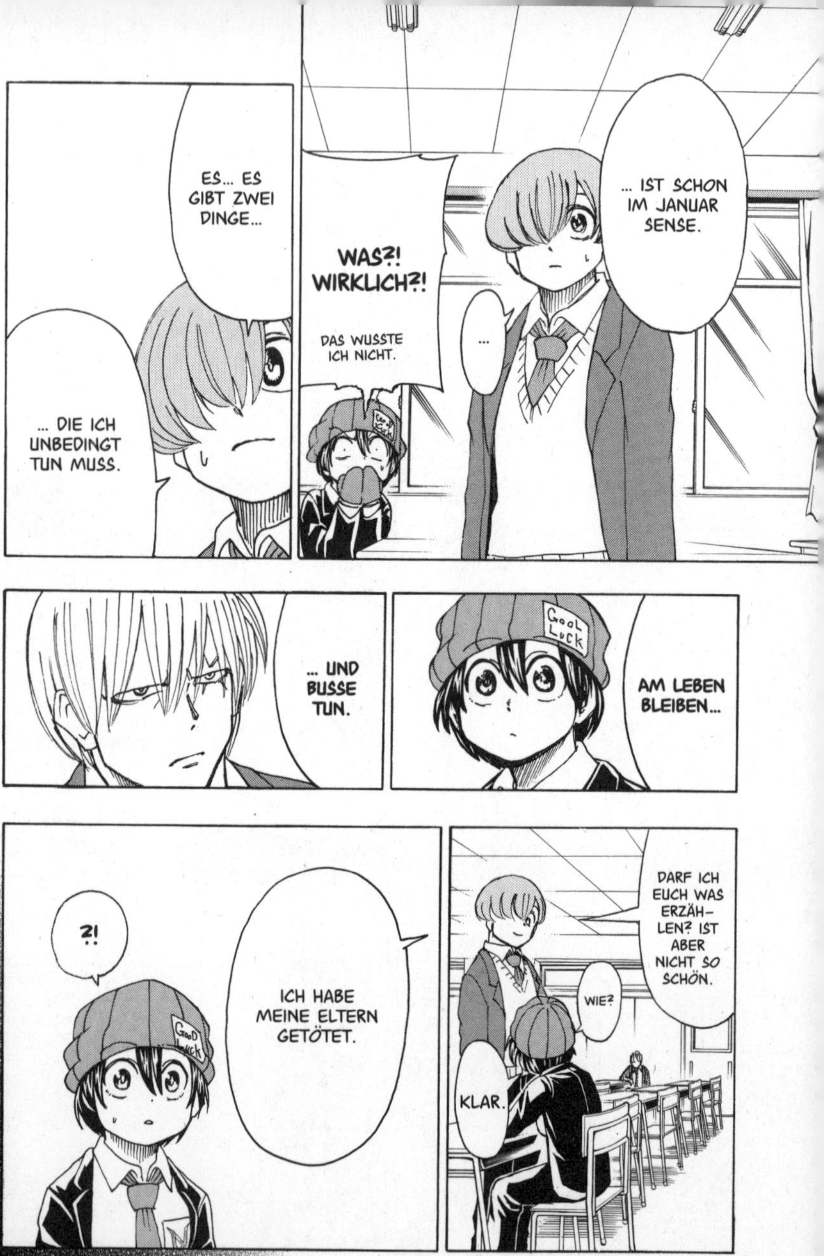
... IST SCHON IM JANUAR SENSE.
...
WAS?! WIRKLICH?!
DAS WUSSTE ICH NICHT.
ES... ES GIBT ZWEI DINGE...
... DIE ICH UNBEDINGT TUN MUSS.
AM LEBEN BLEIBEN...
... UND BUSSE TUN.
DARF ICH EUCH WAS ERZÄHLEN? IST ABER NICHT SO SCHÖN.
WIE?
KLAR.
ICH HABE MEINE ELTERN GETÖTET.
?!

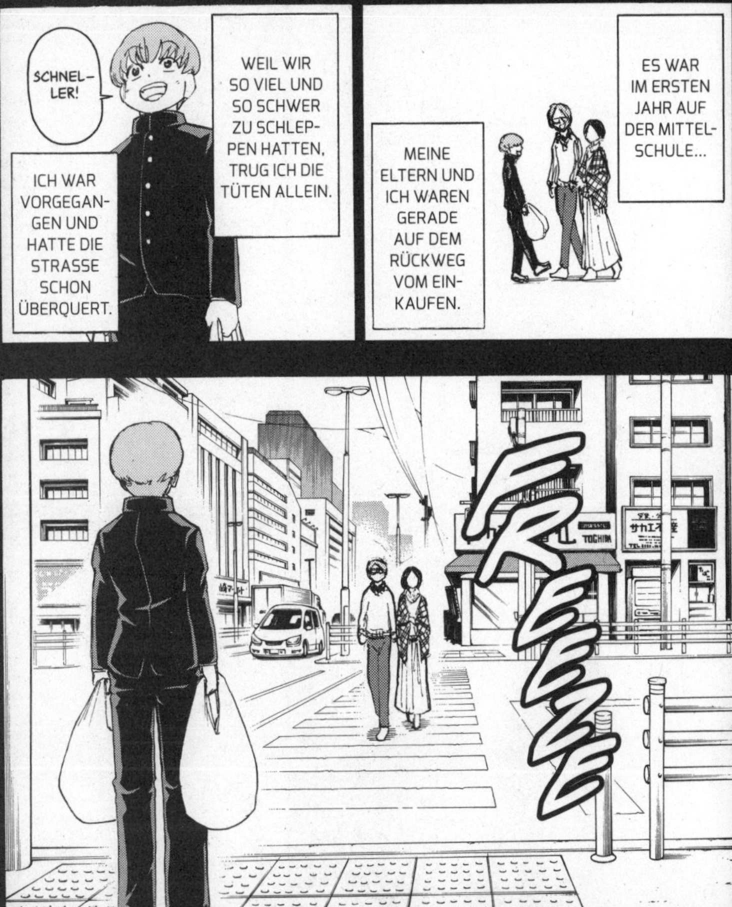

ES WAR IM ERSTEN JAHR AUF DER MITTEL-SCHULE...
MEINE ELTERN UND ICH WAREN GERADE AUF DEM RÜCKWEG VOM EIN-KAUFEN.
WEIL WIR SO VIEL UND SO SCHWER ZU SCHLEP-PEN HATTEN, TRUG ICH DIE TÜTEN ALLEIN.
SCHNEL-LER!
ICH WAR VORGEGAN-GEN UND HATTE DIE STRASSE SCHON ÜBERQUERT.
FREEZE
HM? WAS MACHT IHR DENN? KOMMT!
DAMALS HAB ICH ES NICHT BEMERKT.

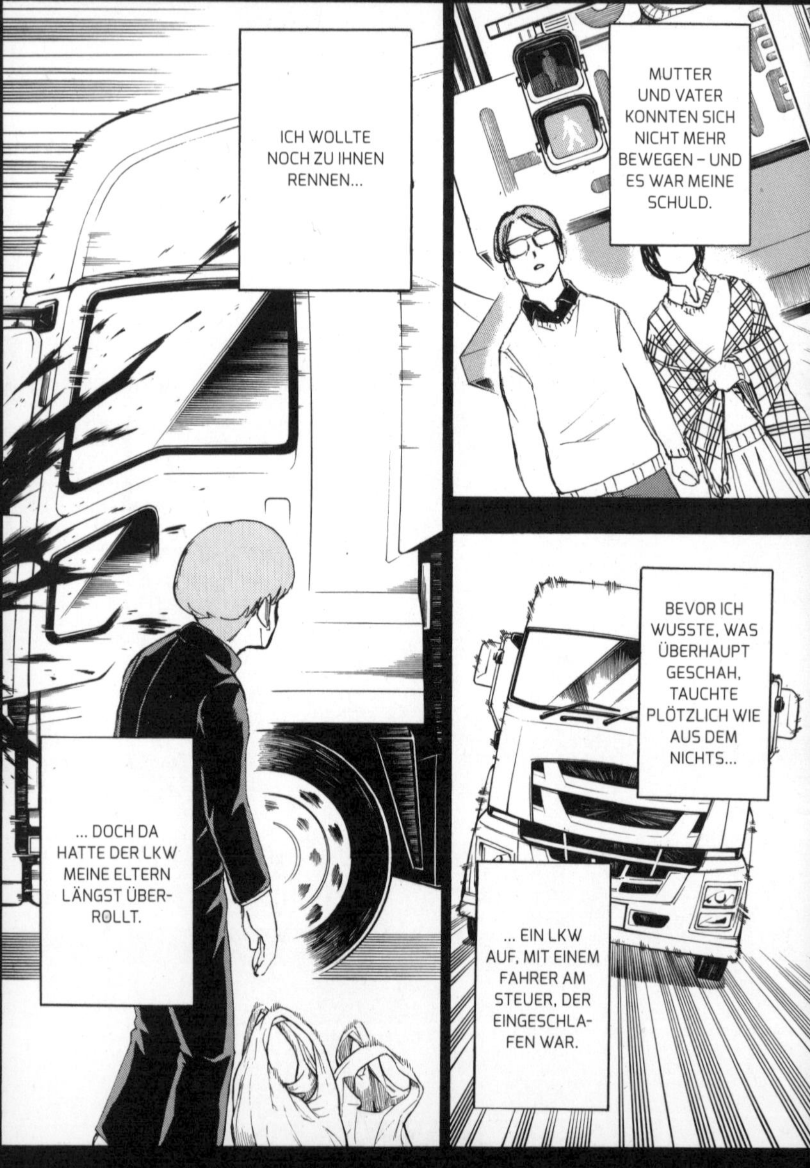
MUTTER UND VATER KONNTEN SICH NICHT MEHR BEWEGEN – UND ES WAR MEINE SCHULD.
BEVOR ICH WUSSTE, WAS ÜBERHAUPT GESCHAH, TAUCHTE PLÖTZLICH WIE AUS DEM NICHTS...
... EIN LKW AUF, MIT EINEM FAHRER AM STEUER, DER EINGESCHLA-FEN WAR.
ICH WOLLTE NOCH ZU IHNEN RENNEN...
... DOCH DA HATTE DER LKW MEINE ELTERN LÄNGST ÜBER-ROLLT.

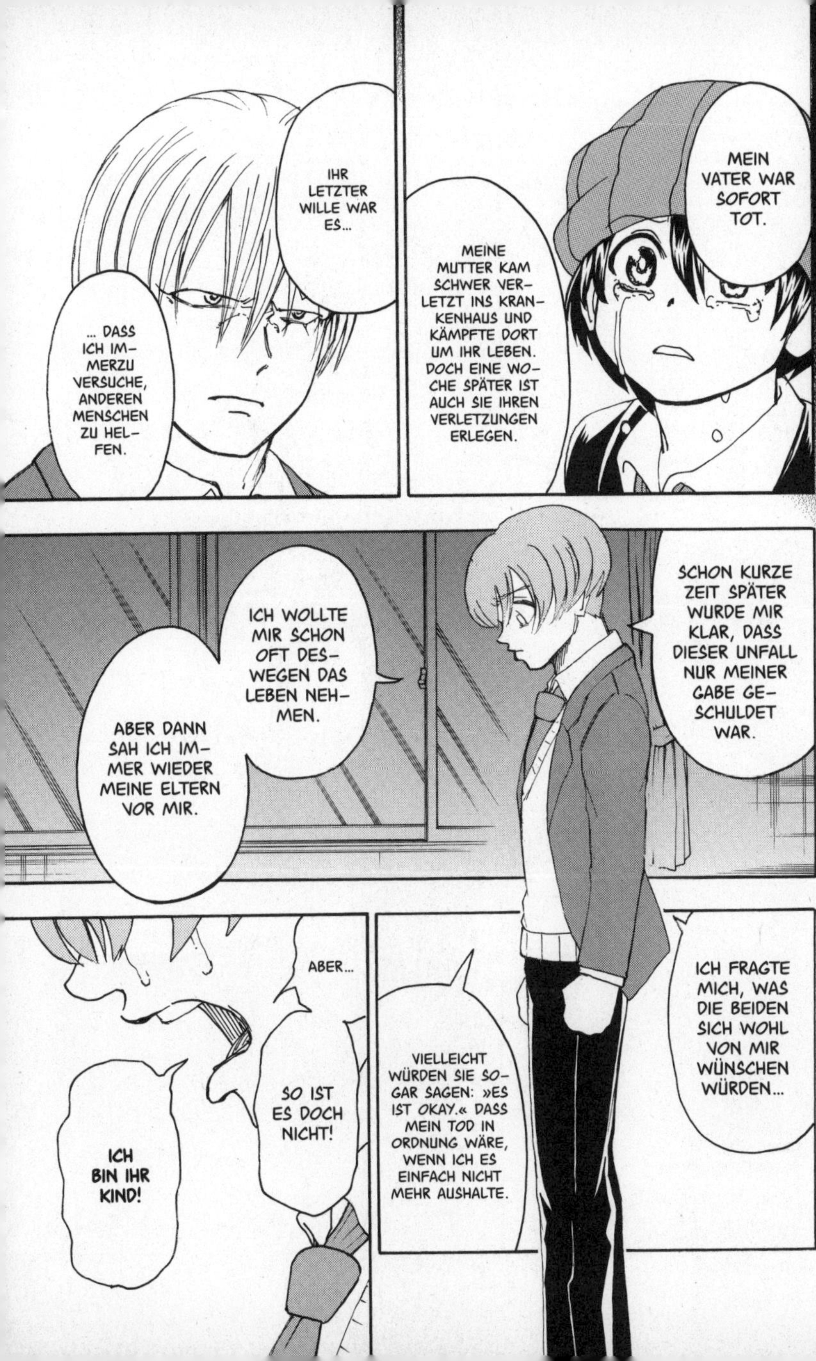
MEIN VATER WAR SOFORT TOT.
MEINE MUTTER KAM SCHWER VERLETZT INS KRANKENHAUS UND KÄMPFTE DORT UM IHR LEBEN. DOCH EINE WOCHE SPÄTER IST AUCH SIE IHREN VERLETZUNGEN ERLEGEN.
IHR LETZTER WILLE WAR ES...
... DASS ICH IMMERZU VERSUCHE, ANDEREN MENSCHEN ZU HELFEN.
SCHON KURZE ZEIT SPÄTER WURDE MIR KLAR, DASS DIESER UNFALL NUR MEINER GABE GESCHULDET WAR.
ICH WOLLTE MIR SCHON OFT DESWEGEN DAS LEBEN NEHMEN.
ABER DANN SAH ICH IMMER WIEDER MEINE ELTERN VOR MIR.
ICH FRAGTE MICH, WAS DIE BEIDEN SICH WOHL VON MIR WÜNSCHEN WÜRDEN...
VIELLEICHT WÜRDEN SIE SOGAR SAGEN: »ES IST OKAY.« DASS MEIN TOD IN ORDNUNG WÄRE, WENN ICH ES EINFACH NICHT MEHR AUSHALTE.
ABER...
SO IST ES DOCH NICHT!
ICH BIN IHR KIND!

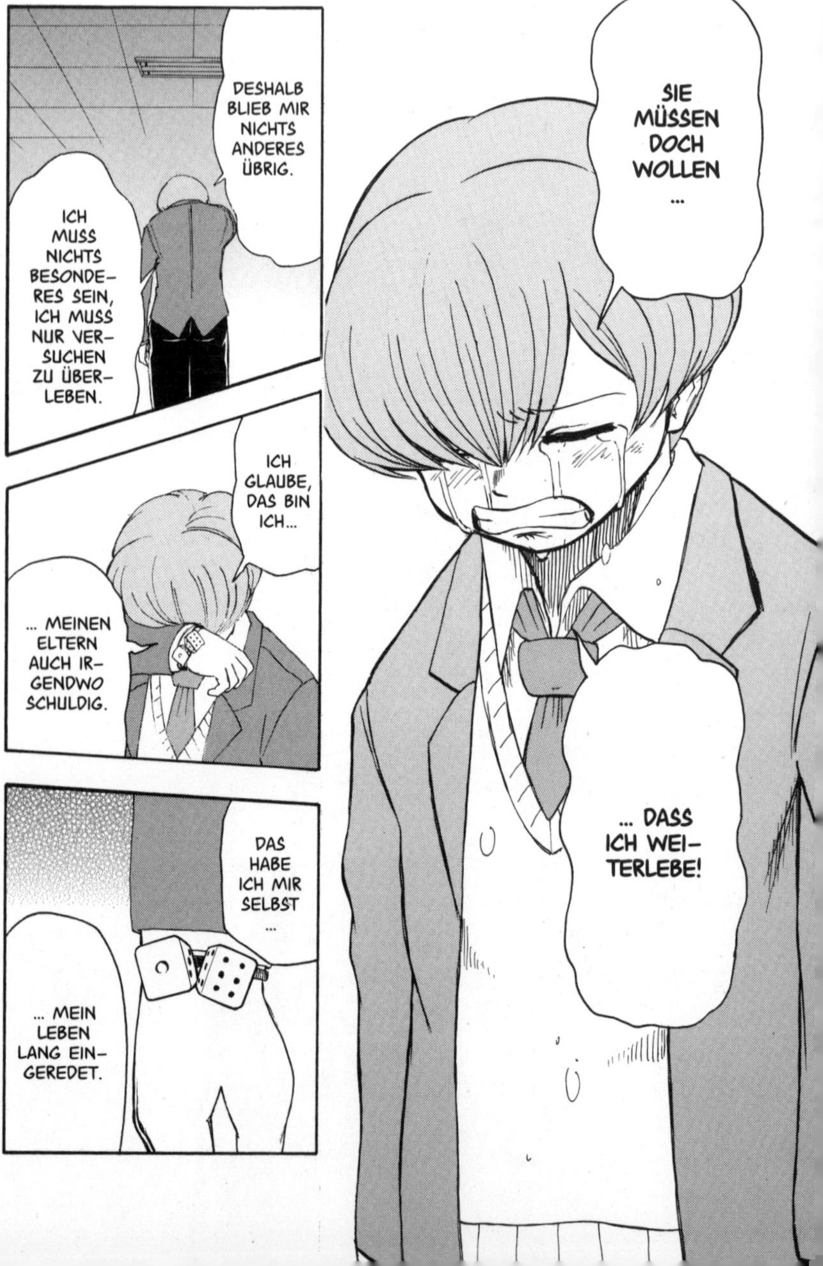
DESHALB BLIEB MIR NICHTS ANDERES ÜBRIG.
ICH MUSS NICHTS BESONDERES SEIN, ICH MUSS NUR VERSUCHEN ZU ÜBERLEBEN.
ICH GLAUBE, DAS BIN ICH...
... MEINEN ELTERN AUCH IRGENDWO SCHULDIG.
DAS HABE ICH MIR SELBST ...
... MEIN LEBEN LANG EINGEREDET.
SIE MÜSSEN DOCH WOLLEN ...
... DASS ICH WEITERLEBE!

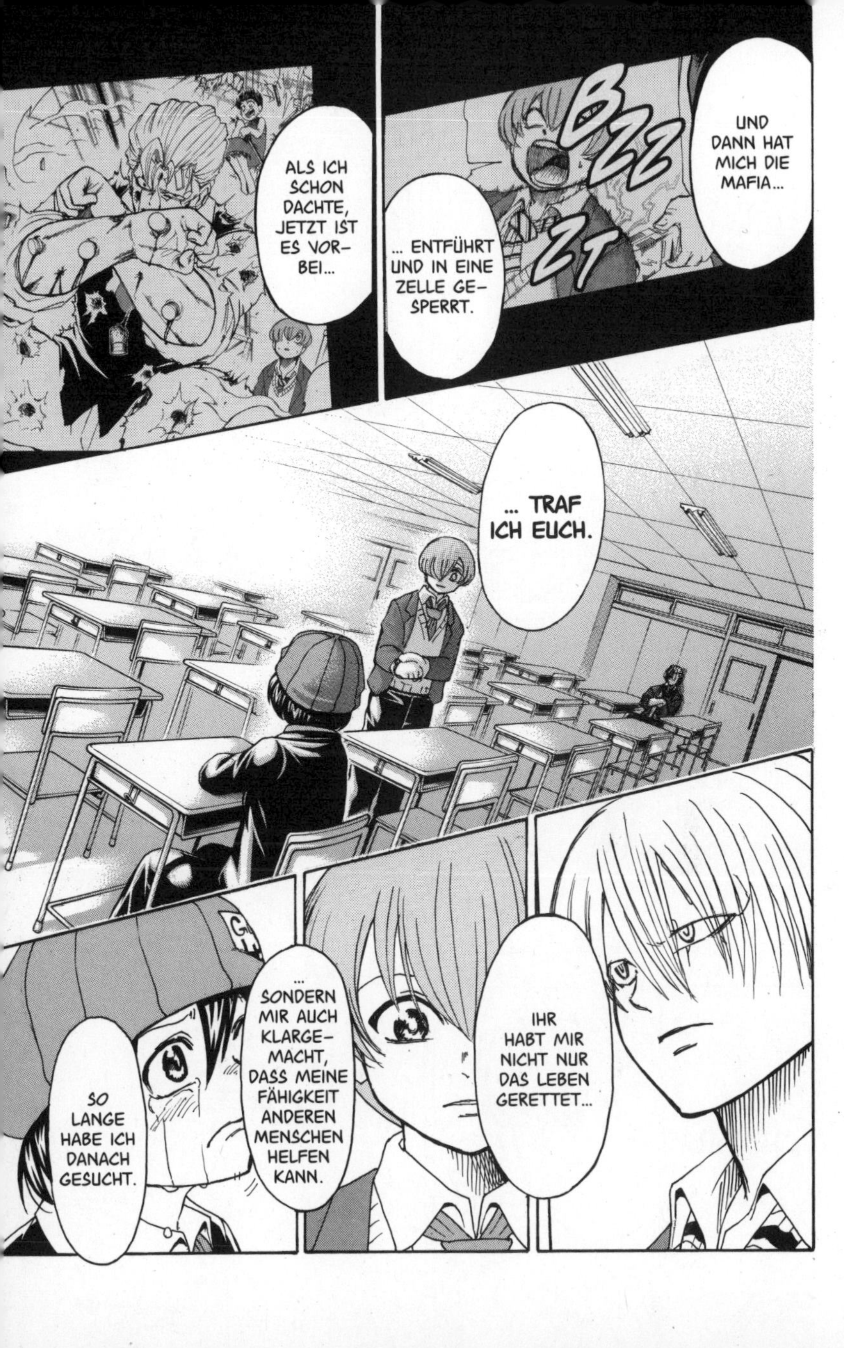
UND DANN HAT MICH DIE MAFIA...
BZZZT
... ENTFÜHRT UND IN EINE ZELLE GESPERRT.
ALS ICH SCHON DACHTE, JETZT IST ES VORBEI...
... TRAF ICH EUCH.
IHR HABT MIR NICHT NUR DAS LEBEN GERETTET...
... SONDERN MIR AUCH KLARGEMACHT, DASS MEINE FÄHIGKEIT ANDEREN MENSCHEN HELFEN KANN.
SO LANGE HABE ICH DANACH GESUCHT.

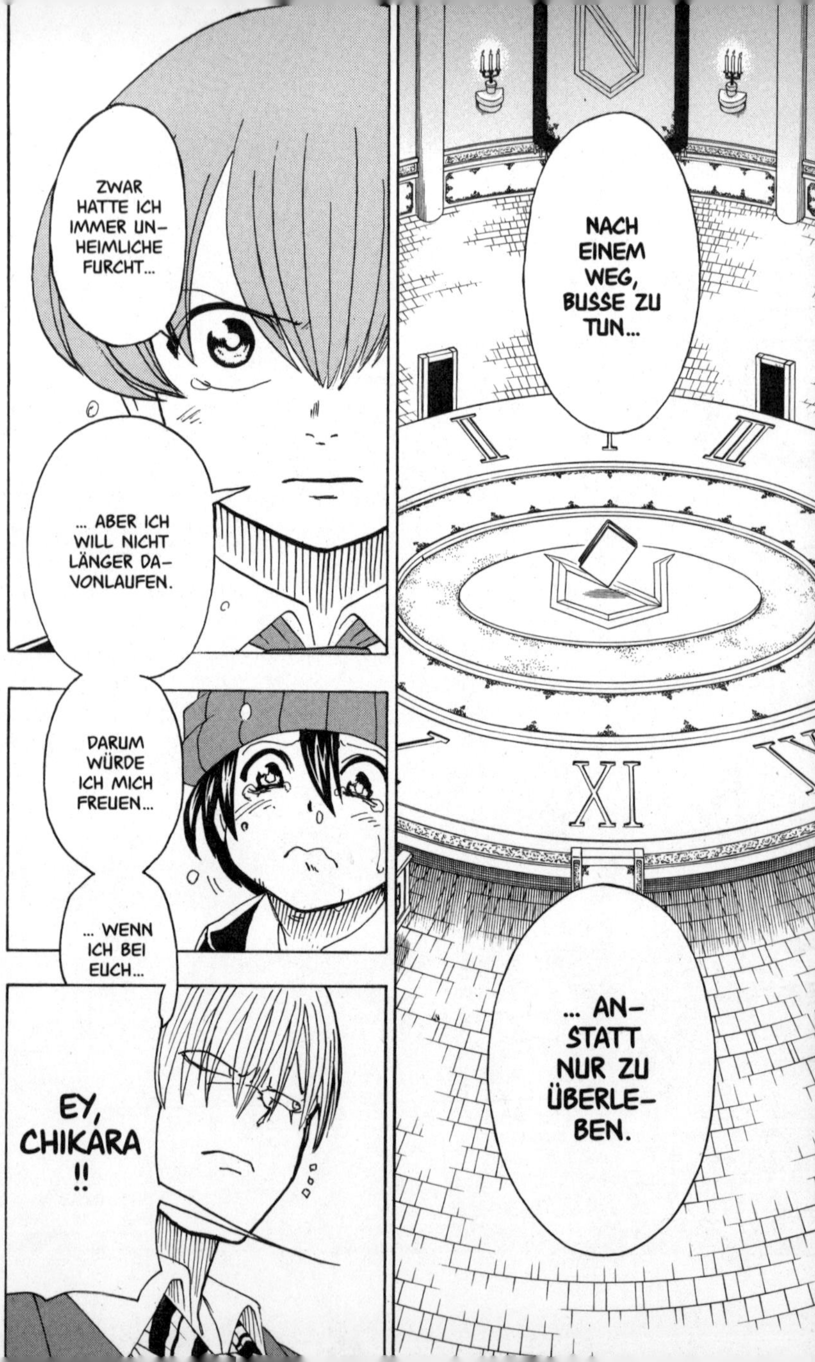
ZWAR HATTE ICH IMMER UN-HEIMLICHE FURCHT…
… ABER ICH WILL NICHT LÄNGER DA-VONLAUFEN.
DARUM WÜRDE ICH MICH FREUEN…
… WENN ICH BEI EUCH…
EY, CHIKARA !!
NACH EINEM WEG, BUSSE ZU TUN…
… AN-STATT NUR ZU ÜBERLE-BEN.

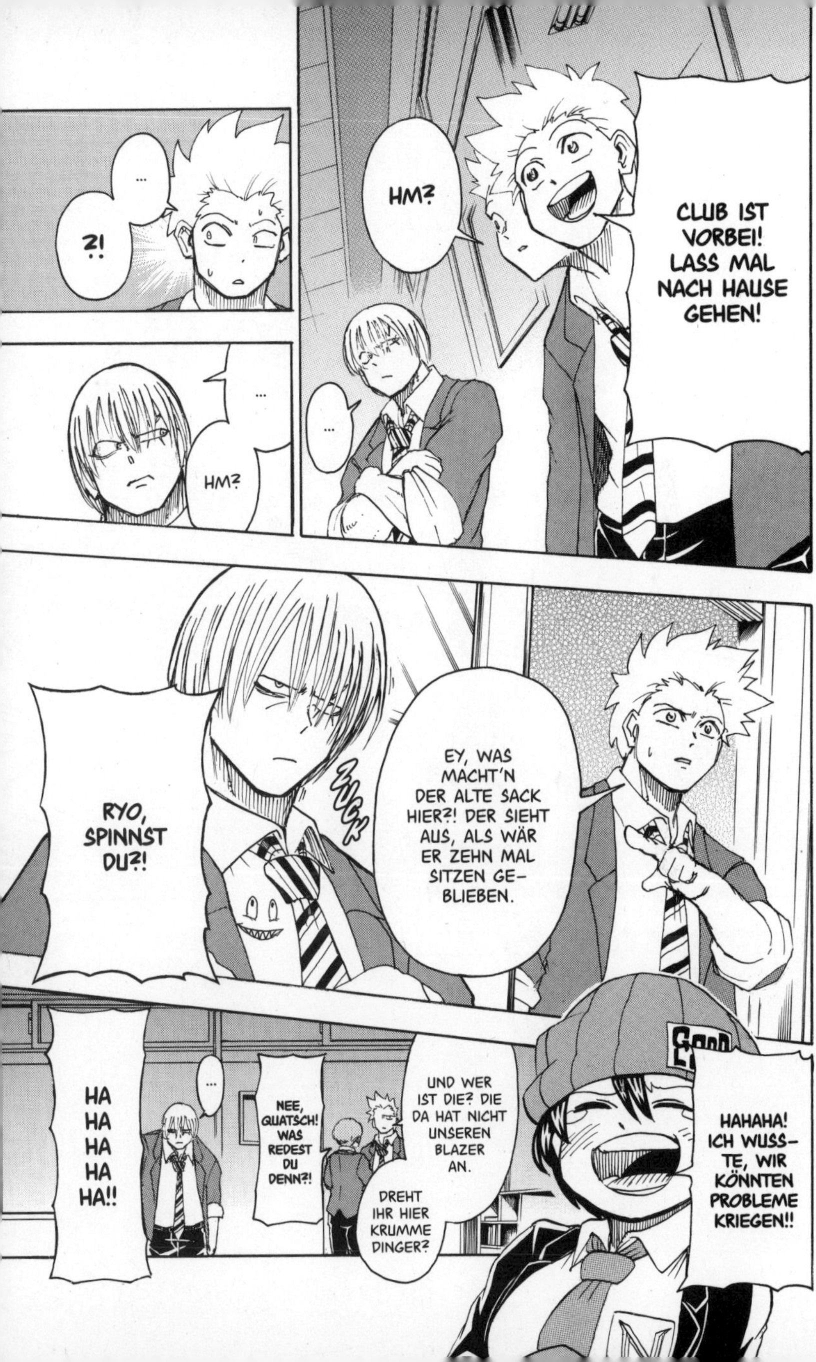
CLUB IST VORBEI! LASS MAL NACH HAUSE GEHEN!
HM?
...
...
?!
...
HM?
EY, WAS MACHT'N DER ALTE SACK HIER?! DER SIEHT AUS, ALS WÄR ER ZEHN MAL SITZEN GE-BLIEBEN.
RYO, SPINNST DU?!
HAHAHA! ICH WUSS-TE, WIR KÖNNTEN PROBLEME KRIEGEN!!
UND WER IST DIE? DIE DA HAT NICHT UNSEREN BLAZER AN.
DREHT IHR HIER KRUMME DINGER?
NEE, QUATSCH! WAS REDEST DU DENN?!
...
HA HA HA HA HA!!

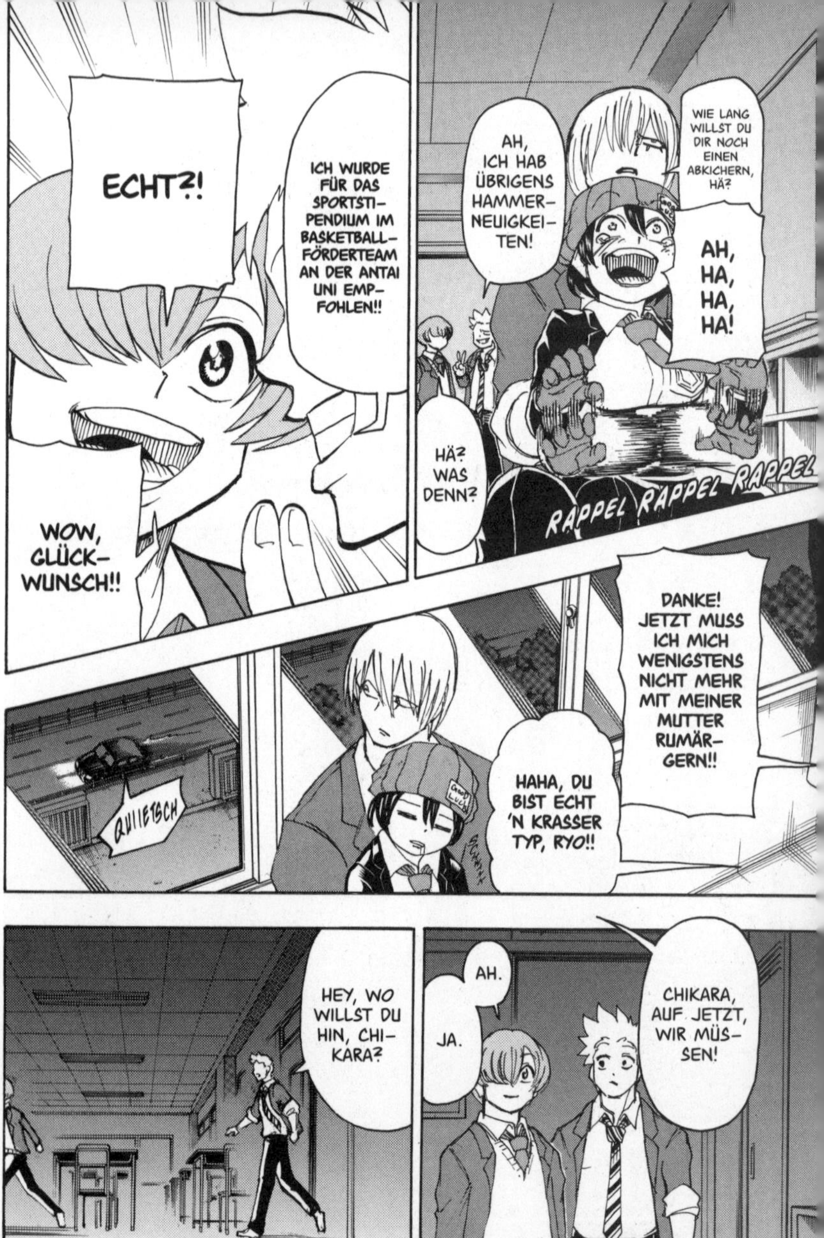
WIE LANG WILLST DU DIR NOCH EINEN ABKICHERN, HÄ?
AH, HA, HA, HA!
AH, ICH HAB ÜBRIGENS HAMMER-NEUIGKEI-TEN!
HÄ? WAS DENN?
RAPPEL RAPPEL RAPPEL
ICH WURDE FÜR DAS SPORTSTI-PENDIUM IM BASKETBALL-FÖRDERTEAM AN DER ANTAI UNI EMP-FOHLEN!!
ECHT?!
WOW, GLÜCK-WUNSCH!!
DANKE! JETZT MUSS ICH MICH WENIGSTENS NICHT MEHR MIT MEINER MUTTER RUMÄR-GERN!!
HAHA, DU BIST ECHT 'N KRASSER TYP, RYO!!
QUIIETSCH
CHIKARA, AUF JETZT, WIR MÜS-SEN!
AH.
JA.
HEY, WO WILLST DU HIN, CHI-KARA?

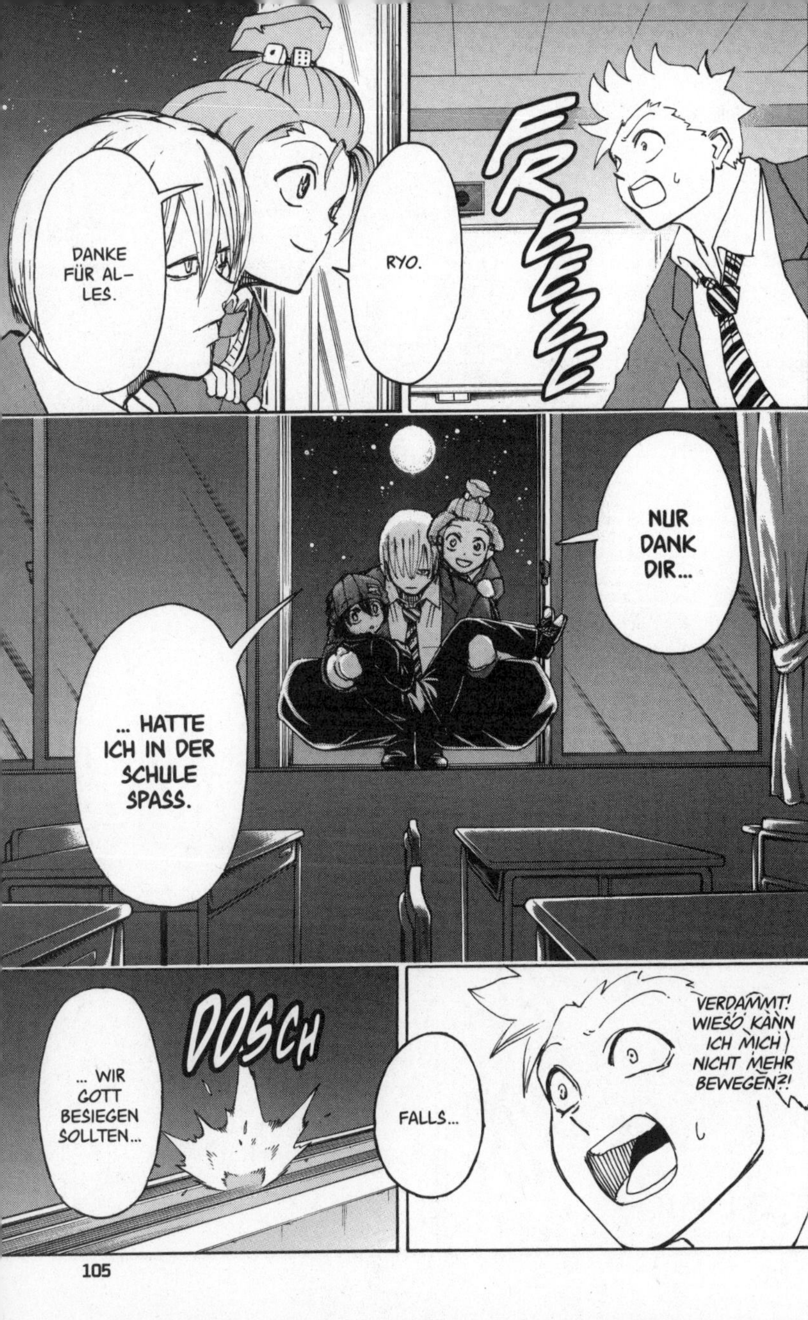
FREEZE
RYO.
DANKE FÜR AL-LES.
NUR DANK DIR...
... HATTE ICH IN DER SCHULE SPASS.
VERDAMMT! WIESO KANN ICH MICH NICHT MEHR BEWEGEN?!
FALLS...
DOSCH
... WIR GOTT BESIEGEN SOLLTEN...

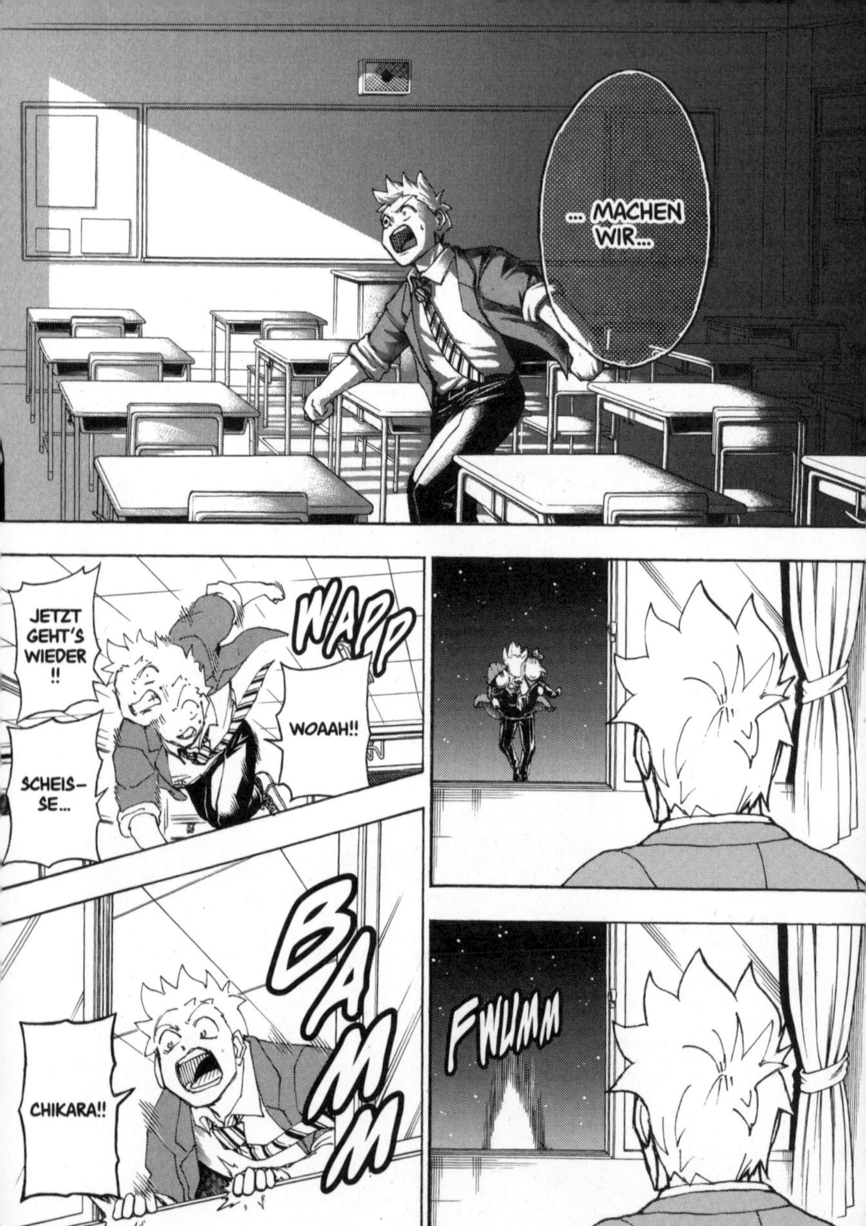
... MACHEN WIR...
WAPP
WOAAH!!
JETZT GEHT'S WIEDER !!
SCHEIS-SE...
BAMMM
CHIKARA!!
FWUMM

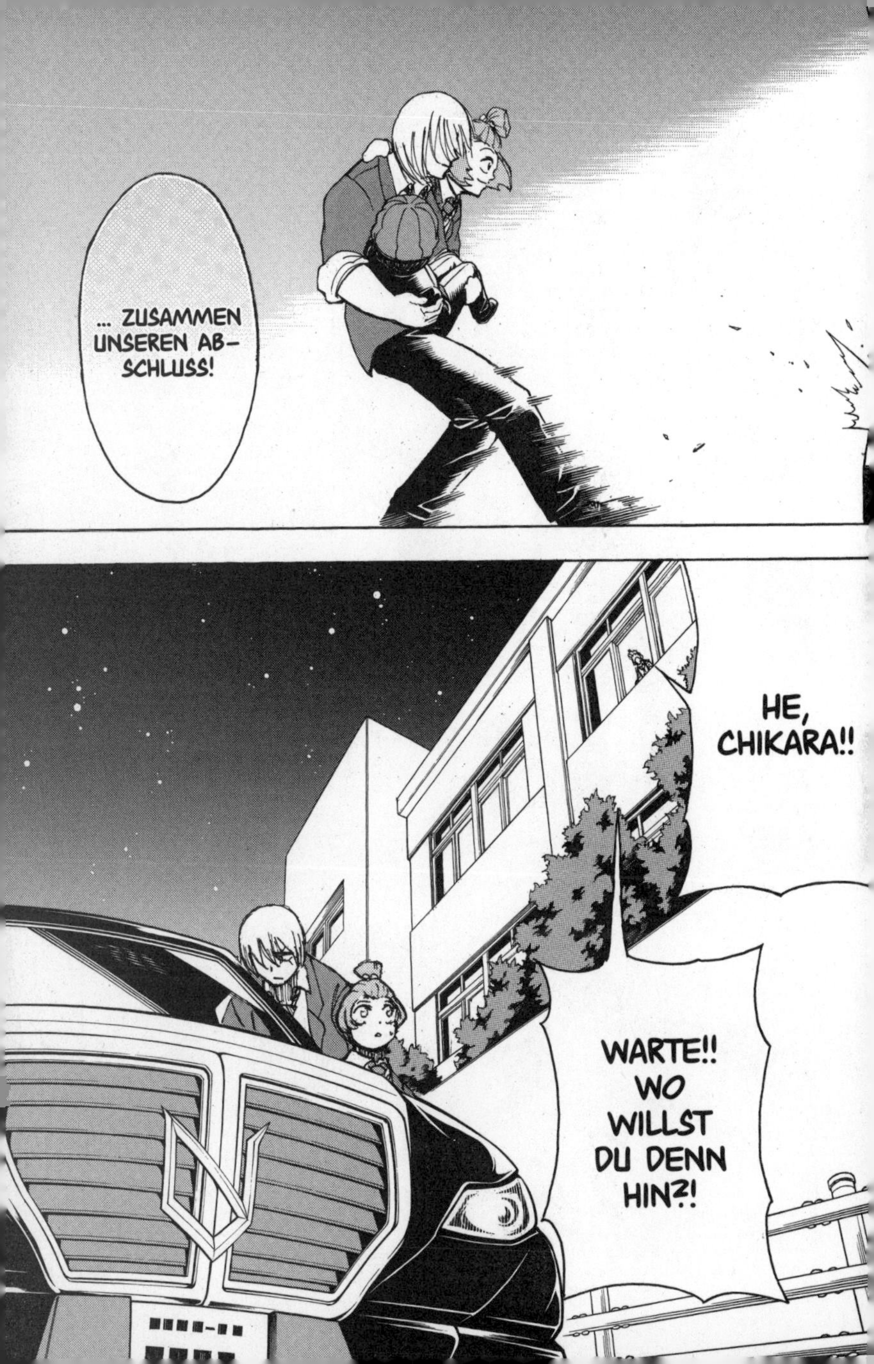
... ZUSAMMEN UNSEREN AB-SCHLUSS!
HE, CHIKARA!!
WARTE!! WO WILLST DU DENN HIN?!

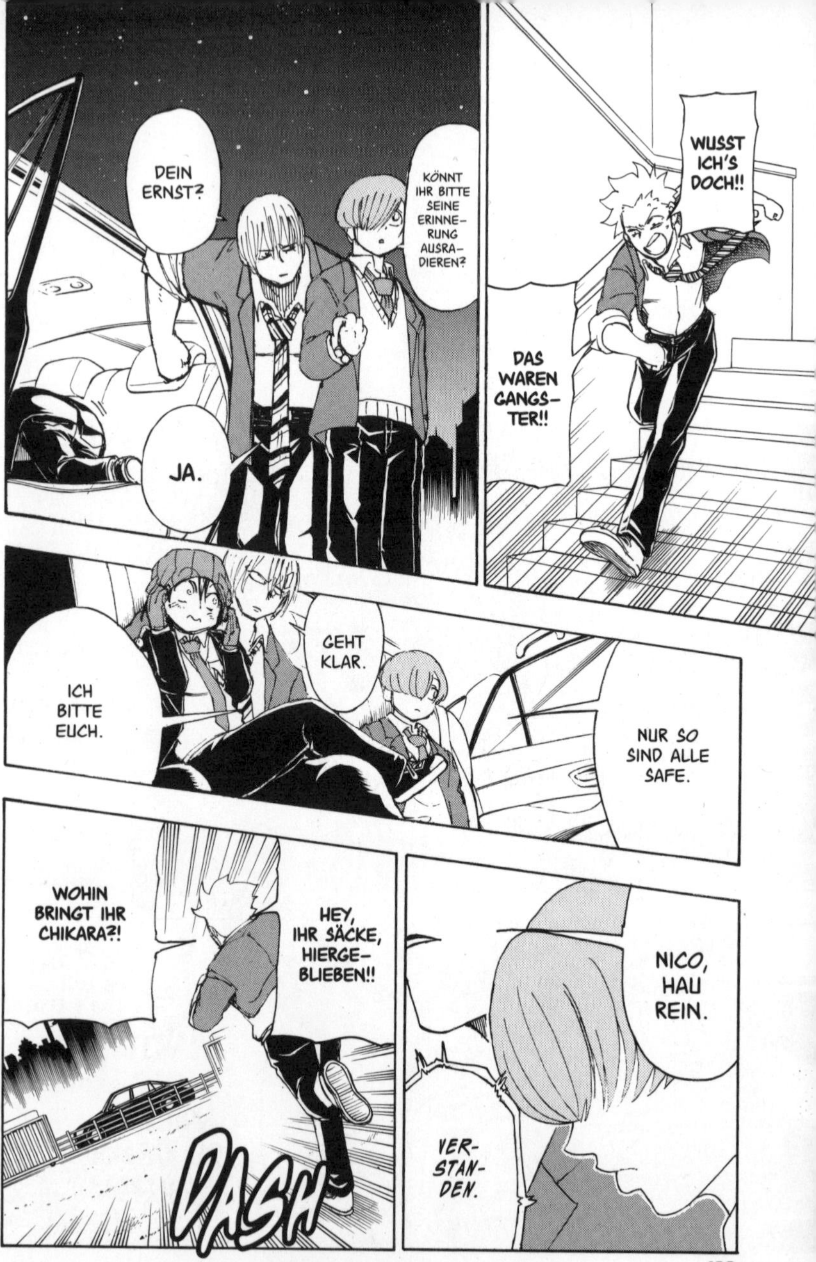
WUSST ICH'S DOCH!!
DAS WAREN GANGSTER!!
KÖNNT IHR BITTE SEINE ERINNERUNG AUSRADIEREN?
DEIN ERNST?
JA.
NUR SO SIND ALLE SAFE.
GEHT KLAR.
ICH BITTE EUCH.
NICO, HAU REIN.
VERSTANDEN.
HEY, IHR SÄCKE, HIERGEBLIEBEN!!
WOHIN BRINGT IHR CHIKARA?!
DASH

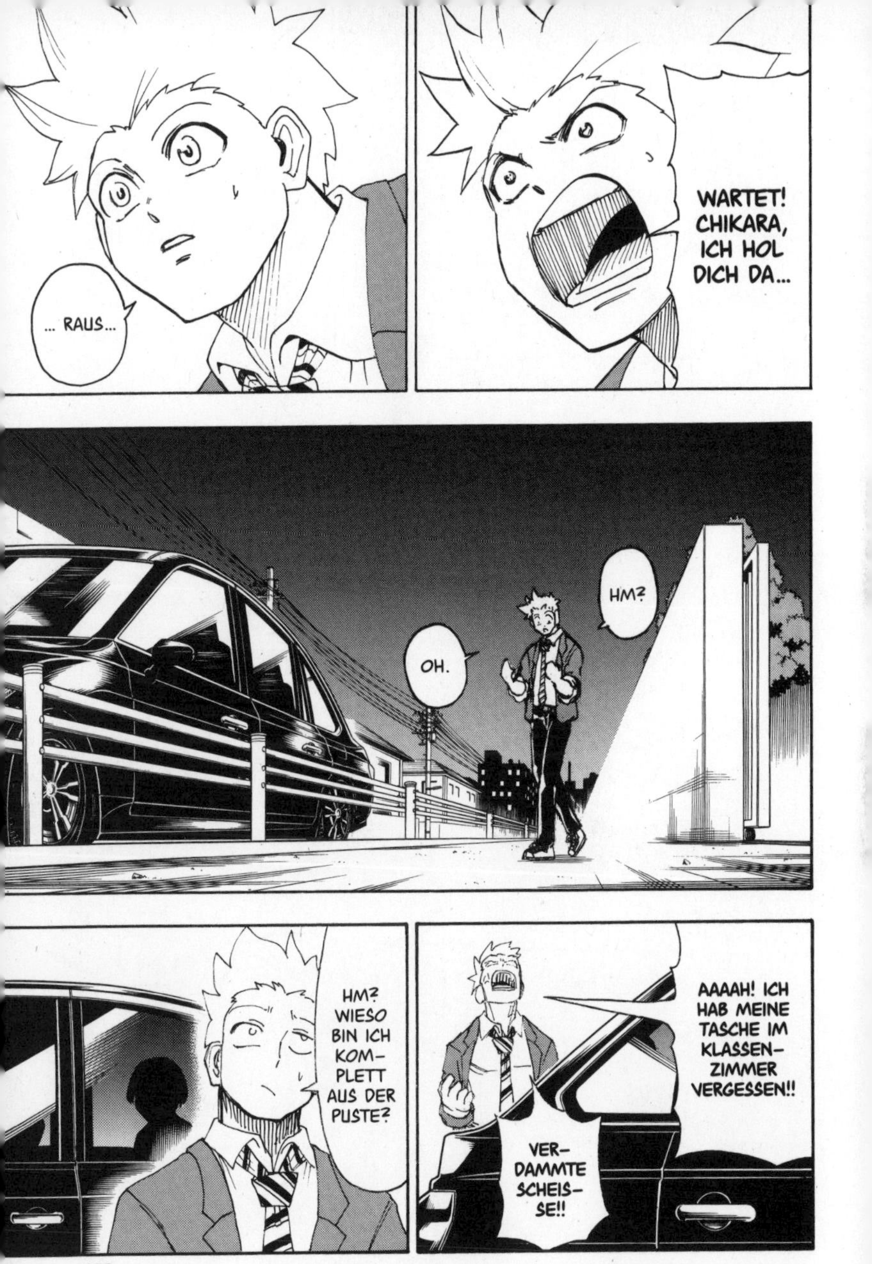

WARTET! CHIKARA, ICH HOL DICH DA...
... RAUS...
HM?
OH.
AAAAH! ICH HAB MEINE TASCHE IM KLASSEN-ZIMMER VERGESSEN!!
VER-DAMMTE SCHEIS-SE!!
HM? WIESO BIN ICH KOM-PLETT AUS DER PUSTE?

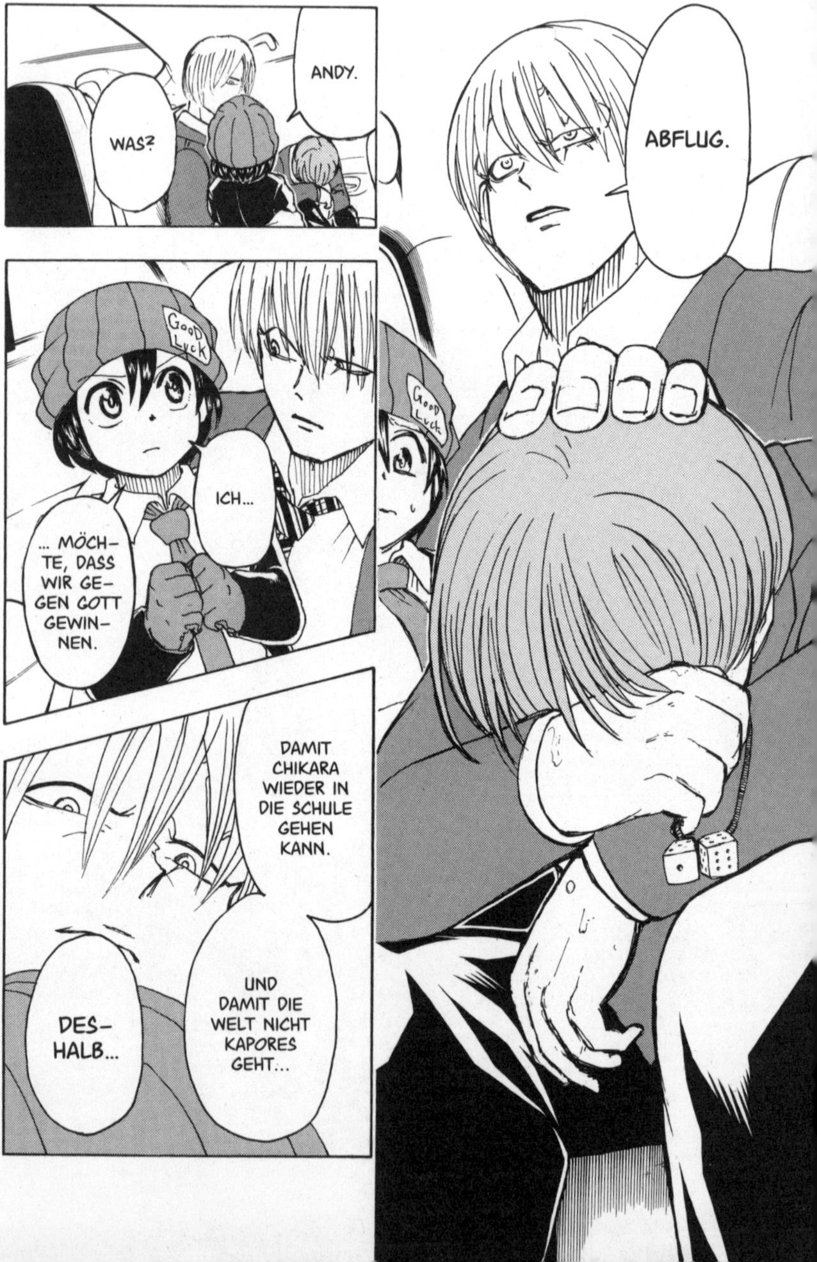
ANDY.
WAS?
ICH...
... MÖCHTE, DASS WIR GEGEN GOTT GEWINNEN.
DAMIT CHIKARA WIEDER IN DIE SCHULE GEHEN KANN.
UND DAMIT DIE WELT NICHT KAPORES GEHT...
DESHALB...
ABFLUG.

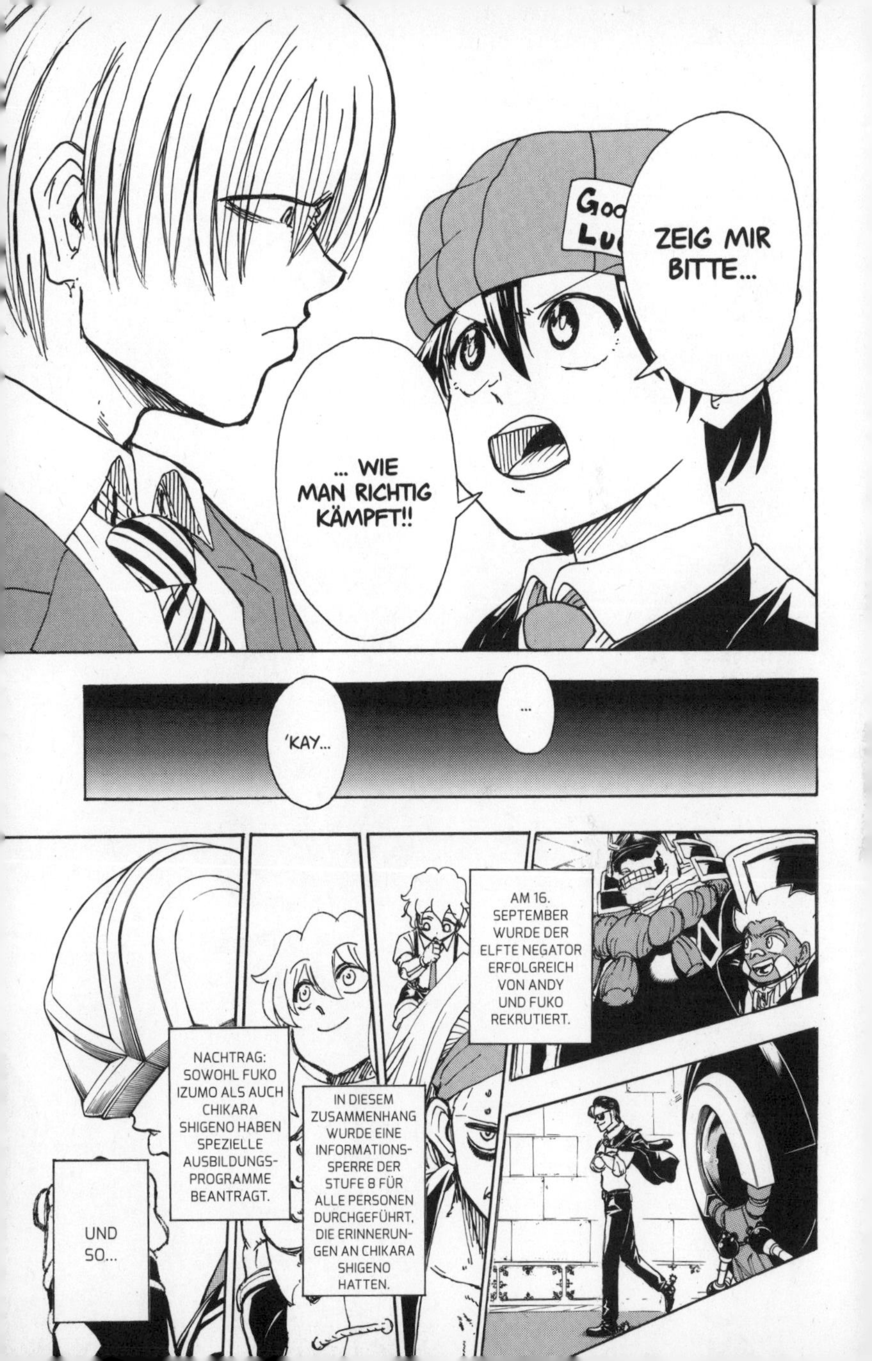
ZEIG MIR BITTE...
... WIE MAN RICHTIG KÄMPFT!!
...
'KAY...
AM 16. SEPTEMBER WURDE DER ELFTE NEGATOR ERFOLGREICH VON ANDY UND FUKO REKRUTIERT.
IN DIESEM ZUSAMMENHANG WURDE EINE INFORMATIONS-SPERRE DER STUFE 8 FÜR ALLE PERSONEN DURCHGEFÜHRT, DIE ERINNERUN-GEN AN CHIKARA SHIGENO HATTEN.
NACHTRAG: SOWOHL FUKO IZUMO ALS AUCH CHIKARA SHIGENO HABEN SPEZIELLE AUSBILDUNGS-PROGRAMME BEANTRAGT.
UND SO...

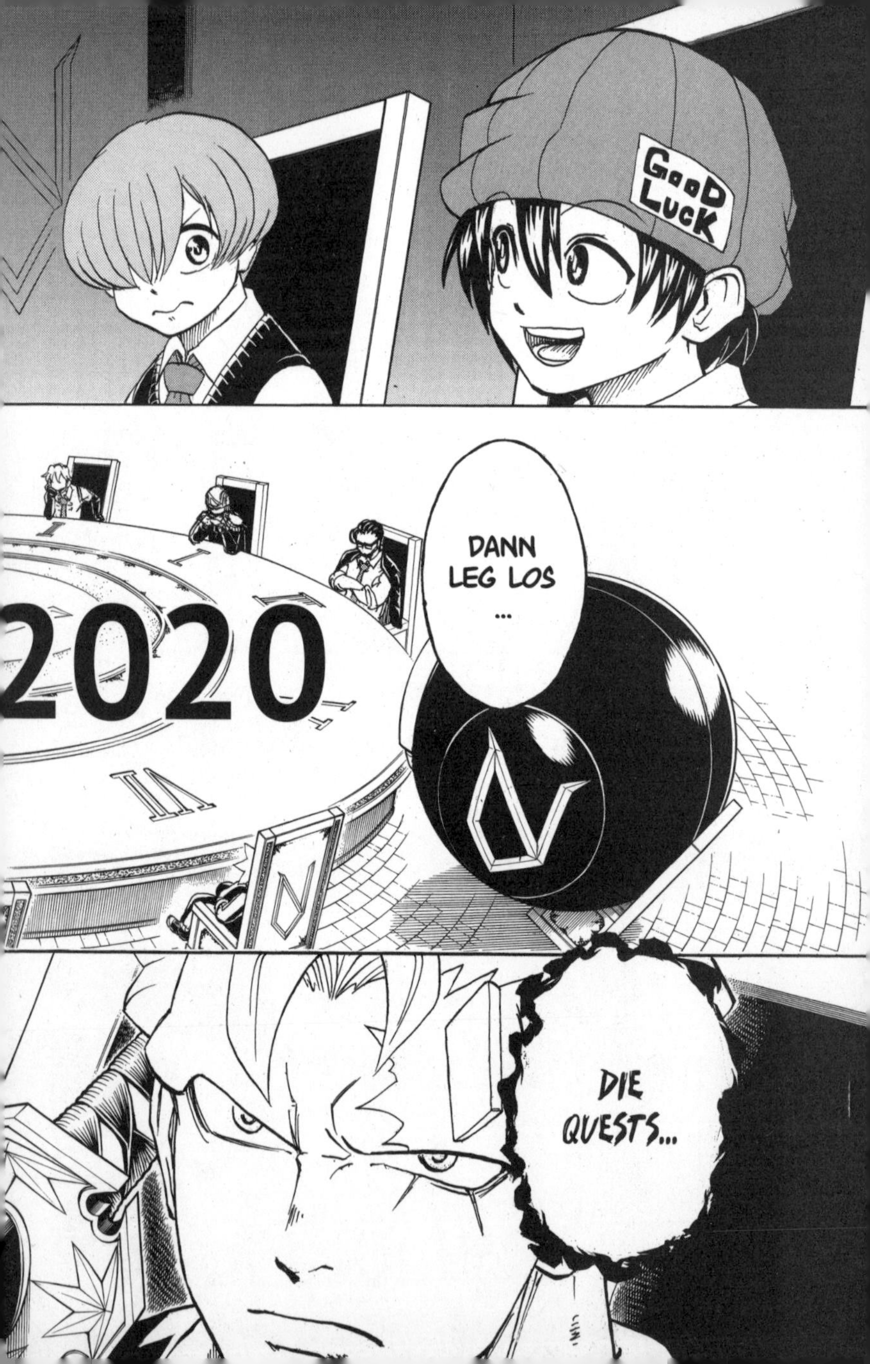
GOOD LUCK
2020
DANN LEG LOS ...
DIE QUESTS...

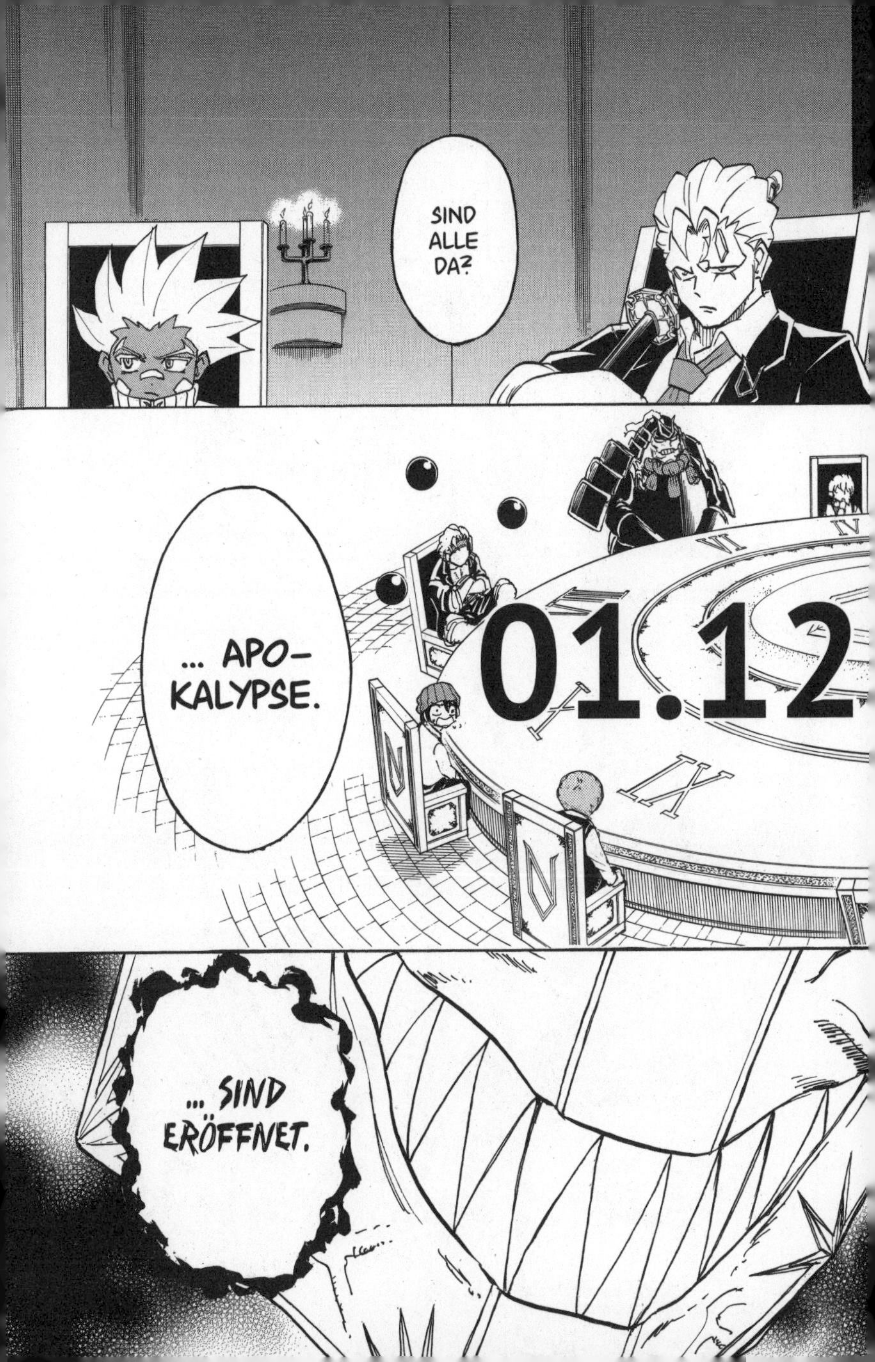
SIND ALLE DA?
01.12
... APO-KALYPSE.
... SIND ERÖFFNET.

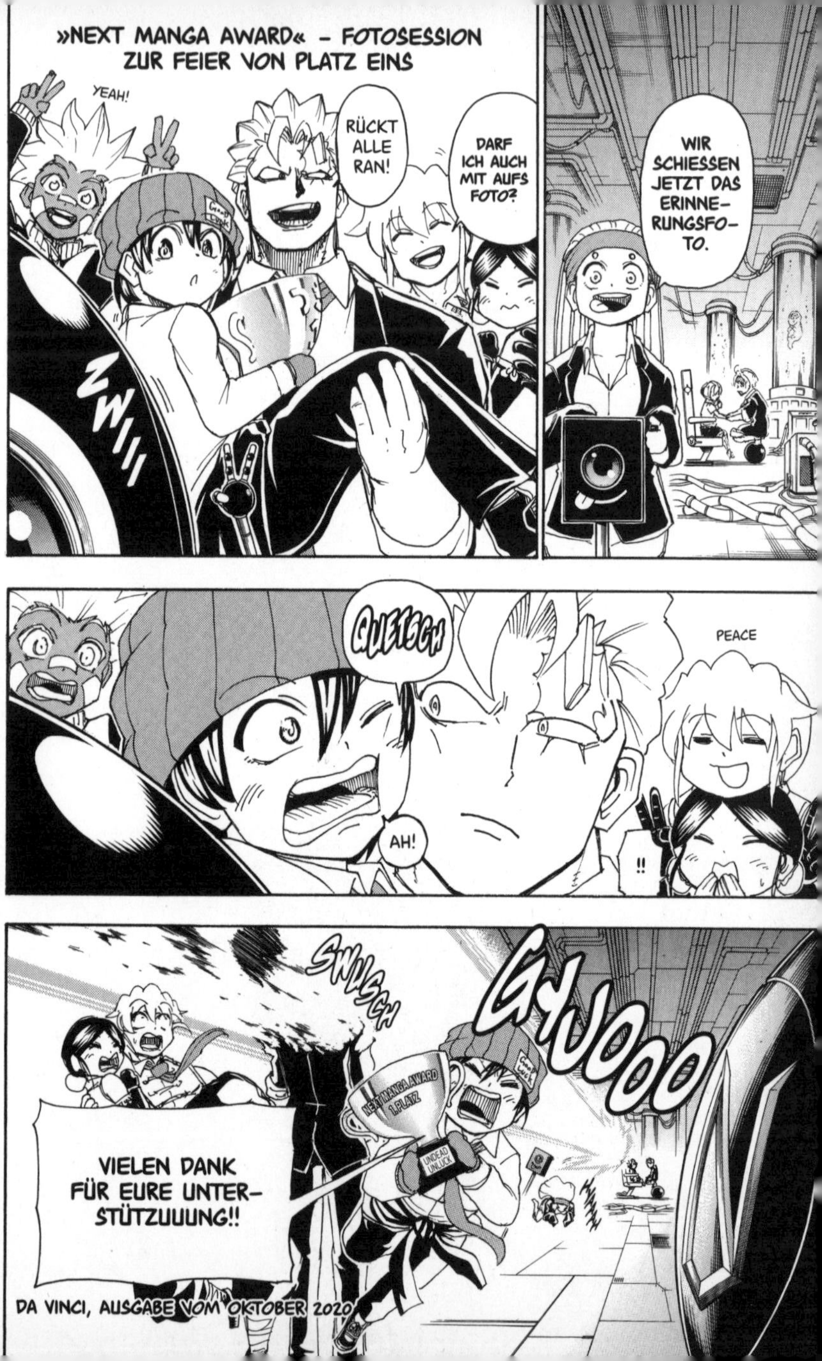
WIR SCHIESSEN JETZT DAS ERINNERUNGSFOTO.
»NEXT MANGA AWARD« – FOTOSESSION ZUR FEIER VON PLATZ EINS
DARF ICH AUCH MIT AUFS FOTO?
RÜCKT ALLE RAN!
YEAH!
ZWIII
PEACE
QUIETSCH
AH!
!!
GYUOOO
SWUSCH
NEXT MANGA AWARD 1. PLATZ
UNDEAD UNLUCK
VIELEN DANK FÜR EURE UNTERSTÜTZUUUNG!!
DA VINCI, AUSGABE VOM OKTOBER 2020

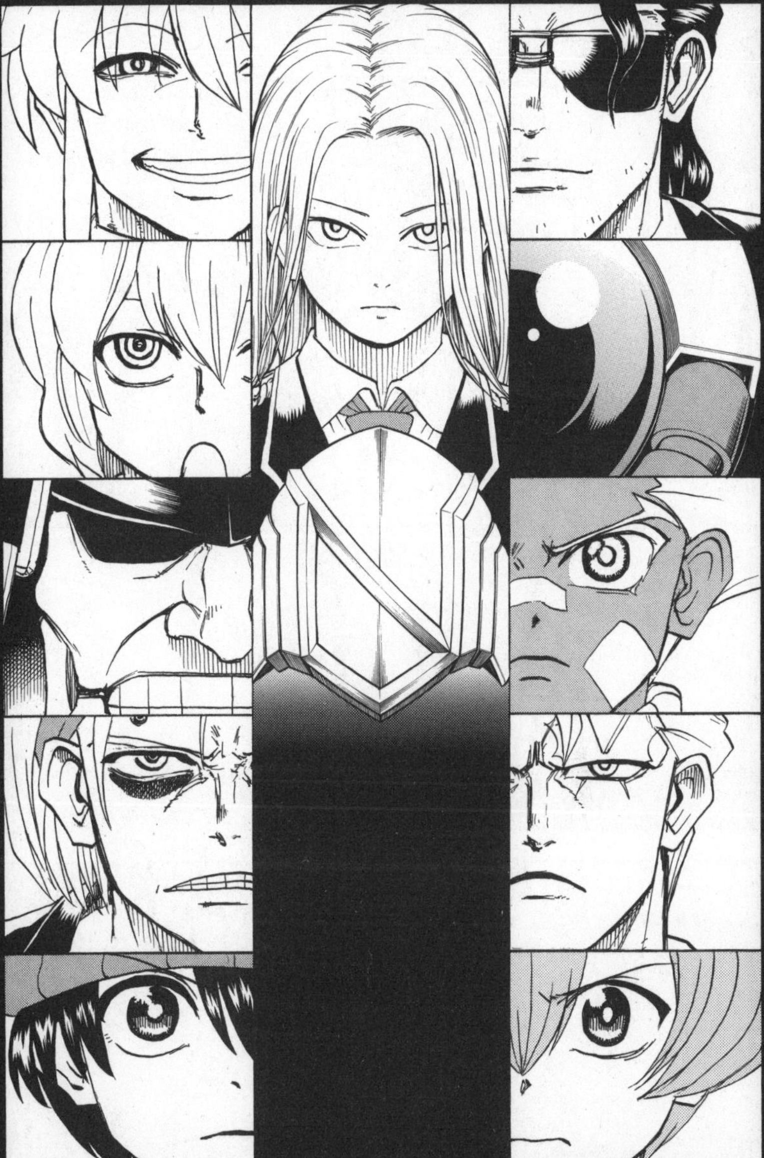

No. 031
Revolution

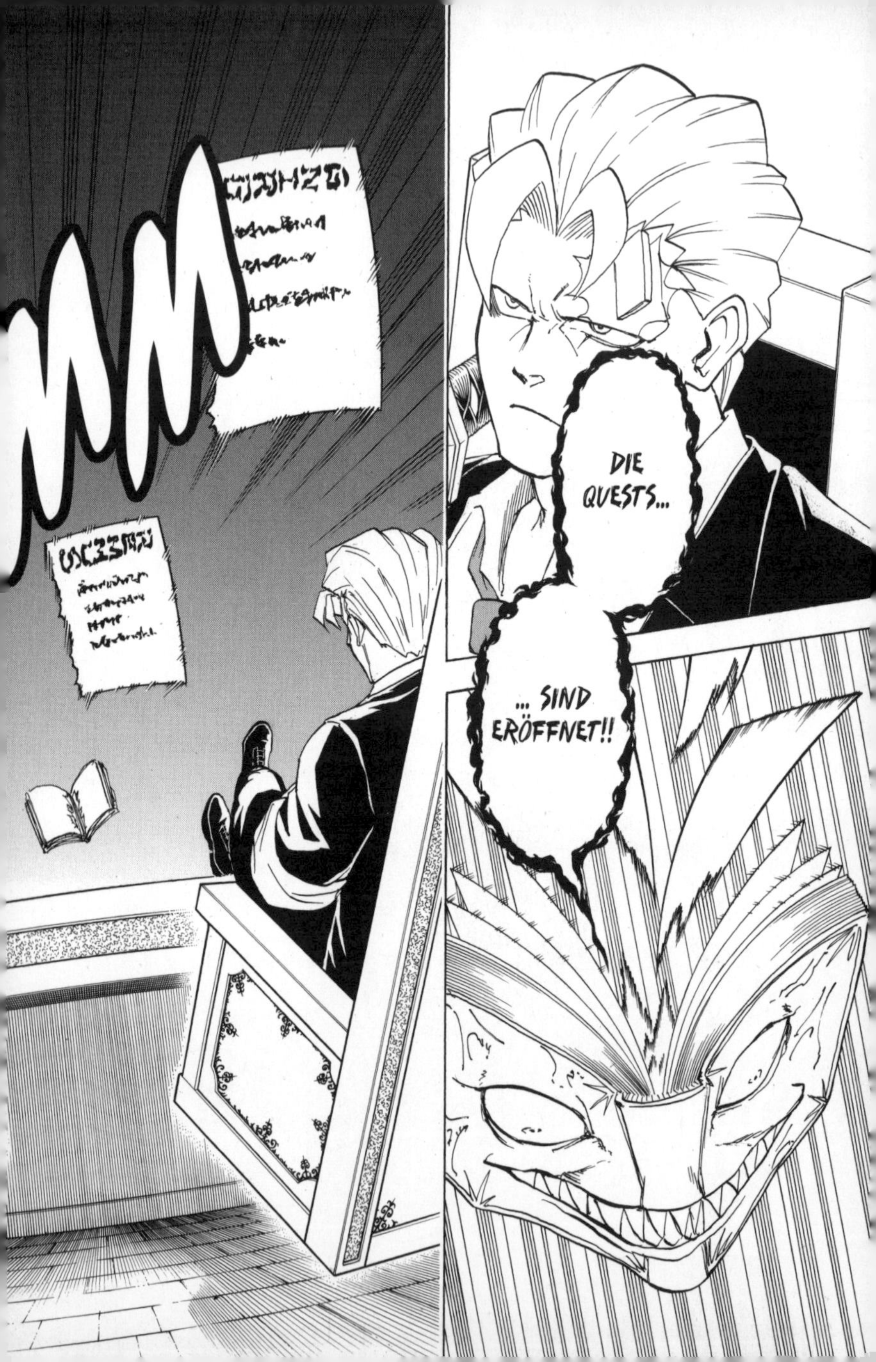
DIE QUESTS...
... SIND ERÖFFNET!!

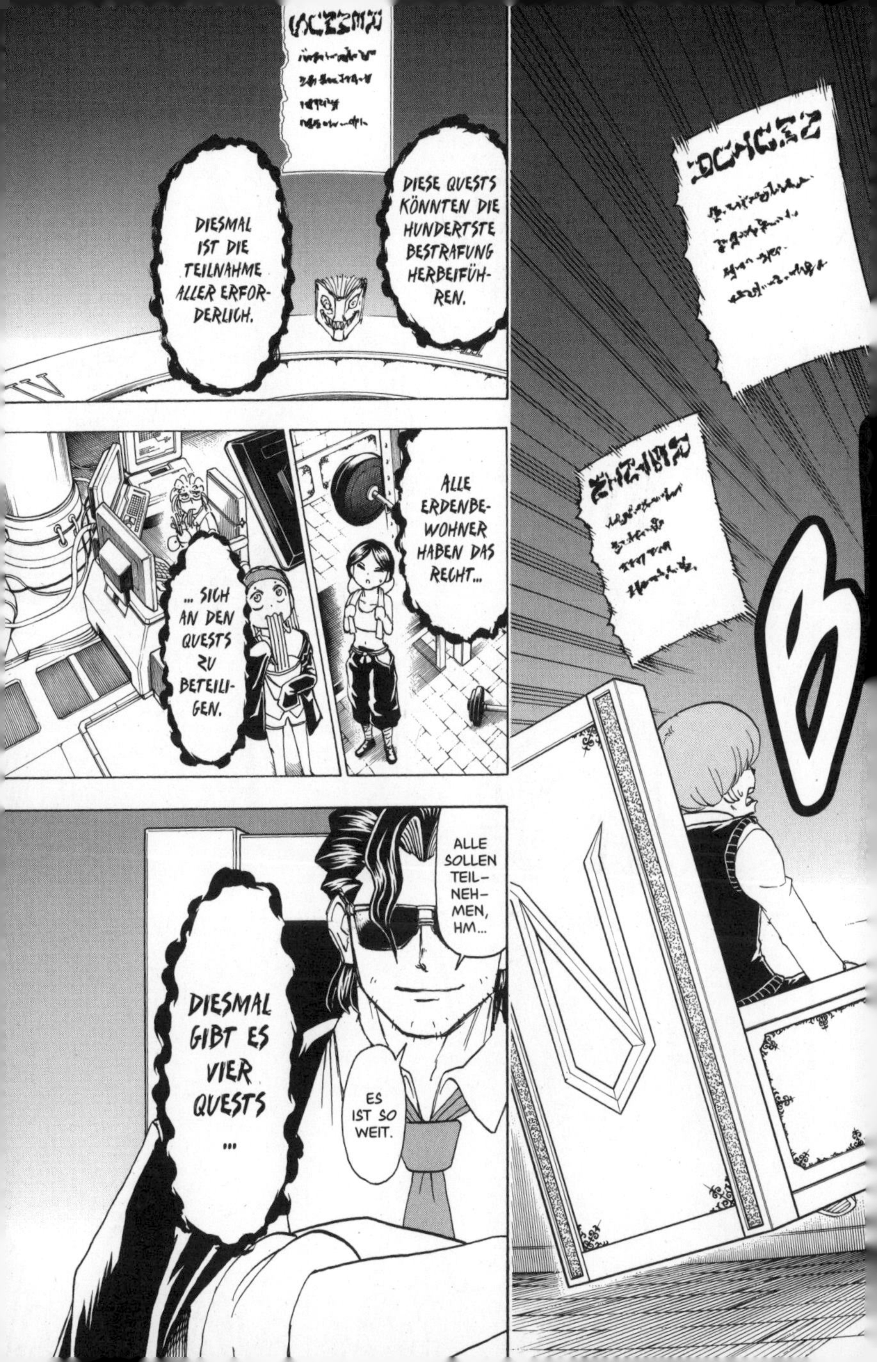
DIESE QUESTS KÖNNTEN DIE HUNDERTSTE BESTRAFUNG HERBEIFÜHREN.
DIESMAL IST DIE TEILNAHME ALLER ERFORDERLICH.
ALLE ERDENBEWOHNER HABEN DAS RECHT...
... SICH AN DEN QUESTS ZU BETEILIGEN.
ALLE SOLLEN TEILNEHMEN, HM...
ES IST SO WEIT.
DIESMAL GIBT ES VIER QUESTS ...

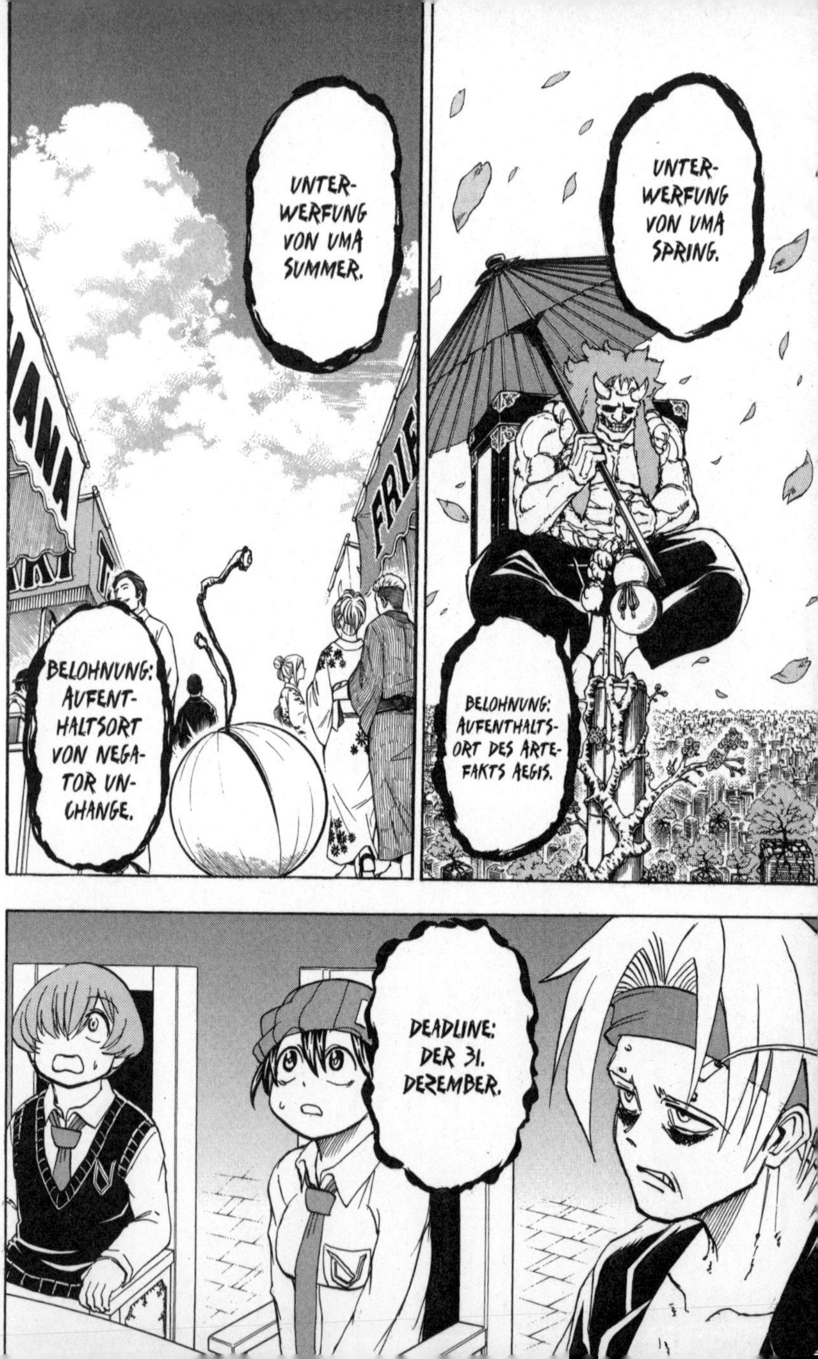
UNTER-WERFUNG VON UMA SPRING.
BELOHNUNG: AUFENTHALTSORT DES ARTEFAKTS AEGIS.
UNTER-WERFUNG VON UMA SUMMER.
BELOHNUNG: AUFENTHALTSORT VON NEGATOR UNCHANGE.
DEADLINE: DER 31. DEZEMBER.

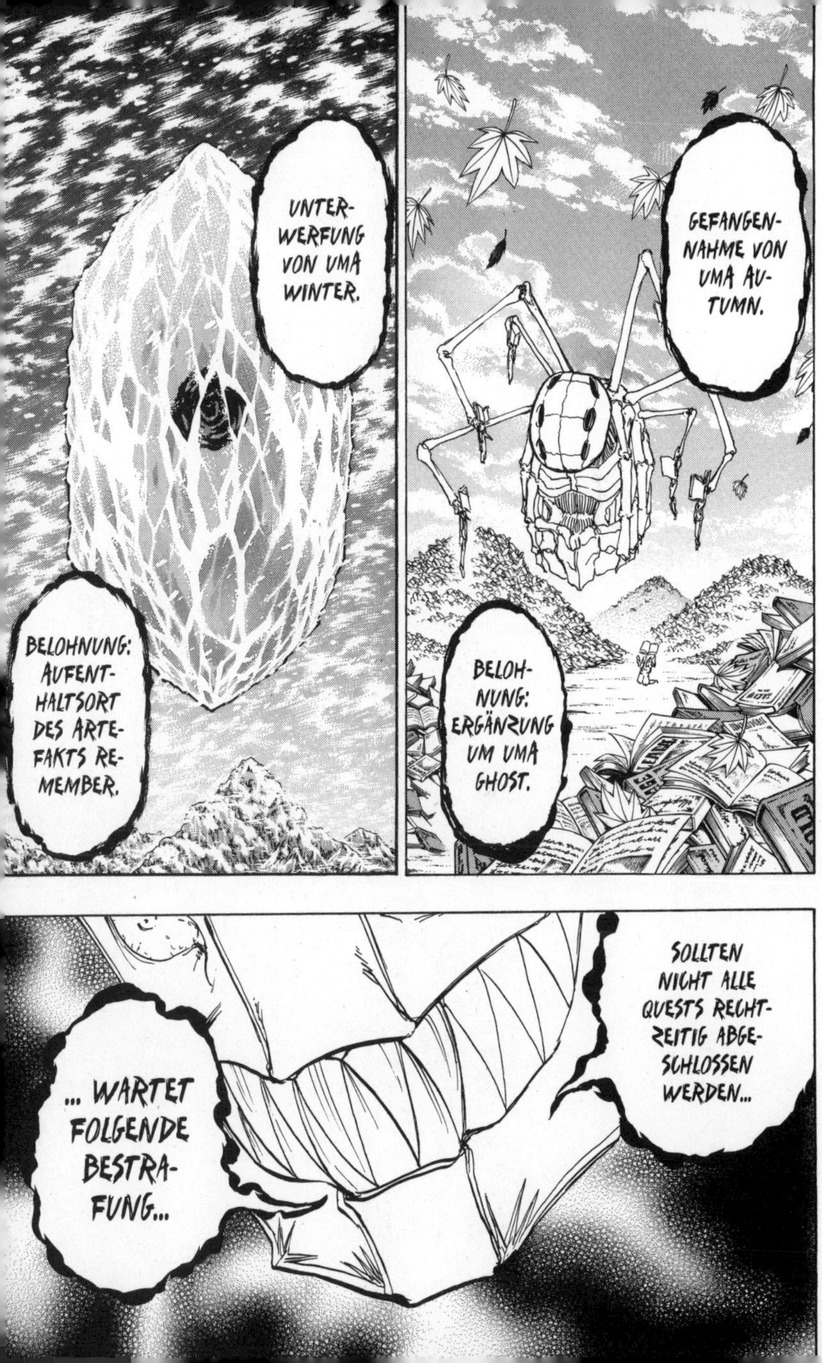
GEFANGENNAHME VON UMA AUTUMN.
BELOHNUNG: ERGÄNZUNG UM UMA GHOST.
UNTERWERFUNG VON UMA WINTER.
BELOHNUNG: AUFENTHALTSORT DES ARTEFAKTS REMEMBER.
SOLLTEN NICHT ALLE QUESTS RECHTZEITIG ABGESCHLOSSEN WERDEN...
... WARTET FOLGENDE BESTRAFUNG...

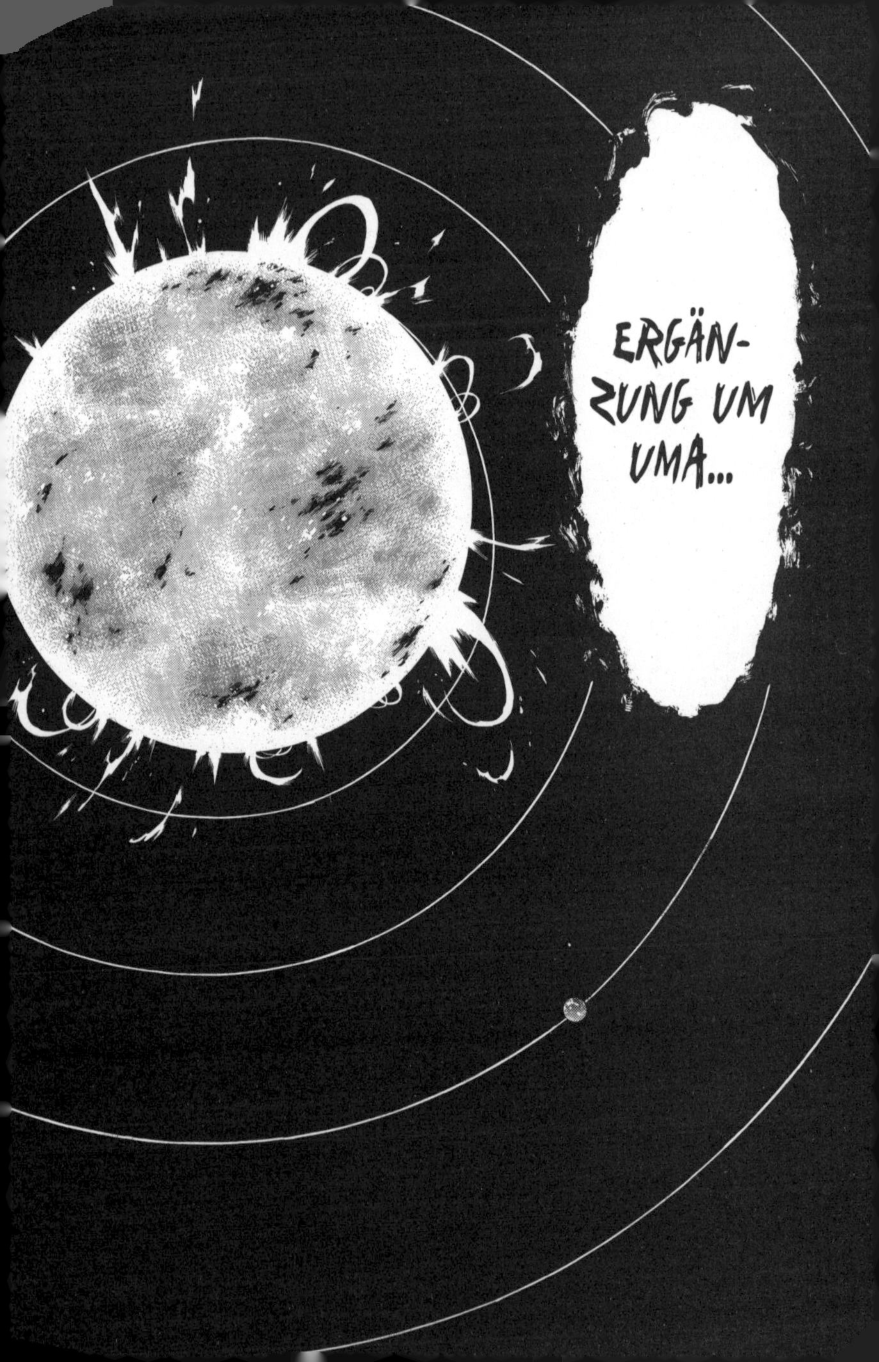
ERGÄNZUNG UM UMA...

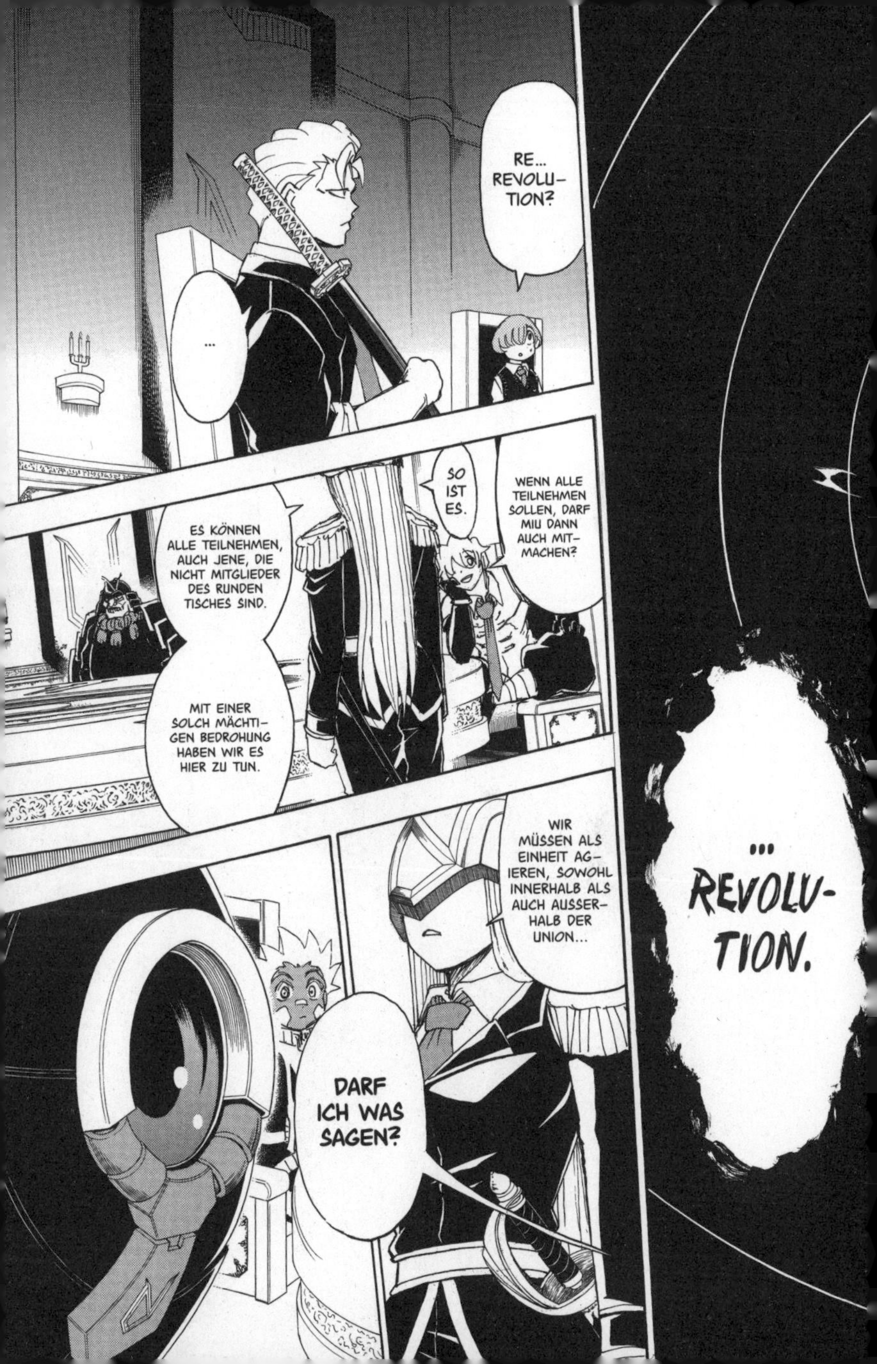
... REVOLU-TION.
RE... REVOLU-TION?
...
WENN ALLE TEILNEHMEN SOLLEN, DARF MIU DANN AUCH MIT-MACHEN?
SO IST ES.
ES KÖNNEN ALLE TEILNEHMEN, AUCH JENE, DIE NICHT MITGLIEDER DES RUNDEN TISCHES SIND.
MIT EINER SOLCH MÄCHTI-GEN BEDROHUNG HABEN WIR ES HIER ZU TUN.
WIR MÜSSEN ALS EINHEIT AG-IEREN, SOWOHL INNERHALB ALS AUCH AUSSER-HALB DER UNION...
DARF ICH WAS SAGEN?

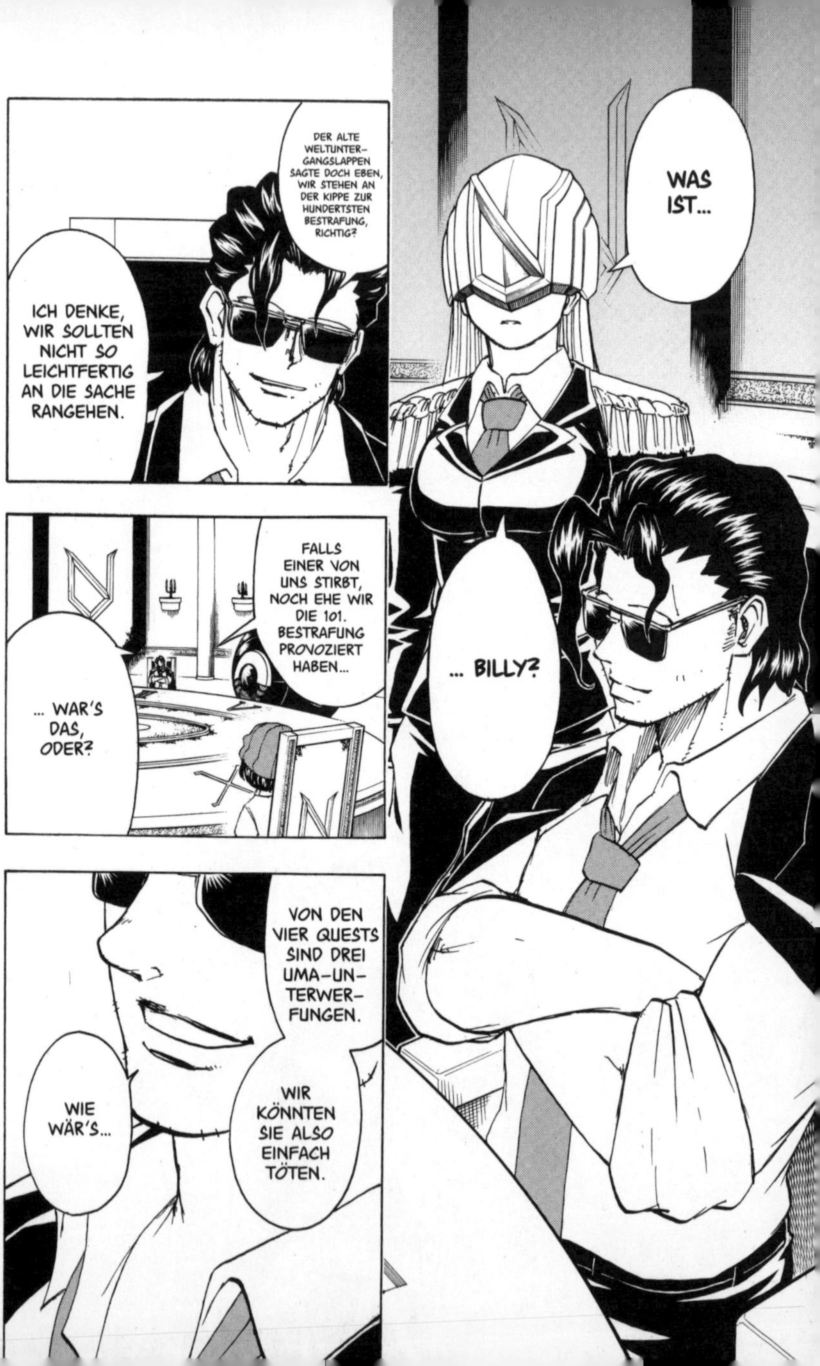
WAS IST...
... BILLY?
DER ALTE WELTUNTER-GANGSLAPPEN SAGTE DOCH EBEN, WIR STEHEN AN DER KIPPE ZUR HUNDERTSTEN BESTRAFUNG, RICHTIG?
ICH DENKE, WIR SOLLTEN NICHT SO LEICHTFERTIG AN DIE SACHE RANGEHEN.
FALLS EINER VON UNS STIRBT, NOCH EHE WIR DIE 101. BESTRAFUNG PROVOZIERT HABEN...
... WAR'S DAS, ODER?
VON DEN VIER QUESTS SIND DREI UMA-UN-TERWER-FUNGEN.
WIR KÖNNTEN SIE ALSO EINFACH TÖTEN.
WIE WÄR'S...

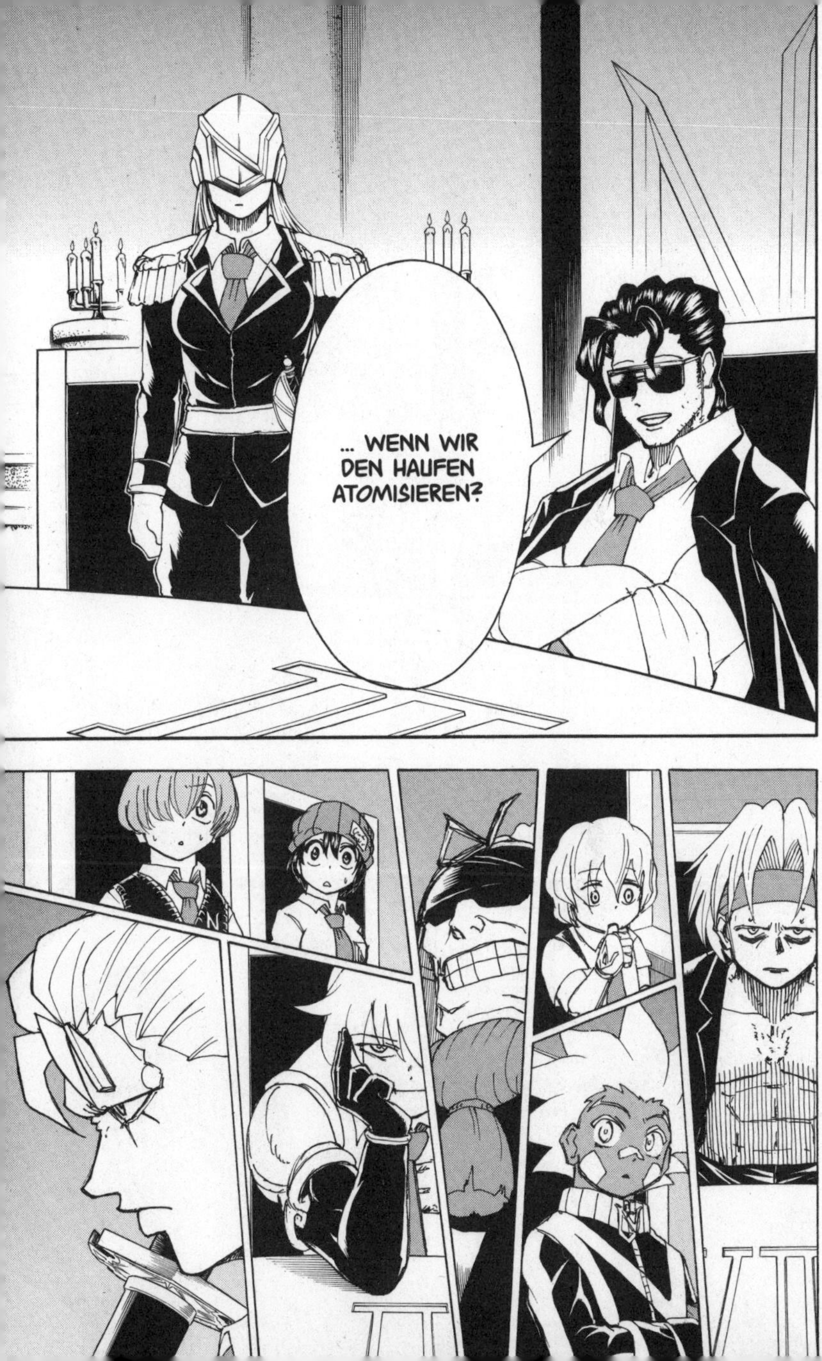
... WENN WIR
DEN HAUFEN
ATOMISIEREN?

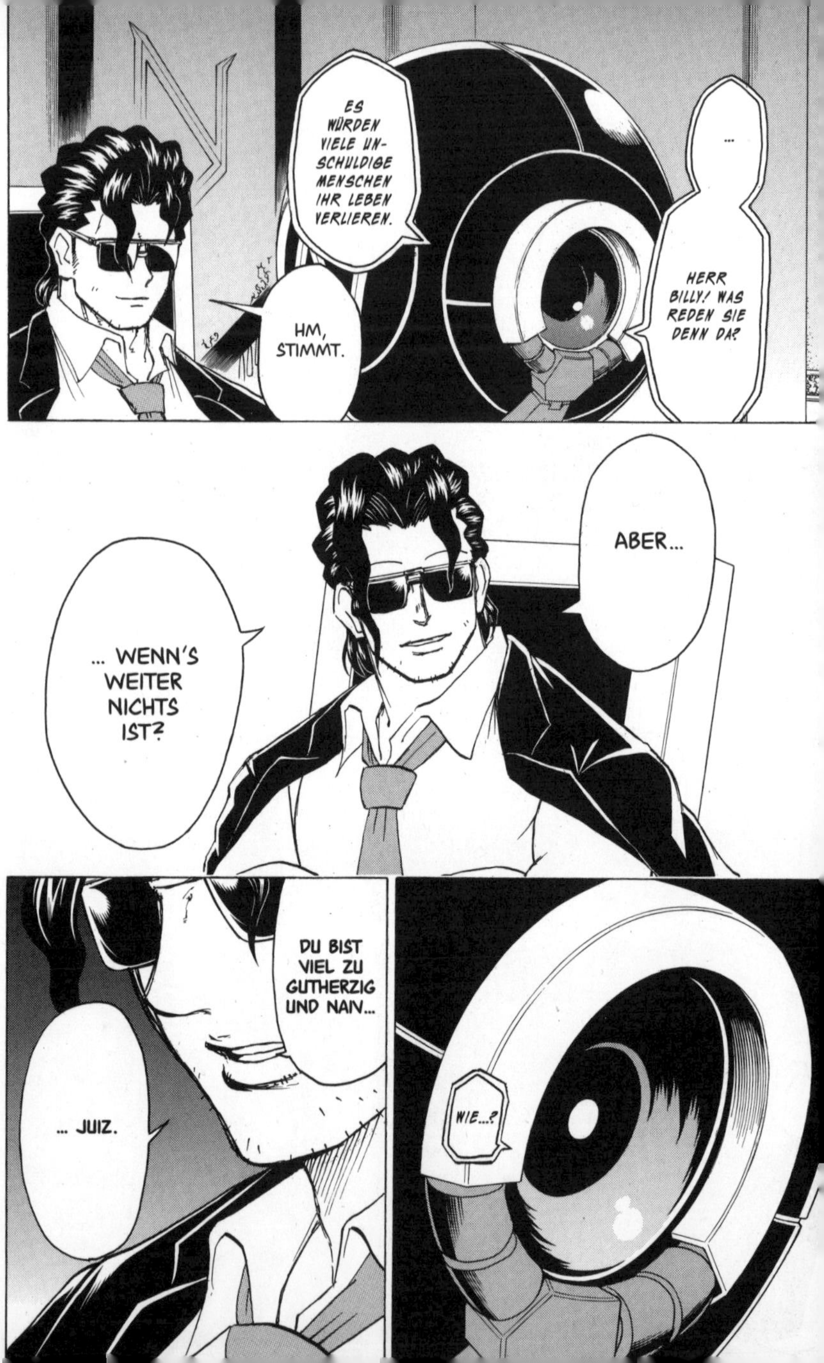
...
HERR BILLY! WAS REDEN SIE DENN DA?
ES WÜRDEN VIELE UN-SCHULDIGE MENSCHEN IHR LEBEN VERLIEREN.
HM, STIMMT.
ABER...
... WENN'S WEITER NICHTS IST?
DU BIST VIEL ZU GUTHERZIG UND NAIV...
... JUIZ.
WIE...?

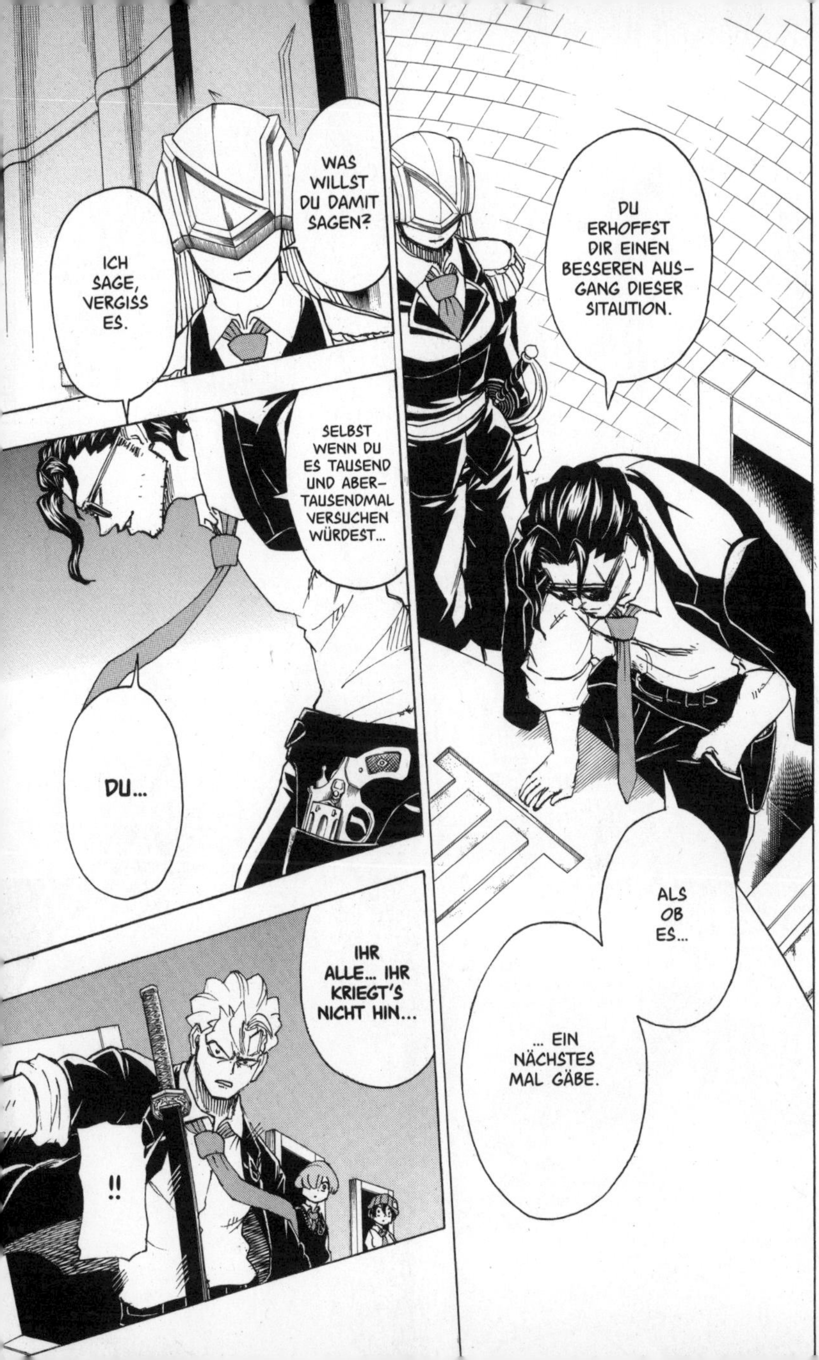
DU ERHOFFST DIR EINEN BESSEREN AUS-GANG DIESER SITAUTION.
WAS WILLST DU DAMIT SAGEN?
ICH SAGE, VERGISS ES.
SELBST WENN DU ES TAUSEND UND ABER-TAUSENDMAL VERSUCHEN WÜRDEST...
DU...
ALS OB ES...
... EIN NÄCHSTES MAL GÄBE.
IHR ALLE... IHR KRIEGT'S NICHT HIN...
!!

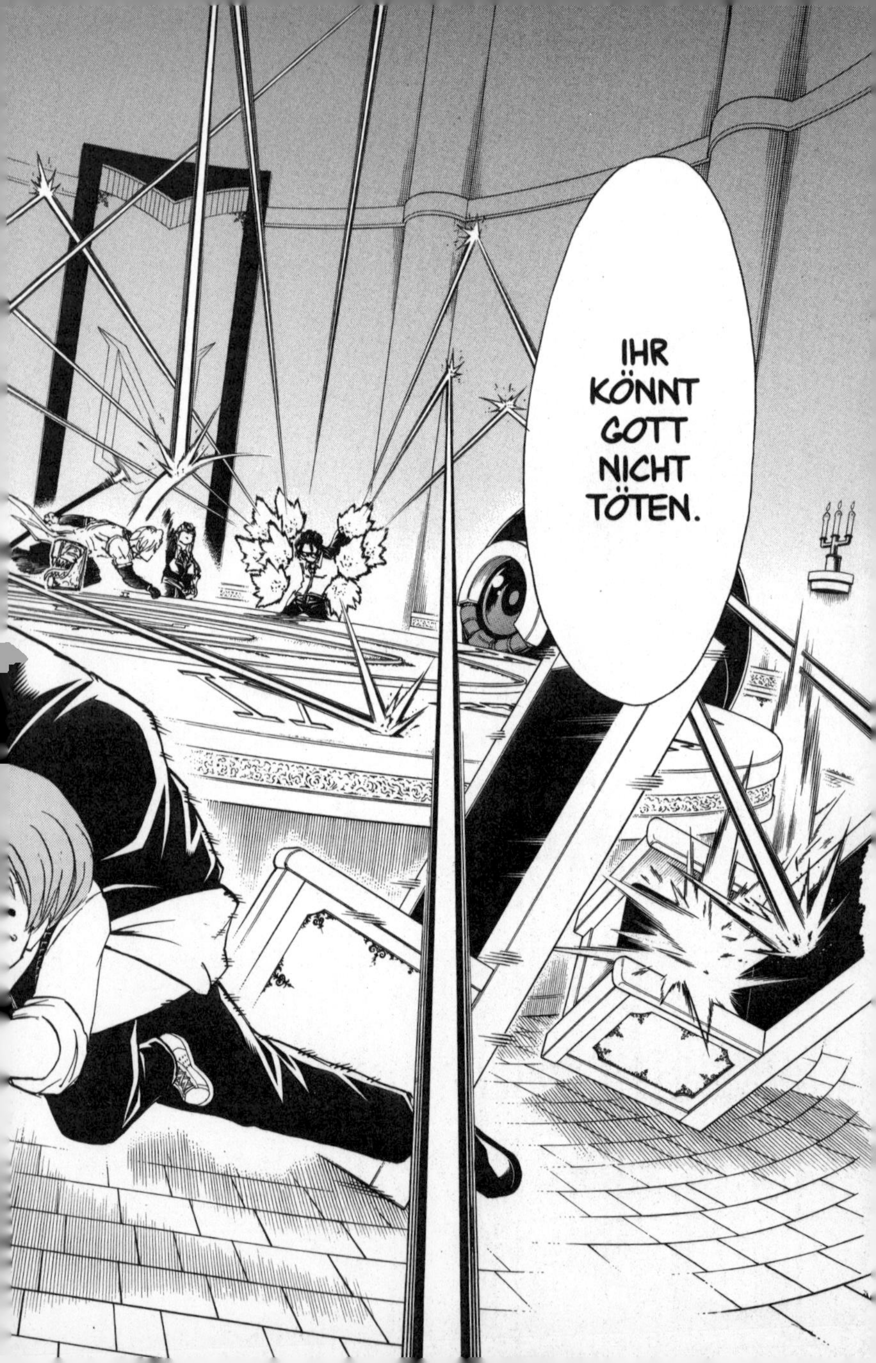
IHR KÖNNT GOTT NICHT TÖTEN.

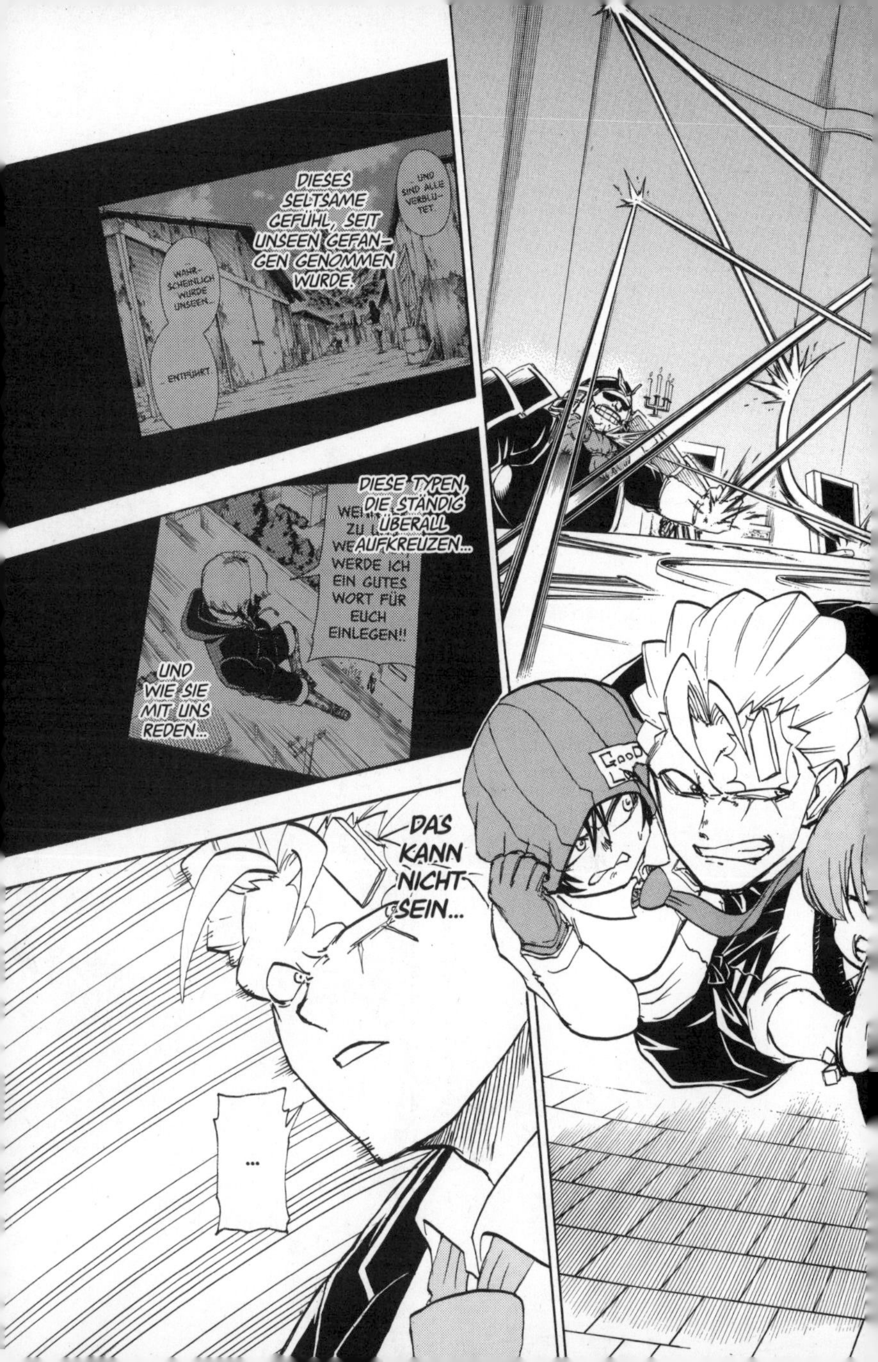

UND SIND ALLE VERBLU-TET.
DIESES SELTSAME GEFÜHL, SEIT UNSEEN GEFAN-GEN GENOMMEN WURDE.
WAHR-SCHEINLICH WURDE UNSEEN...
...ENTFÜHRT.
DIESE TYPEN, DIE STÄNDIG ÜBERALL AUFKREUZEN...
WERDE ICH EIN GUTES WORT FÜR EUCH EINLEGEN!!
UND WIE SIE MIT UNS REDEN...
DAS KANN NICHT SEIN...
...

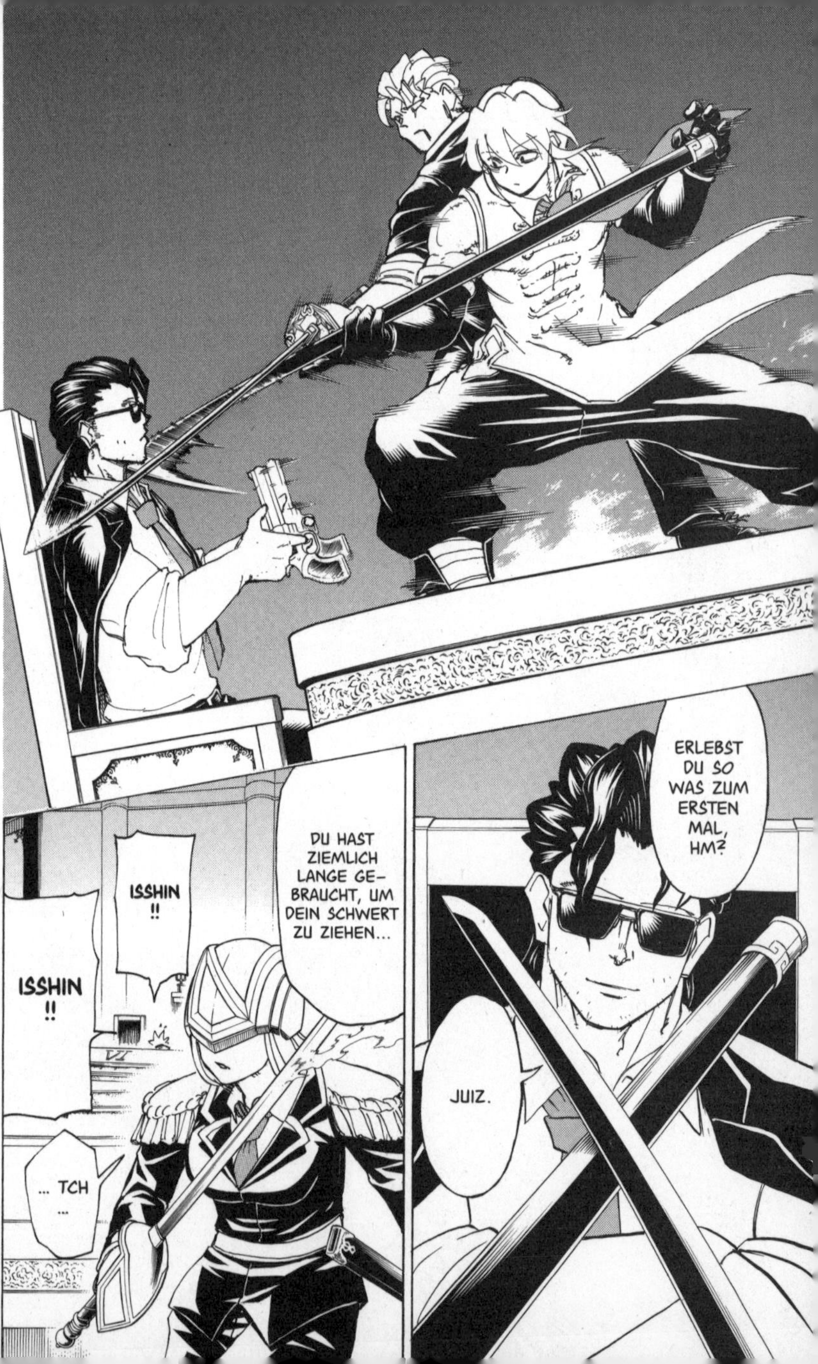
ERLEBST DU SO WAS ZUM ERSTEN MAL, HM?
JUIZ.
DU HAST ZIEMLICH LANGE GE-BRAUCHT, UM DEIN SCHWERT ZU ZIEHEN...
ISSHIN !!
ISSHIN !!
... TCH ...

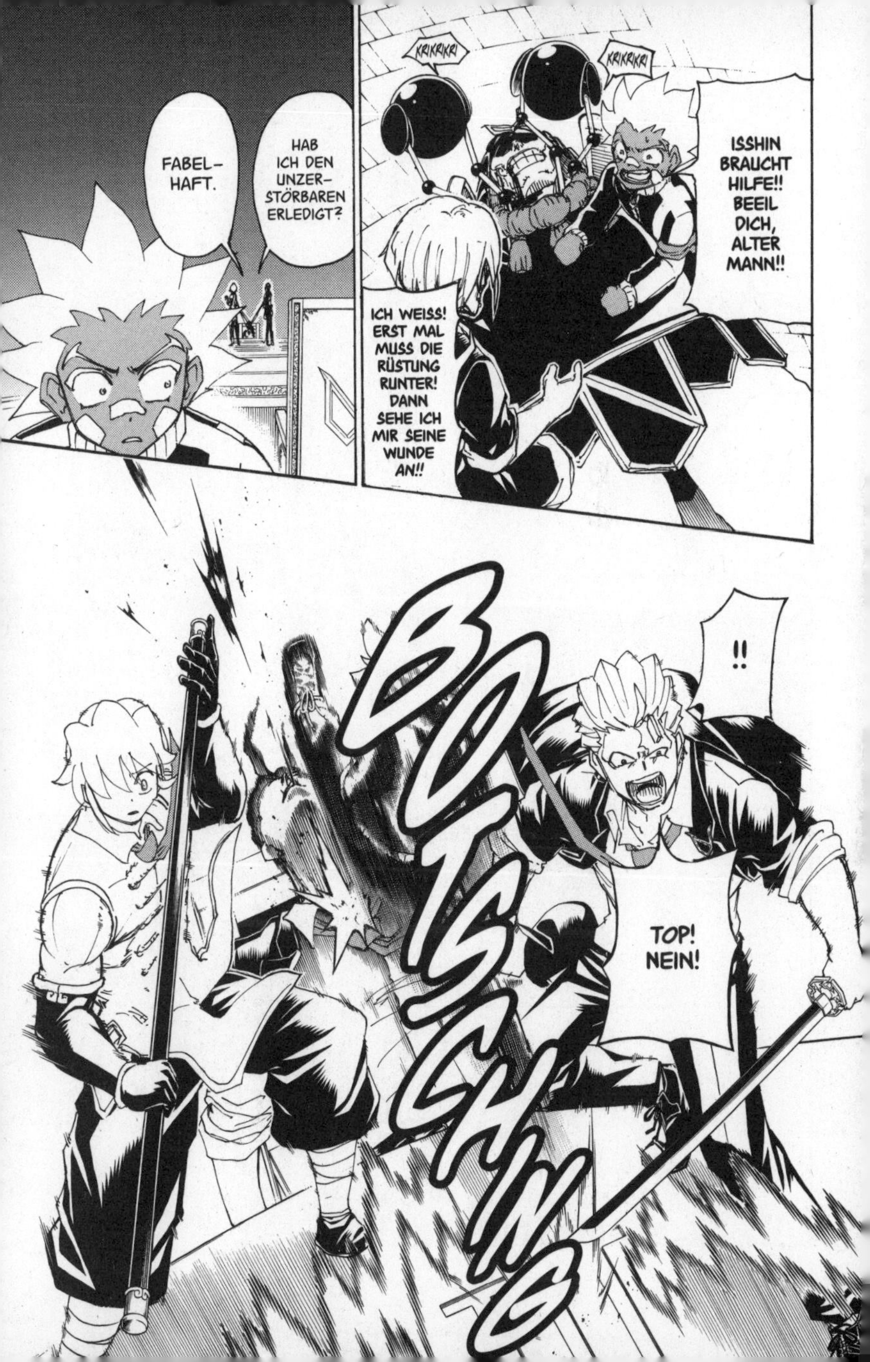
KRIKRIKRI
KRIKRIKRI
ISSHIN BRAUCHT HILFE!! BEEIL DICH, ALTER MANN!!
ICH WEISS! ERST MAL MUSS DIE RÜSTUNG RUNTER! DANN SEHE ICH MIR SEINE WUNDE AN!!
HAB ICH DEN UNZER-STÖRBAREN ERLEDIGT?
FABEL-HAFT.
!!
TOP! NEIN!

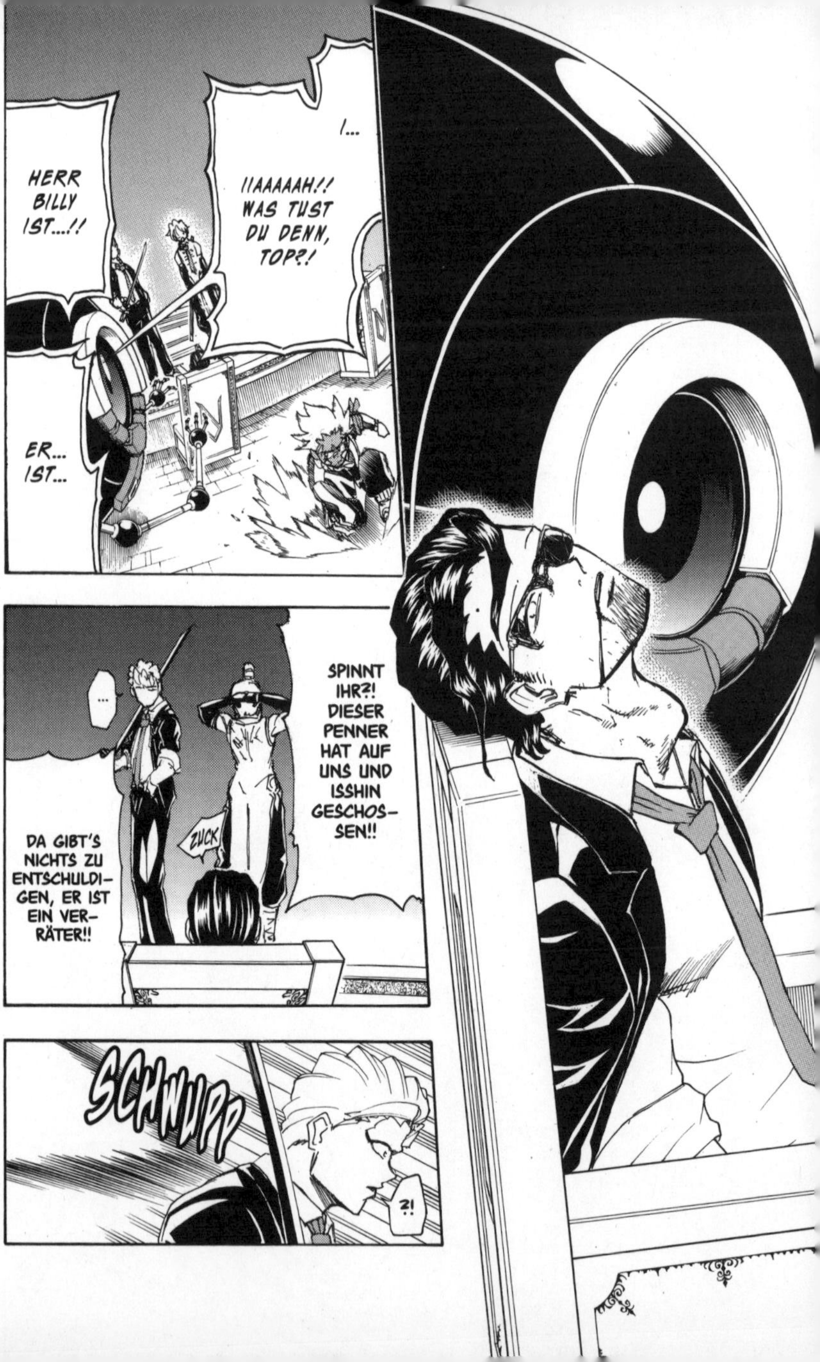

!...
!!AAAAAH!! WAS TUST DU DENN, TOP?!
HERR BILLY IST...!!
ER... IST...
SPINNT IHR?! DIESER PENNER HAT AUF UNS UND ISSHIN GESCHOSSEN!!
...
ZUCK
DA GIBT'S NICHTS ZU ENTSCHULDIGEN, ER IST EIN VERRÄTER!!
SCHWUPP
?!

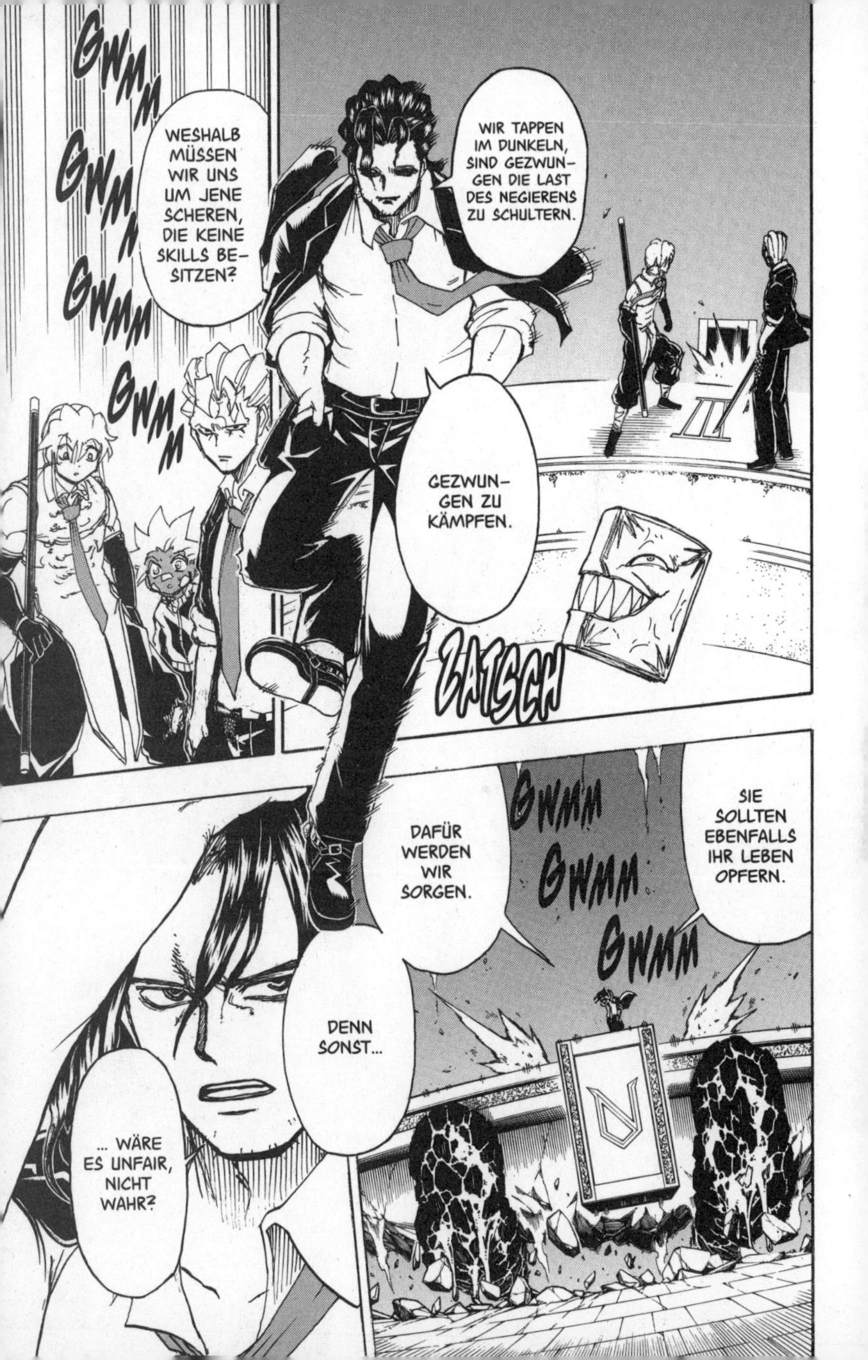
GWMM GWMM GWMM GWMM
WIR TAPPEN IM DUNKELN, SIND GEZWUNGEN DIE LAST DES NEGIERENS ZU SCHULTERN.
WESHALB MÜSSEN WIR UNS UM JENE SCHEREN, DIE KEINE SKILLS BESITZEN?
GEZWUNGEN ZU KÄMPFEN.
ZATSCH
SIE SOLLTEN EBENFALLS IHR LEBEN OPFERN.
GWMM GWMM GWMM
DAFÜR WERDEN WIR SORGEN.
DENN SONST...
... WÄRE ES UNFAIR, NICHT WAHR?

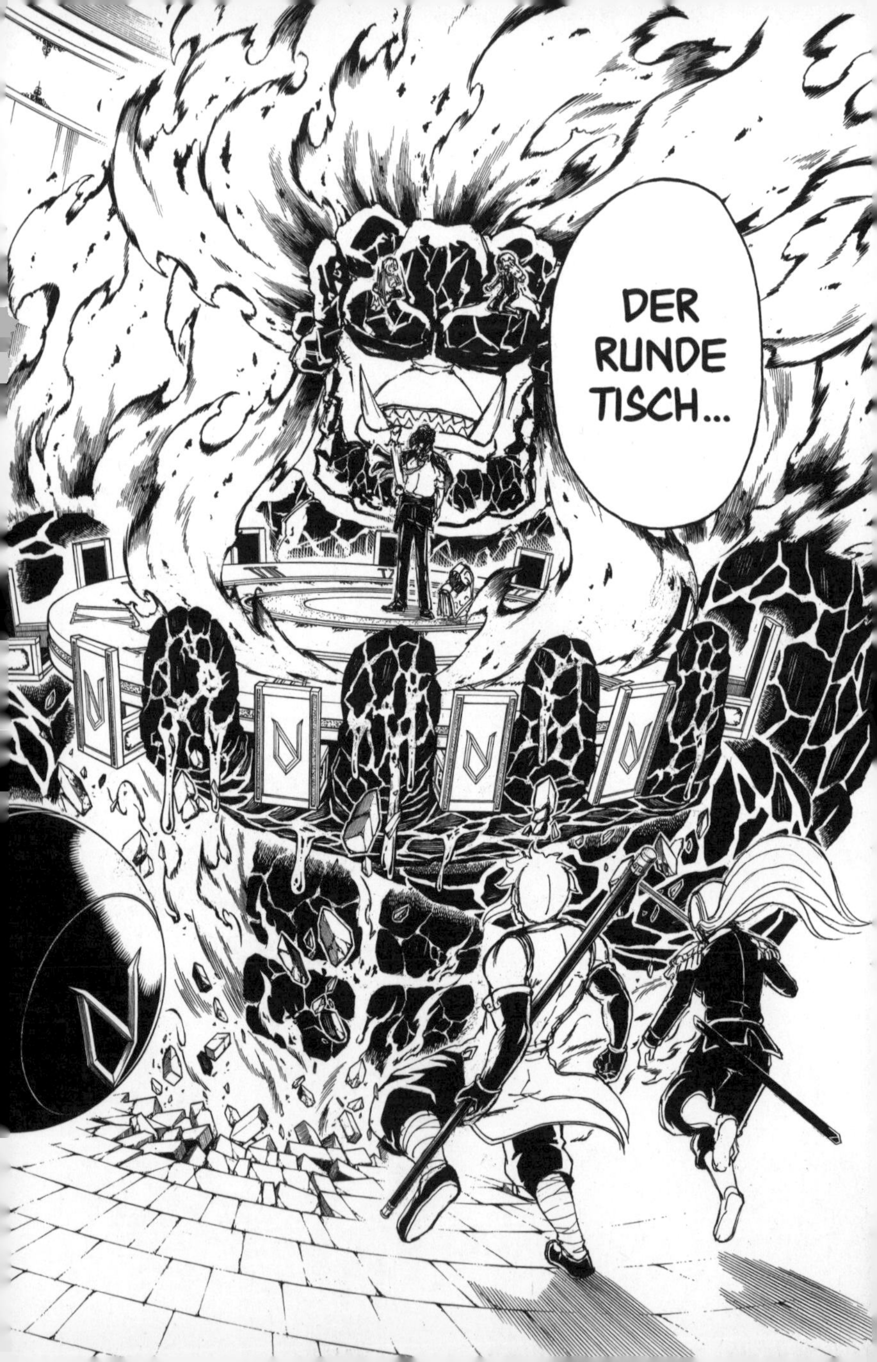
DER RUNDE TISCH...

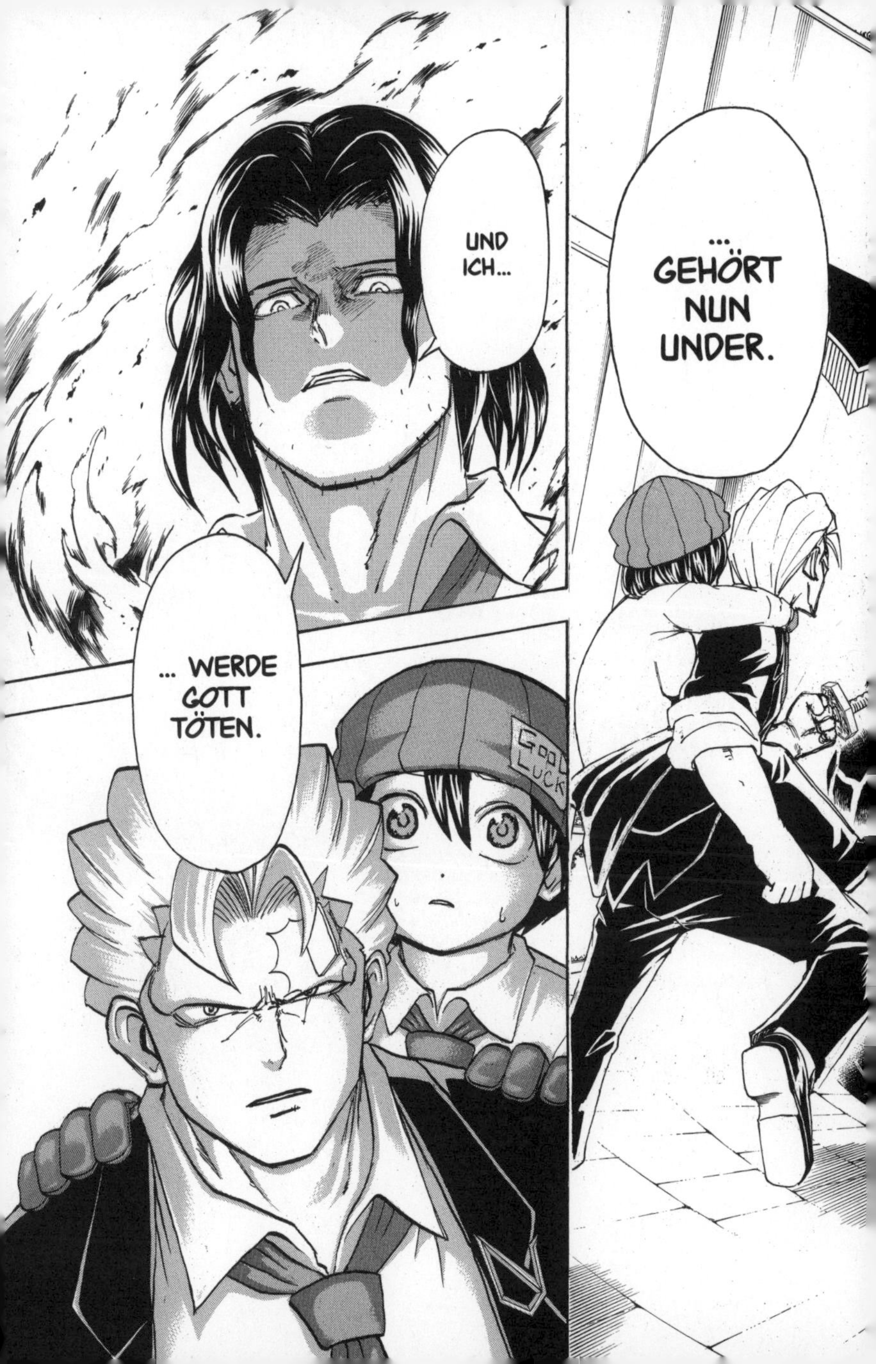
... GEHÖRT NUN UNDER.
UND ICH...
... WERDE GOTT TÖTEN.

CHIKARA SHIGENO

ALTER:	17
GRÖSSE:	1,62 METER ODER 1,63 METER
GEWICHT:	DIE BATTERIEN DER WAAGE SIND LEER...
HOBBIES:	GUCKT SICH GERN UNTERHALTUNGSSENDUNGEN UND COMEDY-PROGRAMME AN. HÖRT GERNE RADIOPROGRAMME, IN DENEN COMEDIANS AUFTRETEN.
BESONDERE FÄHIGKEITEN:	ULTRASCHNELLES BEINZITTERN
LIEBLINGS-GERICHTE:	MOCHI, CHIKARA MIZU (DER ENERGYDRINK)
WAS ER NICHT MAG:	HORROR UND BRUTALE GEWALTDARSTELLUNGEN
FÄHIGKEIT:	UNMOVE TYPUS, DER EXTERNE ZIELE MIT SEINER FÄHIGKEIT BEEINFLUSST (WIRD UNTERSUCHT)

INDEM ER DIE BEWEGUNGEN SEINES EIGENEN KÖRPERS STOPPT, NEGIERT ER DIE BEWEGUNGEN ALLER ANDEREN DINGE IN SEINEM BLICKFELD. SEINE FÄHIGKEIT WIRKT SICH NUR AUF DAS AUS, WAS FÜR IHN SICHTBAR IST. ER KANN BEISPIELSWEISE NICHT DEN HERZSCHLAG SEINER FEINDE STOPPEN, DA DAS HERZ SICH IM INNERN DES KÖRPERS BEFINDET UND SOMIT FÜR IHN NICHT SICHTBAR IST. NACHDEM ER ERKANNT HATTE, WIE MÄCHTIG SEINE FÄHIGKEIT IST, SOLANGE ER SIE NUR RICHTIG EINSETZT, SCHLOSS ER SICH DER UNION AN. ER HOFFTE, DADURCH ANDEREN MENSCHEN MIT SEINER GABE BEHILFLICH ZU SEIN. DOCH ZU SEINER BESTÜRZUNG LIEF NICHT ALLES NACH PLAN. ANMERKUNG: ER WAR ERLEICHTERT, ALS TATJANA IHM DEN SPITZNAMEN »PERVERSE ZWIEBEL« GAB, WEIL ER DADURCH SASUKE DOUMYOUJI (OFFIZIELLER SPITZNAME: PERVERSE ZWIEBEL) AUS FUKOS LIEBLINGSMANGA »VON MIR ZU DIR« ÄHNELT.

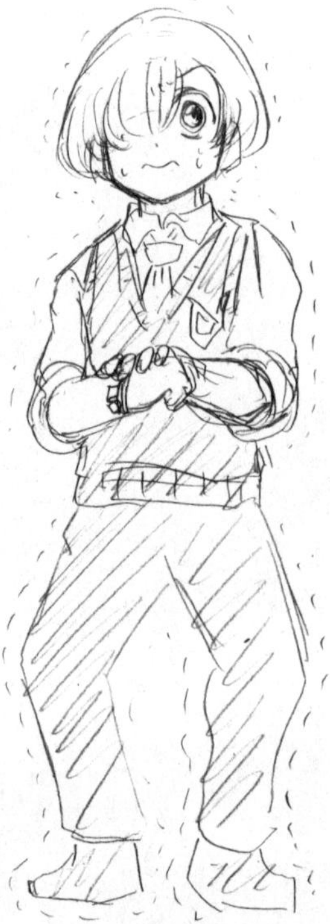

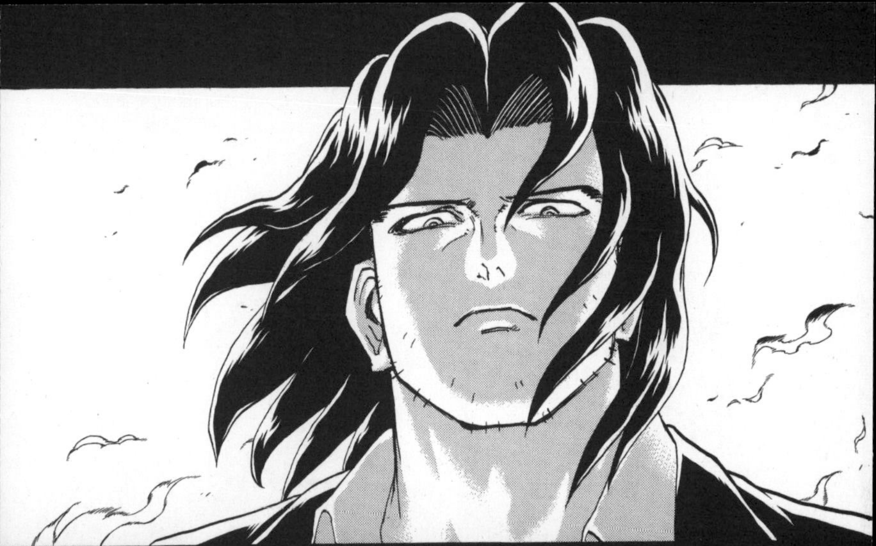

No. 032 UNBELIEVABLE

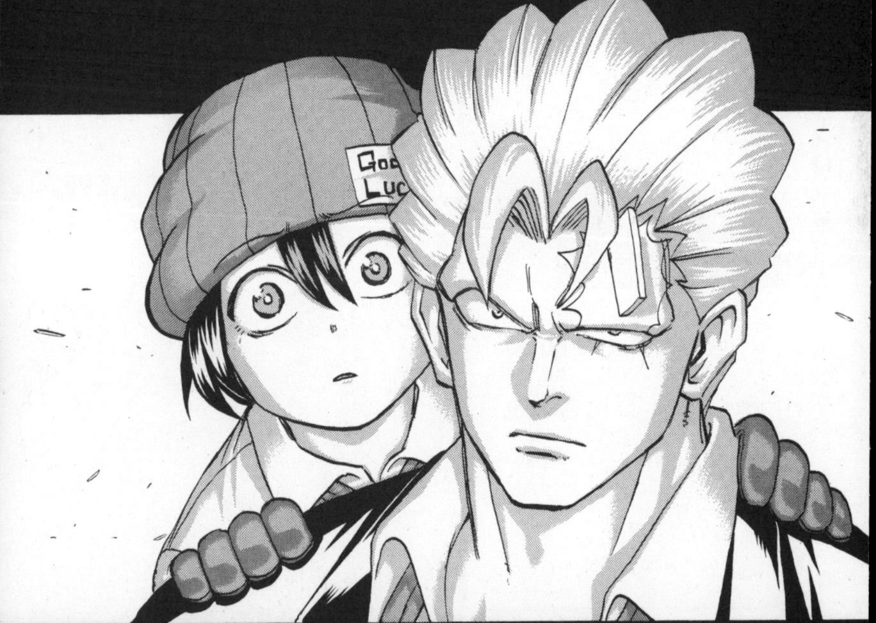

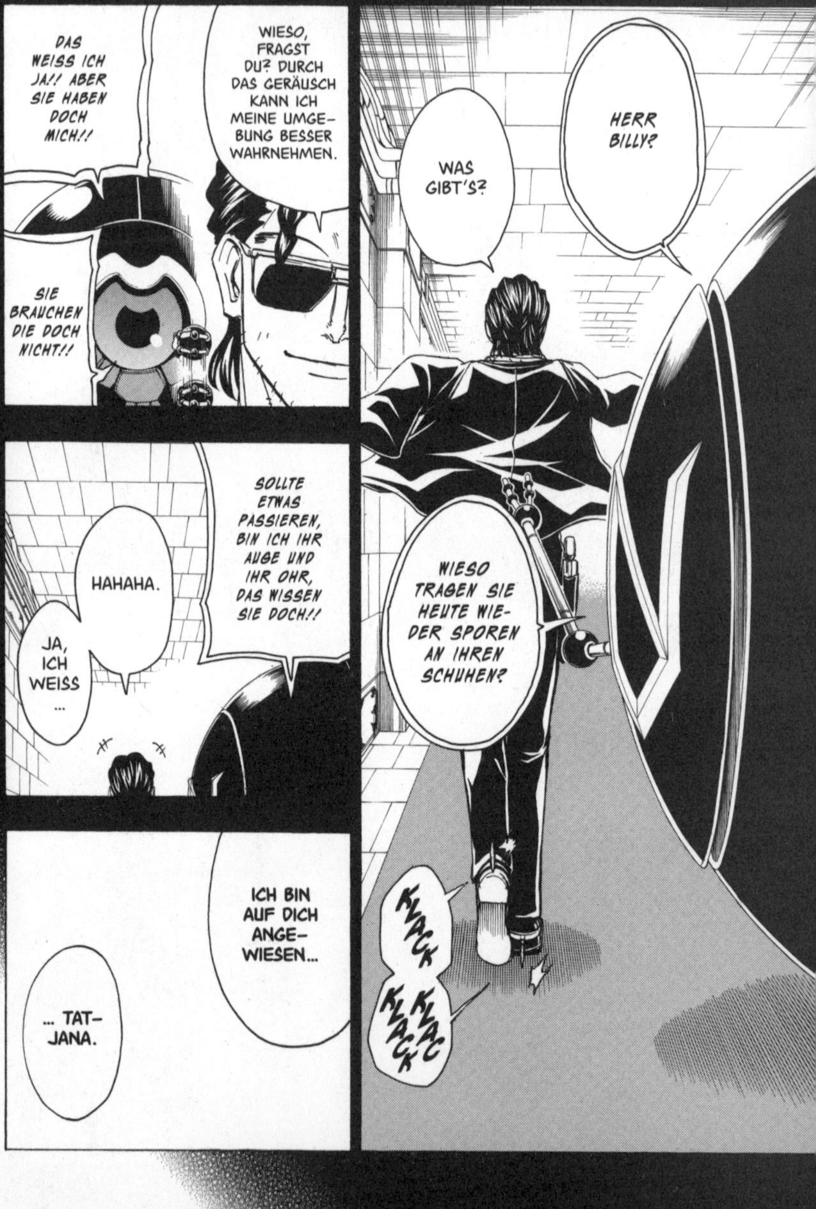
HERR BILLY?
WAS GIBT'S?
WIESO TRAGEN SIE HEUTE WIE-DER SPOREN AN IHREN SCHUHEN?
KLACK
KLACK KLAC
WIESO, FRAGST DU? DURCH DAS GERÄUSCH KANN ICH MEINE UMGE-BUNG BESSER WAHRNEHMEN.
DAS WEISS ICH JA!! ABER SIE HABEN DOCH MICH!!
SIE BRAUCHEN DIE DOCH NICHT!!
SOLLTE ETWAS PASSIEREN, BIN ICH IHR AUGE UND IHR OHR, DAS WISSEN SIE DOCH!!
HAHAHA.
JA, ICH WEISS ...
ICH BIN AUF DICH ANGE-WIESEN...
... TAT-JANA.

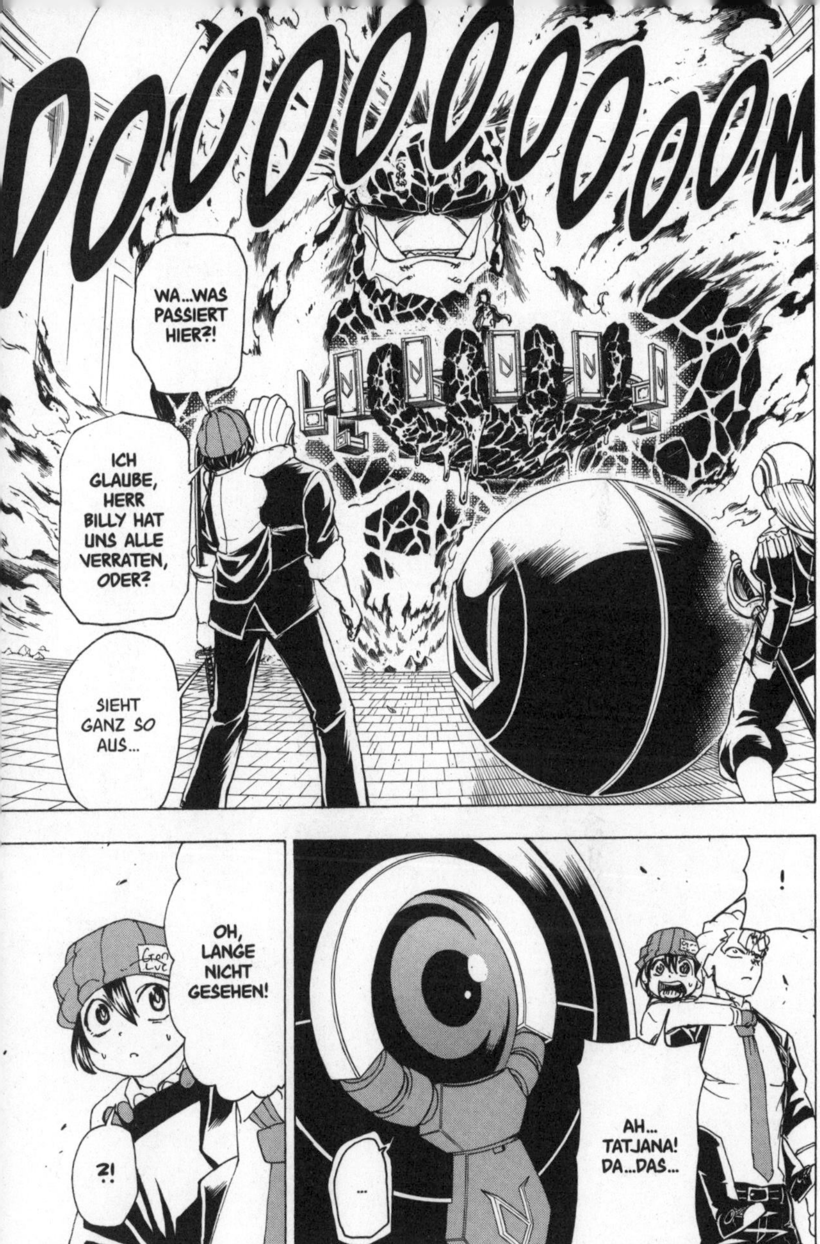
DOOOOOOOOOM
WA...WAS PASSIERT HIER?!
ICH GLAUBE, HERR BILLY HAT UNS ALLE VERRATEN, ODER?
SIEHT GANZ SO AUS...
!
AH... TATJANA! DA...DAS...
...
OH, LANGE NICHT GESEHEN!
?!

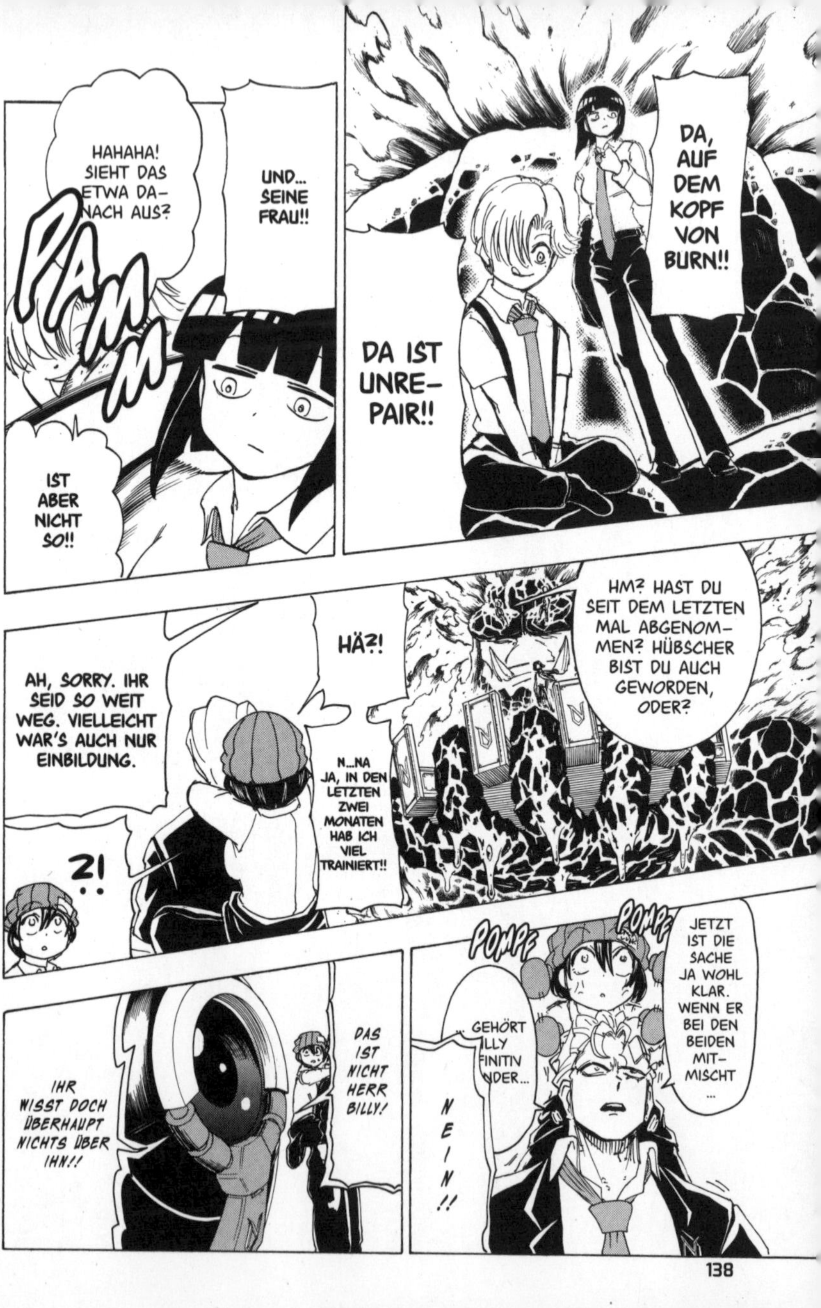
DA, AUF DEM KOPF VON BURN!!
DA IST UNRE-PAIR!!
UND... SEINE FRAU!!
HAHAHA! SIEHT DAS ETWA DA-NACH AUS?
PAM
IST ABER NICHT SO!!
HM? HAST DU SEIT DEM LETZTEN MAL ABGENOMMEN? HÜBSCHER BIST DU AUCH GEWORDEN, ODER?
N...NA JA, IN DEN LETZTEN ZWEI MONATEN HAB ICH VIEL TRAINIERT!!
HÄ?!
AH, SORRY. IHR SEID SO WEIT WEG. VIELLEICHT WAR'S AUCH NUR EINBILDUNG.
Z!
POMPF
POMPF
JETZT IST DIE SACHE JA WOHL KLAR. WENN ER BEI DEN BEIDEN MIT-MISCHT ...
...GEHÖRT ILLY FINITIV NDER...
NEIN!!
DAS IST NICHT HERR BILLY!
IHR WISST DOCH ÜBERHAUPT NICHTS ÜBER IHN!!

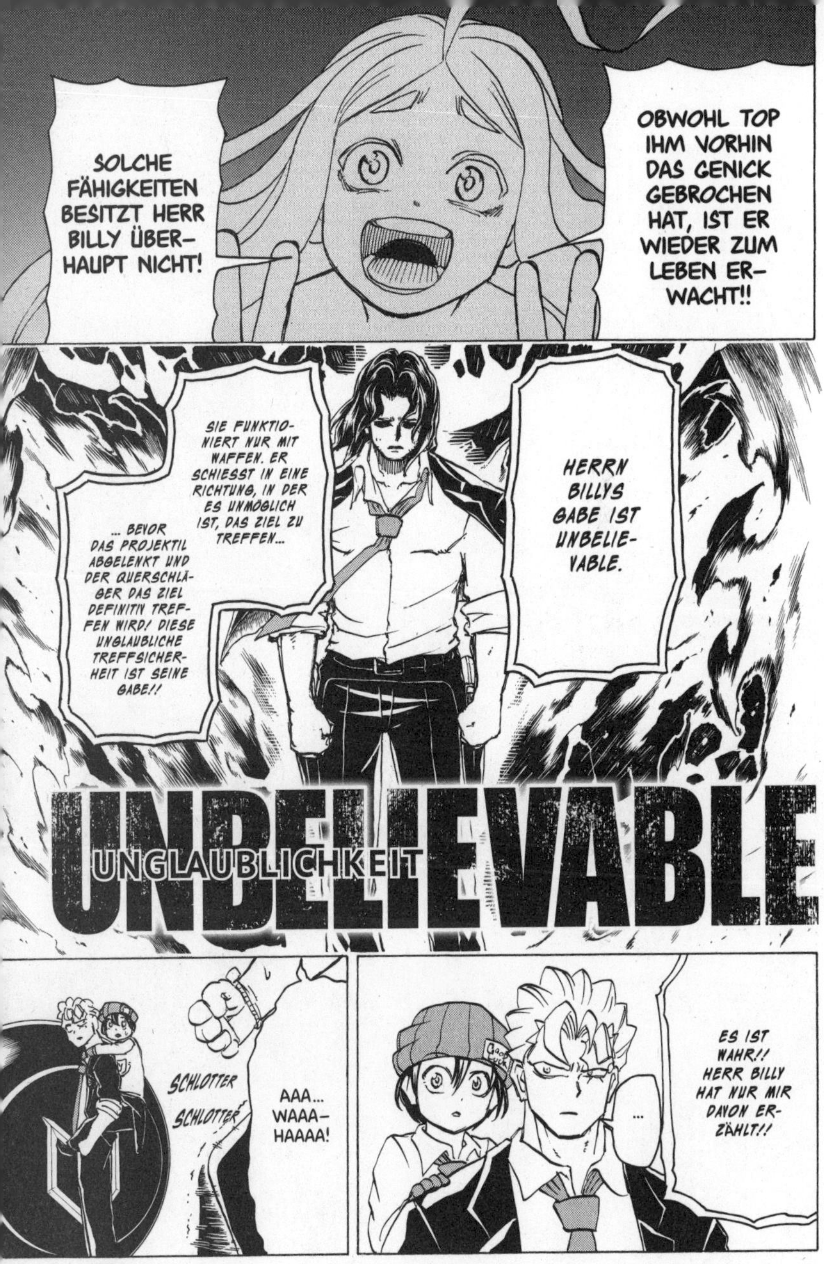
OBWOHL TOP IHM VORHIN DAS GENICK GEBROCHEN HAT, IST ER WIEDER ZUM LEBEN ERWACHT!!
SOLCHE FÄHIGKEITEN BESITZT HERR BILLY ÜBERHAUPT NICHT!
HERRN BILLYS GABE IST UNBELIEVABLE.
SIE FUNKTIONIERT NUR MIT WAFFEN. ER SCHIESST IN EINE RICHTUNG, IN DER ES UNMÖGLICH IST, DAS ZIEL ZU TREFFEN ...
... BEVOR DAS PROJEKTIL ABGELENKT UND DER QUERSCHLÄGER DAS ZIEL DEFINITIV TREFFEN WIRD! DIESE UNGLAUBLICHE TREFFSICHERHEIT IST SEINE GABE!!
UNBELIEVABLE
UNGLAUBLICHKEIT
ES IST WAHR!! HERR BILLY HAT NUR MIR DAVON ERZÄHLT!!
...
AAA... WAAA-HAAAA!
SCHLOTTER
SCHLOTTER

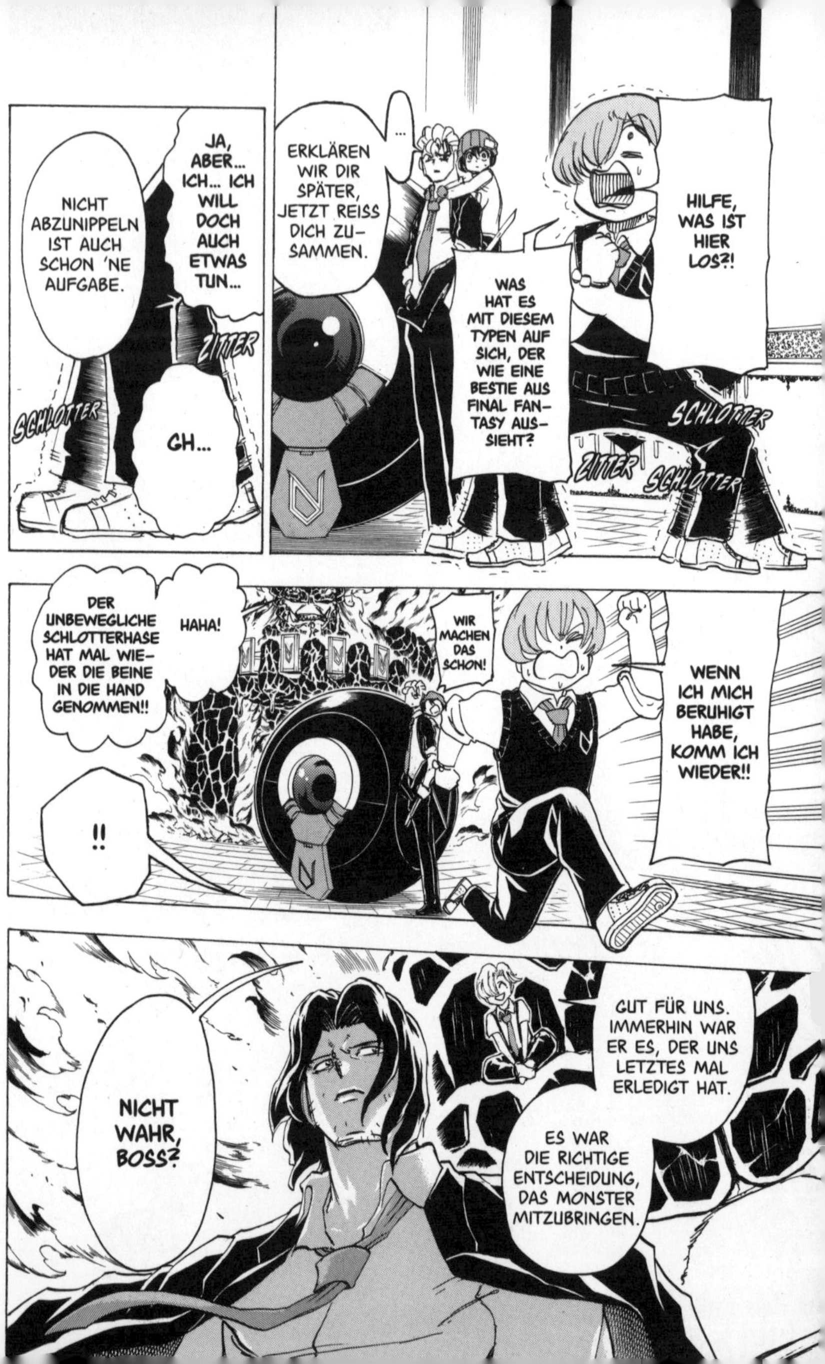
HILFE, WAS IST HIER LOS?!
WAS HAT ES MIT DIESEM TYPEN AUF SICH, DER WIE EINE BESTIE AUS FINAL FANTASY AUS-SIEHT?
SCHLOTTER
ZITTER
SCHLOTTER
...
ERKLÄREN WIR DIR SPÄTER, JETZT REISS DICH ZU-SAMMEN.
JA, ABER... ICH... ICH WILL DOCH AUCH ETWAS TUN...
NICHT ABZUNIPPELN IST AUCH SCHON 'NE AUFGABE.
ZITTER
SCHLOTTER
GH...
WENN ICH MICH BERUHIGT HABE, KOMM ICH WIEDER!!
WIR MACHEN DAS SCHON!
HAHA!
DER UNBEWEGLICHE SCHLOTTERHASE HAT MAL WIE-DER DIE BEINE IN DIE HAND GENOMMEN!!
!!
GUT FÜR UNS. IMMERHIN WAR ER ES, DER UNS LETZTES MAL ERLEDIGT HAT.
ES WAR DIE RICHTIGE ENTSCHEIDUNG, DAS MONSTER MITZUBRINGEN.
NICHT WAHR, BOSS?

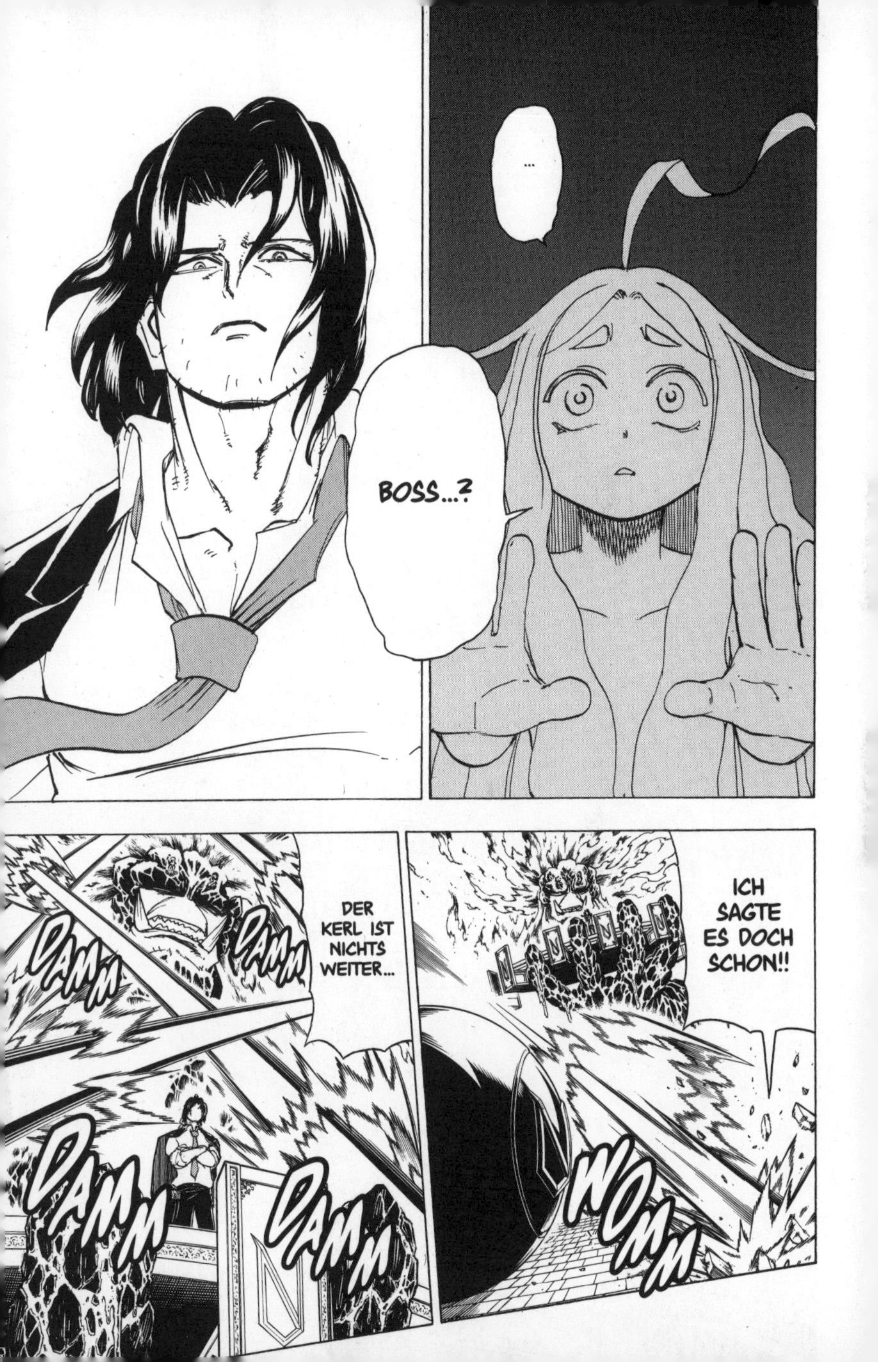
...
BOSS...?
ICH SAGTE ES DOCH SCHON!!
WOMM
DER KERL IST NICHTS WEITER...
DAMM
DAMM
DAMM
DAMM

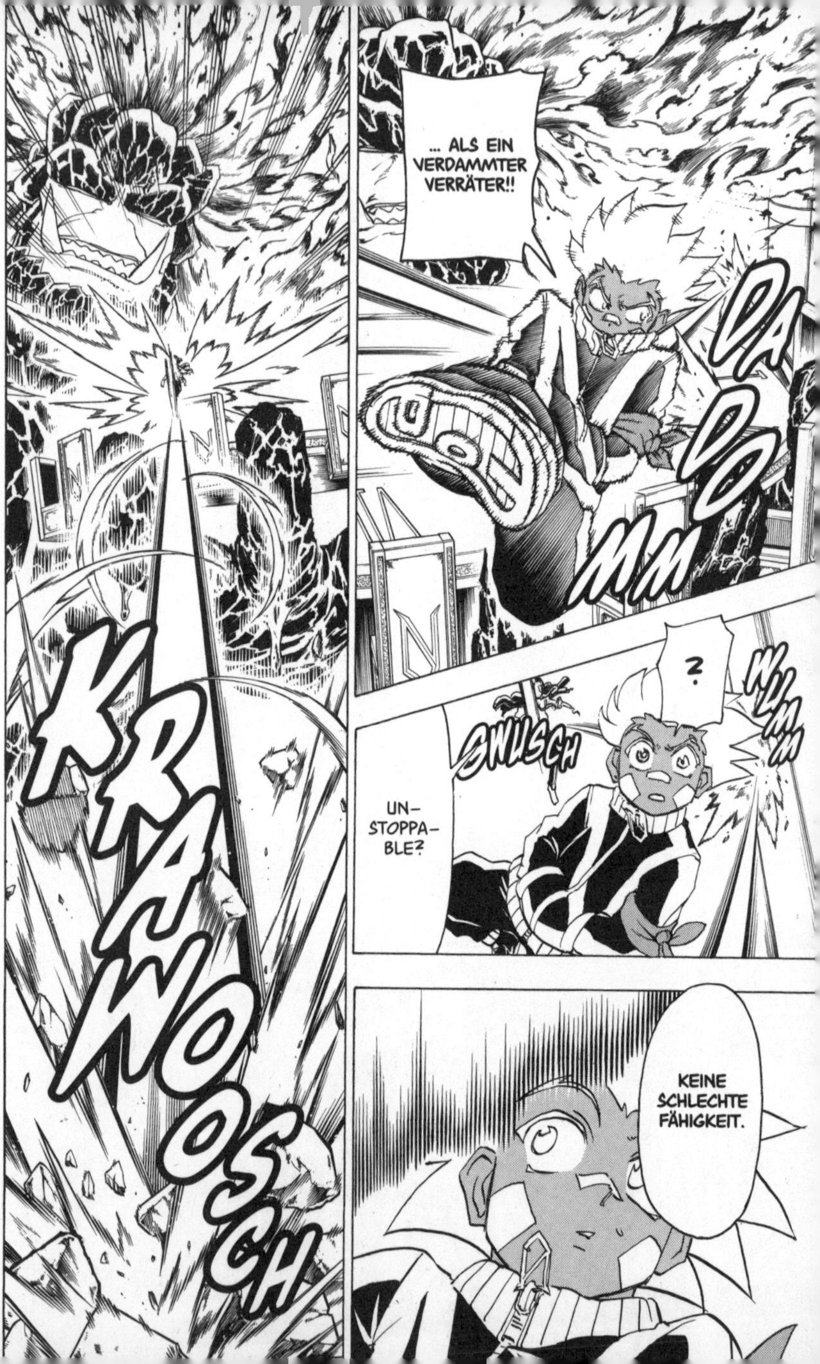
... ALS EIN VERDAMMTER VERRÄTER!!
DADOMM
?
WUMM
SWUSCH
UN-STOPPA-BLE?
KEINE SCHLECHTE FÄHIGKEIT.
KRAWOOSCH

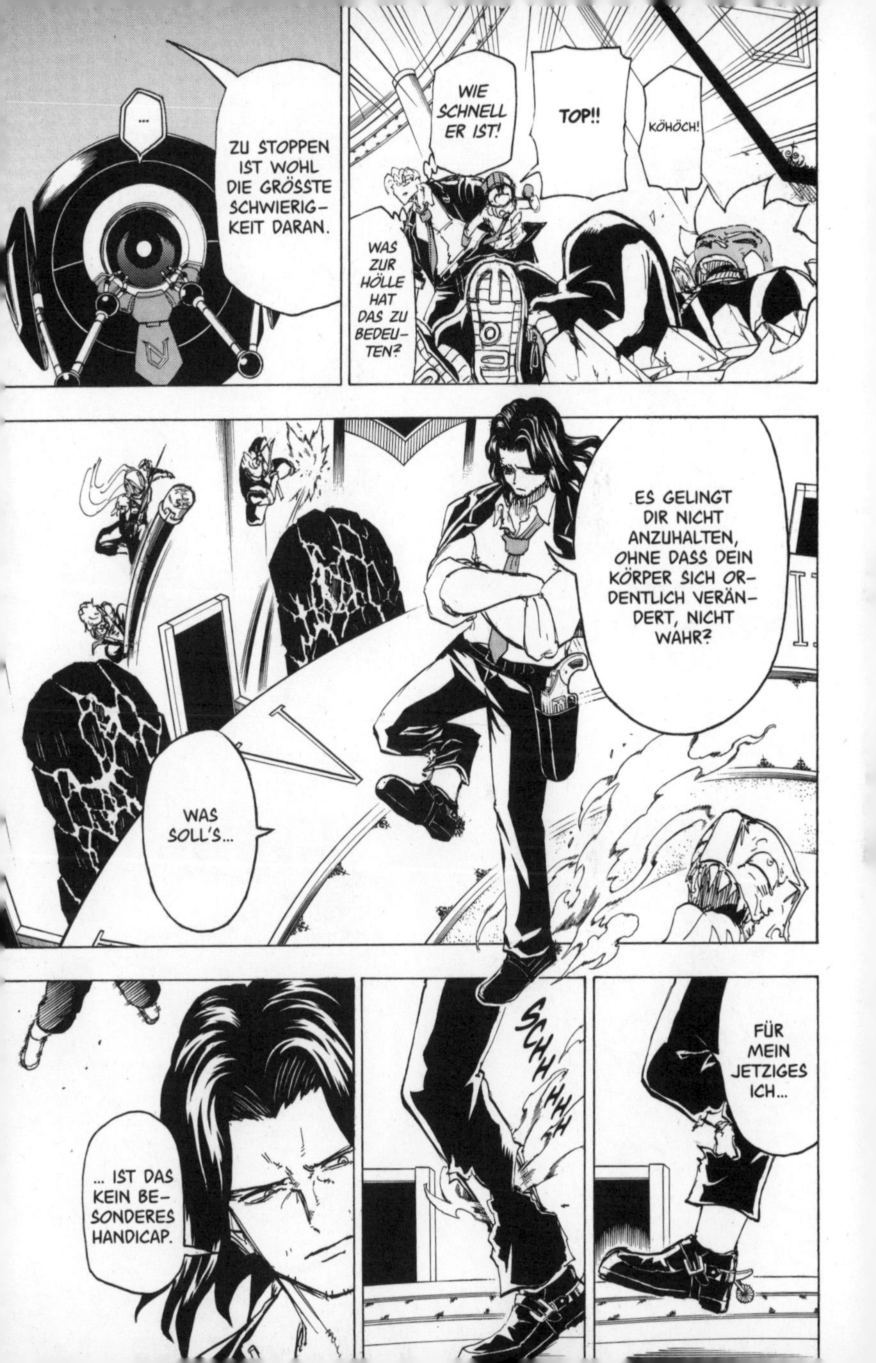
KÖHÖCH!
TOP!!
WIE SCHNELL ER IST!
WAS ZUR HÖLLE HAT DAS ZU BEDEUTEN?
ZU STOPPEN IST WOHL DIE GRÖSSTE SCHWIERIG-KEIT DARAN.
...
ES GELINGT DIR NICHT ANZUHALTEN, OHNE DASS DEIN KÖRPER SICH OR-DENTLICH VERÄN-DERT, NICHT WAHR?
WAS SOLL'S...
FÜR MEIN JETZIGES ICH...
SCHHHHH
... IST DAS KEIN BE-SONDERES HANDICAP.

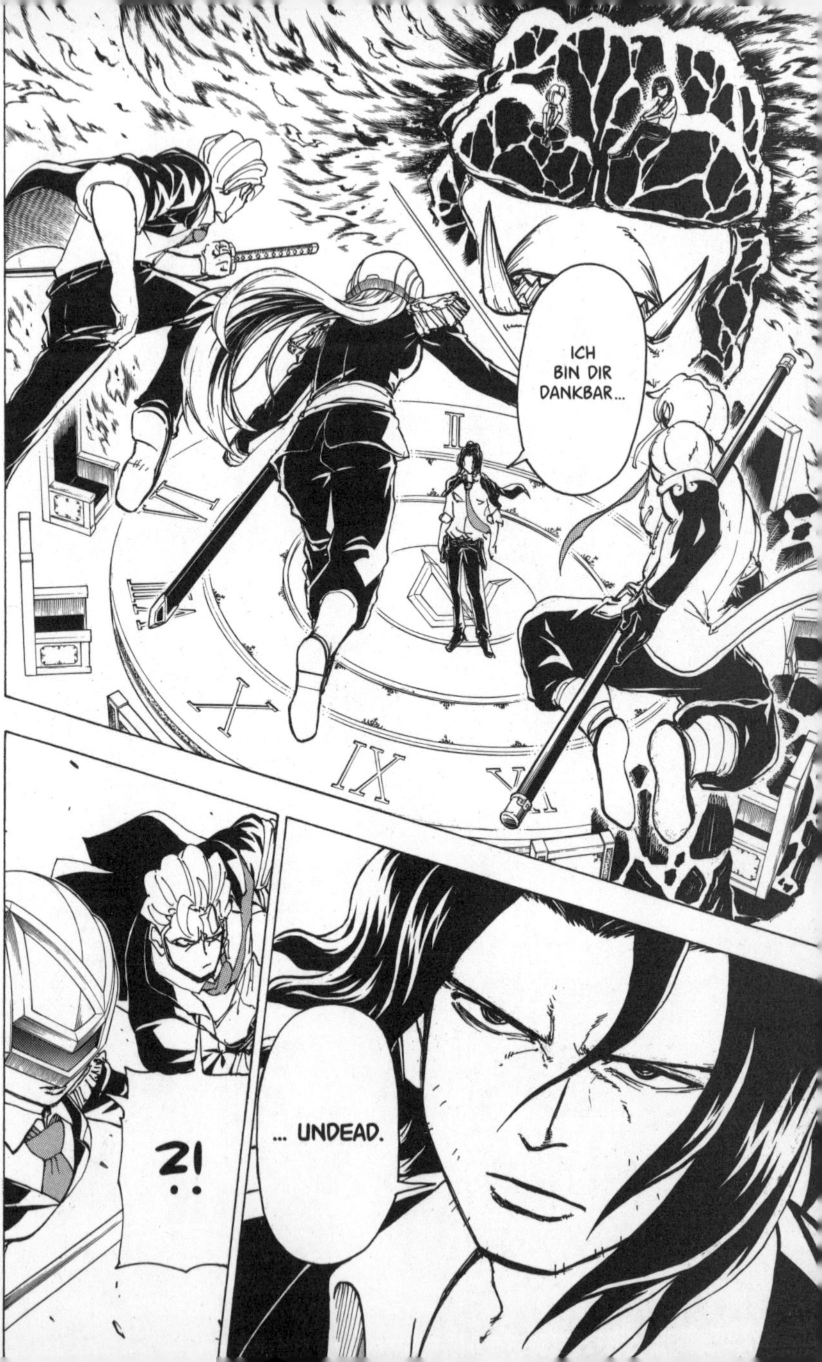
ICH BIN DIR DANKBAR...
... UNDEAD.
?!

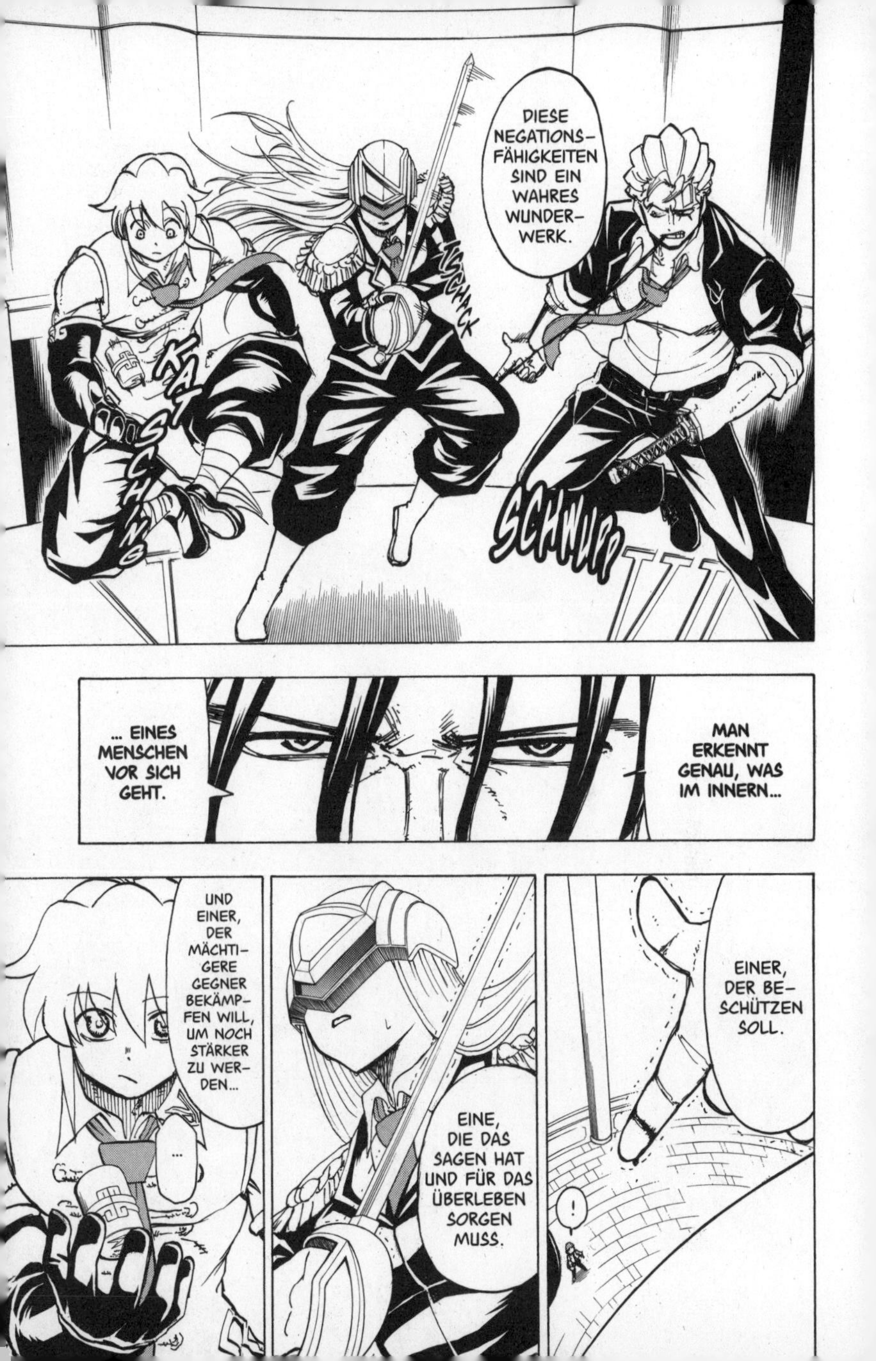
DIESE NEGATIONS-FÄHIGKEITEN SIND EIN WAHRES WUNDER-WERK.
TSCHACK
KATSCHING
SCHWUPP
MAN ERKENNT GENAU, WAS IM INNERN...
... EINES MENSCHEN VOR SICH GEHT.
EINER, DER BE-SCHÜTZEN SOLL.
!
EINE, DIE DAS SAGEN HAT UND FÜR DAS ÜBERLEBEN SORGEN MUSS.
UND EINER, DER MÄCHTI-GERE GEGNER BEKÄMPF-EN WILL, UM NOCH STÄRKER ZU WER-DEN...
...

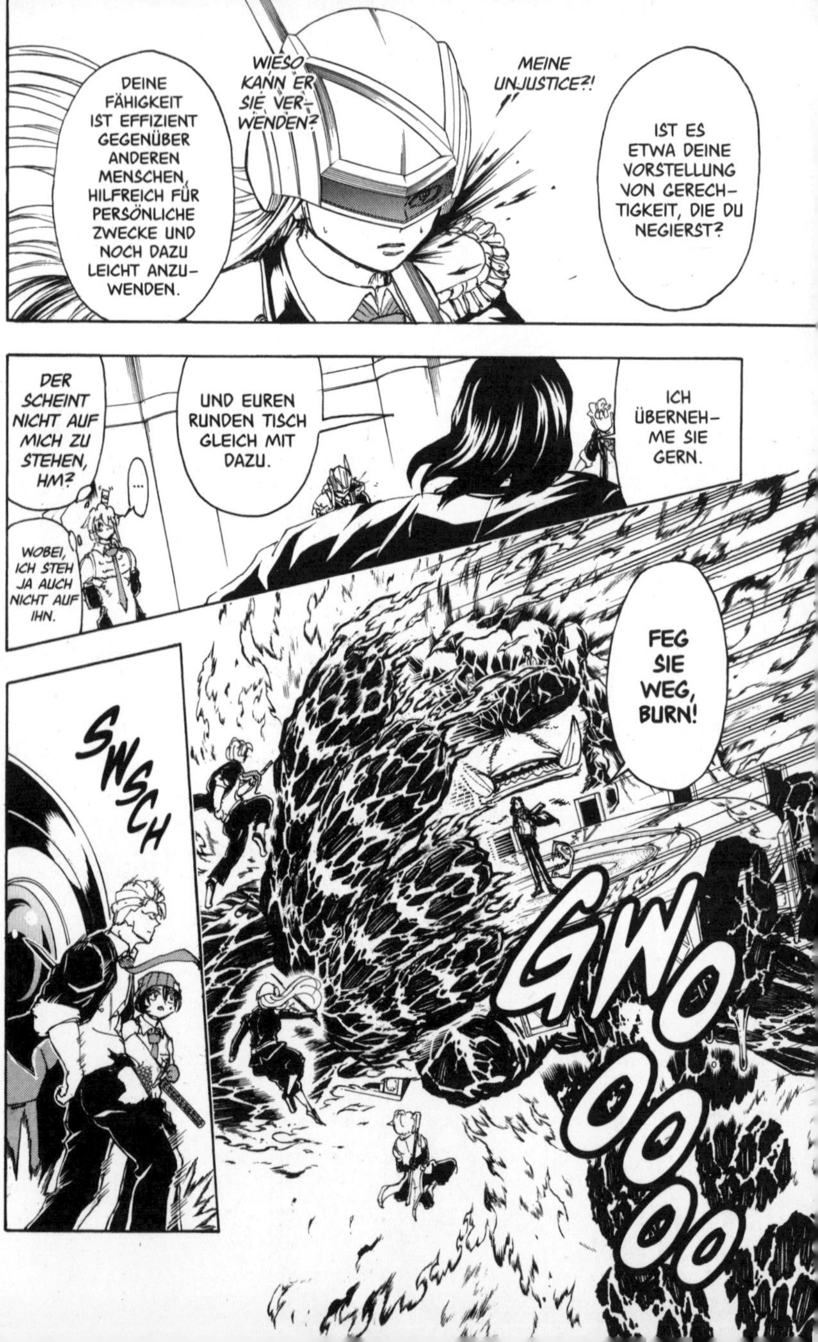
IST ES ETWA DEINE VORSTELLUNG VON GERECH-TIGKEIT, DIE DU NEGIERST?
MEINE UNJUSTICE?!
WIESO KANN ER SIE VER-WENDEN?
DEINE FÄHIGKEIT IST EFFIZIENT GEGENÜBER ANDEREN MENSCHEN, HILFREICH FÜR PERSÖNLICHE ZWECKE UND NOCH DAZU LEICHT ANZU-WENDEN.
ICH ÜBERNEH-ME SIE GERN.
UND EUREN RUNDEN TISCH GLEICH MIT DAZU.
DER SCHEINT NICHT AUF MICH ZU STEHEN, HM?
...
WOBEI, ICH STEH JA AUCH NICHT AUF IHN.
FEG SIE WEG, BURN!
GWOOOOO
SWSCH

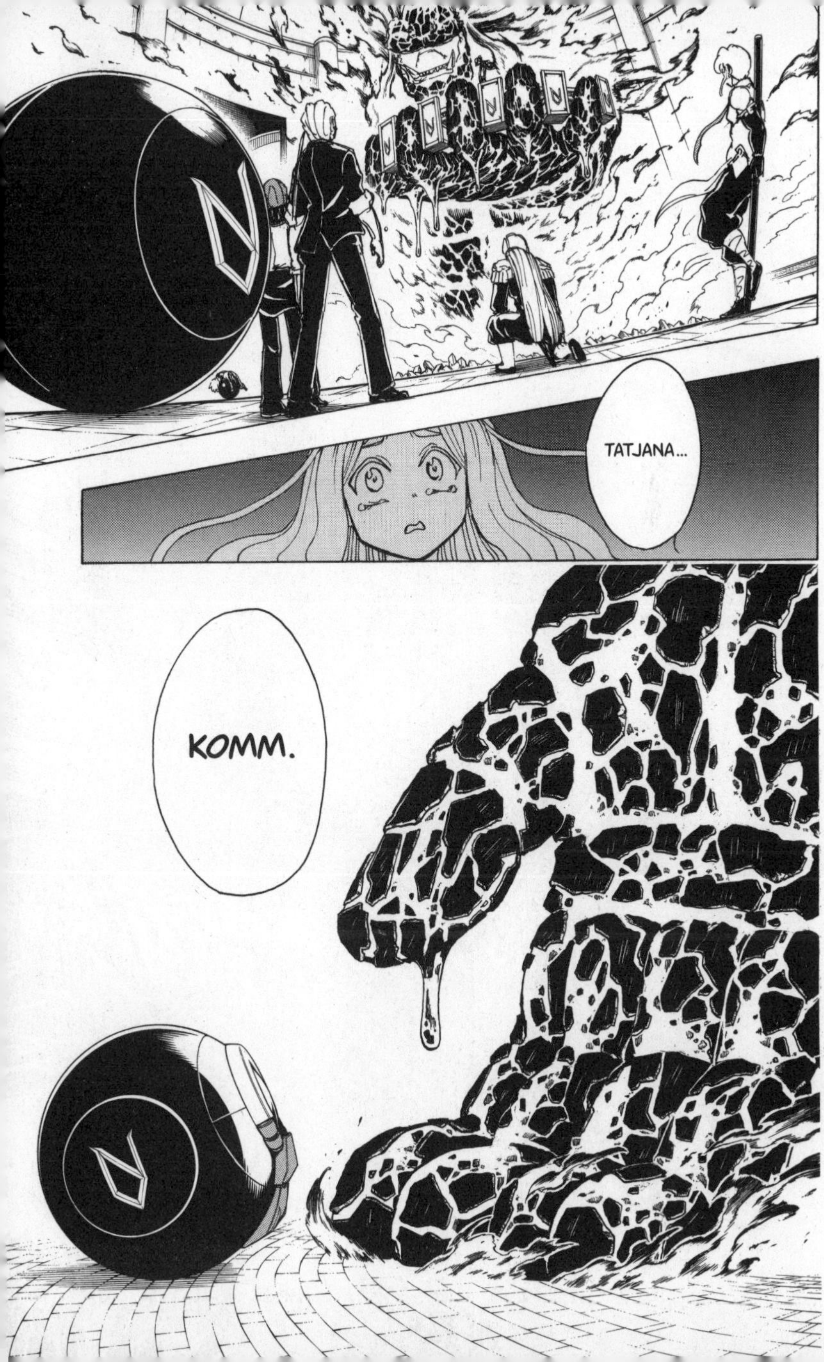
TATJANA...
KOMM.

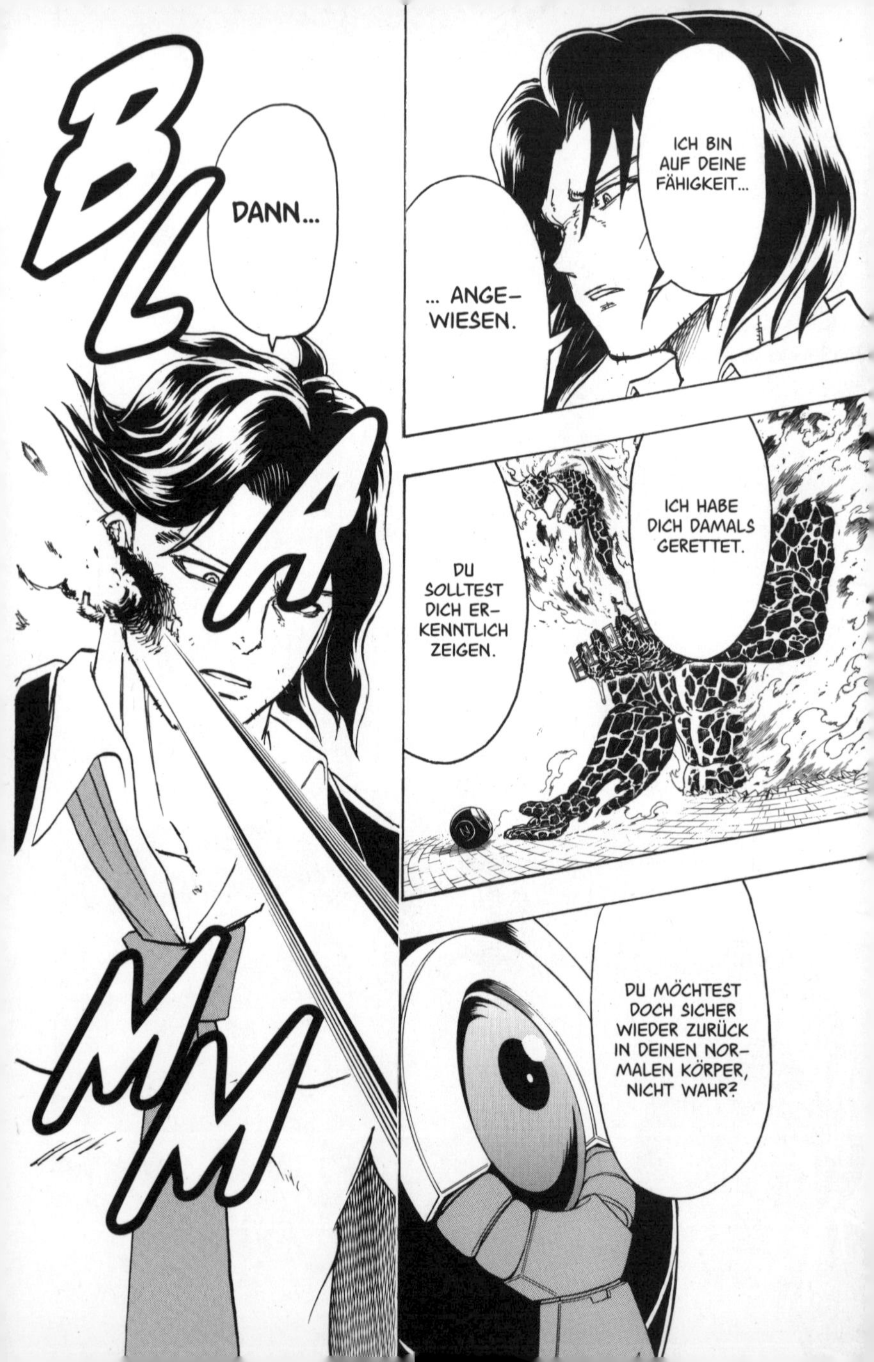
ICH BIN AUF DEINE FÄHIGKEIT...
... ANGE-WIESEN.
ICH HABE DICH DAMALS GERETTET.
DU SOLLTEST DICH ER-KENNTLICH ZEIGEN.
DU MÖCHTEST DOCH SICHER WIEDER ZURÜCK IN DEINEN NOR-MALEN KÖRPER, NICHT WAHR?
DANN...
BLAMM

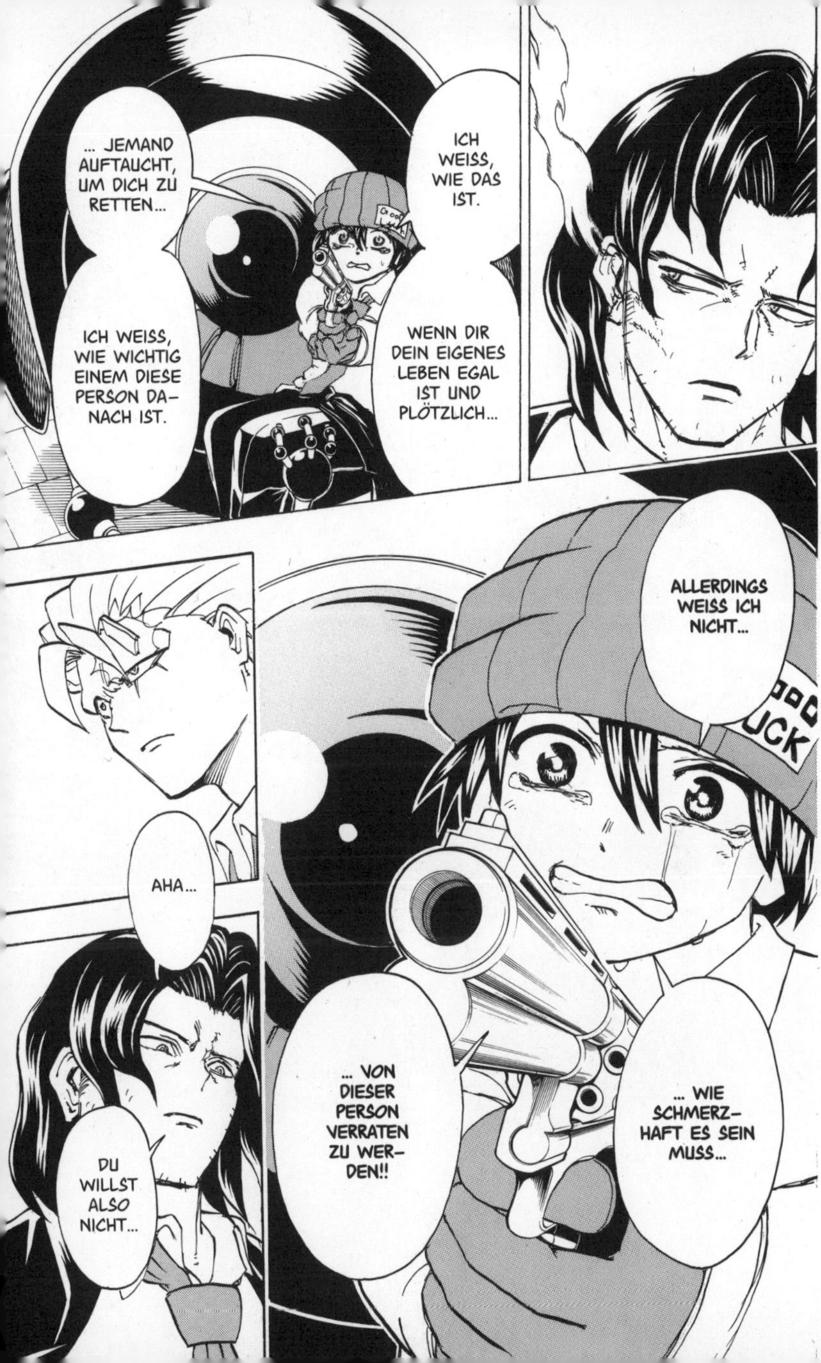
ICH WEISS, WIE DAS IST.
WENN DIR DEIN EIGENES LEBEN EGAL IST UND PLÖTZLICH...
... JEMAND AUFTAUCHT, UM DICH ZU RETTEN...
ICH WEISS, WIE WICHTIG EINEM DIESE PERSON DANACH IST.
ALLERDINGS WEISS ICH NICHT...
... WIE SCHMERZHAFT ES SEIN MUSS...
... VON DIESER PERSON VERRATEN ZU WERDEN!!
AHA...
DU WILLST ALSO NICHT...

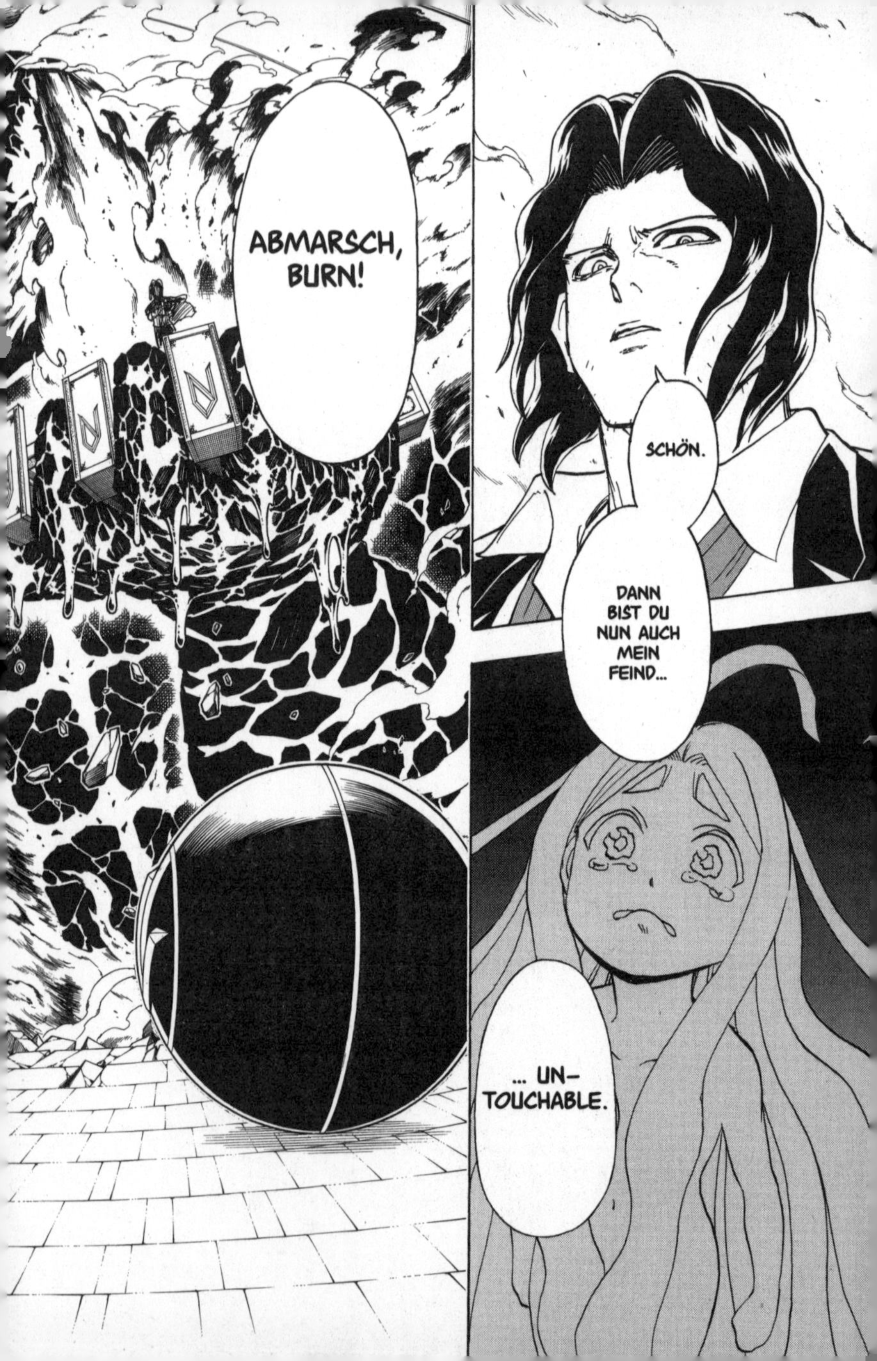
SCHÖN.
DANN BIST DU NUN AUCH MEIN FEIND…
… UN-TOUCHABLE.
ABMARSCH, BURN!

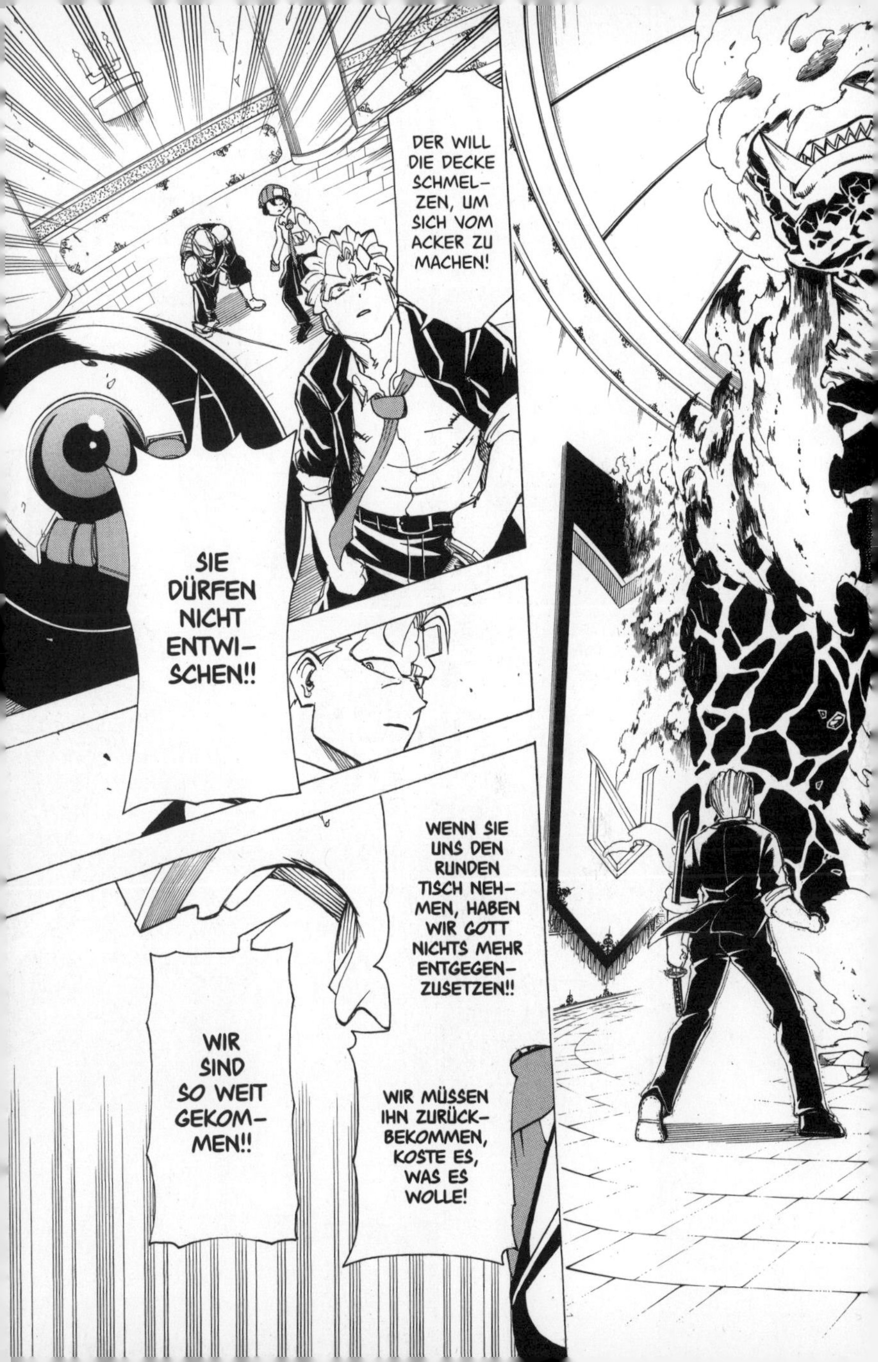
DER WILL DIE DECKE SCHMELZEN, UM SICH VOM ACKER ZU MACHEN!
SIE DÜRFEN NICHT ENTWISCHEN!!
WENN SIE UNS DEN RUNDEN TISCH NEHMEN, HABEN WIR GOTT NICHTS MEHR ENTGEGENZUSETZEN!!
WIR MÜSSEN IHN ZURÜCKBEKOMMEN, KOSTE ES, WAS ES WOLLE!
WIR SIND SO WEIT GEKOMMEN!!

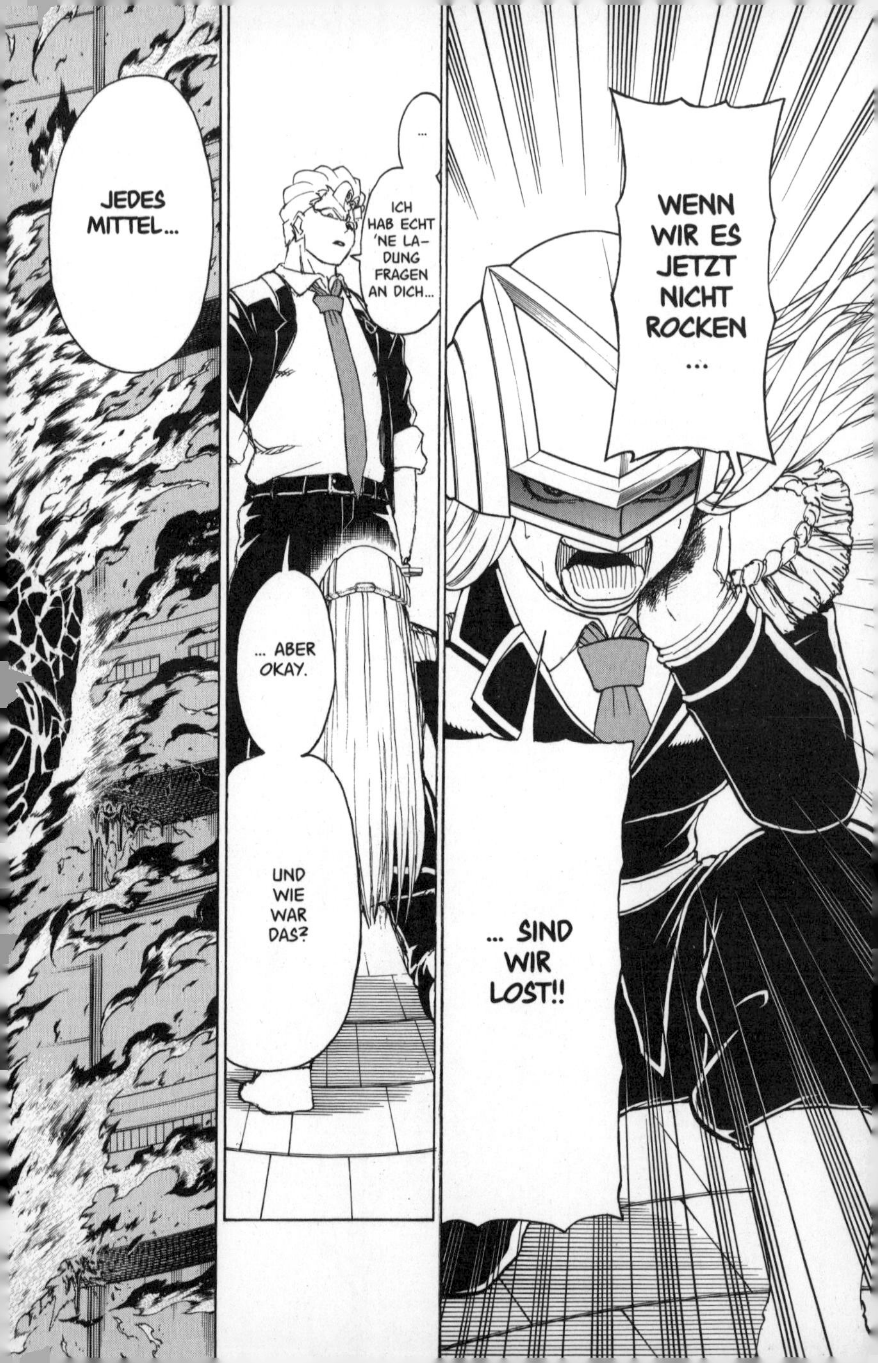
WENN WIR ES JETZT NICHT ROCKEN ...
... SIND WIR LOST!!
...
ICH HAB ECHT 'NE LADUNG FRAGEN AN DICH...
... ABER OKAY.
UND WIE WAR DAS?
JEDES MITTEL...

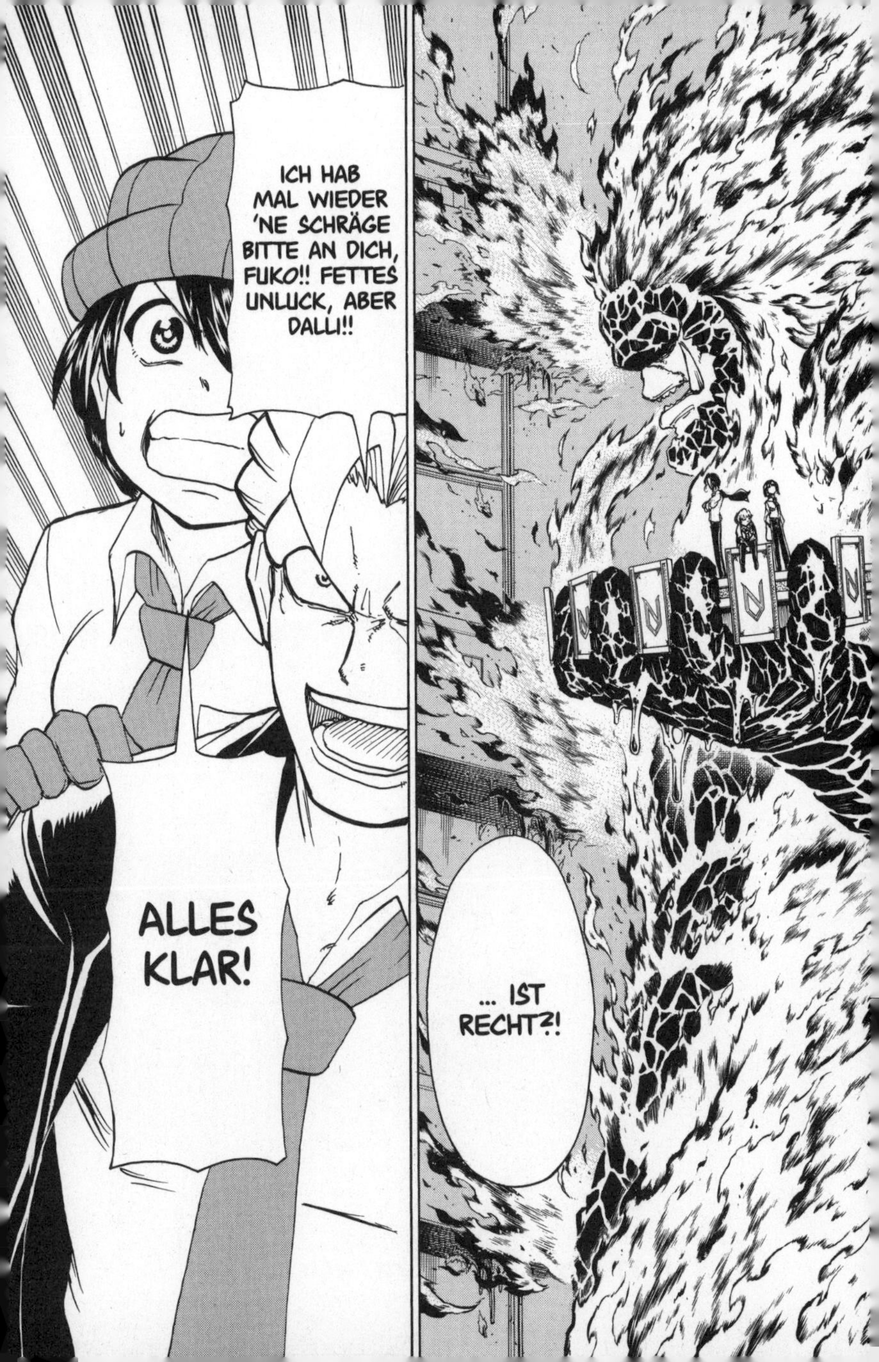
... IST
RECHT?!
ICH HAB
MAL WIEDER
'NE SCHRÄGE
BITTE AN DICH,
FUKO!! FETTES
UNLUCK, ABER
DALLI!!
ALLES
KLAR!

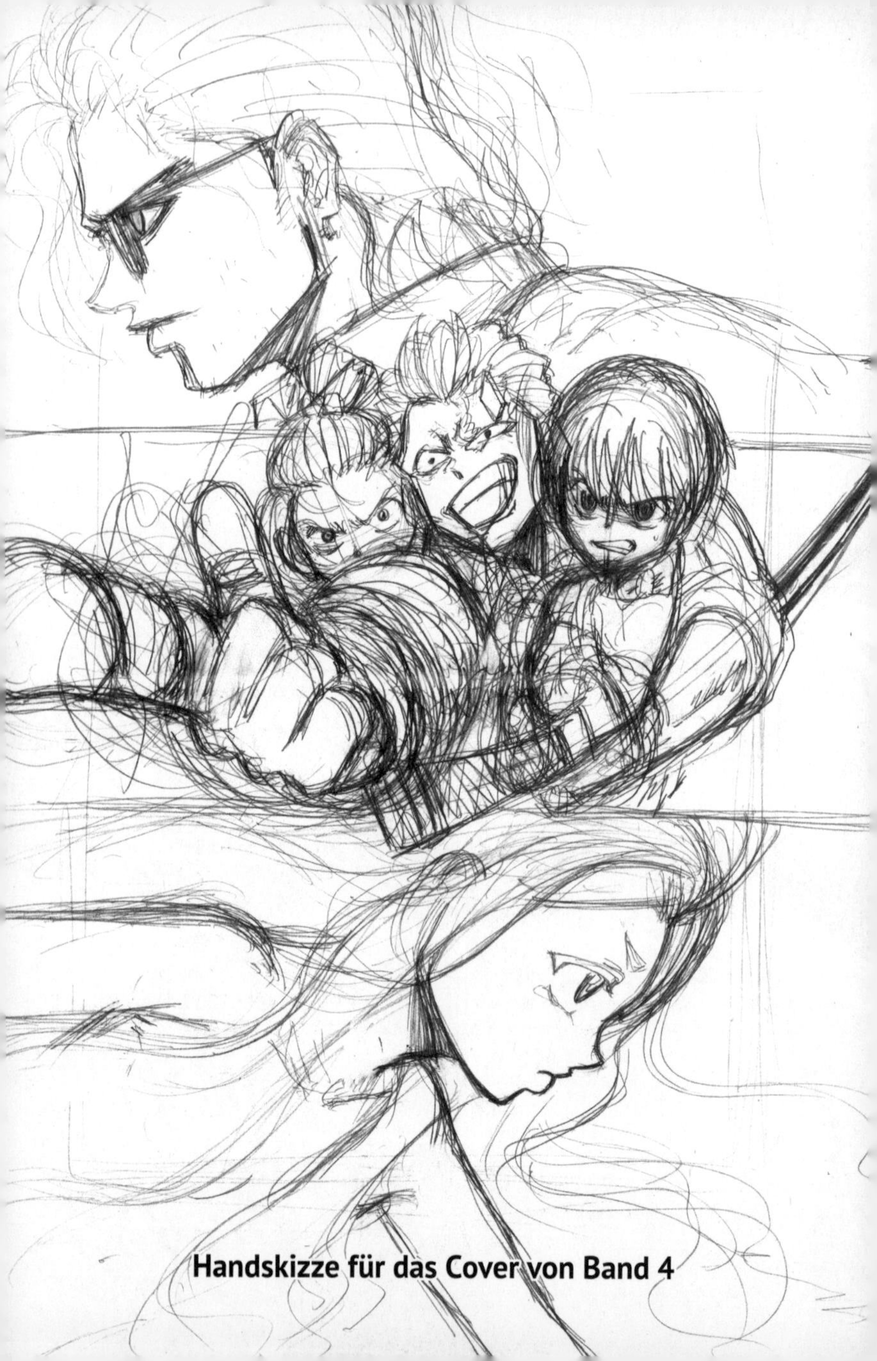

Handskizze für das Cover von Band 4

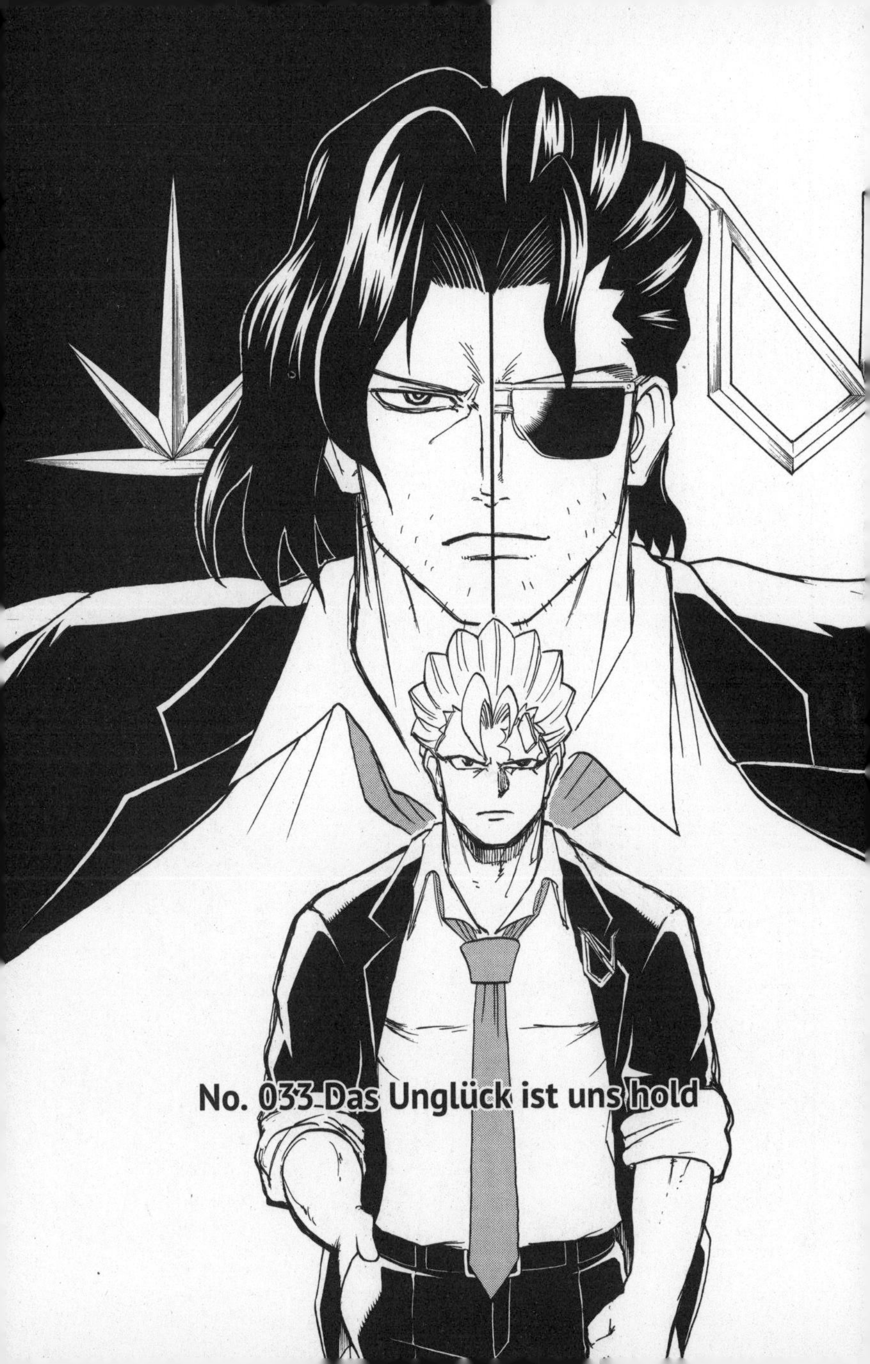
No. 033 Das Unglück ist uns hold

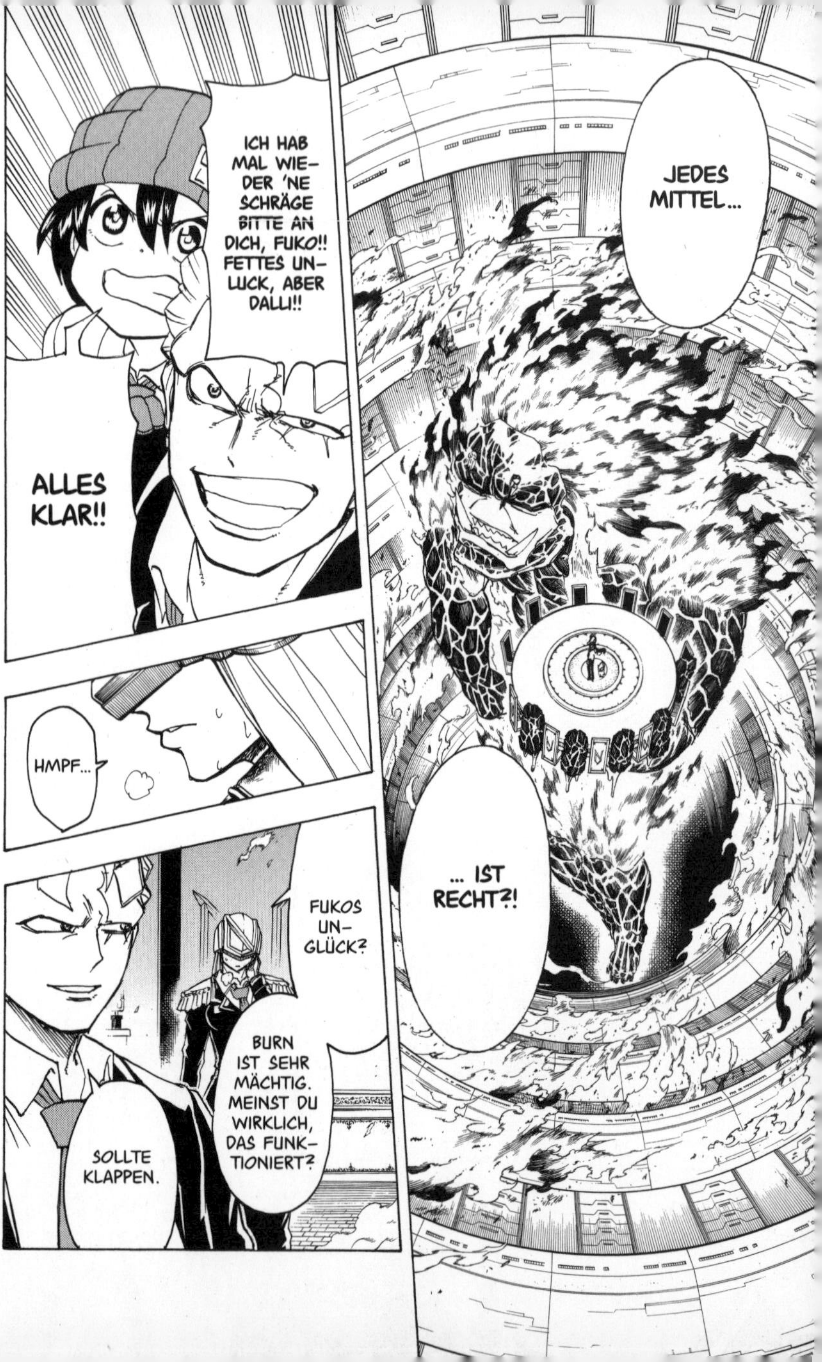
JEDES MITTEL...
... IST RECHT?!
ICH HAB MAL WIEDER 'NE SCHRÄGE BITTE AN DICH, FUKO!! FETTES UNLUCK, ABER DALLI!!
ALLES KLAR!!
HMPF...
FUKOS UNGLÜCK?
BURN IST SEHR MÄCHTIG. MEINST DU WIRKLICH, DAS FUNKTIONIERT?
SOLLTE KLAPPEN.

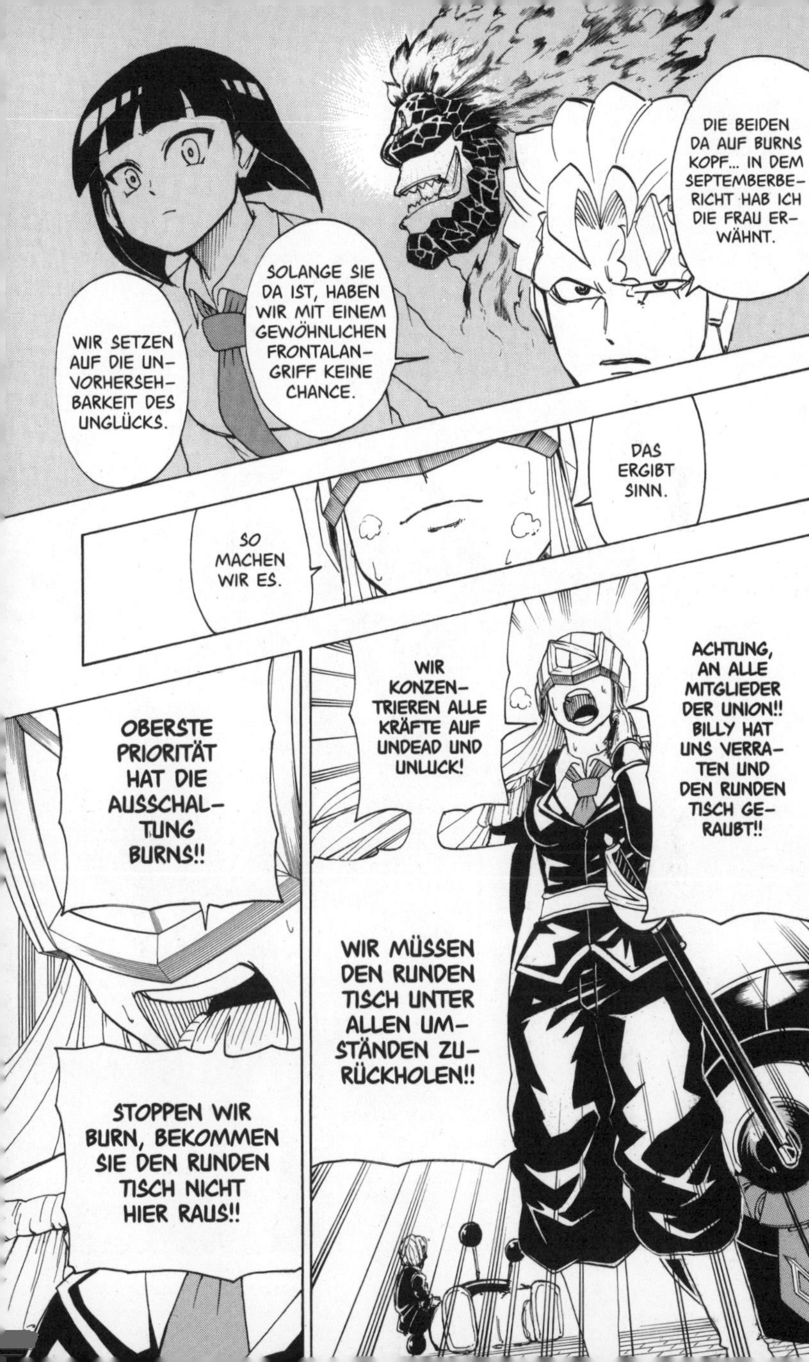
DIE BEIDEN DA AUF BURNS KOPF... IN DEM SEPTEMBERBERICHT HAB ICH DIE FRAU ERWÄHNT.
SOLANGE SIE DA IST, HABEN WIR MIT EINEM GEWÖHNLICHEN FRONTALANGRIFF KEINE CHANCE.
WIR SETZEN AUF DIE UNVORHERSEHBARKEIT DES UNGLÜCKS.
DAS ERGIBT SINN.
SO MACHEN WIR ES.
ACHTUNG, AN ALLE MITGLIEDER DER UNION!! BILLY HAT UNS VERRATEN UND DEN RUNDEN TISCH GERAUBT!!
WIR KONZENTRIEREN ALLE KRÄFTE AUF UNDEAD UND UNLUCK!
OBERSTE PRIORITÄT HAT DIE AUSSCHALTUNG BURNS!!
WIR MÜSSEN DEN RUNDEN TISCH UNTER ALLEN UMSTÄNDEN ZURÜCKHOLEN!!
STOPPEN WIR BURN, BEKOMMEN SIE DEN RUNDEN TISCH NICHT HIER RAUS!!

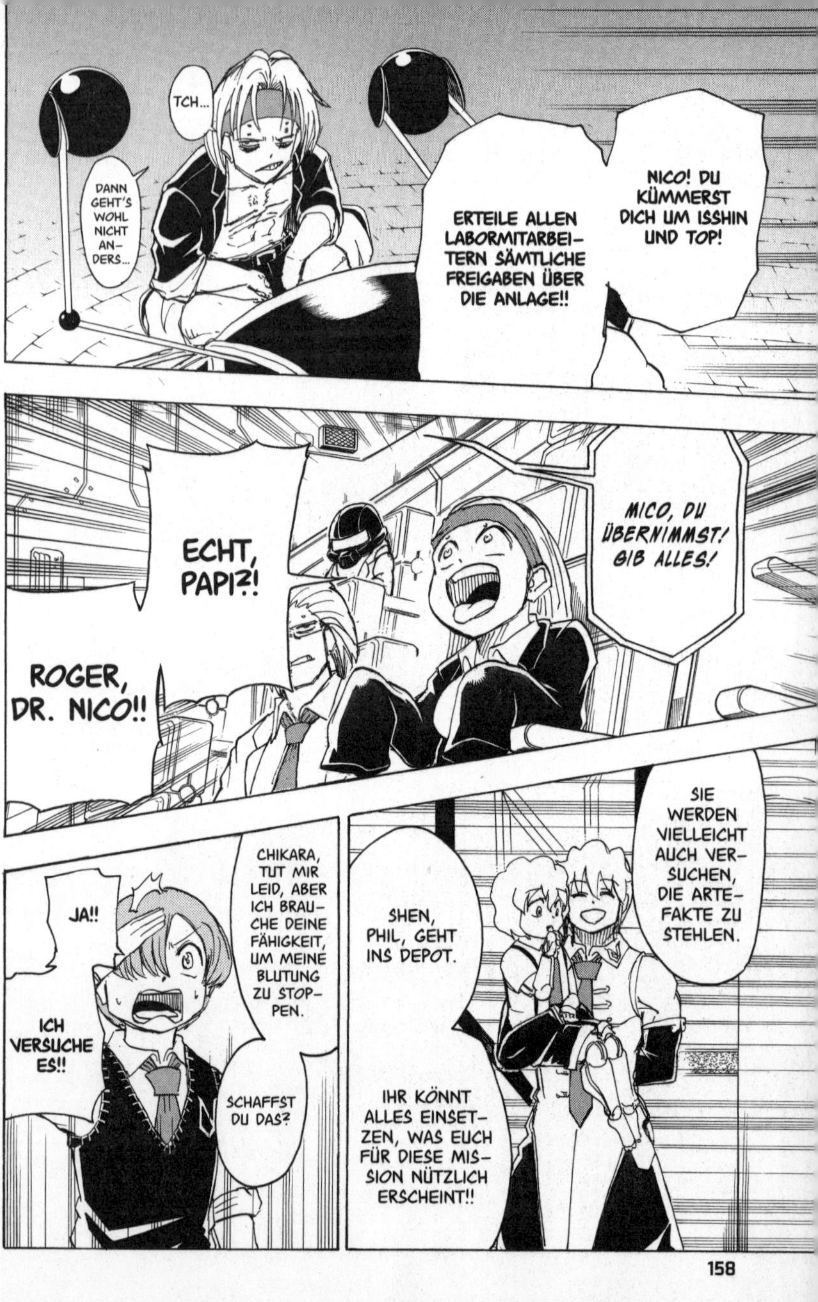
NICO! DU KÜMMERST DICH UM ISSHIN UND TOP!
ERTEILE ALLEN LABORMITARBEITERN SÄMTLICHE FREIGABEN ÜBER DIE ANLAGE!!
TCH...
DANN GEHT'S WOHL NICHT ANDERS...
MICO, DU ÜBERNIMMST! GIB ALLES!
ECHT, PAPI?!
ROGER, DR. NICO!!
SIE WERDEN VIELLEICHT AUCH VERSUCHEN, DIE ARTEFAKTE ZU STEHLEN.
SHEN, PHIL, GEHT INS DEPOT.
IHR KÖNNT ALLES EINSETZEN, WAS EUCH FÜR DIESE MISSION NÜTZLICH ERSCHEINT!!
CHIKARA, TUT MIR LEID, ABER ICH BRAUCHE DEINE FÄHIGKEIT, UM MEINE BLUTUNG ZU STOPPEN.
SCHAFFST DU DAS?
JA!!
ICH VERSUCHE ES!!

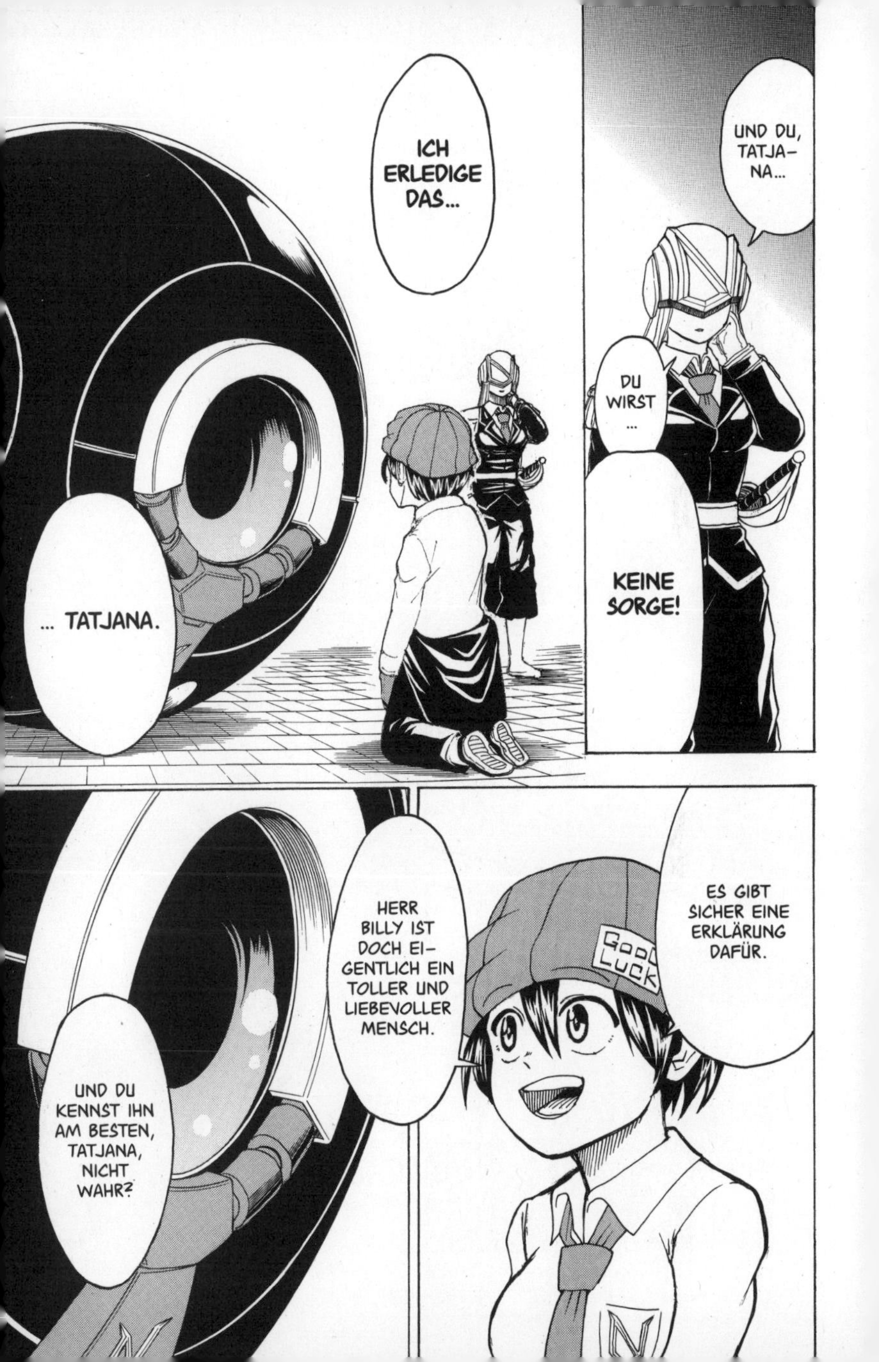
UND DU, TATJA-NA...
DU WIRST ...
KEINE SORGE!
ICH ERLEDIGE DAS...
... TATJANA.
ES GIBT SICHER EINE ERKLÄRUNG DAFÜR.
HERR BILLY IST DOCH EI-GENTLICH EIN TOLLER UND LIEBEVOLLER MENSCH.
UND DU KENNST IHN AM BESTEN, TATJANA, NICHT WAHR?

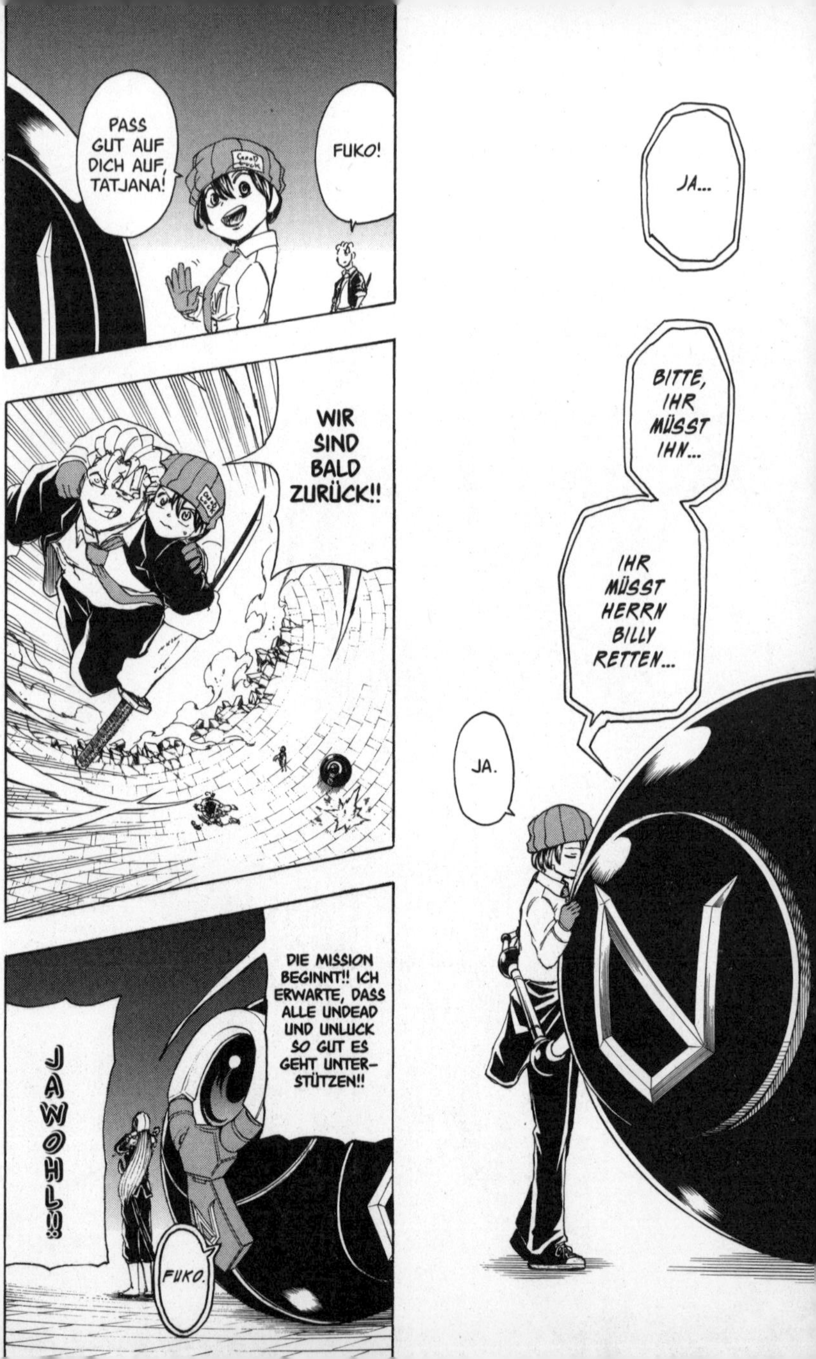
JA...
BITTE, IHR MÜSST IHN...
IHR MÜSST HERRN BILLY RETTEN...
JA.
FUKO!
PASS GUT AUF DICH AUF, TATJANA!
WIR SIND BALD ZURÜCK!!
DIE MISSION BEGINNT!! ICH ERWARTE, DASS ALLE UNDEAD UND UNLUCK SO GUT ES GEHT UNTER-STÜTZEN!!
JAWOHL!!
FUKO.

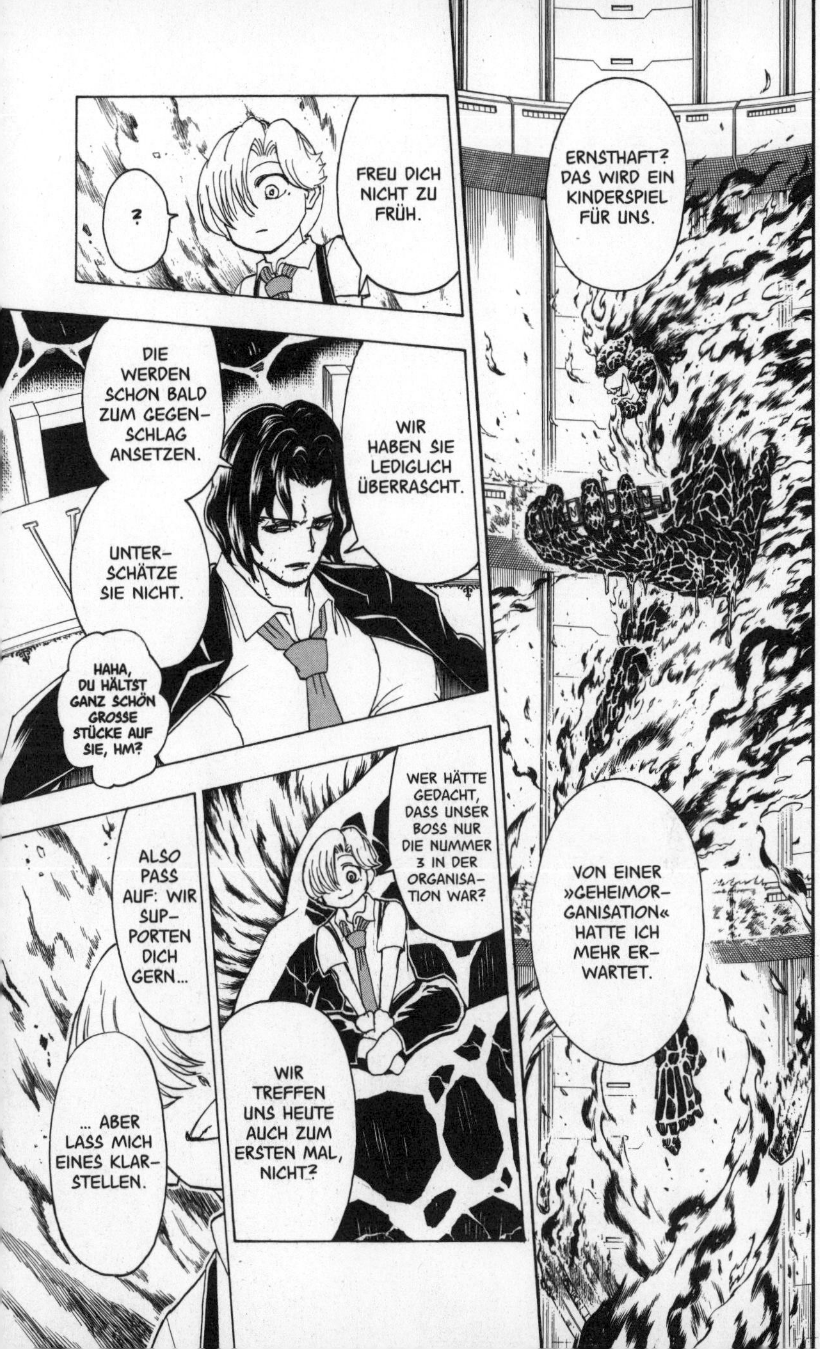
ERNSTHAFT? DAS WIRD EIN KINDERSPIEL FÜR UNS.
VON EINER »GEHEIMORGANISATION« HATTE ICH MEHR ERWARTET.
FREU DICH NICHT ZU FRÜH.
?
WIR HABEN SIE LEDIGLICH ÜBERRASCHT.
DIE WERDEN SCHON BALD ZUM GEGENSCHLAG ANSETZEN.
UNTERSCHÄTZE SIE NICHT.
HAHA, DU HÄLTST GANZ SCHÖN GROSSE STÜCKE AUF SIE, HM?
WER HÄTTE GEDACHT, DASS UNSER BOSS NUR DIE NUMMER 3 IN DER ORGANISATION WAR?
WIR TREFFEN UNS HEUTE AUCH ZUM ERSTEN MAL, NICHT?
ALSO PASS AUF: WIR SUPPORTEN DICH GERN...
... ABER LASS MICH EINES KLARSTELLEN.

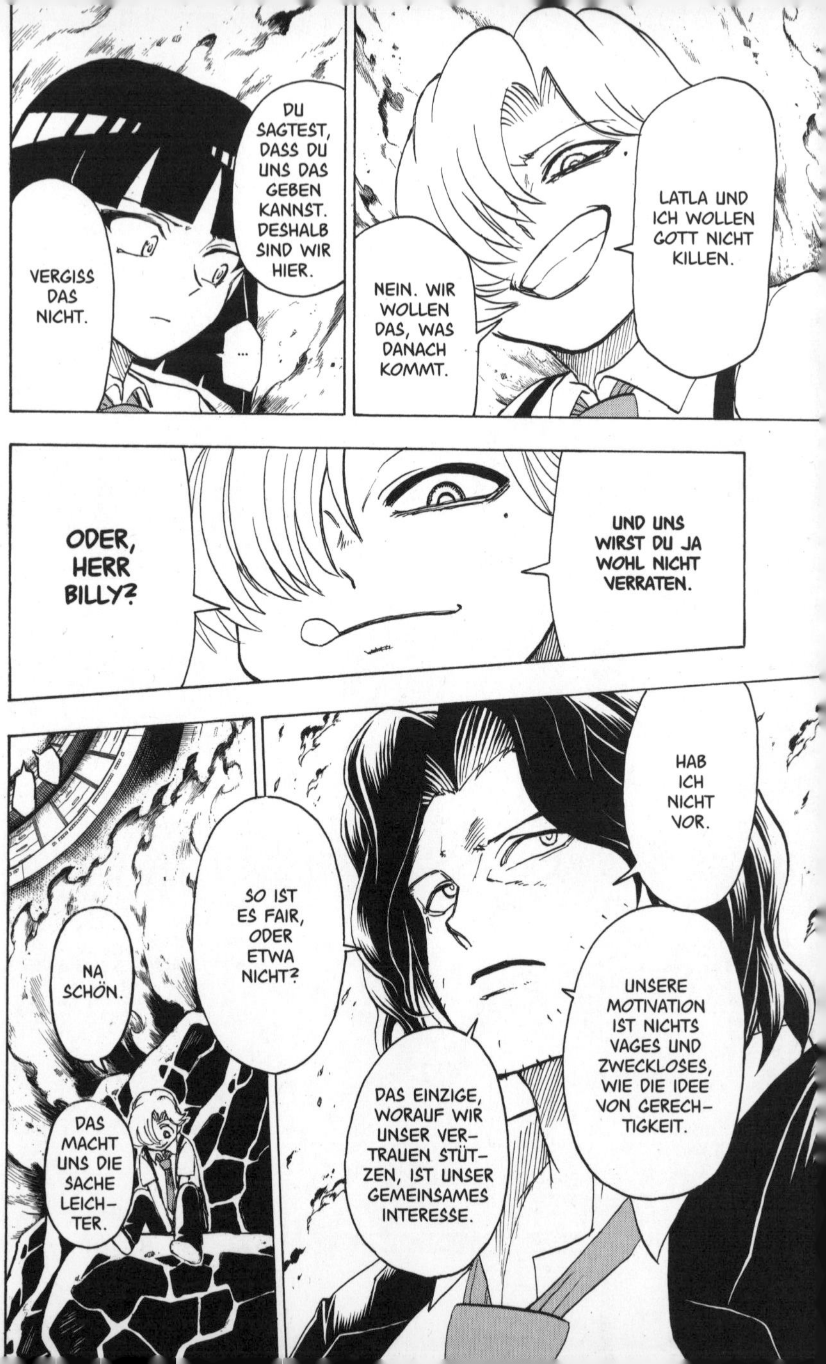
LATLA UND ICH WOLLEN GOTT NICHT KILLEN.
NEIN. WIR WOLLEN DAS, WAS DANACH KOMMT.
DU SAGTEST, DASS DU UNS DAS GEBEN KANNST. DESHALB SIND WIR HIER.
VERGISS DAS NICHT.
...
UND UNS WIRST DU JA WOHL NICHT VERRATEN.
ODER, HERR BILLY?
HAB ICH NICHT VOR.
UNSERE MOTIVATION IST NICHTS VAGES UND ZWECKLOSES, WIE DIE IDEE VON GERECHTIGKEIT.
DAS EINZIGE, WORAUF WIR UNSER VERTRAUEN STÜTZEN, IST UNSER GEMEINSAMES INTERESSE.
SO IST ES FAIR, ODER ETWA NICHT?
NA SCHÖN.
DAS MACHT UNS DIE SACHE LEICHTER.

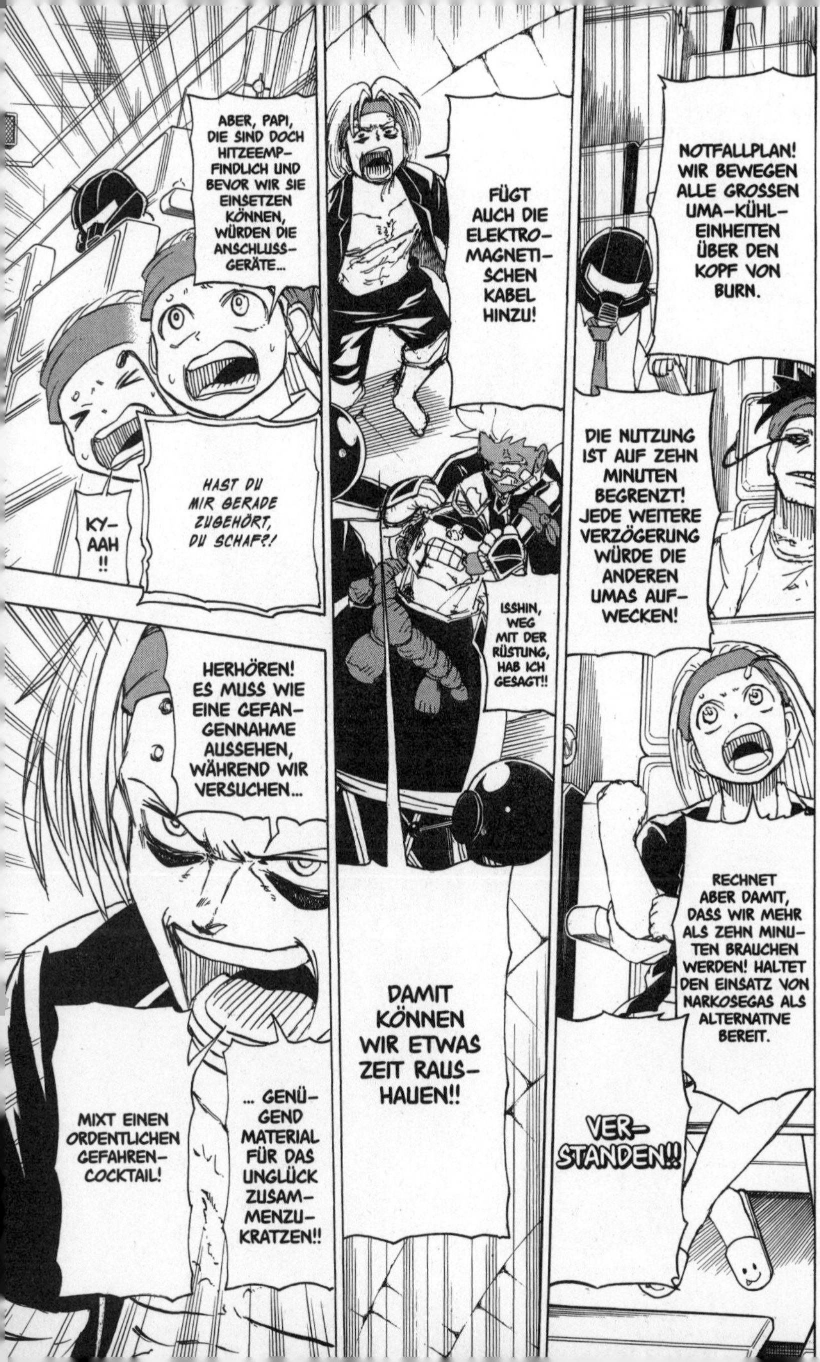
NOTFALLPLAN! WIR BEWEGEN ALLE GROSSEN UMA-KÜHL-EINHEITEN ÜBER DEN KOPF VON BURN.
DIE NUTZUNG IST AUF ZEHN MINUTEN BEGRENZT! JEDE WEITERE VERZÖGERUNG WÜRDE DIE ANDEREN UMAS AUF-WECKEN!
RECHNET ABER DAMIT, DASS WIR MEHR ALS ZEHN MINU-TEN BRAUCHEN WERDEN! HALTET DEN EINSATZ VON NARKOSEGAS ALS ALTERNATIVE BEREIT.
VER-STANDEN!!
FÜGT AUCH DIE ELEKTRO-MAGNETI-SCHEN KABEL HINZU!
ISSHIN, WEG MIT DER RÜSTUNG, HAB ICH GESAGT!!
DAMIT KÖNNEN WIR ETWAS ZEIT RAUS-HAUEN!!
ABER, PAPI, DIE SIND DOCH HITZEEMP-FINDLICH UND BEVOR WIR SIE EINSETZEN KÖNNEN, WÜRDEN DIE ANSCHLUSS-GERÄTE...
HAST DU MIR GERADE ZUGEHÖRT, DU SCHAF?!
KY-AAH !!
HERHÖREN! ES MUSS WIE EINE GEFAN-GENNAHME AUSSEHEN, WÄHREND WIR VERSUCHEN...
... GENÜ-GEND MATERIAL FÜR DAS UNGLÜCK ZUSAM-MENZU-KRATZEN!!
MIXT EINEN ORDENTLICHEN GEFAHREN-COCKTAIL!

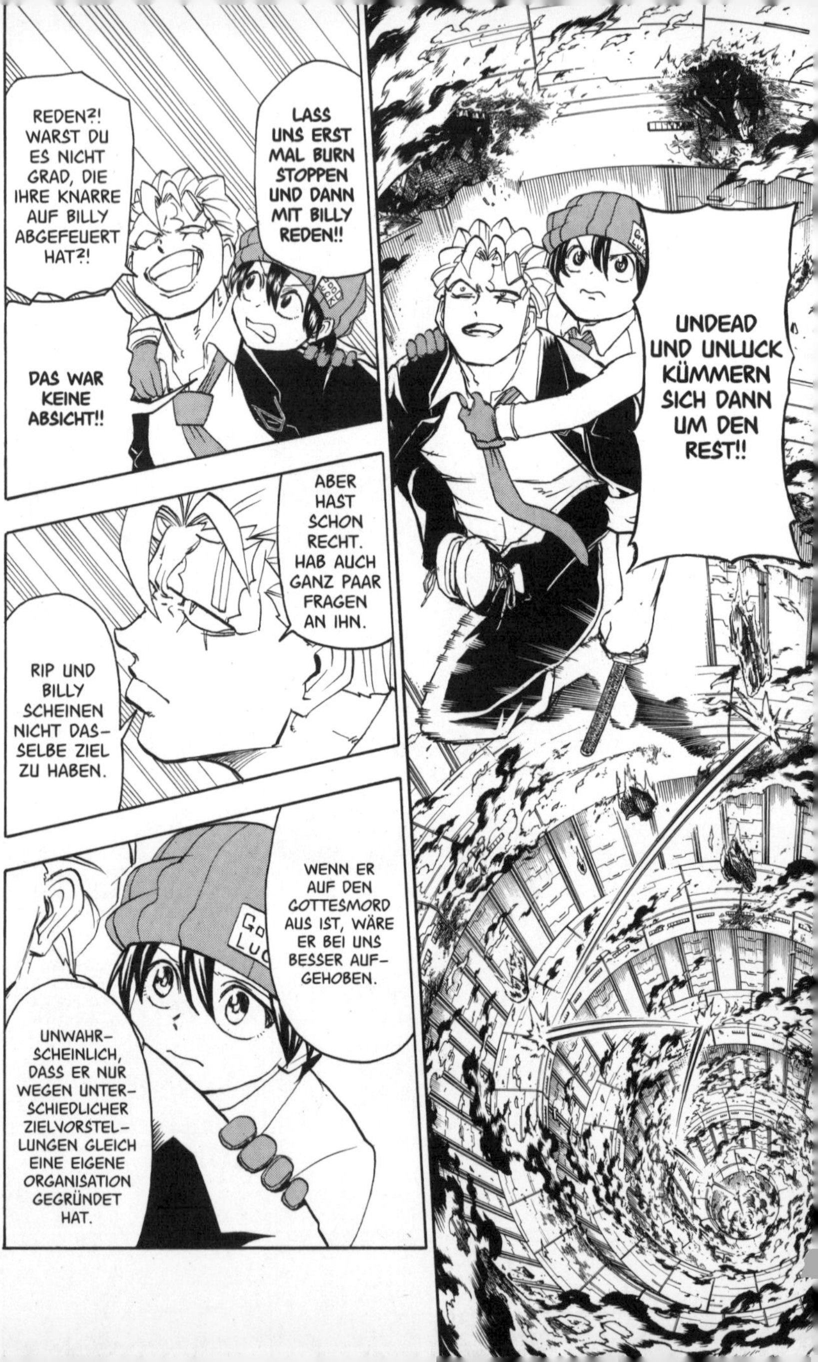
LASS UNS ERST MAL BURN STOPPEN UND DANN MIT BILLY REDEN!!
REDEN?! WARST DU ES NICHT GRAD, DIE IHRE KNARRE AUF BILLY ABGEFEUERT HAT?!
DAS WAR KEINE ABSICHT!!
ABER HAST SCHON RECHT. HAB AUCH GANZ PAAR FRAGEN AN IHN.
RIP UND BILLY SCHEINEN NICHT DASSELBE ZIEL ZU HABEN.
WENN ER AUF DEN GOTTESMORD AUS IST, WÄRE ER BEI UNS BESSER AUFGEHOBEN.
UNWAHRSCHEINLICH, DASS ER NUR WEGEN UNTERSCHIEDLICHER ZIELVORSTELLUNGEN GLEICH EINE EIGENE ORGANISATION GEGRÜNDET HAT.
UNDEAD UND UNLUCK KÜMMERN SICH DANN UM DEN REST!!

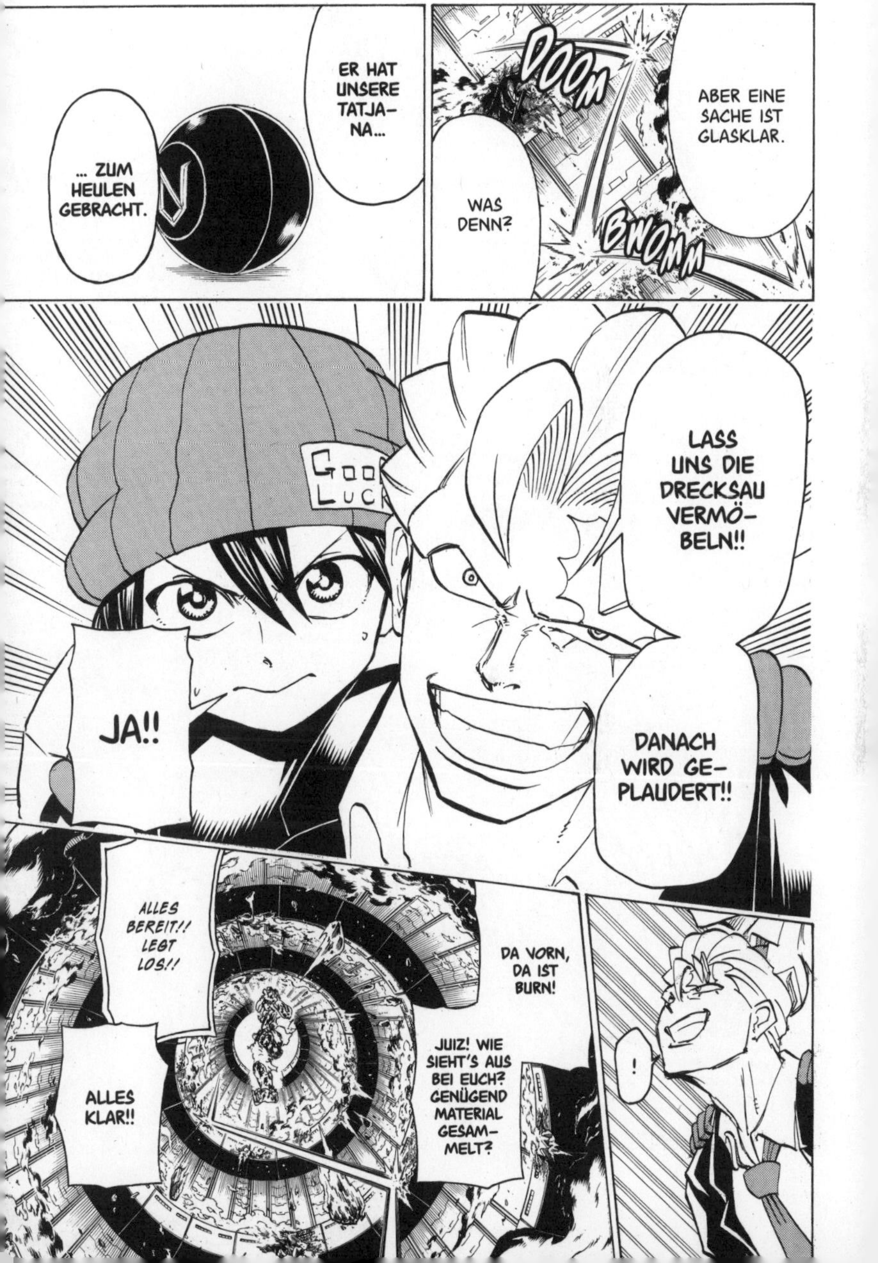
ABER EINE SACHE IST GLASKLAR.
DOOM
WAS DENN?
BWOMM
ER HAT UNSERE TATJA-NA...
... ZUM HEULEN GEBRACHT.
LASS UNS DIE DRECKSAU VERMÖ-BELN!!
DANACH WIRD GE-PLAUDERT!!
JA!!
!
DA VORN, DA IST BURN!
JUIZ! WIE SIEHT'S AUS BEI EUCH? GENÜGEND MATERIAL GESAM-MELT?
ALLES BEREIT!! LEGT LOS!!
ALLES KLAR!!

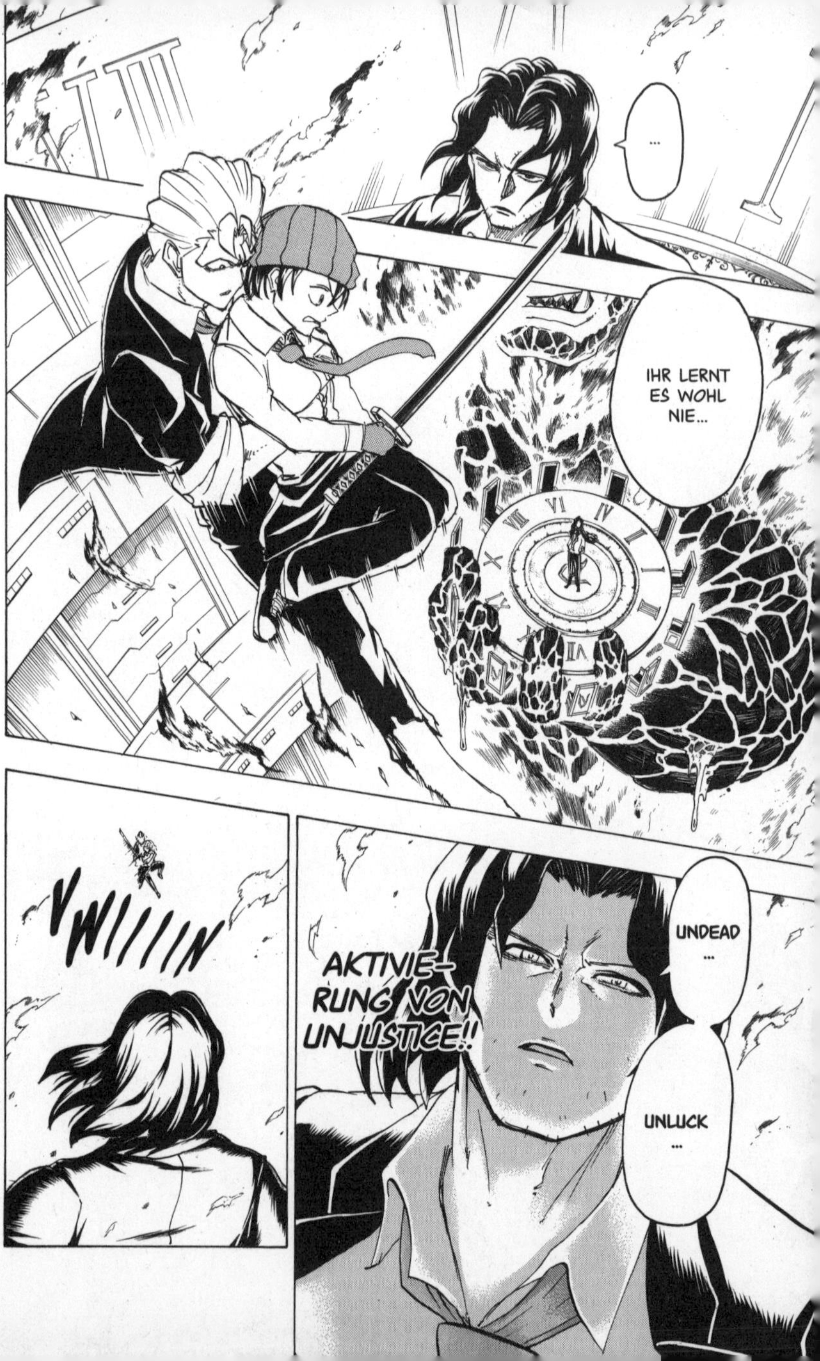
...
IHR LERNT ES WOHL NIE...
UNDEAD ...
UNLUCK ...
AKTIVIE-RUNG VON UNJUSTICE!!
VWIIIIN

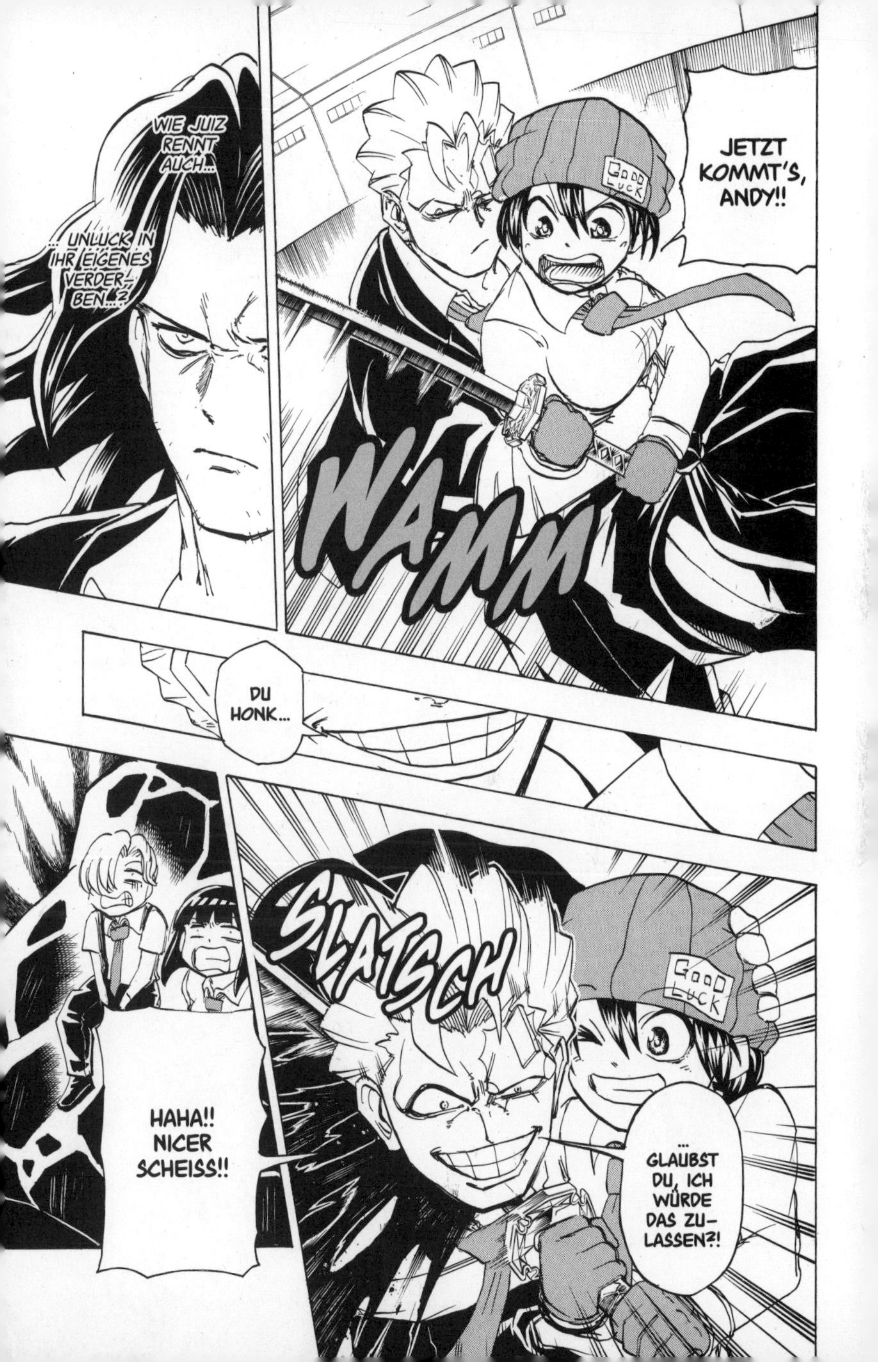
JETZT KOMMT'S, ANDY!!
WIE JUIZ RENNT AUCH...
... UNLUCK IN IHR EIGENES VERDER-BEN...?
WAMM
DU HONK...
SLATSCH
... GLAUBST DU, ICH WÜRDE DAS ZU-LASSEN?!
HAHA!! NICER SCHEISS!!

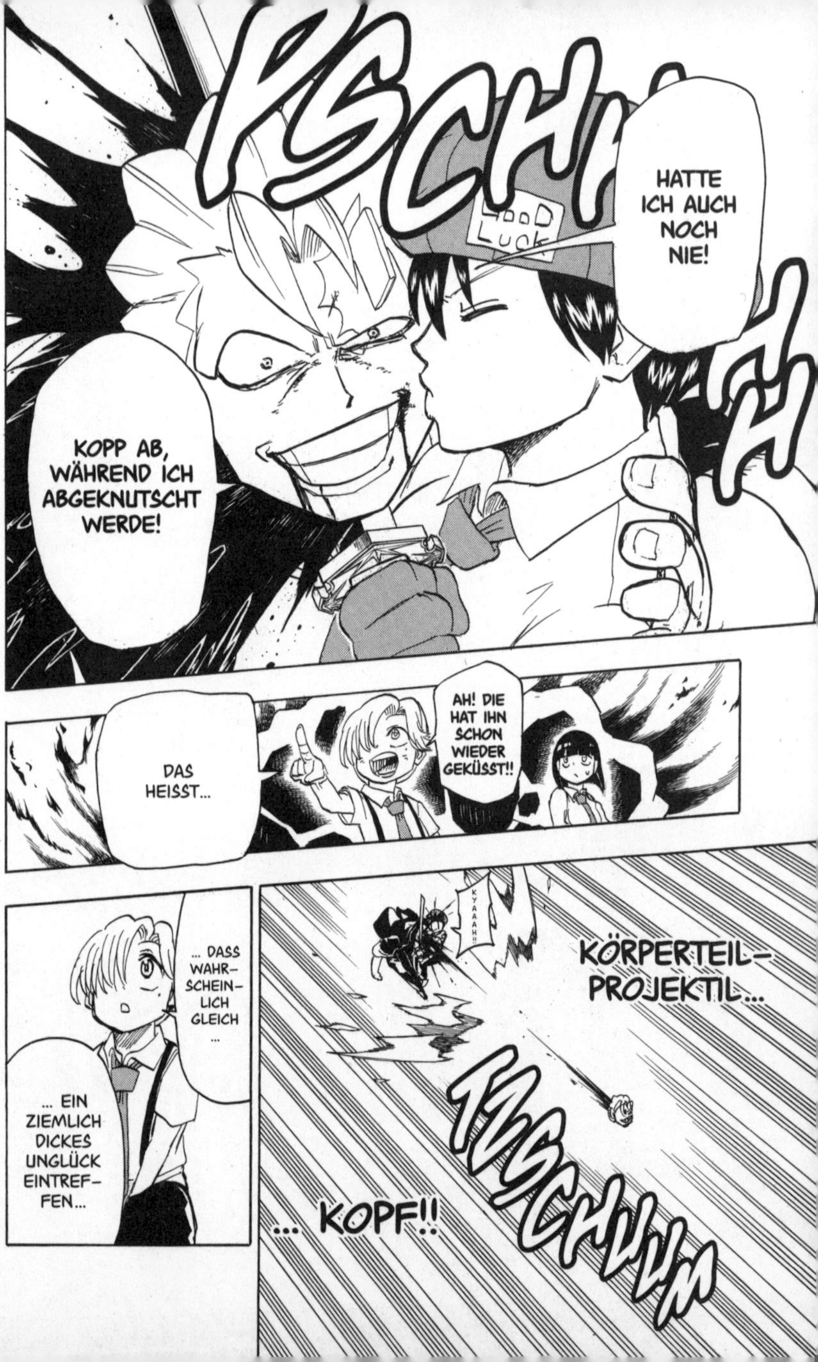
HATTE ICH AUCH NOCH NIE!
KOPP AB, WÄHREND ICH ABGEKNUTSCHT WERDE!
AH! DIE HAT IHN SCHON WIEDER GEKÜSST!!
DAS HEISST...
KYAAAH!!
KÖRPERTEIL-PROJEKTIL...
... KOPF!!
... DASS WAHR-SCHEIN-LICH GLEICH ...
... EIN ZIEMLICH DICKES UNGLÜCK EINTREF-FEN...

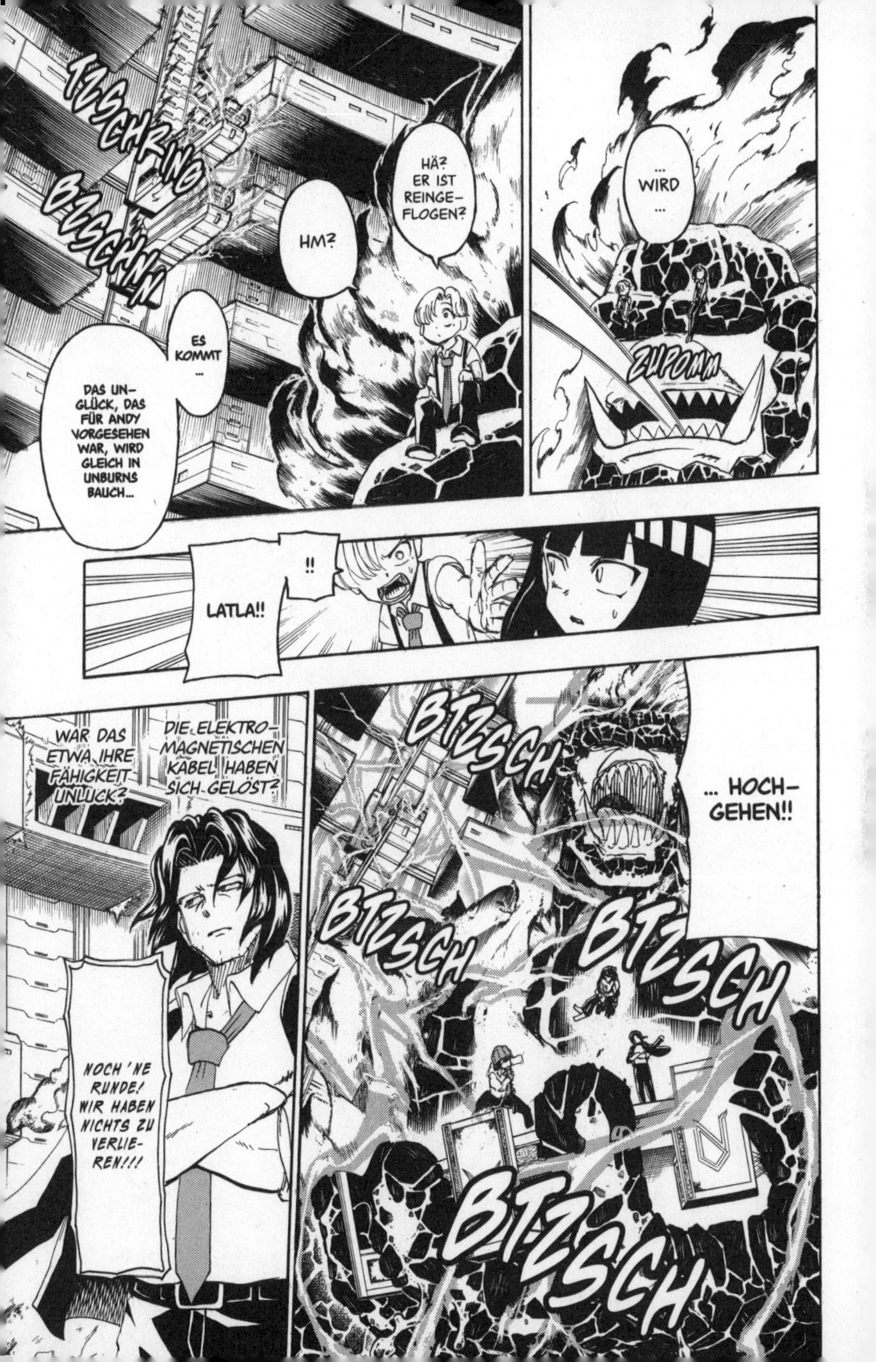

... WIRD ...
ZUPOMM
HÄ? ER IST REINGE-FLOGEN?
HM?
TZSCHRING
BZSCHNN
ES KOMMT ...
DAS UN-GLÜCK, DAS FÜR ANDY VORGESEHEN WAR, WIRD GLEICH IN UNBURNS BAUCH...
!!
LATLA!!
... HOCH-GEHEN!!
BTZSCH
BTZSCH
BTZSCH
BTZSCH
DIE ELEKTRO-MAGNETISCHEN KABEL HABEN SICH GELÖST?
WAR DAS ETWA IHRE FÄHIGKEIT UNLUCK?
NOCH 'NE RUNDE! WIR HABEN NICHTS ZU VERLIE-REN!!!

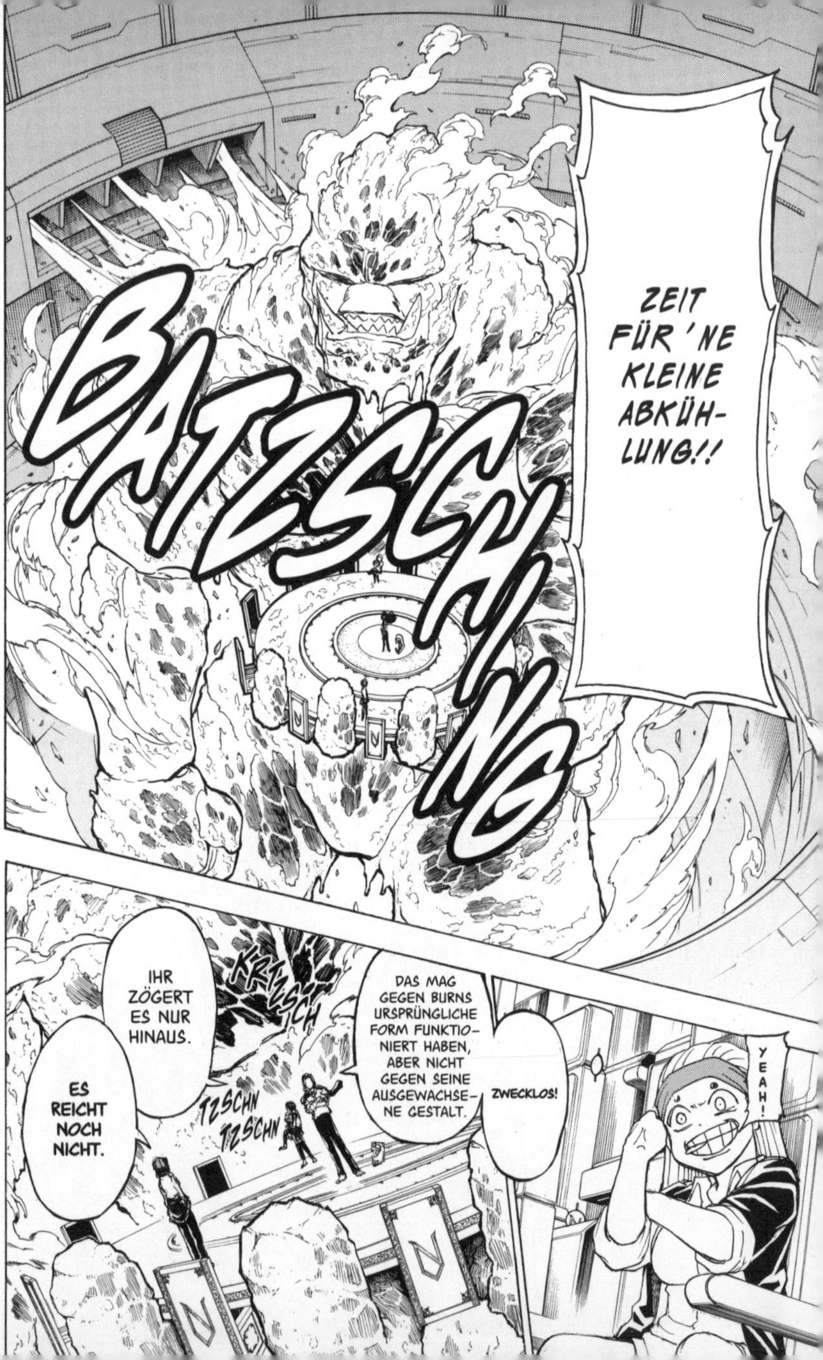
ZEIT FÜR'NE KLEINE ABKÜH-LUNG!!
BATZSCHING
YEAH!
ZWECKLOS!
DAS MAG GEGEN BURNS URSPRÜNGLICHE FORM FUNKTIO-NIERT HABEN, ABER NICHT GEGEN SEINE AUSGEWACHSE-NE GESTALT.
KRTZSCH
IHR ZÖGERT ES NUR HINAUS.
ES REICHT NOCH NICHT.
TZSCHN TZSCHN

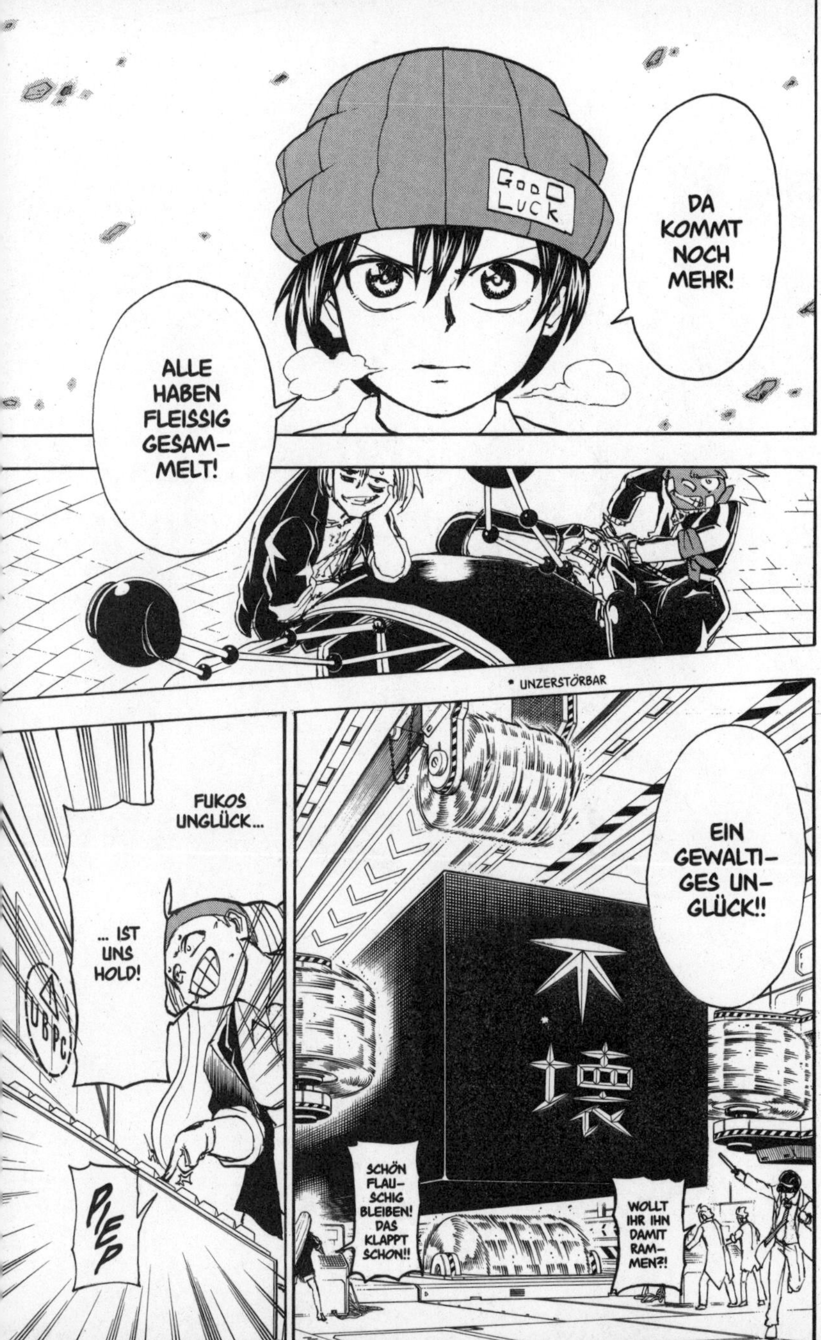
DA KOMMT NOCH MEHR!
ALLE HABEN FLEISSIG GESAM-MELT!
* UNZERSTÖRBAR
EIN GEWALTI-GES UN-GLÜCK!!
WOLLT IHR IHN DAMIT RAM-MEN?!
SCHÖN FLAU-SCHIG BLEIBEN! DAS KLAPPT SCHON!!
FUKOS UNGLÜCK…
… IST UNS HOLD!
UBPC
PIEP

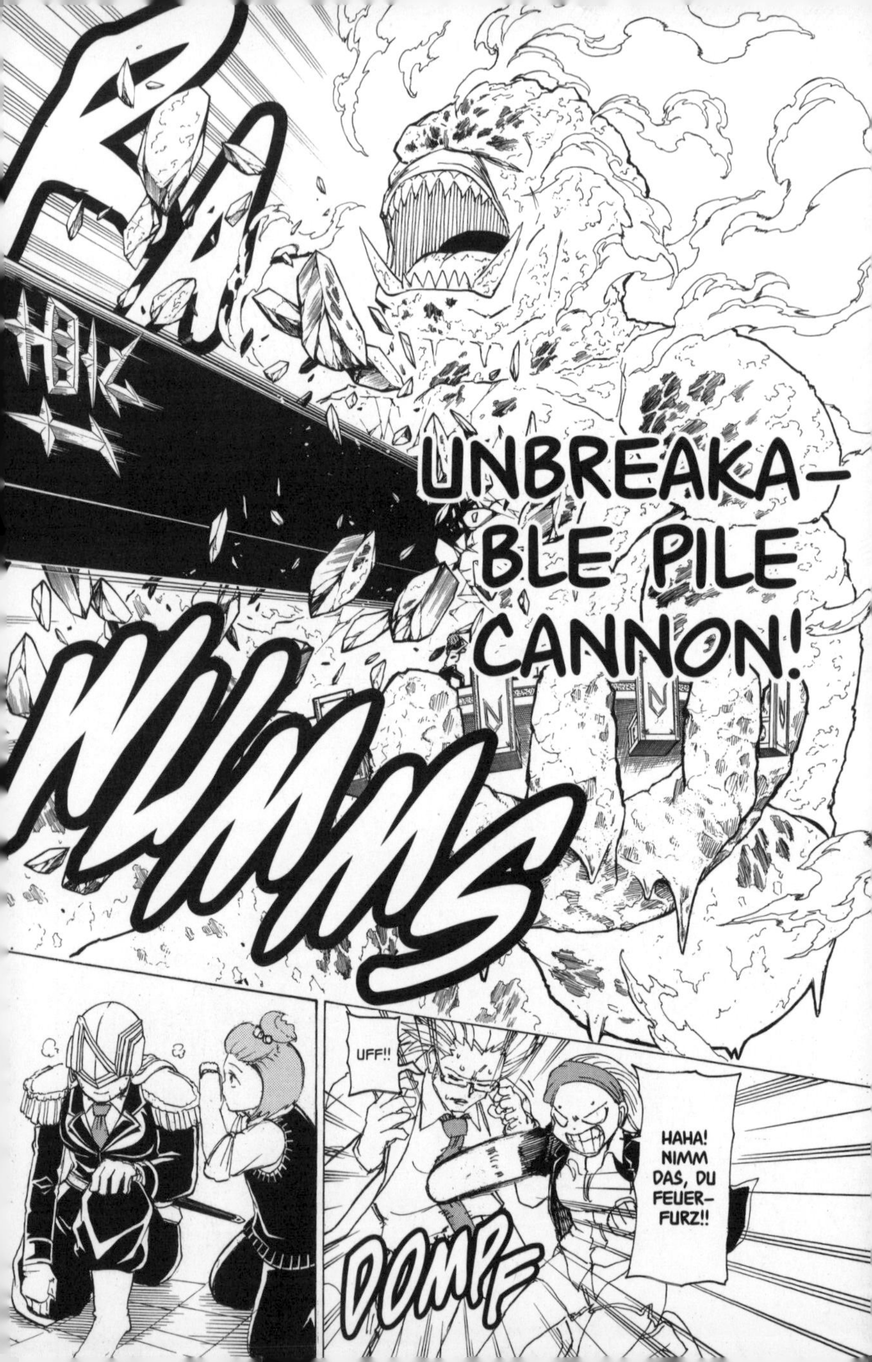
UNBREAKA-BLE PILE CANNON!
HAHA! NIMM DAS, DU FEUER-FURZ!!
UFF!!
DOMPF

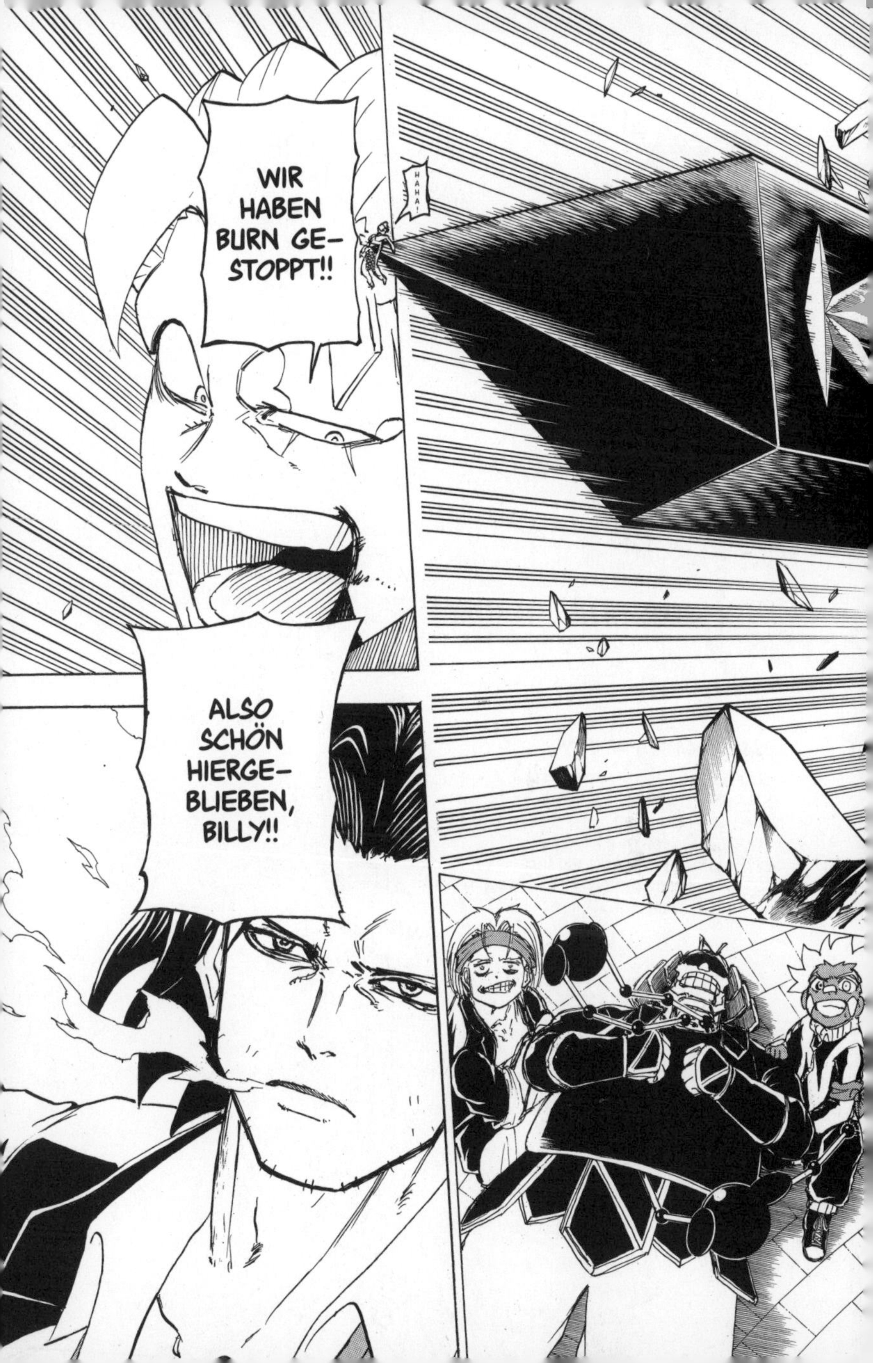
HAHA!
WIR HABEN BURN GESTOPPT!!
ALSO SCHÖN HIERGEBLIEBEN, BILLY!!

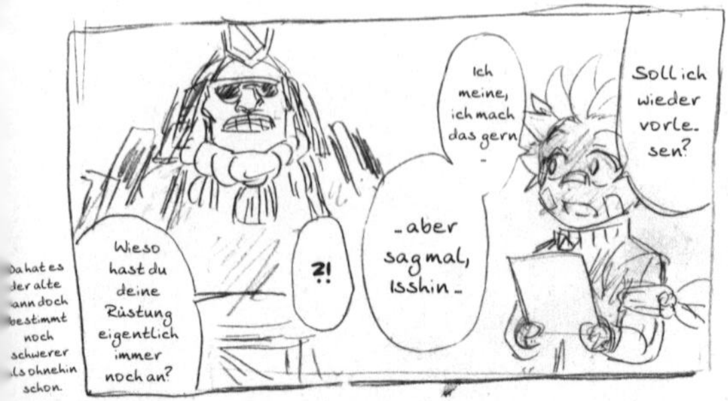

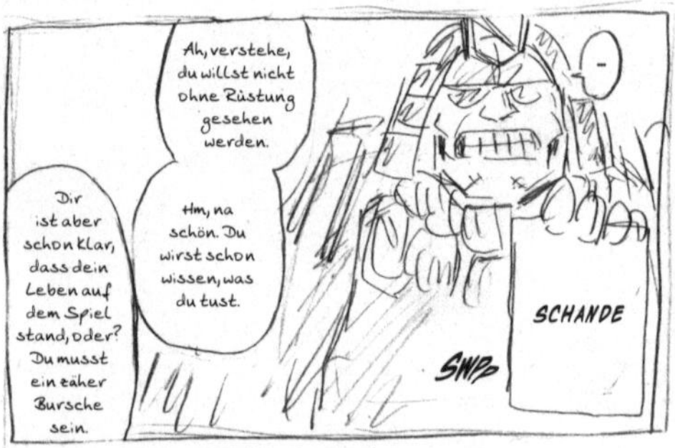

UNBREAKABLE PILE CANNON (UBPC)

EIN RIESIGER PFEILER, DER DABEI HELFEN SOLL, ENTLAUFENE UMA WIEDER EINZUFANGEN. ICH HABE EIN JAHR LANG DARAN GEARBEITET. GEFERTIGT WURDE DER PFEILER MIT DER SPEZIELLEN BRENNMASCHINE VON FRÄULEIN MICO. SO KÖNNEN WIR DIE UMA WIEDER IN GEWAHRSAM NEHMEN.

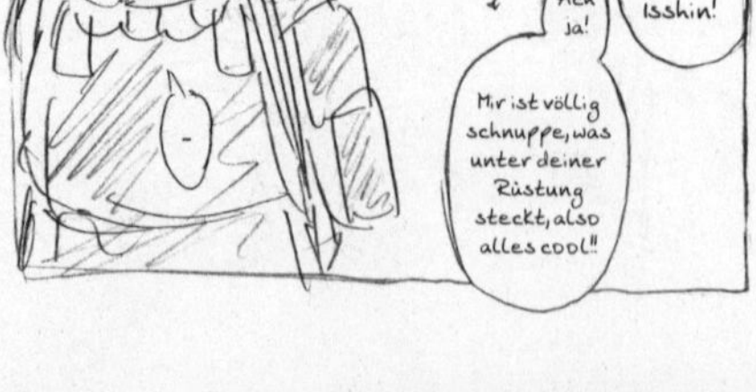

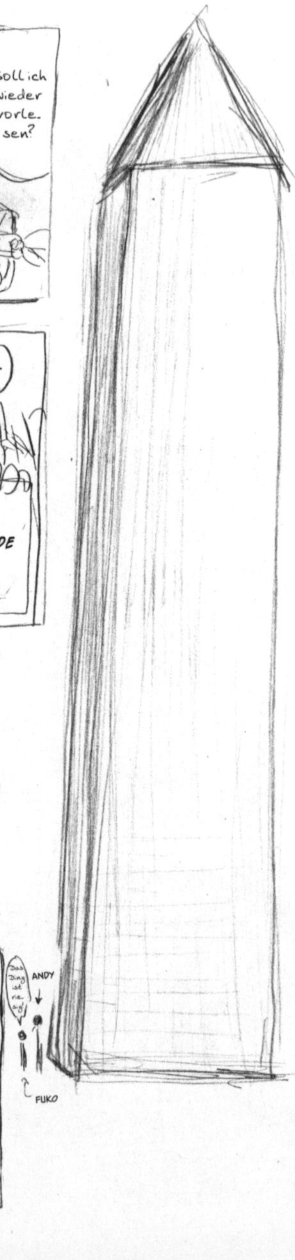

No. 034 Wird diese Welt auf ewig...

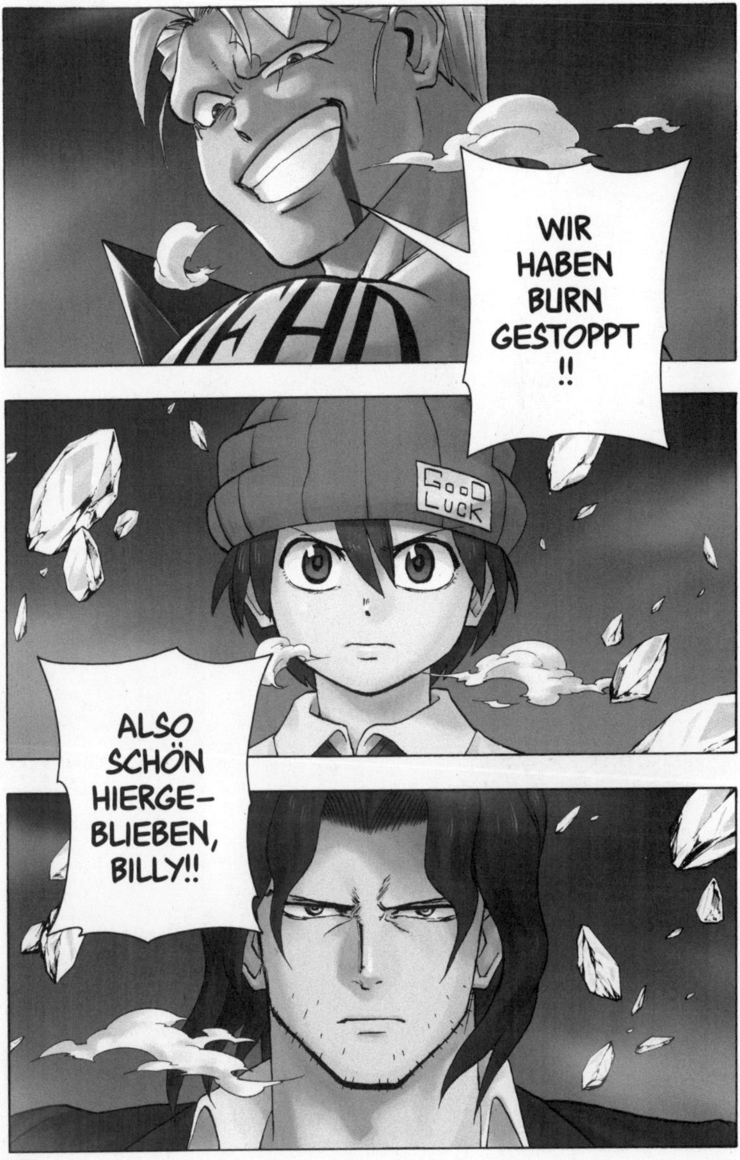

No. 034
Wird diese Welt auf ewig…

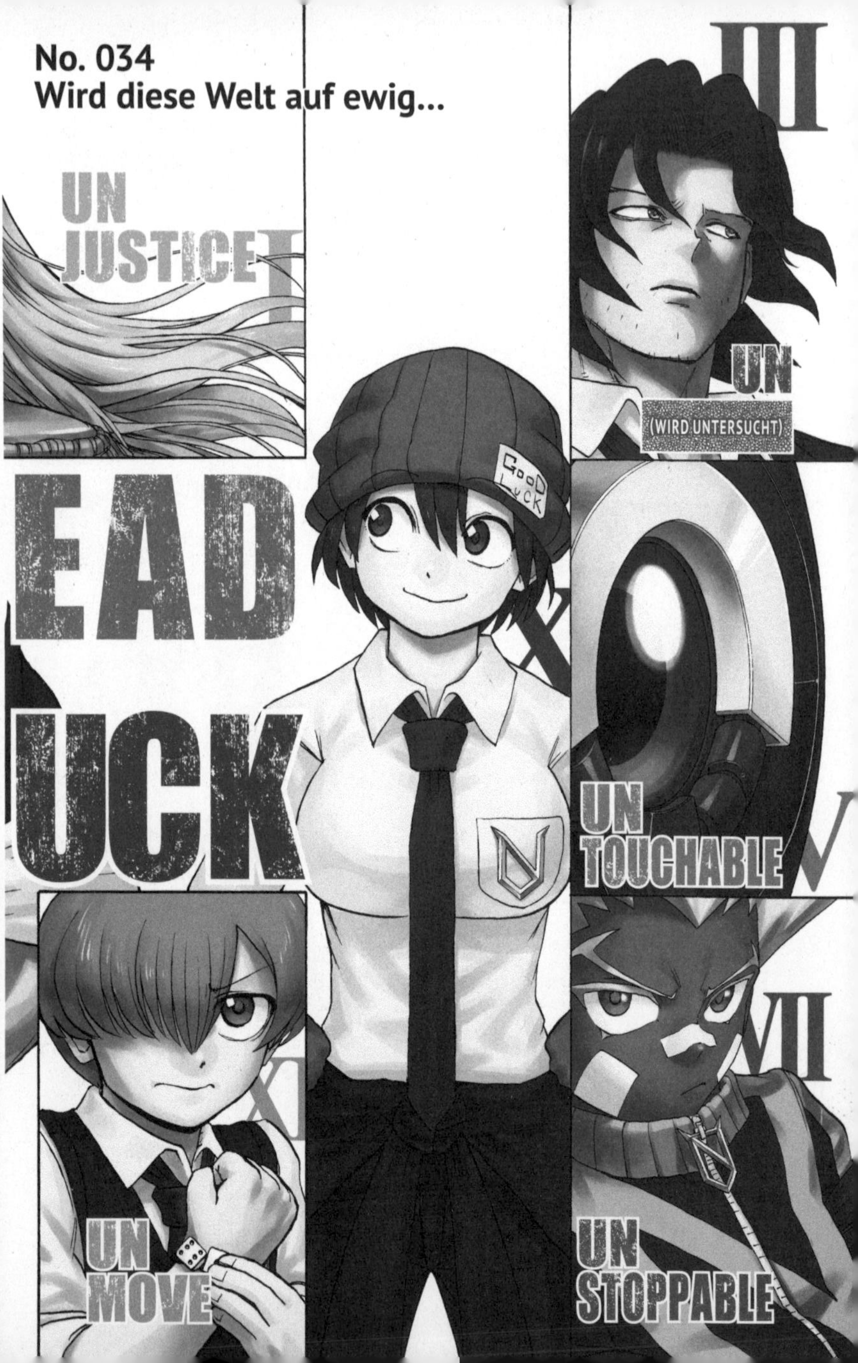

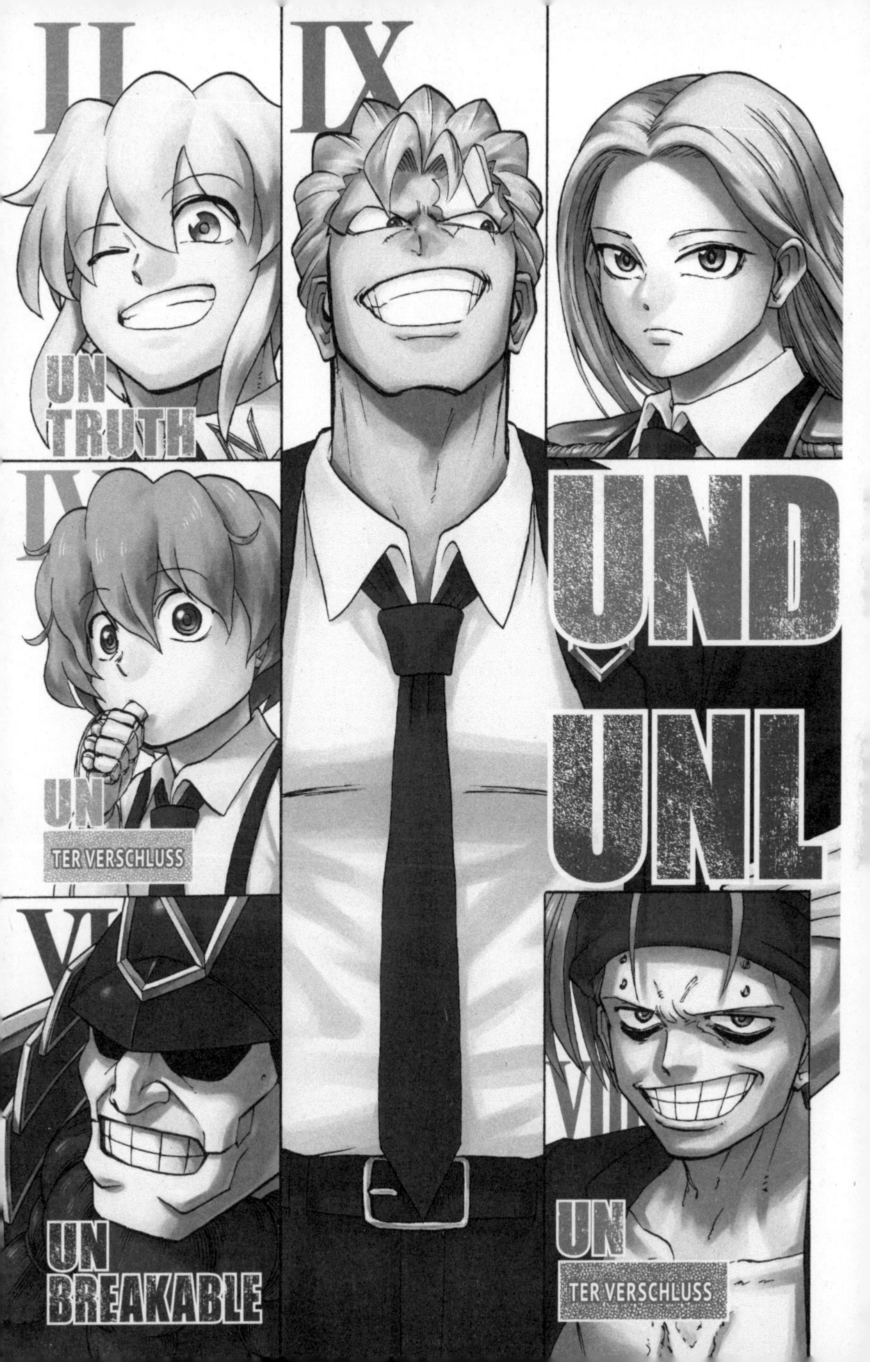
II
IX
UN
TRUTH
UND
UNL
UN
TER VERSCHLUSS
UN
BREAKABLE
VIII
UN
TER VERSCHLUSS

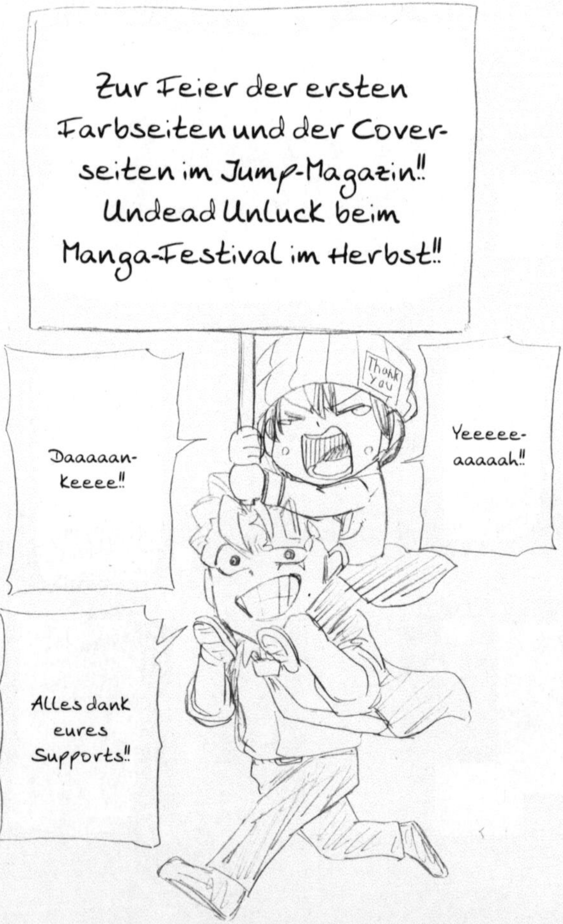

EIN BONUSKAPITEL MIT CHIKARA ERSCHIEN AUF TWITTER!!

ZUR FEIER DES *JUMP*-COVER & DER FARBSEITEN (TWITTER: @UNDEADUNLUCK_OF)

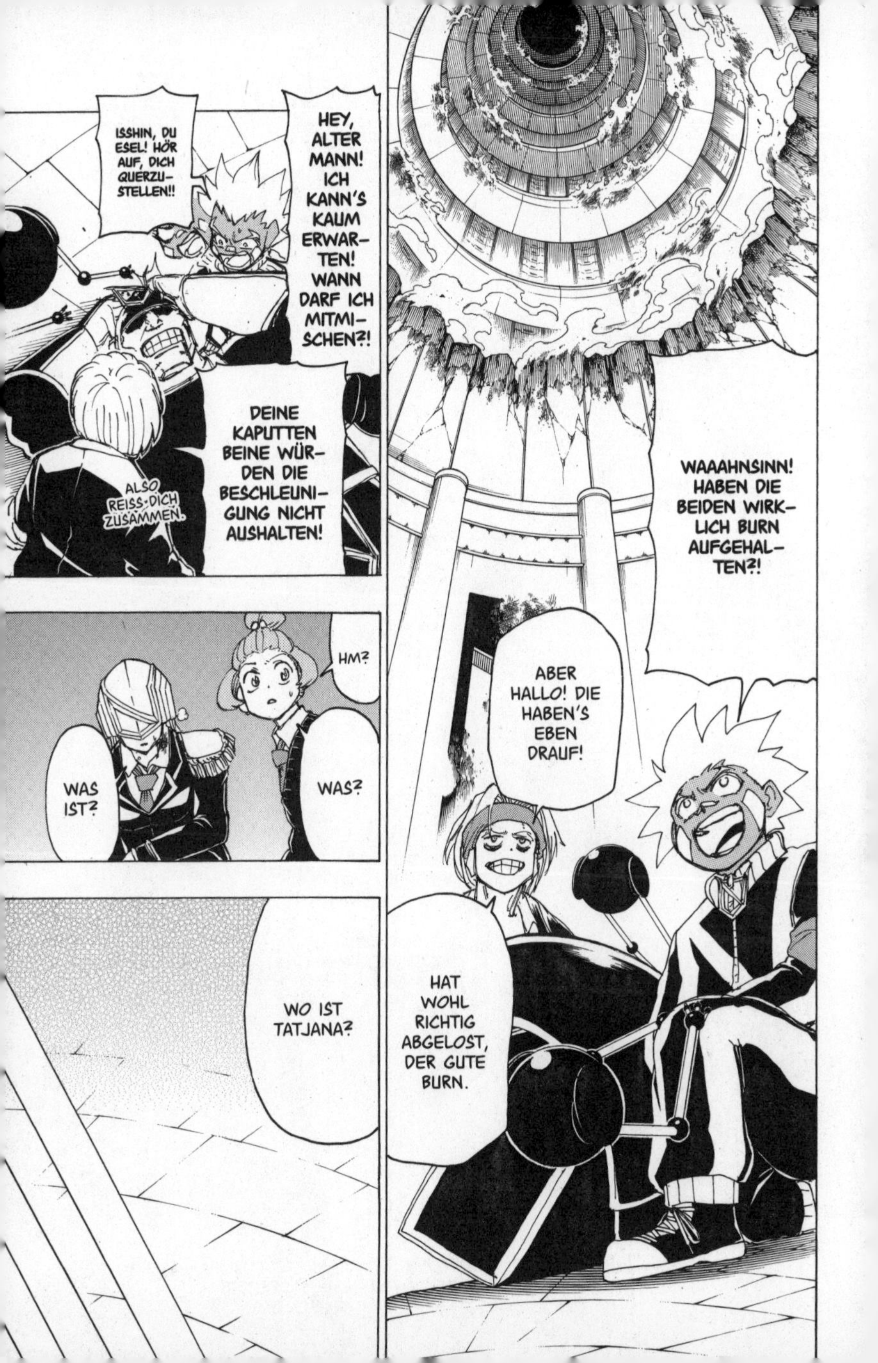
WAAAHNSINN! HABEN DIE BEIDEN WIRKLICH BURN AUFGEHALTEN?!
ABER HALLO! DIE HABEN'S EBEN DRAUF!
HAT WOHL RICHTIG ABGELOST, DER GUTE BURN.
HEY, ALTER MANN! ICH KANN'S KAUM ERWARTEN! WANN DARF ICH MITMISCHEN?!
ISSHIN, DU ESEL! HÖR AUF, DICH QUERZUSTELLEN!!
DEINE KAPUTTEN BEINE WÜRDEN DIE BESCHLEUNIGUNG NICHT AUSHALTEN!
ALSO REISS DICH ZUSAMMEN.
HM?
WAS?
WAS IST?
WO IST TATJANA?

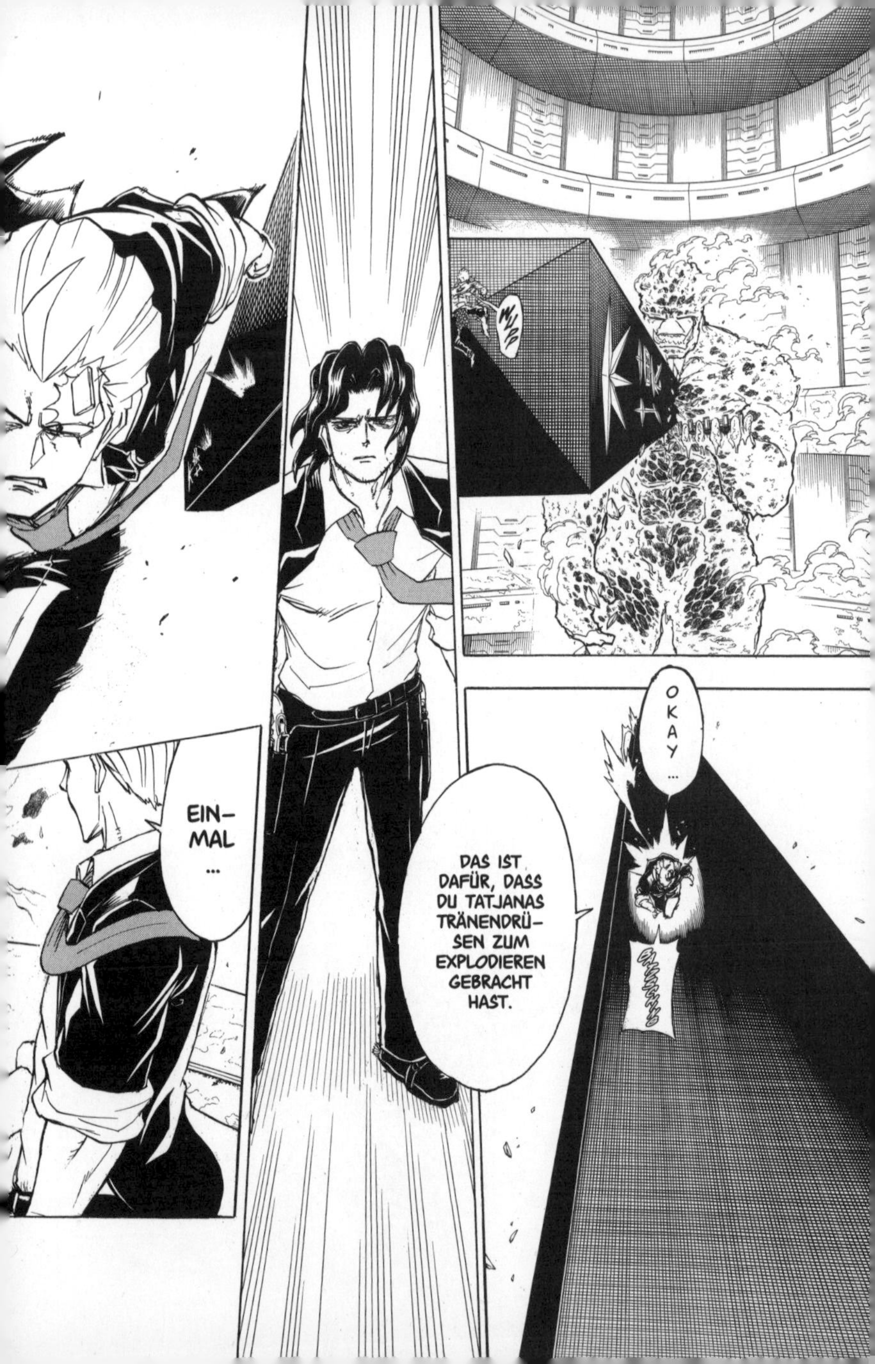
WUPP
OKAY ...
DAS IST DAFÜR, DASS DU TATJANAS TRÄNENDRÜ-SEN ZUM EXPLODIEREN GEBRACHT HAST.
EIN-MAL ...

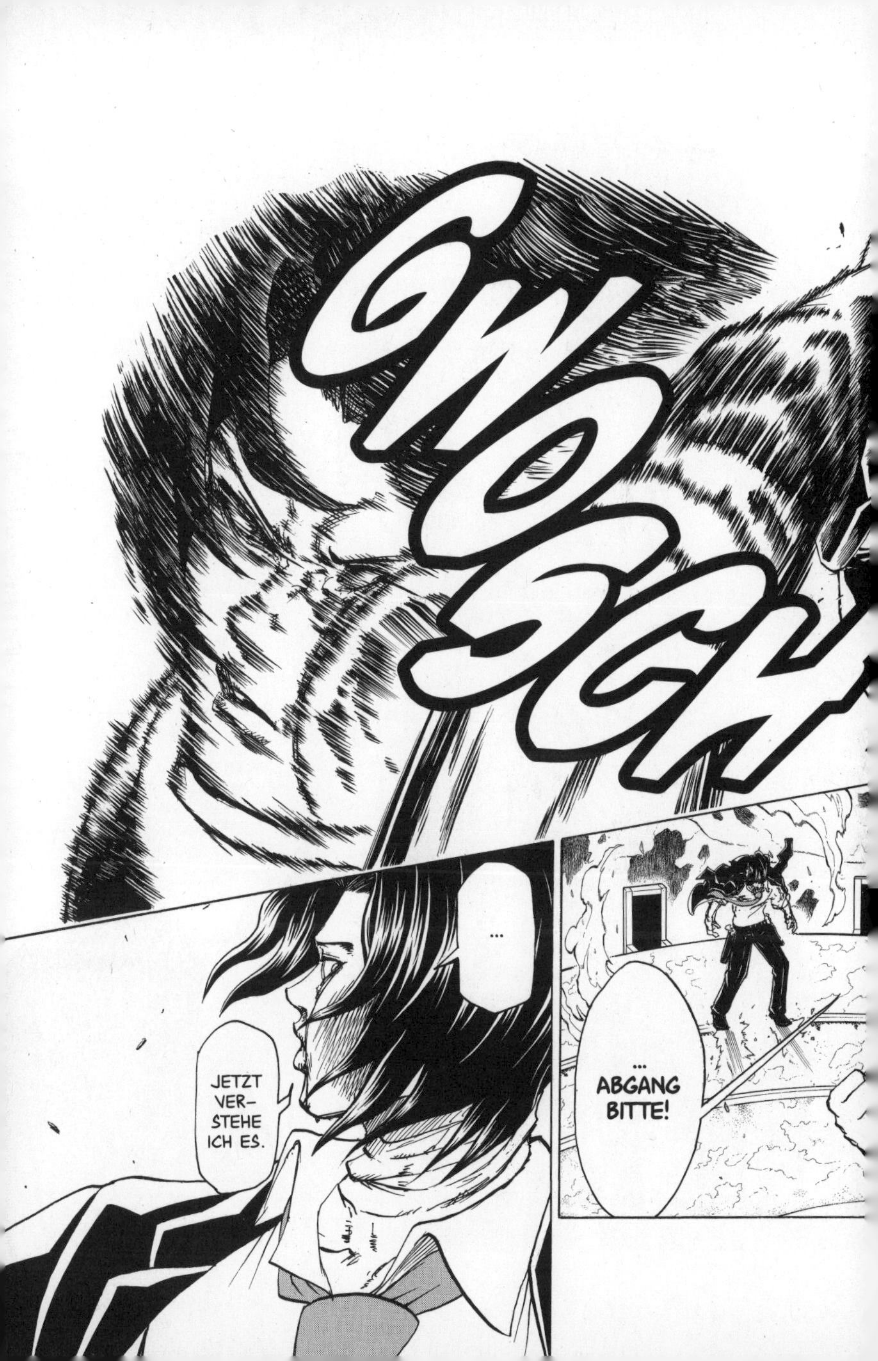
GWOSCH
...
JETZT VER-STEHE ICH ES.
... ABGANG BITTE!

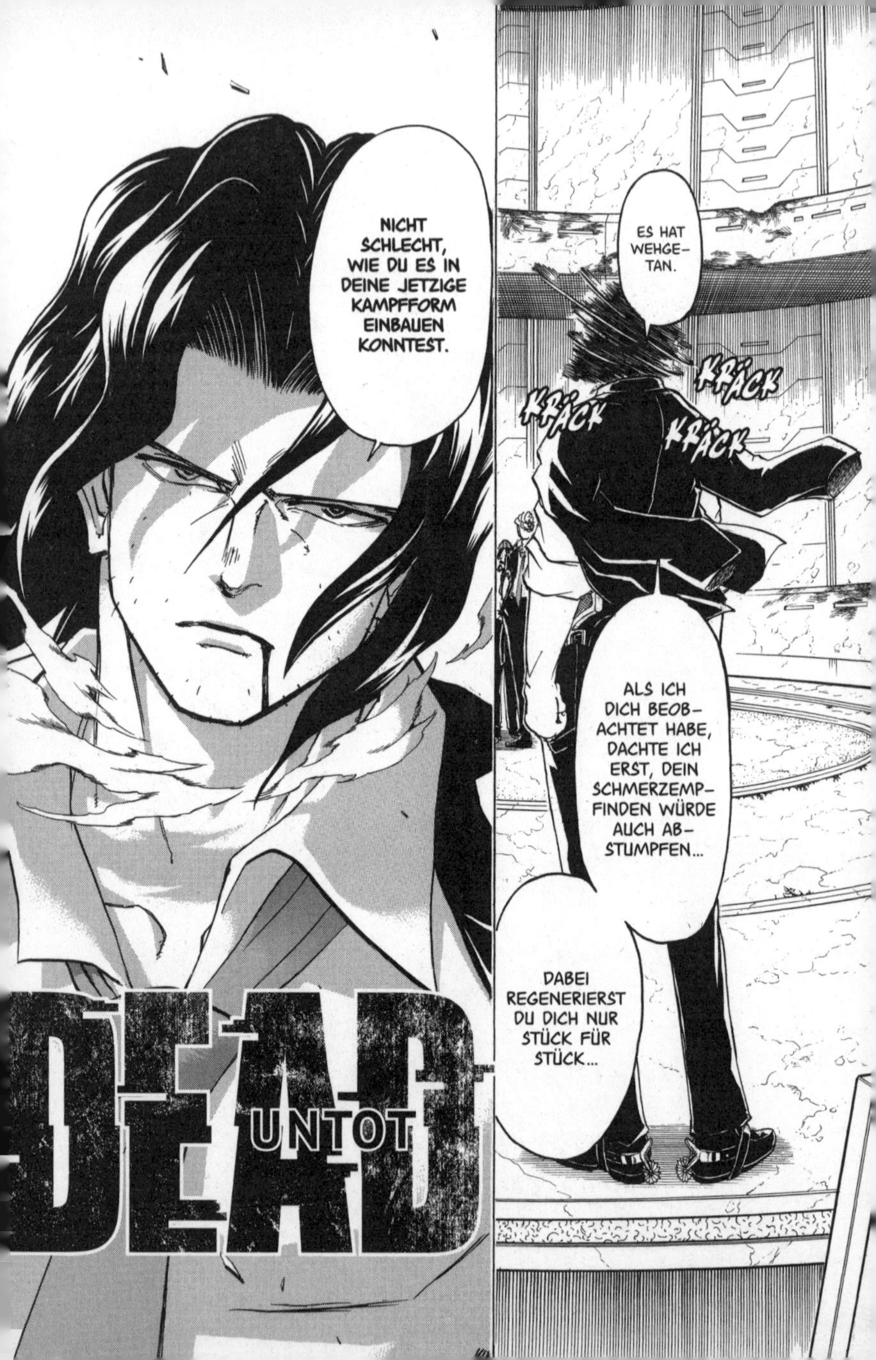
ES HAT WEHGE-TAN.
KRÄCK
KRÄCK
KRÄCK
ALS ICH DICH BEOB-ACHTET HABE, DACHTE ICH ERST, DEIN SCHMERZEMP-FINDEN WÜRDE AUCH AB-STUMPFEN...
DABEI REGENERIERST DU DICH NUR STÜCK FÜR STÜCK...
NICHT SCHLECHT, WIE DU ES IN DEINE JETZIGE KAMPFFORM EINBAUEN KONNTEST.
DEAD
UNTOT

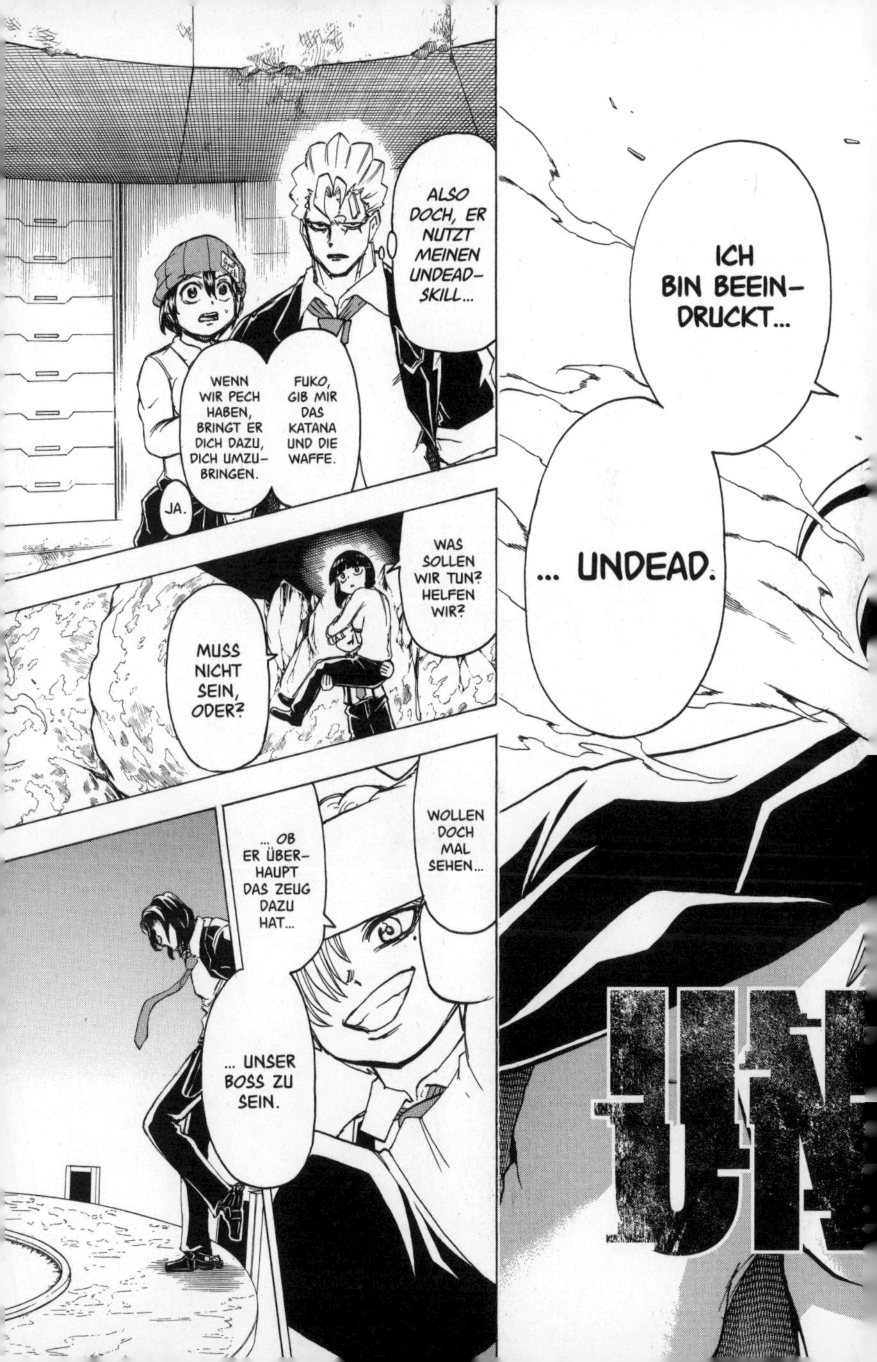
ICH BIN BEEIN-DRUCKT...
... UNDEAD.
UN
ALSO DOCH, ER NUTZT MEINEN UNDEAD-SKILL...
FUKO, GIB MIR DAS KATANA UND DIE WAFFE.
WENN WIR PECH HABEN, BRINGT ER DICH DAZU, DICH UMZU-BRINGEN.
JA.
WAS SOLLEN WIR TUN? HELFEN WIR?
MUSS NICHT SEIN, ODER?
WOLLEN DOCH MAL SEHEN...
... OB ER ÜBER-HAUPT DAS ZEUG DAZU HAT...
... UNSER BOSS ZU SEIN.

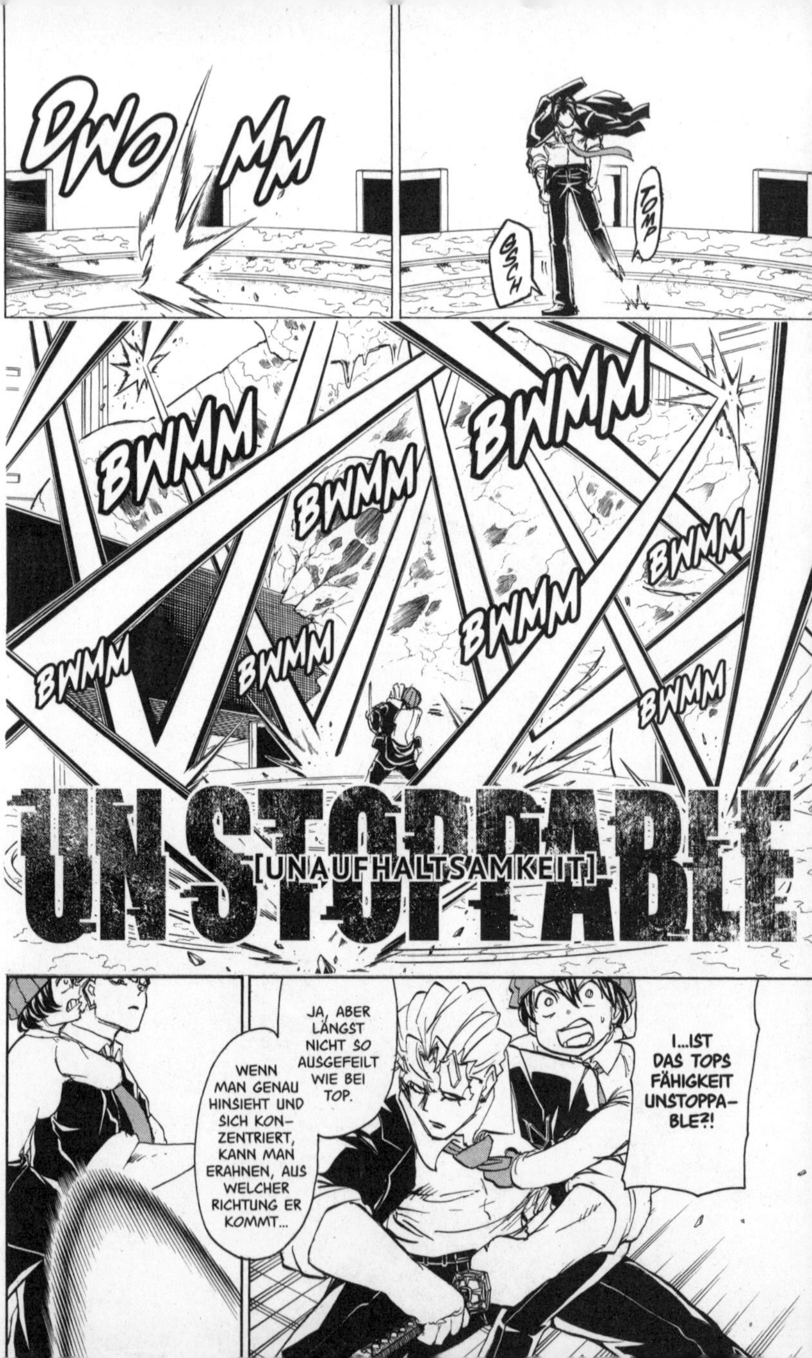
TOMP
BSSCH
DWOMM
BWMM
BWMM
BWMM
BWMM
BWMM
BWMM
BWMM
BWMM
UNSTOPPABLE
[UNAUFHALTSAMKEIT]
I...IST DAS TOPS FÄHIGKEIT UNSTOPPA-BLE?!
JA, ABER LÄNGST NICHT SO AUSGEFEILT WIE BEI TOP.
WENN MAN GENAU HINSIEHT UND SICH KON-ZENTRIERT, KANN MAN ERAHNEN, AUS WELCHER RICHTUNG ER KOMMT...

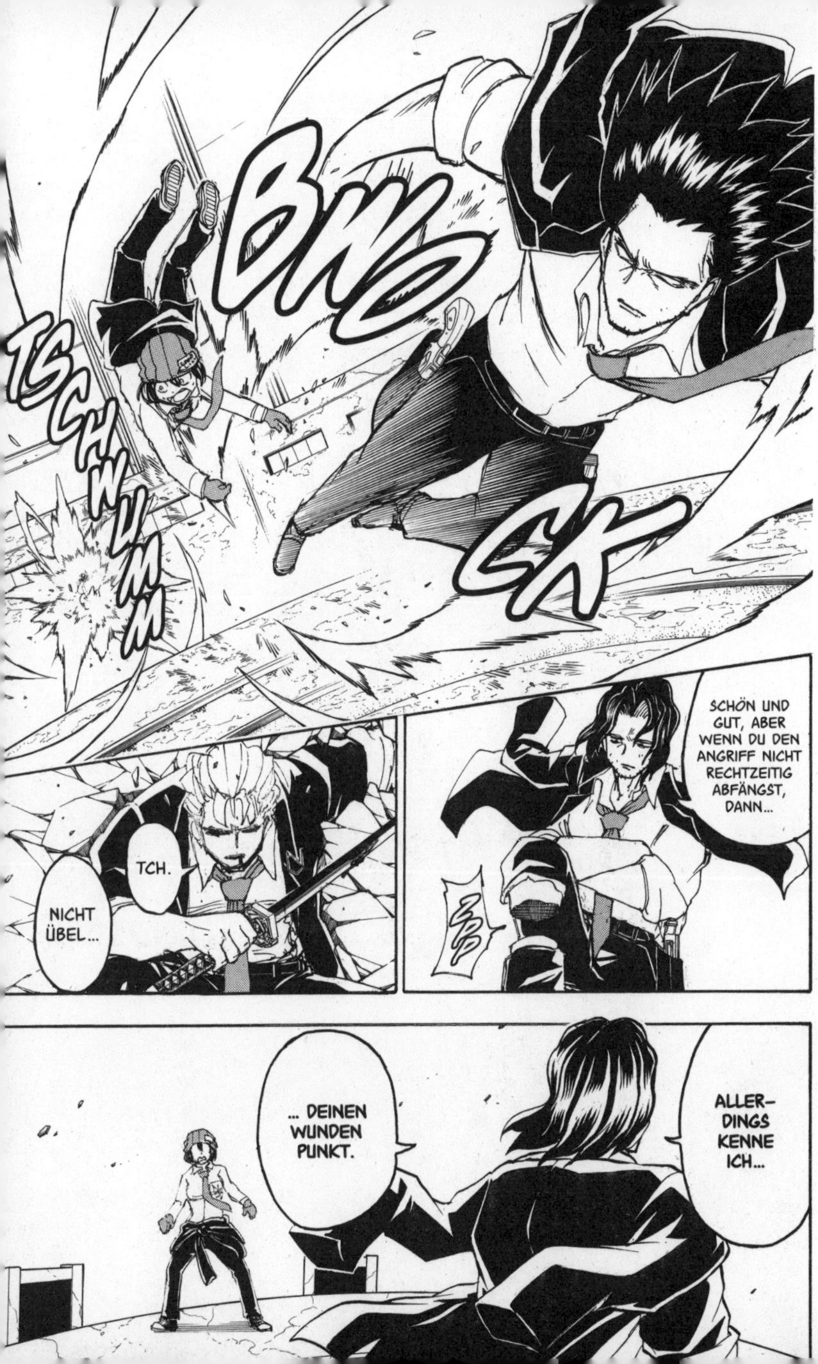
TSCHWUMM
SCHÖN UND GUT, ABER WENN DU DEN ANGRIFF NICHT RECHTZEITIG ABFÄNGST, DANN...
TCH.
NICHT ÜBEL...
ALLER-DINGS KENNE ICH...
... DEINEN WUNDEN PUNKT.

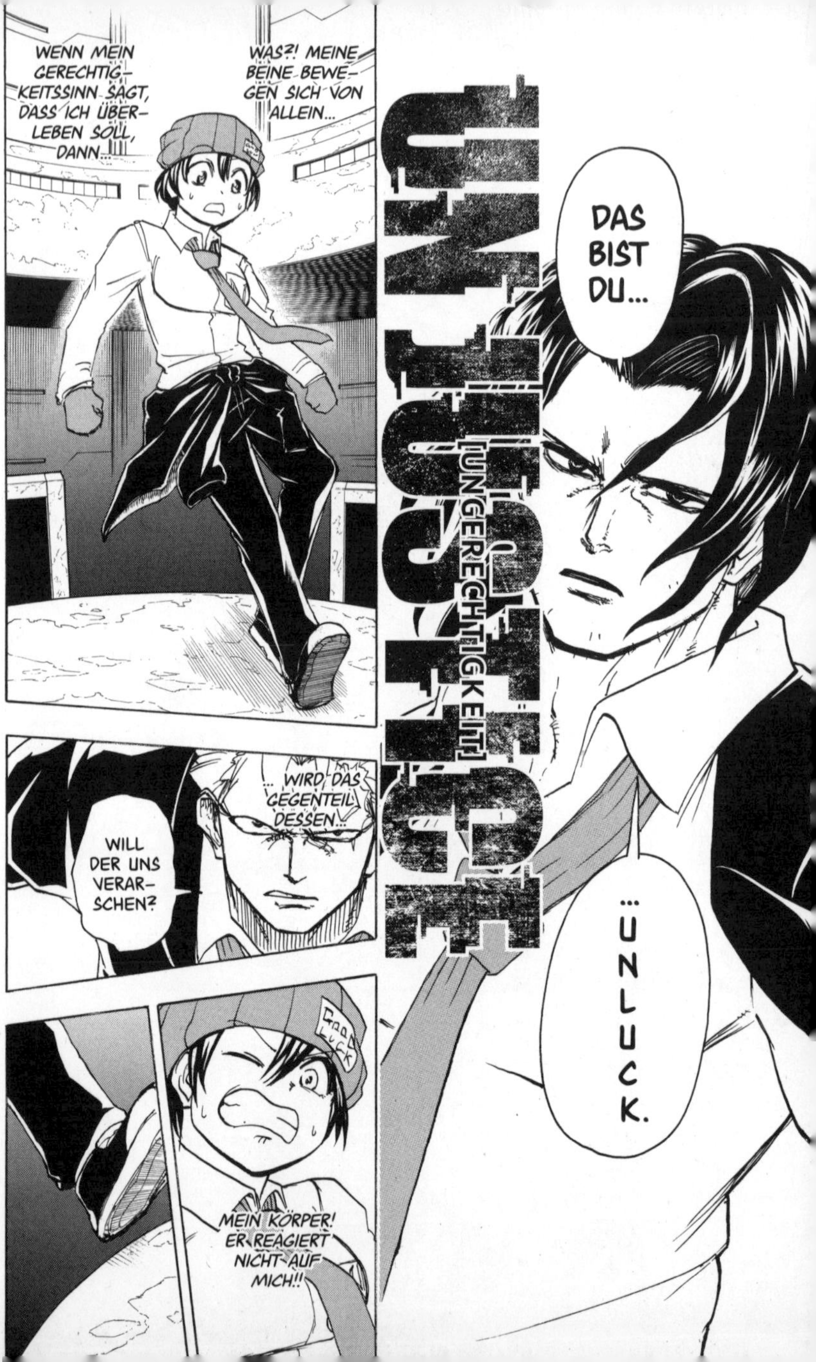
WAS?! MEINE BEINE BEWEGEN SICH VON ALLEIN...
WENN MEIN GERECHTIGKEITSSINN SAGT, DASS ICH ÜBERLEBEN SOLL, DANN...
... WIRD DAS GEGENTEIL DESSEN...
WILL DER UNS VERARSCHEN?
MEIN KÖRPER! ER REAGIERT NICHT AUF MICH!!
DAS BIST DU...
...UNLUCK.
[UNGERECHTIGKEIT]

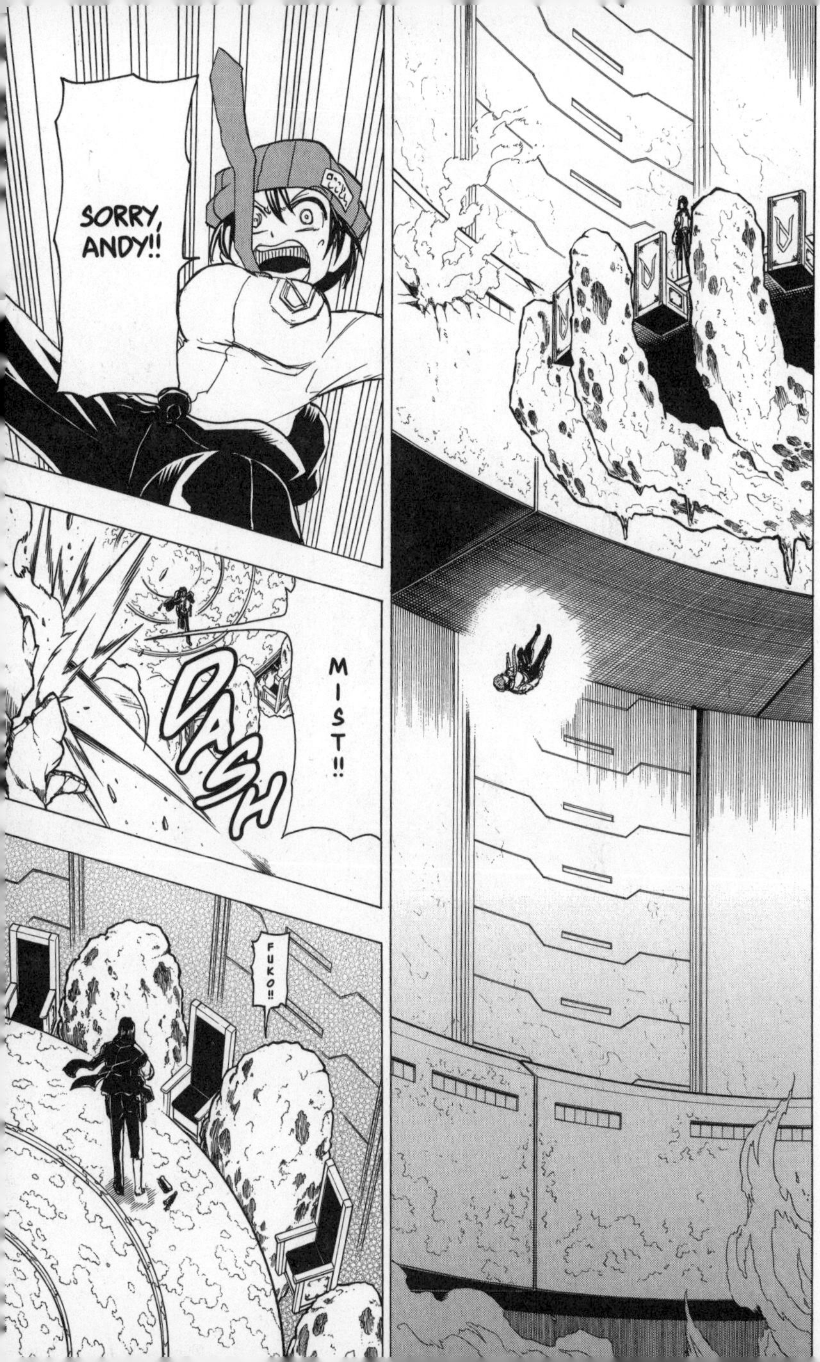
SORRY, ANDY!!
MIST!!
DASH
FUKO!!

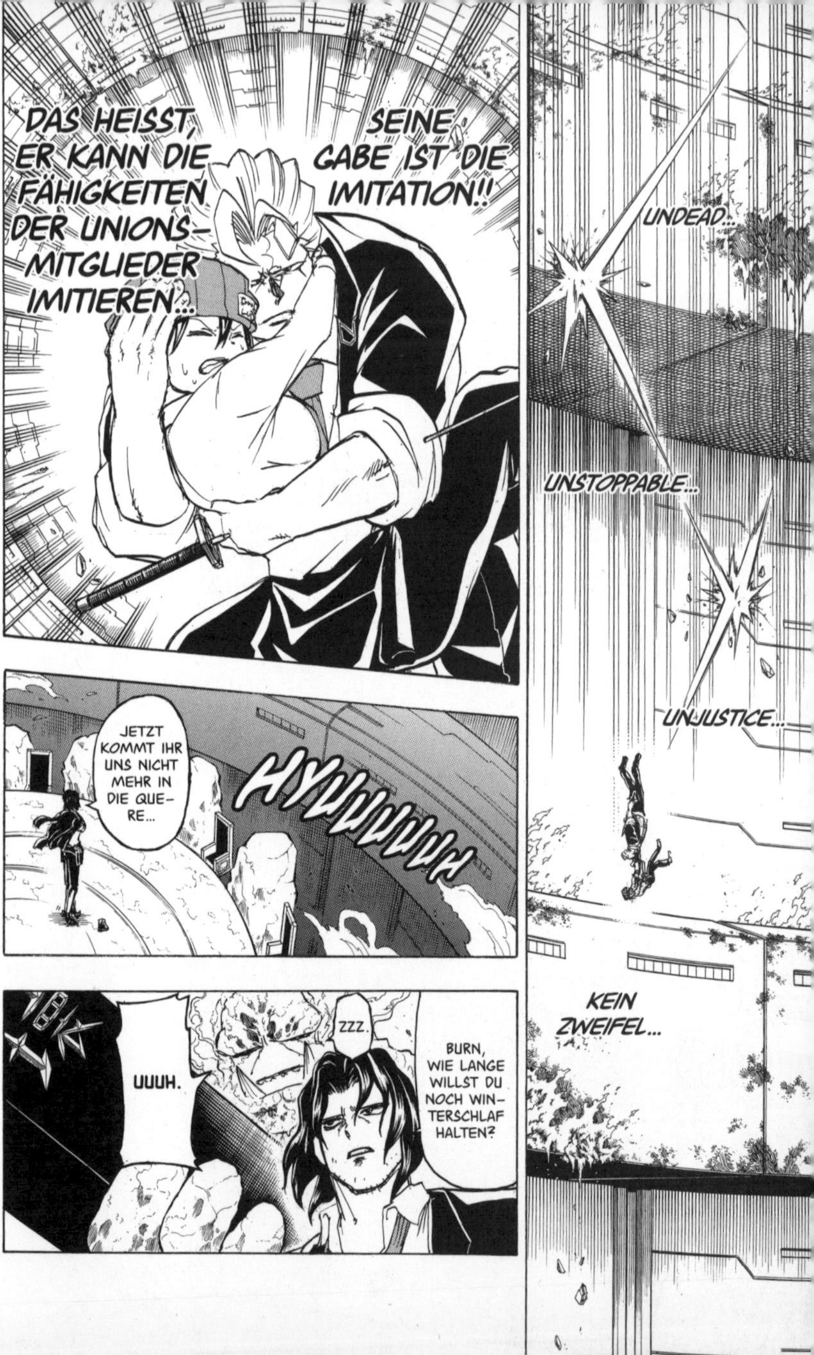
UNDEAD...
UNSTOPPABLE...
UNJUSTICE...
KEIN ZWEIFEL...
SEINE GABE IST DIE IMITATION!!
DAS HEISST, ER KANN DIE FÄHIGKEITEN DER UNIONS-MITGLIEDER IMITIEREN...
HYUUUUUUH
JETZT KOMMT IHR UNS NICHT MEHR IN DIE QUE-RE...
ZZZ.
BURN, WIE LANGE WILLST DU NOCH WIN-TERSCHLAF HALTEN?
UUUH.

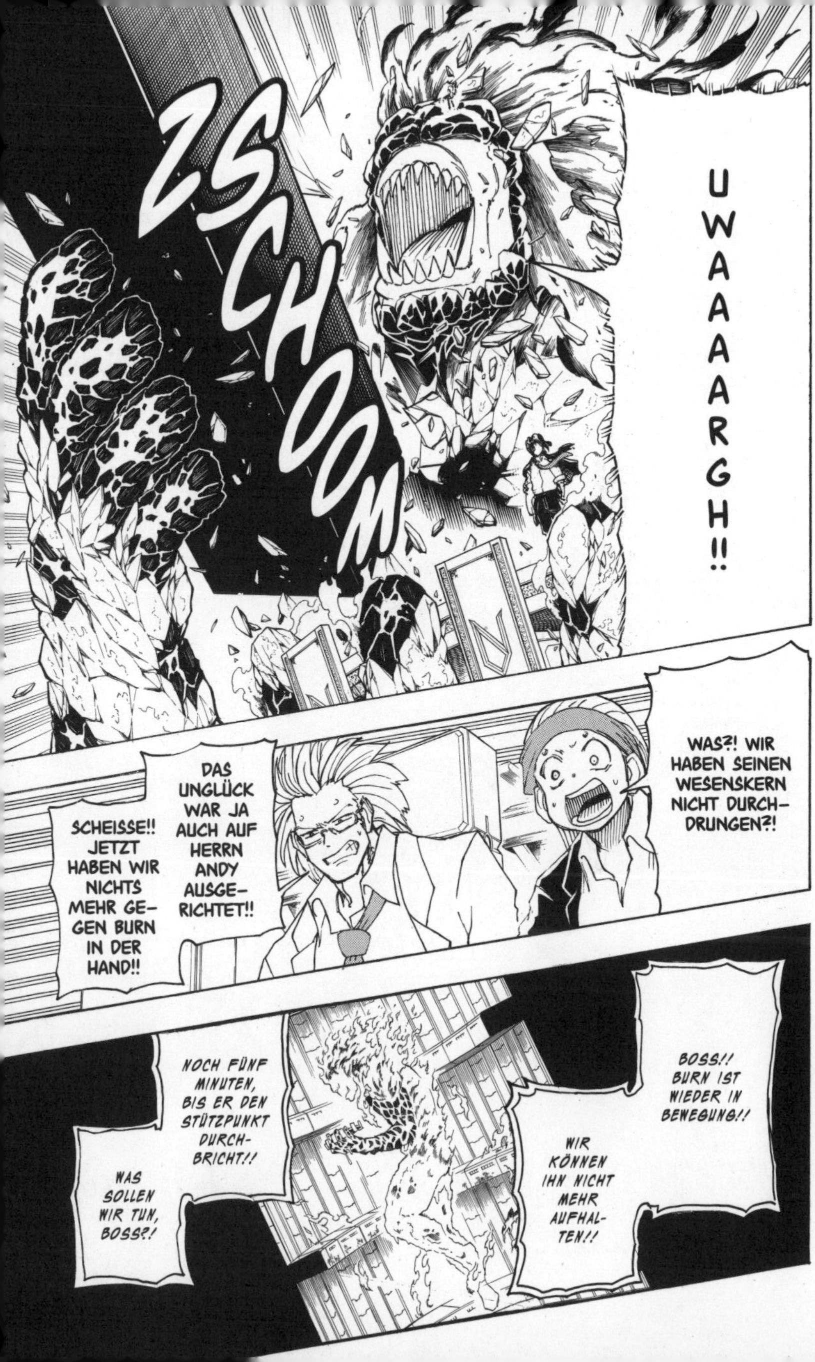
UWAAAARGH!!
ZSCHOOM
WAS?! WIR HABEN SEINEN WESENSKERN NICHT DURCHDRUNGEN?!
DAS UNGLÜCK WAR JA AUCH AUF HERRN ANDY AUSGERICHTET!!
SCHEISSE!! JETZT HABEN WIR NICHTS MEHR GEGEN BURN IN DER HAND!!
BOSS!! BURN IST WIEDER IN BEWEGUNG!!
WIR KÖNNEN IHN NICHT MEHR AUFHALTEN!!
NOCH FÜNF MINUTEN, BIS ER DEN STÜTZPUNKT DURCHBRICHT!!
WAS SOLLEN WIR TUN, BOSS?!

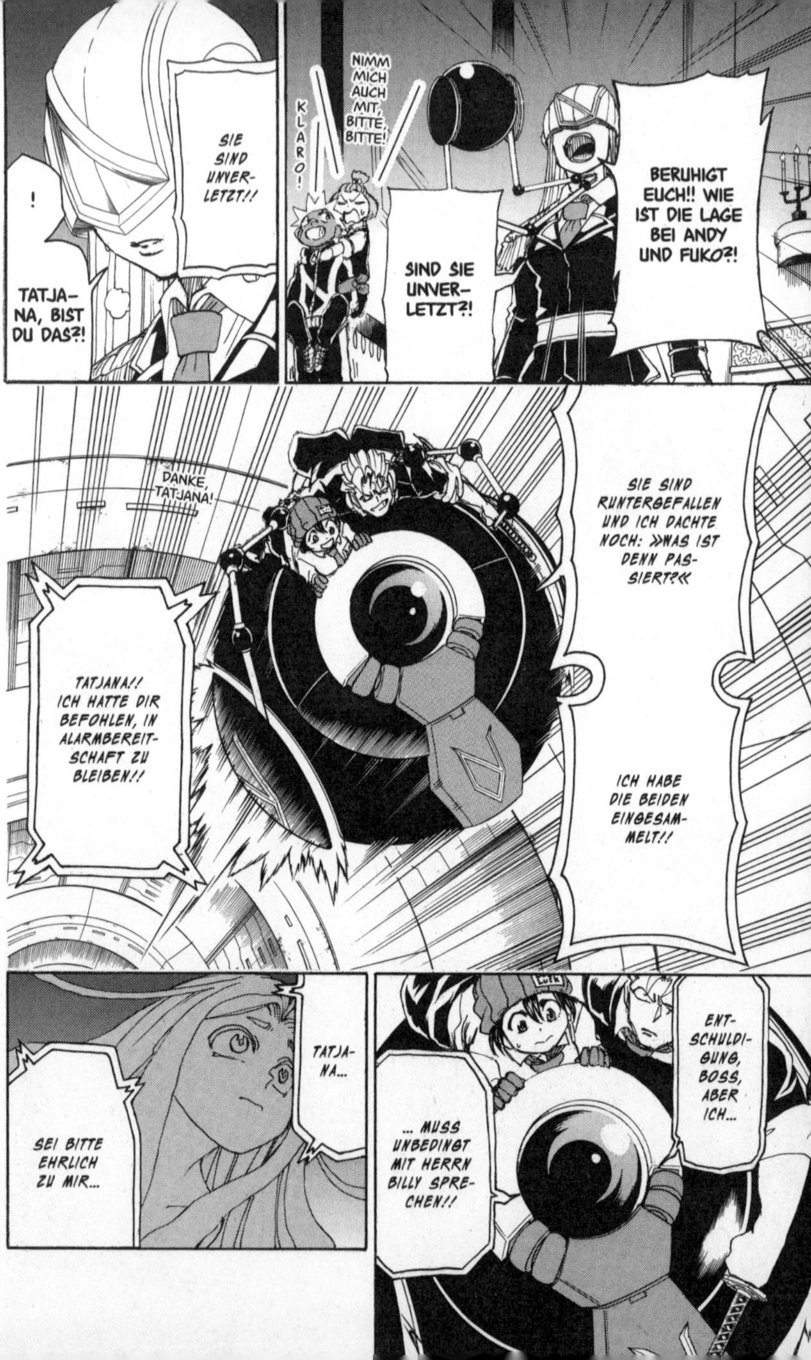

BERUHIGT EUCH!! WIE IST DIE LAGE BEI ANDY UND FUKO?!
SIND SIE UNVERLETZT?!
NIMM MICH AUCH MIT, BITTE, BITTE!
KLARO!
SIE SIND UNVERLETZT!!
!
TATJANA, BIST DU DAS?!
SIE SIND RUNTERGEFALLEN UND ICH DACHTE NOCH: »WAS IST DENN PASSIERT?«
ICH HABE DIE BEIDEN EINGESAMMELT!!
DANKE, TATJANA!
TATJANA!! ICH HATTE DIR BEFOHLEN, IN ALARMBEREITSCHAFT ZU BLEIBEN!!
ENTSCHULDIGUNG, BOSS, ABER ICH...
... MUSS UNBEDINGT MIT HERRN BILLY SPRECHEN!!
TATJANA...
SEI BITTE EHRLICH ZU MIR...

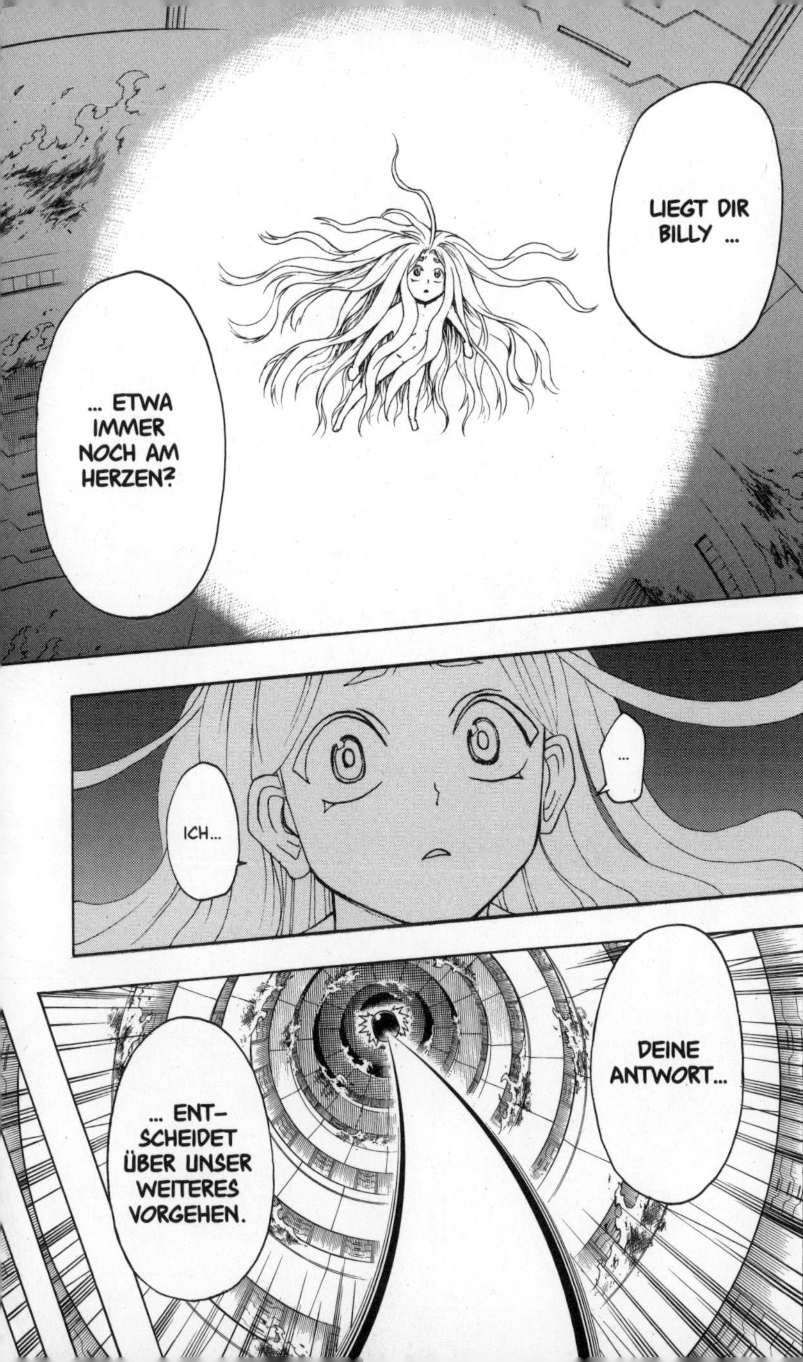
LIEGT DIR BILLY ...
... ETWA IMMER NOCH AM HERZEN?
...
ICH...
DEINE ANTWORT...
... ENT-SCHEIDET ÜBER UNSER WEITERES VORGEHEN.

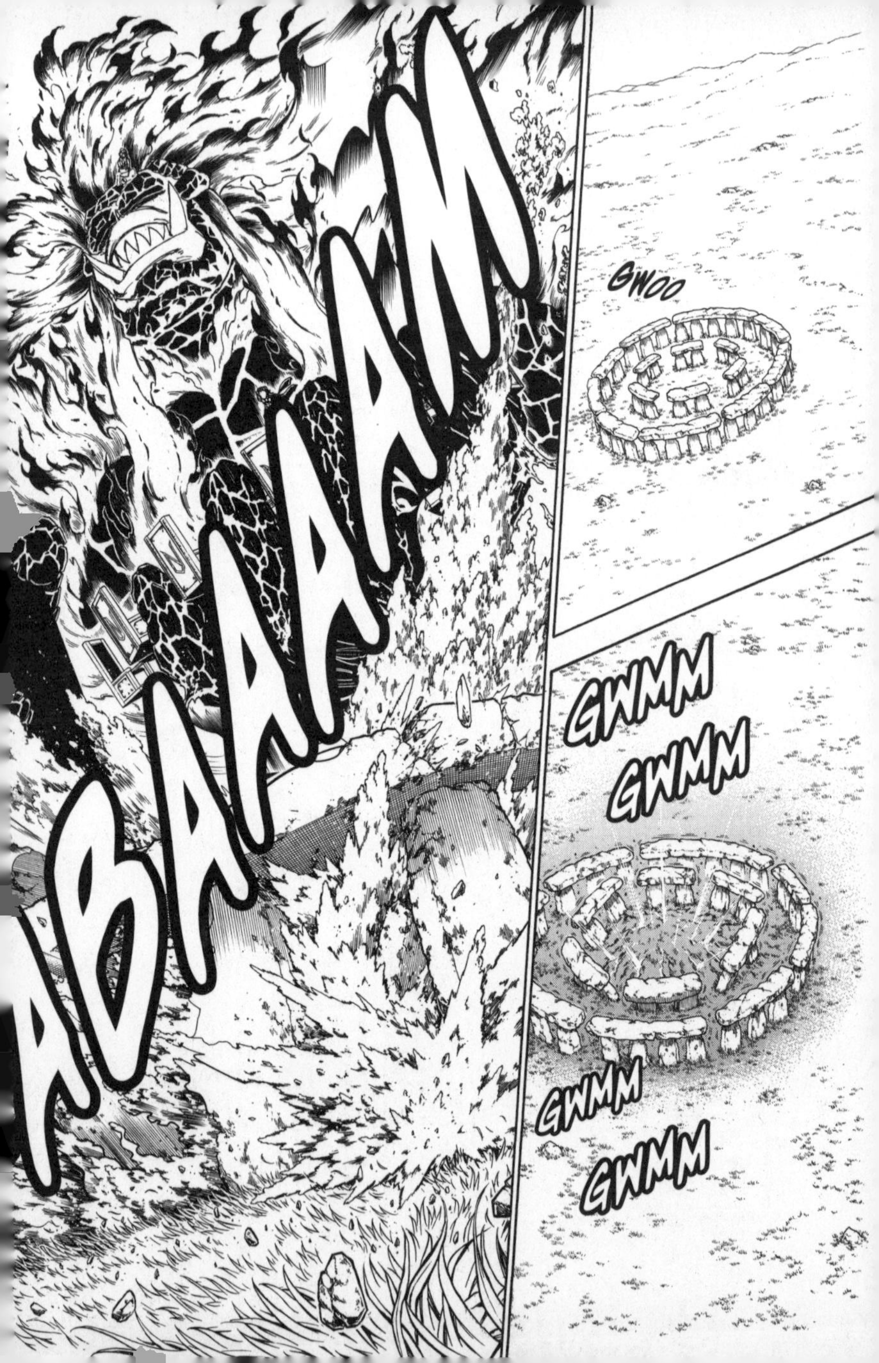
GWOO
GWMM
GWMM
GWMM
GWMM
BAAAAM

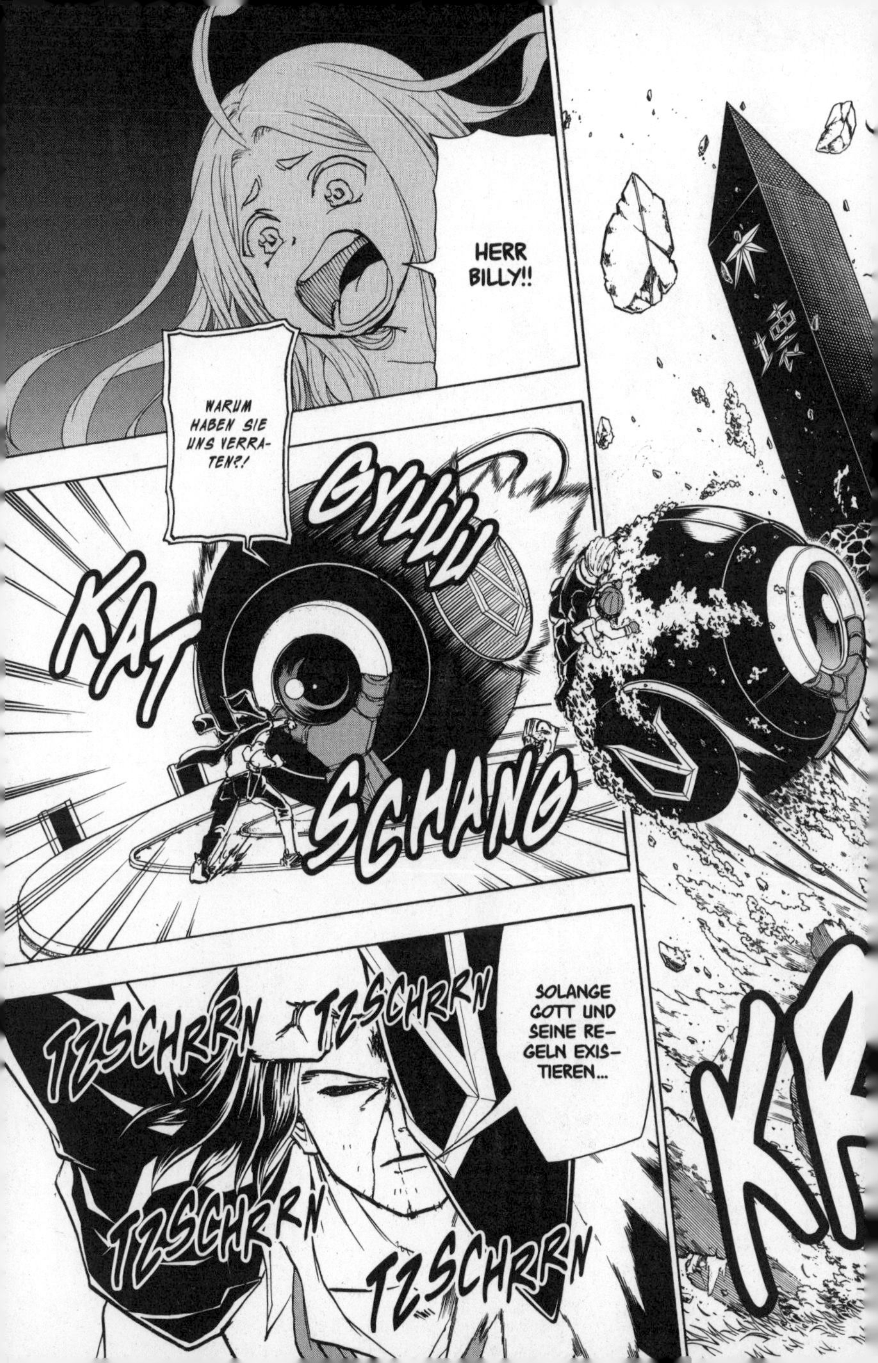
HERR BILLY!!
WARUM HABEN SIE UNS VERRATEN?!
GYUUU
KA
SCHANG
SOLANGE GOTT UND SEINE REGELN EXISTIEREN...
TZSCHRRN
TZSCHRRN
TZSCHRRN
TZSCHRRN

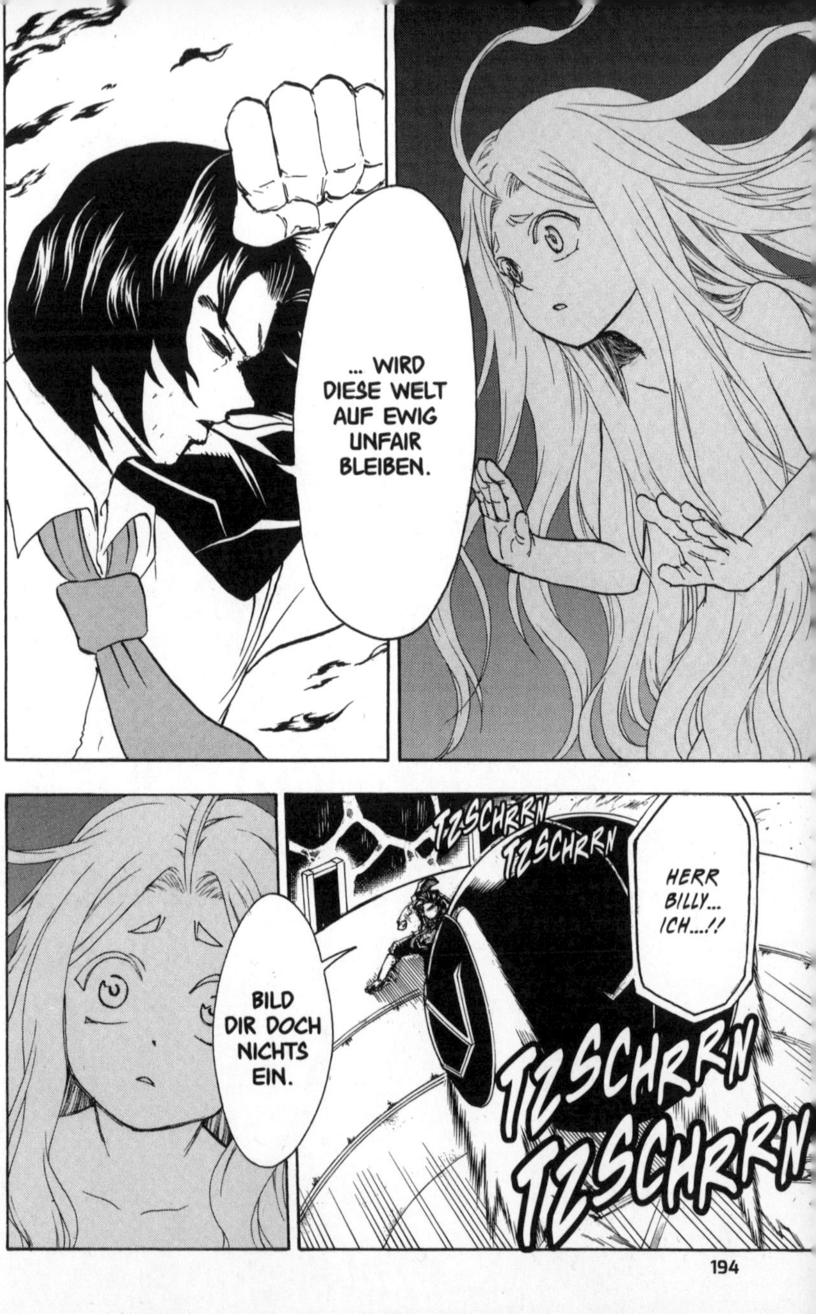
... WIRD DIESE WELT AUF EWIG UNFAIR BLEIBEN.
TZSCHRRN TZSCHRRN
HERR BILLY... ICH...!!
TZSCHRRN TZSCHRRN
BILD DIR DOCH NICHTS EIN.

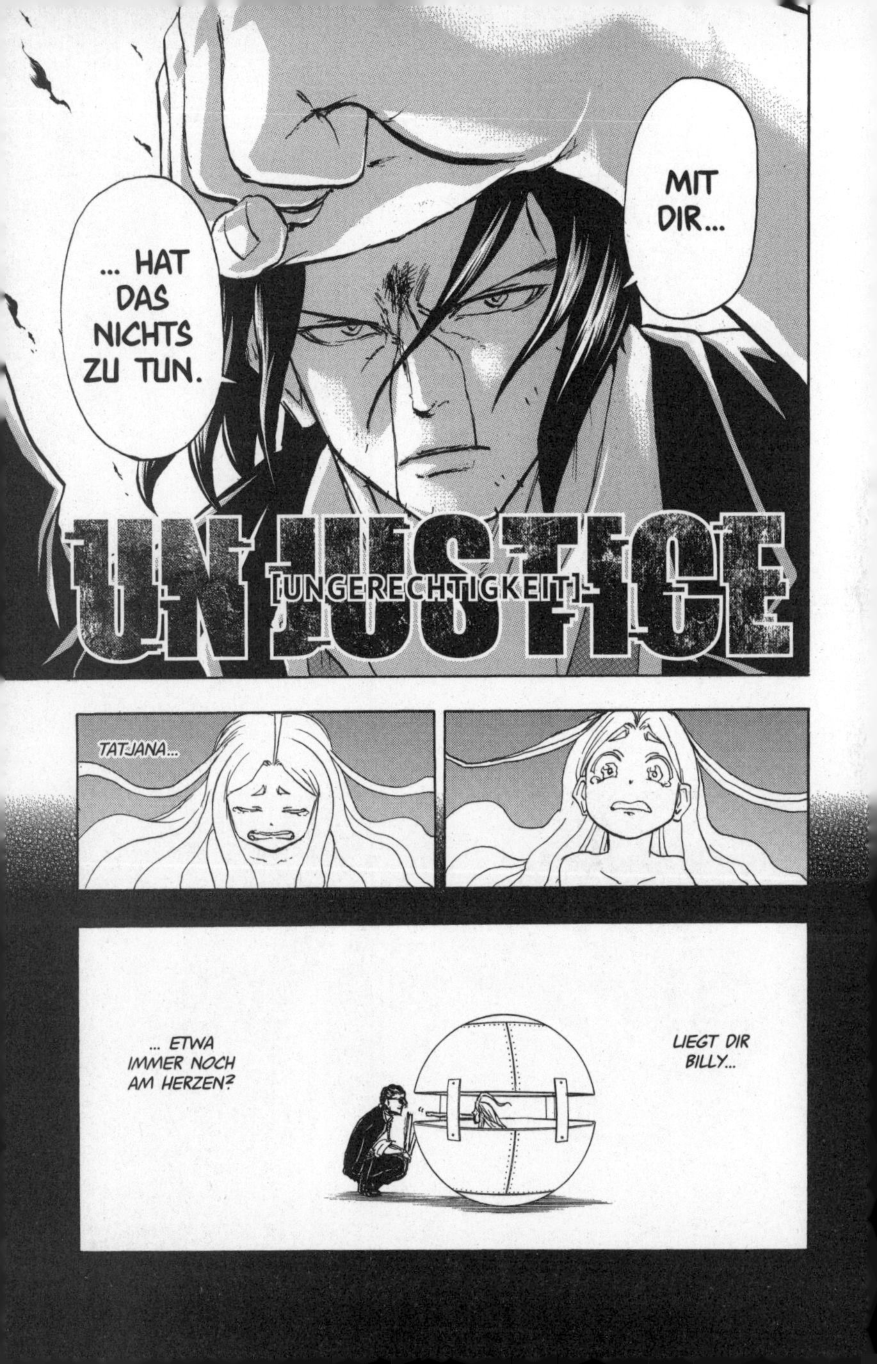
MIT DIR...
... HAT DAS NICHTS ZU TUN.
UNJUSTICE
[UNGERECHTIGKEIT]
TATJANA...
LIEGT DIR BILLY...
... ETWA IMMER NOCH AM HERZEN?

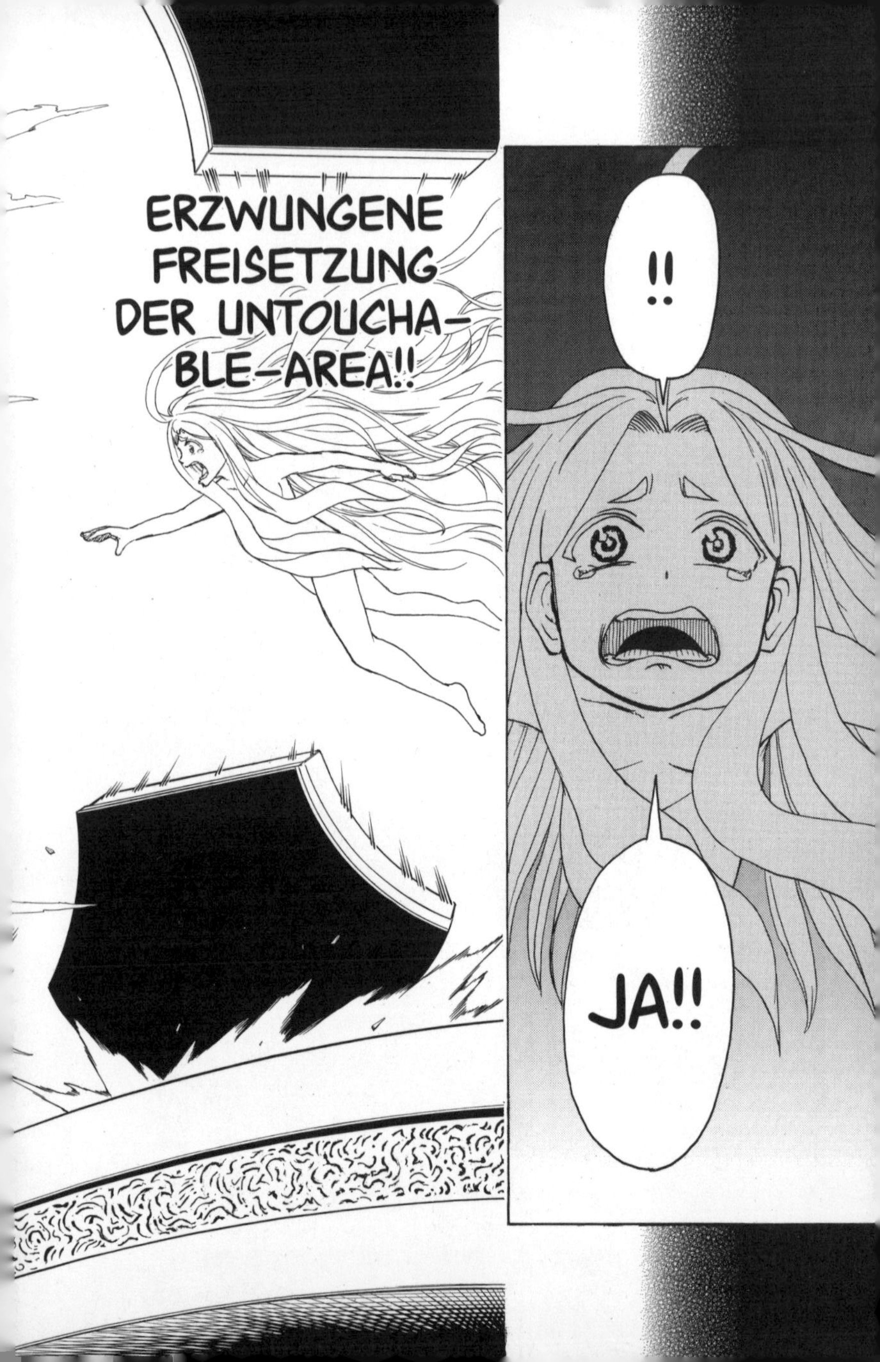
!!
JA!!
ERZWUNGENE FREISETZUNG DER UNTOUCHA-BLE-AREA!!

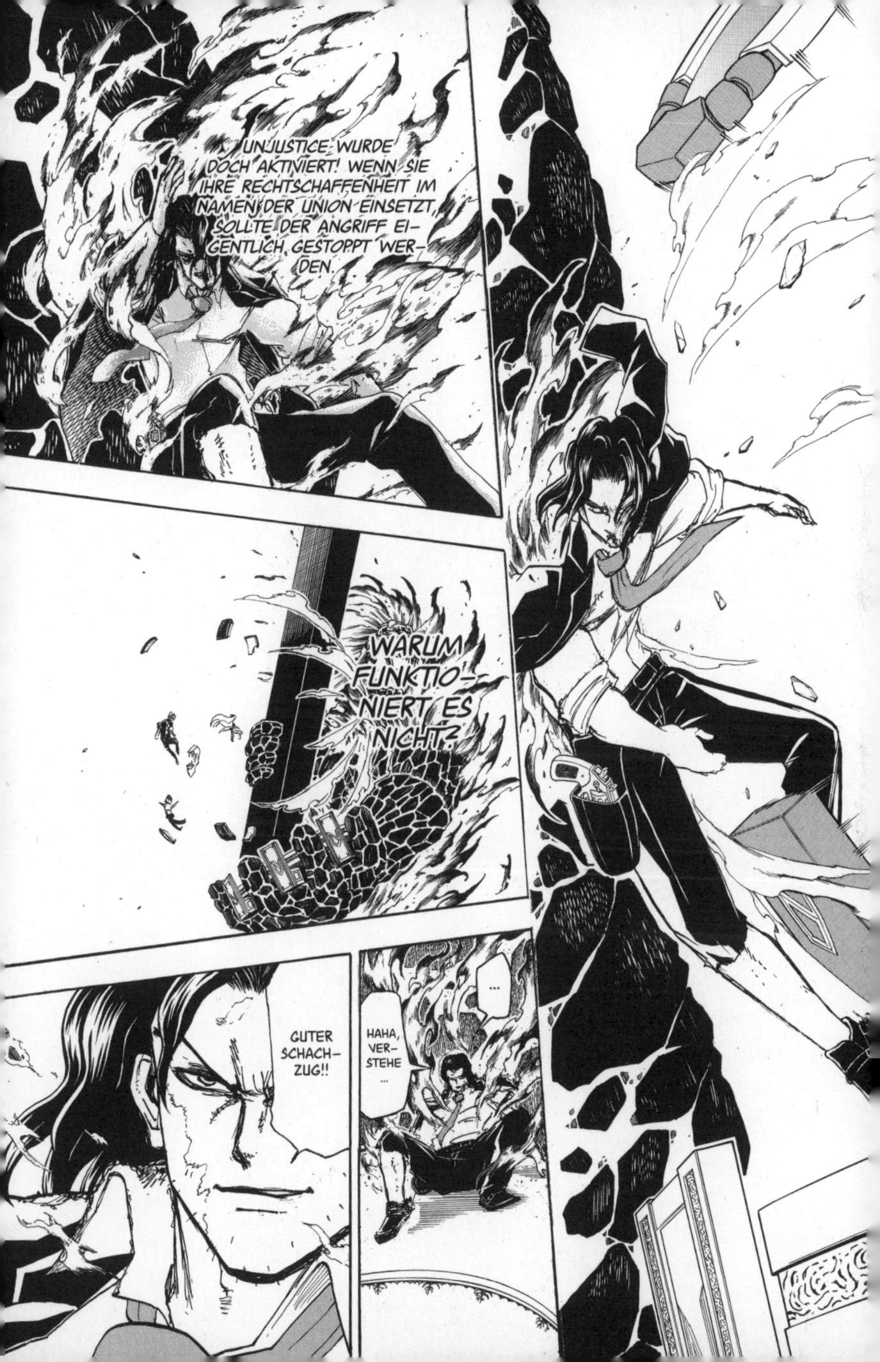
UNJUSTICE WURDE DOCH AKTIVIERT! WENN SIE IHRE RECHTSCHAFFENHEIT IM NAMEN DER UNION EINSETZT, SOLLTE DER ANGRIFF EIGENTLICH GESTOPPT WERDEN.
WARUM FUNKTIONIERT ES NICHT?
...
HAHA, VERSTEHE ...
GUTER SCHACHZUG!!

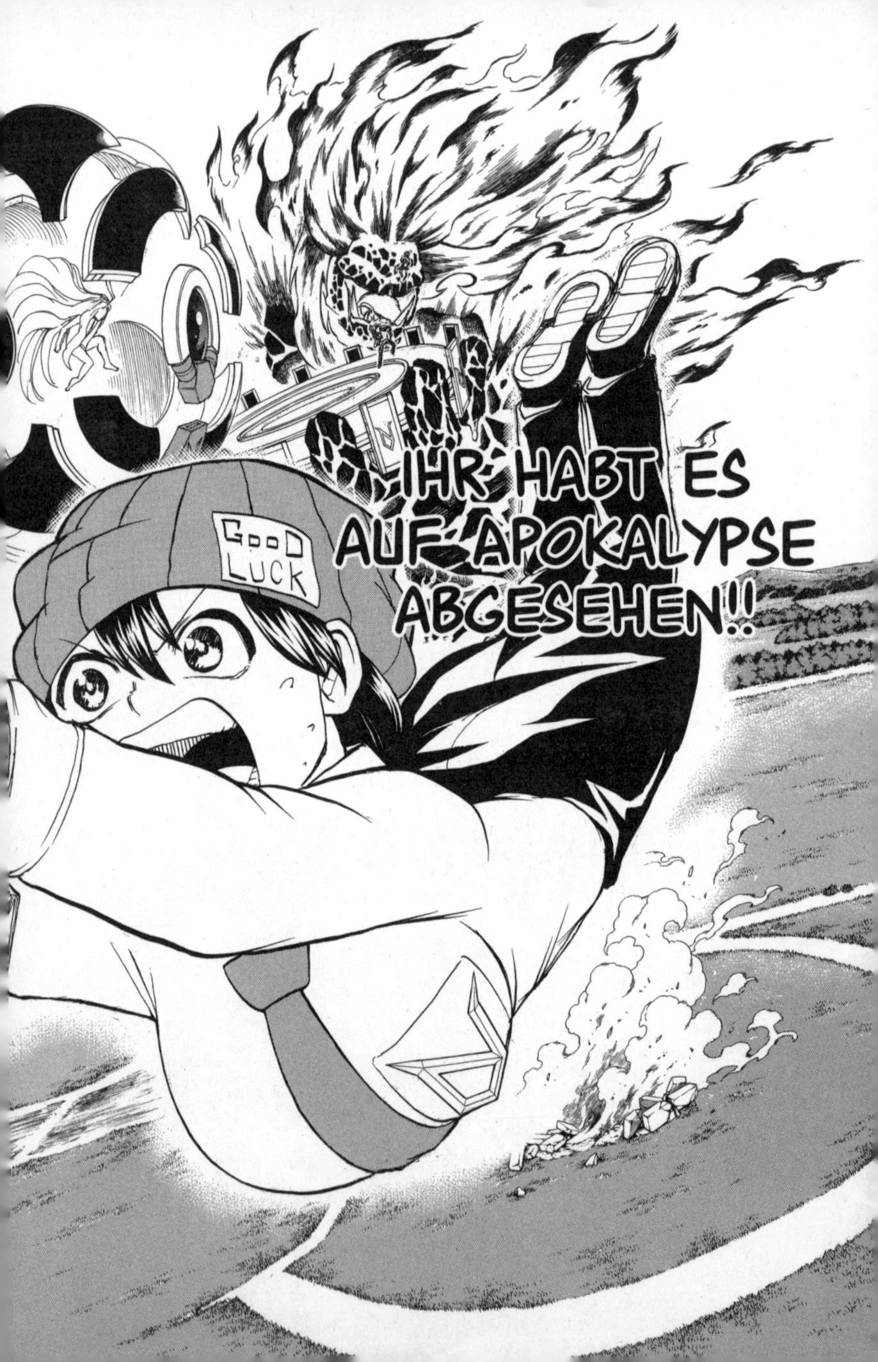

IHR HABT ES AUF APOKALYPSE ABGESEHEN!!
GOOD LUCK

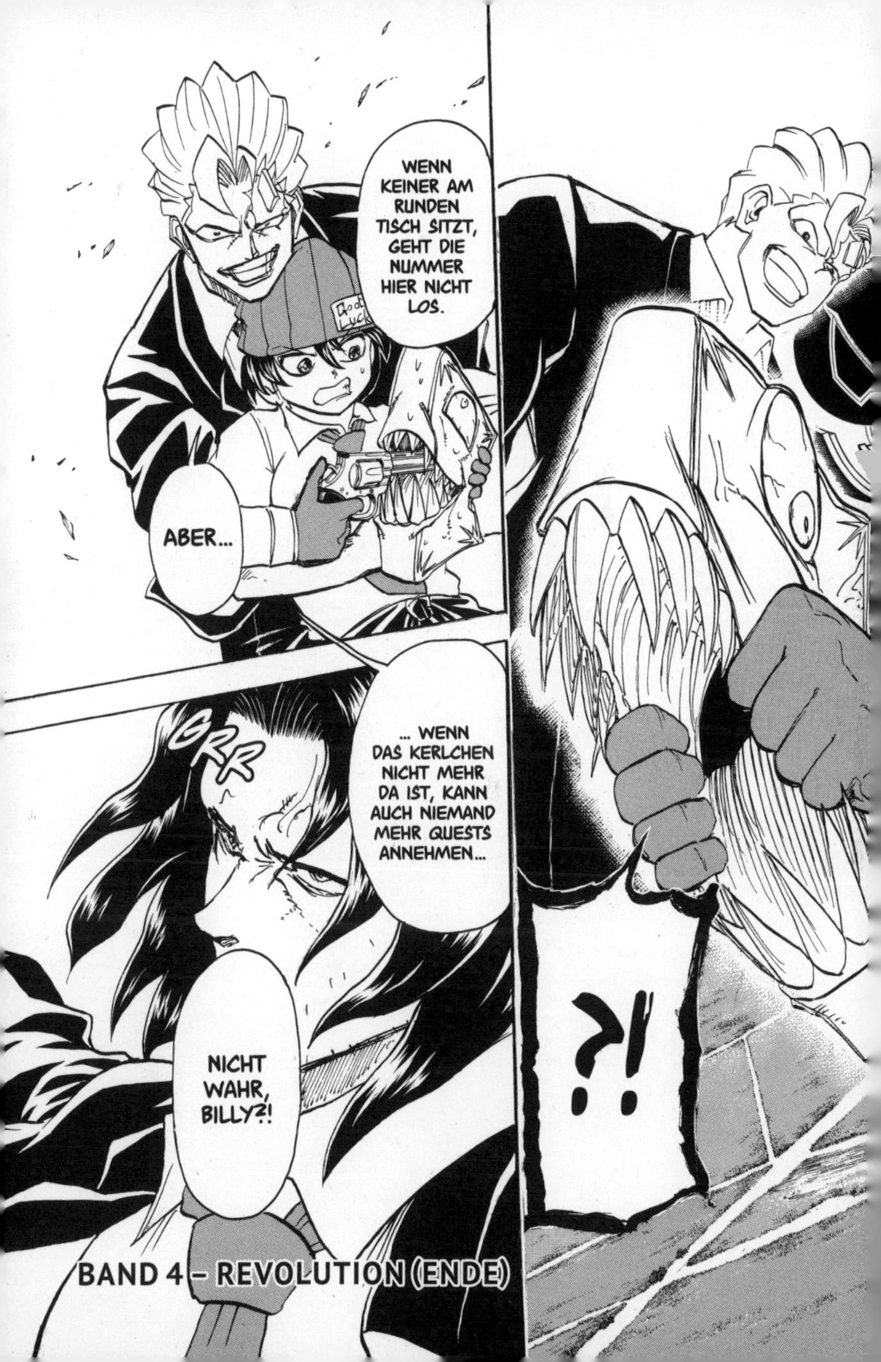

BAND 4 – REVOLUTION (ENDE)

CARLSEN MANGA! CHECKLIST

BARFUSS DURCH HIROSHIMA

von Keiji Nakazawa
€ 12,00 (D) / € 12,40 (A)
O Band 2
€ 14,00 (D) / € 14,40 (A)
O Band 1, 3 bis 4

BARRAGE

von Kohei Horikoshi
€ 6,99 (D) / € 7,20 (A)
O Band 1 bis 2
In 2 Bänden abgeschlossen

BATTLE ANGEL ALITA – PERFECT EDITION

von Yukito Kishiro
€ 19,99 (D) / € 20,60 (A)
O Band 1 bis 3
€ 24,99 (D) / € 25,70 (A)
O Band 4
In 4 Bänden abgeschlossen
€ 29,99 (D) / € 30,90 (A)
O Band 4 im Schuber
€ 89,99 (D) / € 92,60 (A)
O Band 1-4 im Schuber

BATTLE ANGEL ALITA – LAST ORDER PERFECT EDITION

von Yukito Kishiro
€ 14,99 (D) / € 15,50 (A)
O 1 bis 3, 5 bis 9
€ 19,99 (D) / € 20,60 (A)
O Band 10
O Band 11 06/21
O Band 12 09/21
€ 16,99 (D) / € 17,50 (A)
O Band 4
In 12 Bänden abgeschlossen
€ 25,00 (D) / € 25,70 (A)
O Band 12 im Schuber mit Extra 09/21
€ 90,00 (D) / € 92,60 (A)
O Bände 1 bis 6 im Schuber mit Extra
€ 99,00 (D) / € 103,20 (A)
O Bände 7 bis 12 im Schuber mit Extra 09/21

BATTLE ANGEL ALITA – MARS CHRONICLE

von Yukito Kishiro
€ 6,95 (D) / € 7,20 (A)
O Band 1 bis 3, 5-6
O Band 7 07/21
€ 10,00 (D) / € 10,30 (A)
O Band 4
Bislang 6 Bände in Japan

ATTACK ON TITAN – DELUXE

von Hajime Isayama
€ 25,00 (D) / € 25,70 (A)
O Band 1 bis 8

ATTACK ON TITAN – INSIDE

von Hajime Isayama
€ 12,90 (D) / € 13,30 (A)
O Einzelband

ATTACK ON TITAN – LOST GIRLS

von Isayama, Seko & Fuji
€ 6,99 (D) / € 7,20 (A)
O Band 1 & 2
In 2 Bänden abgeschlossen

ATTACK ON TITAN – LOST GIRLS (Nippon Novel)

von Hiroshi Seko
€ 9,95 (D) / € 10,30 (A)
O Einzelband

ATTACK ON TITAN – NO REGRETS

von Hajime Isayama
€ 6,95 (D) / € 7,20 (A)
O Band 1 & 2
In 2 Bänden abgeschlossen

ATTACK ON TITAN – NO REGRETS FULL COLOR EDITION

von Hajime Isayama
€ 14,99 (D) / € 15,50 (A)
O Band 1 & 2
In 2 Bänden abgeschlossen

ATTACK ON TITAN – OUTSIDE

von Hajime Isayama
€ 12,90 (D) / € 13,30 (A)
O Einzelband

ATTACK ON TITAN – SHORT PLAY

von Isayama & hounori
€ 8,99 (D) / € 9,30 (A)
O Einzelband

ANONYMOUS NOISE

von Ryoko Fukuyama
€ 5,00 (D) / € 6,20 (A)
O Band 1
€ 6,99 (D) / € 7,20 (A)
O Band 2 bis 17
O Band 18 06/21
In 18 Bänden abgeschlossen

ARTE

von Kei Ohkubo
€ 10,00 (D) / € 10,30 (A)
O Band 1 bis 6
O Band 7 07/21
O Band 8 09/21
Bislang 13 Bände in Japan

ASSASSINATION CLASSROOM

von Yusei Matsui
€ 6,50 (D) / € 6,70 (A)
O Band 1 bis 21
In 21 Bänden abgeschlossen

ATTACK ON TITAN

von Hajime Isayama
€ 6,95 (D) / € 7,20 (A)
O Band 1 bis 32
O Band 33 09/21
In 34 Bänden abgeschlossen
€ 36,00 (D) / € 37,10 (A)
O Bände 1-5 im Schuber
O Bände 6-10 im Schuber
O Bände 11-15 im Schuber
O Bände 16-20 im Schuber
O Bände 21-25 im Schuber
O Bände 26-30 im Schuber

ATTACK ON TITAN – ANSWERS

von Hajime Isayama
€ 12,90 (D) / € 13,30 (A)
O Einzelband

ATTACK ON TITAN – BEFORE THE FALL

von Hajime Isayama
€ 6,95 (D) / € 7,20 (A)
O Band 1 bis 17
In 17 Bänden abgeschlossen

ATTACK ON TITAN CHARACTER GUIDE

von Hajime Isayama
€ 12,90 (D) / € 13,30 (A)
O Einzelband

12 JAHRE

von Nao Maita
€ 5,99 (D) / € 6,20 (A)
O Band 1 bis 14
€ 6,99 (D) / € 7,20 (A)
O Band 15 08/21
In 20 Bänden abgeschlossen

ABE SADA

von Kazuo Kamimura
€ 14,99 (D) / € 15,50 (A)
O Band 1 & 2
In 2 Bänden abgeschlossen

ACID TOWN

von Kyugo
€ 7,95 (D) / € 8,20 (A))
O Band 6
Bislang 6 Bände in Japan

AKIRA – ORIGINAL EDITION

von Katsuhiro Otomo
€ 19,90 (D) / € 20,50 (A)
O Band 1 bis 3
€ 22,90 (D) / € 23,60 (A)
O Band 4 bis 6
In 6 Bänden abgeschlossen

ALICE IN MURDERLAND

von Kaori Yuki
€ 7,95 (D) / € 8,20 (A)
O Band 1 bis 11
In 11 Bänden abgeschlossen

ALISIK

von Helge Vogt & Hubertus Rufledt
€ 8,99 (D) / € 9,30 (A)
O Band 1
€ 7,99 (D) / € 8,30 (A)
O Band 2 bis 4
In 4 Bänden abgeschlossen

ALPHA² – NEUEDITION

von Kamineo & Kamoi
€ 14,00 (D) / € 14,40 (A)
O Einzelband

ALPI - THE SOUL SENDER

von Rona
€ 7,00 (D) / € 7,20 (A)
O Band 1 07/21
Bislang 4 Bände in Japan

CARLSEN MANGA! CHECKLIST

DOUBT GESAMTAUSGABE

von Yoshiki Tonogai
€ 30,00 (D) / € 30,90 (A)
O **Sammelschuber** [07/21]

DRAGON BALL

von Akira Toriyama
€ 6,50 (D) / € 6,70 (A)
O **Band 1 bis 42**
In 42 Bänden abgeschlossen

DRAGON BALL MASSIV

von Akira Toriyama
€ 5,00 (D) / € 5,20 (A)
O **Band 1**
€ 10,00 (D) / € 10,30 (A)
O **Band 2 bis 11**
O **Band 12** [07/21]
O **Band 13** [09/21]

DRAGON BALL SD

von Akira Toriyama (Original Story) & Naho Ohishi
€ 7,95 (D) / € 8,20 (A)
O **Band 1 bis 6**
Bislang 7 Bände in Japan

DRAGON BALL SIDE STORIES

von Akira Toriyama & dragongarow LEE
€ 5,00 (D) / € 5,20 (A)
O **Yamchu**

DRAGON BALL SUPER

von Toriyama & Toyotarou
€ 6,50 (D) / € 6,70 (A)
O **Band 1 bis 11**
O **Band 12** [06/21]
€ 9,99 (D) / € 10,30 (A)
O **Band 5 im Schuber**
O **Band 10 im Schuber**
€ 29,99 (D) / € 30,90 (A)
O **Bände 1-5 im Schuber**
O **Bände 6-10 im Schuber**
Bislang 14 Bände in Japan

DREAMIN' SUN

von Ichigo Takano
€ 6,99 (D) / € 7,20 (A)
O **Band 1 bis 9**
€ 8,99 (D) / € 9,20 (A)
O **Band 10**
In 10 Bänden abgeschlossen

COYOTE

von Ranmaru Zariya
€ 7,99 (D) / € 8,30 (A)
O **Band 1 bis 3**
Bislang 3 Bände in Japan

CROSS ACCOUNT

von Tsunehiro Date
€ 6,99 (D) / € 7,20 (A)
O **Band 1 bis 4**
In 4 Bänden abgeschlossen

DEAD COMPANY

von Yoshiki Tonogai
€ 7,00 (D) / € 7,20 (A)
O **Band 1** [07/21]
In 3 Bänden abgeschlossen

DEFENSE DEVIL

von Youn In-Wan & Yang Kyung-Il
€ 5,95 (D) / € 6,20 (A)
O **Band 1 bis 10**
In 10 Bänden abgeschlossen

DEPTH OF FIELD

von Enjo
€ 8,00 (D) / € 8,30 (A)
O **Band 1 & 2**
In 2 Bänden abgeschlossen

DEVILS & REALIST

von Utako Yukihiro & Madoka Takadono
€ 6,95 (D) / € 7,20 (A)
O **Band 11 bis 13**
€ 7,95 (D) / € 8,20 (A)
O **Band 14**
€ 8,95 (D) / € 9,20 (A)
O **Band 15**
In 15 Bänden abgeschlossen

DIALOGE MIT MIR SELBST

von Kabi Nagata
€ 18,00 (D) / € 18,50 (A)
O **Band 1 b& 2**
In 2 Bänden abgeschlossen

DIE STADT DER BESONDEREN KINDER

von Ransom Riggs & Cassandra Jean
€ 14,90 (D) / € 15,40 (A)
O **Einzelband**

BLACK LAGOON

von Rei Hiroe
€ 6,95 (D) / € 7,20 (A)
O **Band 4**
€ 7,95 (D) / € 8,20 (A)
O **Band 1-3, 5 - 8, 10 -11**
€ 8,95 (D) / € 9,20 (A)
O **Band 9**
Bislang 11 Bände in Japan

BLOOM INTO YOU

von Nio Naketani
€ 6,99 (D) / € 7,20 (A)
O **Band 1 bis 7**
€ 7,99 (D) / € 8,30 (A)
O **Band 8**
In 8 Bänden abgeschlossen

BLUE FLAG

von Kaito
€ 7,99 (D) / € 8,30 (A)
O **Band 1 bis 7**
In 7 Bänden abgeschlossen

BLUE GIANT

von Shinichi Ishizuka
€ 8,00 (D) / € 8,30 (A)
O **Band 1** [09/21]
In 10 Bänden abgeschlossen

BLUE GIANT SUPREME

von Shinichi Ishizuka
€ 8,00 (D) / € 8,30 (A)
O **Band 1 bis 5**
O **Band 6** [08/21]
In 11 Bänden abgeschlossen

BORUTO – NARUTO THE NEXT GENERATION

von Kishimoto & Kodachi
€ 6,50 (D) / € 6,70 (A)
O **Band 1 bis 10**
O **Band 11** [07/21]
Bislang 13 Bände in Japan

BUDDHA

von Osamu Tezuka
€ 22,90 (D) / € 23,60 (A)
O **Band 1 bis 10**
In 10 Bänden abgeschlossen

CHIISAKOBEE

von Minetaro Mochizuki
€ 14,90 (D) / € 15,40 (A)
O **Band 1 bis 4**
In 4 Bänden abgeschlossen

BECOMING A GIRL ONE DAY

von Akane Ogura
€ 5,99 (D) / € 6,20 (A)
O **Band 1 bis 4**
In 4 Bänden abgeschlossen

BECOMING A GIRL ONE DAY – ANOTHER

von Akane Ogura
€ 5,99 (D) / € 6,20 (A)
O **Band 1 bis 4**
In 4 Bänden abgeschlossen

BILLY BAT

von Naoki Urasawa & Takashi Nagasaki
€ 8,95 (D) / € 9,20 (A)
O **Band 4-7, 12-16**
€ 12,00 (D) / € 12,40 (A)
O **Band 1-3, 8-11, 17-20**
In 20 Bänden abgeschlossen

BL IS MAGIC!

von Oroken
€ 9,99 (D) / € 10,30 (A)
O **Band 1 bis 3**
In 4 Bänden abgeschlossen
O **BL is magic! Special: Extra Spells** [08/21]

BL METAMORPHOSEN – GEHEIMNIS EINER FREUNDSCHAFT

von Kaori Tsurutani
€ 8,00 (D)/ € 8,30 (A)
O **Band 1 bis 3**
O **Band 4** [09/21]
In 5 Bänden abgeschlossen

BLACK BUTLER

von Yana Toboso
€ 6,95 (D) / € 7,20 (A)
O **Band 1 bis 29**
O **Band 30** [07/21]
€ 10,00 (D)/ € 10,30 (A)
O **Band 30 Limitierte Ausgabe mit Extra** [07/21]
€ 14,90 (D) / € 15,40 (A)
O **Character Guide**
Bislang 29 Bände in Japan

CARLSEN MANGA! CHECKLIST

GELIEBTER AFFE

von Yoshihiro Tatsumi
€ 19,90 (D) / € 20,50 (A)
O **Einzelband**

GHOSTLY THINGS

von Ushio Shirotori
€ 7,00 (D) / € 7,20 (A)
O **Band 1**
O **Band 2** 07/21
In 4 Bänden abgeschlossen

HARU x KIYO

von Akira Ozaki
€ 5,00 (D) / € 5,20 (A)
O **Band 1**
€ 7,00 (D)/ €7,20 (A)
O **Band 2 bis 9**
In 9 Bänden abgeschlossen

HE'S MY VAMPIRE

von Aya Shouoto
€ 6,95 (D) / € 7,20 (A)
O **Band 1 bis 10**
In 10 Bänden abgeschlossen

HITOTSUBANA

von Minami
€ 8,00 (D) / € 8,30 (A)
O **Band 1 bis 7**
In 7 Bänden abgeschlossen

HOW TO DRAW MANGA

von Hikaru Hayashi u. a.
€ 9,95 (D) / € 10,30 (A)
O **Manga-Charaktere in Bewegung**
€ 16,90 (D) / € 17,40 (A)
O **Ninja und Samurai**
€ 17,90 (D) / € 18,40 (A)
O **Manga-Figuren entwickeln**
€ 19,90 (D) / € 20,50 (A)
O **Manga-Skizzen zeichnen**
O **Character Design – Tipps und Tricks**
O **Manga aus der richtigen Perspektive**
O **Oberflächen und Strukturen**
O **Manga-Figuren in ihrer Umwelt**
O **Perfekte Proportionen im Manga**
O **Grundlagen der Manga-Kunst**
€ 24,90 (D) / € 25,60 (A)
O **Kolorieren mit Copic-Stiften**
O **Kolorieren mit Aquarellbuntstiften**

FOLGE DEN WOLKEN NACH NORD-NORDWEST

von Aki Irie
€ 12,00 (D) / € 12,40 (A)
O **Band 1 bis 4**
Bislang 5 Bände in Japan

FOOD WARS – SHOKUGEKI NO SOMA

von Tsukuda & Saeki
€ 6,99 (D) / € 7,20 (A)
O **Band 1 bis 31**
O **Band 32** 06/21
O **Band 33** 08/21
In 36 Bänden abgeschlossen
€ 69,90 (D) / € 71,80 (A)
O **Bände 1-10 im Schuber**
O **Bände 11-20 im Schuber**
O **Bände 21-30 im Schuber**

FRUIT BASKET PEARLS

von Natuski Takaya
€ 11,00 (D) / € 11,40 (A)
O **Band 1**
O **Band 2** 06/21
O **Band 3** 08/21
In 12 Bänden abgeschlossen

GAMMA DRACONIS

von Eldo Yoshimizu
& Benoist Simmat
€ 16,00 (D) / € 16,50 (A)
O **Einzelband** 07/21

GANGSTA.

von Kohske
€ 7,95 (D) / € 8,20 (A)
O **Band 1 bis 8**
Bislang 8 Bände in Japan

GANGSTA: CURSED.

von Kohske & Kamo
€ 7,99 (D) / € 8,30 (A)
O **Band 1 bis 5**
Bislang 5 Bände in Japan

GEGEN DEN STROM

von Yoshihiro Tatsumi
€ 44,00 (D) / € 44,60 (A)
O **Einzelband**

FAIRY TAIL+

von Hiro Mashima
€ 8,95 (D) / € 9,20 (A)
O **Einzelband**

FAIRY TAIL – HAPPY'S ADVENTURE

von Hiro Mashima
& Kenshiro Sakamoto
€ 7,00 (D) / € 7,20 (A)
O **Band 1 bis 4**
O **Band 5** 08/21
In 8 Bänden abgeschlossen

FAIRY TAIL S

von Hiro Mashima
€ 6,99 (D) / € 7,20 (A)
O **Band 1 & 2**
In 2 Bänden abgeschlossen

FAIRY TAIL SIDE STORIES

von Hiro Mashima
& Kyota Shibano
€ 6,99 (D) / € 7,20 (A)
O **Band 1 bis 3**
In 3 Bänden abgeschlossen

FAIRY TALE BATTLE ROYALE

von Soraho Ina
€ 7,00 (D) / € 7,20 (A)
O **Band 1 bis 4**
Bislang 4 Bände in Japan

FINAL FANTASY – LOST STRANGER

von Hazuki Minase &
Itsuki Kameya
€ 12,99 (D) / € 13,40 (A)
O **Band 1 bis 5**
Bislang 6 Bände in Japan

FINAL FANTASY – OFFICIAL MEMORIAL ULTIMANIA BOOK

von Takatoshi Shiozawa
€ 39,99 (D) / € 41,20 (A)
O **VII - IX**
In 3 Bänden abgeschlossen

FOCUS 10

von Martina Peters
€ 6,99 (D) / € 7,20 (A)
O **Band 1 bis 9**
O **Band 10** 09/21
In 10 Bänden abgeschlossen

DR. STONE

von Inagaki & BOICHI
€ 7,00 (D) / € 7,20 (A)
O **Band 1 bis 11**
O **Band 12** 06/21
O **Band 13** 08/21
Bislang 19 Bände in Japan

DR. STONE REBOOT: BYAKUYA

von Inagaki & BOICHI
€ 7,00 (D) / € 7,20 (A)
O **Einzelband** 07/21

EDENS ZERO

von Hiro Mashima
€ 7,00 (D)/ €7,20 (A)
O **Band 1 bis 9**
O **Band 10** 07/21
€ 10,00 (D) / € 10,30 (A)
O **Band 7 - limitierte Ausgabe**
Bislang 13 Bände in Japan

EXISTENZEN UND ANDERE ABGRÜNDE

von Yoshihiro Tatsumi
€ 19,90 (D) / € 20,50 (A)
O **Einzelband**

FAIRY GIRLS

von Hiro Mashima
€ 6,99 (D) / € 7,20 (A)
O **Band 1 bis 4**
In 4 Bänden abgeschlossen

FAIRY TAIL

von Hiro Mashima
€ 6,50 (D) / € 6,70 (A)
O **Band 1 bis 63**
€ 9,99 (D) / € 10,30 (A)
O **Band 60 limitiert**
In 63 Bänden abgeschlossen

FAIRY TAIL ARTBOOKS

von Hiro Mashima
€ 19,95 (D) / € 20,60 (A)
O **Fantasia**
O **Harvest**

FAIRY TAIL – 100 YEARS QUEST

von Hiro Mashima
& Atsuo Ueda
€ 7,00 (D) / € 7,20 (A)
O **Band 1 bis 5**
O **Band 6** 06/21
O **Band 7** 09/21
Bislang 10 Bände in Japan

CARLSEN MANGA! CHECKLIST

LIBERI-PROJEKT, DAS

von Tamasaburo
€ 6,95 (D) / € 7,20 (A)
O **Band 1 bis 3**
In 3 Bänden abgeschlossen

LIEBHABER, DER

von Kan Takahama
€ 22,00 (D) / € 22,70 (A)
O **Einzelband**

LITTLE WITCH ACADEMIA

von Sato & Yoshinari
€ 6,99 (D) / € 7,20 (A)
O **Band 1 bis 3**
In 3 Bänden abgeschlossen

LIQUOR & CIGARETTE

von Ranmaru Zariya
€ 8,00 (D) / € 8,30 (A)
O **Einzelband**

LUDWIG REVOLUTION GESAMTAUSGABE

von Kaori Yuki
€ 30,00 (D) / € 30,90 (A)
O **Sammelschuber** 09/21

LUPUS IN FABULA

von Kamineo
€ 7,95 (D) / € 8,20 (A)
O **Band 1 bis 3**
In 3 Bänden abgeschlossen

MACHIMAHO – MAGICAL GIRL BY ACCIDENT

von Souryu
€ 7,99 (D) / € 8,30 (A)
O **Band 1 bis 7**
O **Band 8** 07/21
Bislang 9 Bände in Japan

MAGUS OF THE LIBRARY

von Mitsu Izumi
€ 12,00 (D) / € 12,40 (A)
O **Band 1 & 4**
€ 14,00 (D) / € 14,40 (A)
O **Band 2**
€ 16,00 (D) / € 16,50 (A)
O **Band 3**
Bislang 5 Bände in Japan

KAMISAMA DARLING

von Kyoko Aiba
€ 6,99 (D) / € 7,20 (A)
O **Band 1 bis 8**
In 8 Bänden abgeschlossen

KATSURA & TORIYAMA SHORT STORIES

von Akira Toriyama
& Masakazu Katsura
€ 6,95 (D) / € 7,20 (A)
O **Einzelband**

KILLING BITES

von Shinya Murata
& Kazasa Sumita
€ 7,95 (D) / € 8,20 (A)
O **Band 1-3, 5-14**
€ 10,00 (D) / € 10,30 (A)
O **Band 4**
Bislang 17 Bände in Japan

KIMI NI NARE – FINDE DICH SELBST

von Ichigo Takano
€ 7,00 (D) / € 7,20 (A)
O **Einzelband** 07/21

KLEINE KATZE CHI

von Konami Kanata
€ 9,95 (D) / € 10,30 (A)
O **Band 1 bis 11**
€ 12,00 (D) / € 12,40 (A)
O **Band 12**
In 12 Bänden abgeschlossen

KOROSENSEI QUEST!

von Yusei Matsui &
Kizuku Watanabe
€ 6,50 (D) / € 6,70 (A)
O **Band 1 bis 5**
In 5 Bänden abgeschlossen

LADY SNOWBLOOD (NEUEDITION)

von Kazuo Koike
& Kazuo Kamimura
€ 19,99 (D) / € 20,60 (A)
O **Band 1 & 2**
€ 16,99 (D) / € 17,50 (A)
O **Band 3**
In 3 Bänden abgeschlossen

LETZTE REISE DER SCHMETTERLINGE, DIE

von Kan Takahama
€ 14,90 (D) / € 15,40 (A)
O **Einzelband**

IM – GREAT PRIEST IMHOTEP

von Makoto Morishita
€ 6,99 (D) / € 7,20 (A)
O **Band 1 bis 10**
€ 7,99 (D) / € 8,30 (A)
O **Band 11**
In 11 Bänden abgeschlossen

IN THIS CORNER OF THE WORLD

von Fumiyo Kouno
€ 12,99 (D) / € 13,40 (A)
O **Band 1 bis 3**
In 3 Bänden abgeschlossen

ITO, JUNJI

von Shinya Murata
& Kazasa Sumita
€ 24,00 (D) / € 24,70 (A)
O **Gyo Deluxe**
O **Shiver** 07/21
€ 28,00 (D) / € 28,80 (A)
O **Uzumaki Deluxe**

JAPANISCH FÜR MANGA-FANS

von Thora Kerner
& Jin Baron
€ 16,00 (D) / € 16,50 (A)
O **Sammelband**

JUDGE

von Yoshiki Tonogai
€ 7,95 (D) / € 8,20 (A)
O **Band 1 bis 5**
€ 8,95 (D) / € 9,20 (A)
O **Band 6**
In 6 Bänden abgeschlossen

JUMPING

von Asahi Tsutsui
€ 7,00 (D) / € 7,20 (A)
O **Band 1 bis 4**
In 4 Bänden abgeschlossen

JUNJO ROMANTICA

von Shungiku Nakamura
€ 6,95 (D) / € 7,20 (A)
O **Band 9, 11-12, 19-22**
O **Band 23** 06/21
€ 10,00 (D) / € 10,30 (A)
O **Band 1-8, 10,13-18**
Bislang 25 Bände in Japan

H.P. LOVECRAFT

von Gou Tanabe
€ 12,00 (D) / € 12,40 (A)
O **H.P. Lovecrafts Die Farbe aus dem All**
O **H.P. Lovecrafts Der Hund und andere Geschichten**
O **H.P. Lovecrafts Der leuchtende Trapezoeder**
€ 18,00 (D) / € 18,50 (A)
O **H.P. Lovecrafts Berge des Wahnsinns Band 1 bis 2**
O **H.P. Lovecrafts Cthulhus Ruf** 08/21
€ 22,00 (D) / € 22,70 (A)
O **H.P. Lovecrafts Der Schatten aus der Zeit**

HUNTER X HUNTER

von Yoshihiro Togashi
€ 6,95 (D) / € 7,20 (A)
O **Band 1 bis 36**
Bislang 36 Bände in Japan

I AM SHERLOCK

von TAKATA & Io
€ 7,00 (D)/ € 7,20 (A)
O **Band 1 bis 4**
In 4 Bänden abgeschlossen

I HAD THAT SAME DREAM AGAIN

von Yoru Sumino &
Izumi Kirihara
€ 7,00 (D) / € 7,20 (A)
O **Band 1 bis 3**
In 3 Bänden abgeschlossen

I HEAR THE SUNSPOT

von Yuki Fumino
€ 7,99 (D) / € 8,30 (A)
O **Band 1**
€ 9,99 (D) / € 10,30 (A)
O **Band 2**
Bisher 2 Bände in Japan

I HEAR THE SUNSPOT – LIMIT

von Yuki Fumino
€ 7,99 (D) / € 8,30 (A)
O **Band 1**
€ 8,99 (D) / € 9,30 (A)
O **Band 2**
€ 9,99 (D) / € 10,30 (A)
O **Band 3** 07/21
In 3 Bänden abgeschlossen

CARLSEN MANGA! CHECKLIST

NARUTO MASSIV

von Masashi Kishimoto
€ 5,00 (D) / € 5,20 (A)
O **Band 1**
€ 9,99 (D) / € 10,30 (A)
O **Band 2 bis 24**
In 24 Bänden abgeschlossen

NARUTO – THE MOVIE

von Masashi Kishimoto
€ 7,95 (D) / € 8,20 (A)
O **Geheimmission im Land des ewigen Schnees Band 1 & 2**
O **Die Legende des Steins Gelel Band 1 & 2**
O **Sondermission im Land des Mondes 1 & 2**

NARUTO – THE MOVIE: SHIPPUDEN

von Masashi Kishimoto
€ 12,95 (D) / € 13,40 (A)
O **Naruto - The Movie: Shippuden**
O **Naruto - The Movie: Shippuden-Fesseln**
O **Naruto - The Movie: Shippuden - Die Erben des Willens des Feuers**
O **Naruto - The Movie: Shippuden - Lost Tower**

NEON GENESIS EVANGELION

von Gainax & Yoshiyuki Sadamoto
€ 6,95 (D) / € 7,20 (A)
O **Band 1 bis 14**
In 14 Bänden abgeschlossen

NO EXIT

von Haruhi Seta
€ 6,99 (D) / € 7,20 (A)
O **Band 1 bis 13**
In 14 Bänden abgeschlossen

OKITENEMURU

von Hitori Renda
€ 7,99 (D) / € 8,20 (A)
O **Band 9**
In 9 Bänden abgeschlossen

OLD BOY

von Tsuchiya Garon & Minegishi Nobuaki
€ 12,00 (D) / € 12,40 (A)
O **Band 1 bis 4**
In 4 Bänden abgeschlossen

MURCIÉLAGO

von Yoshimura Kana
€ 7,99 (D) / € 8,30 (A)
O **Band 1 bis 14**
O **Band 15** 06/21
Bislang 17 Bände in Japan

MY HERO ACADEMIA

von Kohei Horikoshi
€ 6,99 (D) / € 7,20 (A)
O **Band 1 bis 27**
O **Band 28** 08/21
Bislang 30 Bände in Japan
€ 10,00 (D) / € 10,30 (A)
O **My Hero Academia - Ultra Archive**
€ 12,99 (D) / € 13,40 (A)
O **My Hero Academia - Ultra Analysis**

MY HERO ACADEMIA SMASH

von Kohei Horikoshi & Hirofumi Neda
€ 5,00 (D) / € 5,20 (A)
O **Band 1 bis 5**
Bislang 5 Bände in Japan

MY HERO ACADEMIA TEAM UP MISSION

von Kohei Horikoshi & Yoko Akiyama
€ 7,00 (D) / € 7,20 (A)
O **Band 1**
Bisher 2 Bände in Japan

MY ROOMMATE IS A CAT

von Tsunami Minatsuki & Asu Futatsuya
€ 7,00 (D) / € 7,20 (A)
O **Band 1 bis 4**
O **Band 5** 06/21
O **Band 6** 09/21
Bislang 7 Bände in Japan

MY SECRET WHICH I CANNOT TELL YOU

von Kyoko Aiba
€ 6,99 (D) / € 7,20 (A)
O **Einzelband**

NARUTO

von Masashi Kishimoto
€ 6,50 (D) / € 6,70 (A)
O **Band 1 bis 72**
In 72 Bänden abgeschlossen
O **Der siebte Hokage und der scharlachrote Frühling**

MERMAID PRINCE

von Kaori Ozaki
€ 8,00 (D) / € 8,30 (A)
O **Einzelband**

MOB PSYCHO 100

von ONE
€ 6,66 (D) / € 6,90 (A)
O **Band 1 bis 15**
€ 7,77 (D) / € 8,00 (A)
O **Band 16**
In 16 Bänden abgeschlossen

MONSTER – PERFECT EDITION

von Naoki Urasawa
€ 20,00 (D) / € 20,60 (A)
O **Band 1 bis 8**
€ 24,00 (D) / € 24,70 (A)
O **Band 9** 08/21
In 9 Bänden abgeschlossen

MORIARTY THE PATRIOT

von Takeuchi & Miyoshi
€ 9,99 (D) / € 10,30 (A)
O **Band 1 bis 9**
O **Band 10** 06/21
O **Band 11** 08/21
Bislang 13 Bände in Japan
€ 16,00 (D) / € 16,50 (A)
O **Band 10 mit Extra – limitierte Auflage** 06/21
€ 99,00 (D) / € 101,80 (A)
O **Band 1 bis 10 im Sammelschuber – limitierte Auflage** 06/21

MOTHER'S SPIRIT

von Enzo
€ 7,99 (D) / € 8,30 (A)
O **Band 1 & 2**
Bislang 2 Bände in Japan

MOTOKARE RETRY

von En Hanaya
€ 6,99 (D) / € 7,20 (A)
O **Band 1 bis 7**
In 7 Bänden abgeschlossen

MOVING FORWARD

von Nagamu Nanaji
€ 5,00 (D) / € 5,20 (A)
O **Band 1**
€ 7,00 (D) / € 7,20 (A)
O **Band 2 bis 7**
O **Band 8** 08/21
In 11 Bänden abgeschlossen

MAID-SAMA

von Hiro Fujiwara
€ 5,95 (D) / € 6,20 (A)
O **Band 1 bis 18**
In 18 Bänden abgeschlossen
O **Maid-sama Marriage**

MANGA LOVE STORY

von Katsu Aki
€ 6,95 (D) / € 7,20 (A)
O **Band 70 bis 76**
Bislang 81 Bände in Japan

MANGA-ZEICHENSTUDIO

von Kaneda Koubou u.a.
€ 19,90 (D) / € 20,50 (A)
O **Hände und Füße**
O **Gesichter und Emotionen**
O **Manga Master Book**
O **Mädchen in coolen Posen**
O **Emotionen und Mimik ausdrucksstark zeichnen**
O **Manga Basics**
O **Figuren & Hintergründe**
€ 20,00 (D) / € 20,60 (A)
O **Charmante Charaktere**
€ 24,90 (D) / € 25,60 (A)
O **Spannende Geschichten erzählen**

MANN MEINES BRUDERS, DER

von Gengoroh Tagame
€ 10,00 (D) / € 10,30 (A)
O **Band 1 bis 4**
In 4 Bänden abgeschlossen

MASHIMA HERO'S

von Hiro Mashima
€ 7,00 (D) / € 7,20 (A)
O **Einzelband**
€ 10,00 (D) / € 10,30 (A)
O **Einzelband Limitierte Edition**

MEINE LESBISCHE ERFAHRUNG MIT EINSAMKEIT

von Kabi Nagata
€ 15,00 (D) / € 15,50 (A)
O **Einzelband**

MELANCHOLISCHER MORGEN, EIN

von Shoko Hidaka
€ 9,95 (D) / € 10,30 (A)
O **Band 8**
In 8 Bänden abgeschlossen

CARLSEN MANGA! CHECKLIST

ROSEN BLOOD
von Kachiru Ichizue
€ 10,00 (D) / € 10,30 (A)
O **Band 1**
O **Band 2** 07/21
Bisher 3 Bände in Japan

RYUKO
von Eldo Yoshimizu
€ 14,99 (D) / € 15,50 (A)
O **Band 1 & 2**
In 2 Bänden abgeschlossen

SACRIFICE TO THE KING OF BEASTS
von Yu Tomofuji
€ 6,99 (D) / € 7,20 (A)
O **Band 1 bis 11**
O **Band 12** 06/21
O **Band 13** 09/21
In 15 Bänden abgeschlossen

SAKURA – I WANT TO EAT YOUR PANCREAS
von Yoru Sumino
€ 7,99 (D) / € 8,20 (A)
O **Band 1 & 2**
In 2 Bänden abgeschlossen

SAKURA DREAMS BUCH UND TERMIN-KALENDER 2022
von Melanie Schober
€ 10,00 (D) / € 10,10 (A)
O **Kalender** 06/21

SAMURAI8
von Masashi Kishimoto & Akira Okubo
€ 7,00 (D) / € 7,20 (A)
O **Band 1 bis 5**
In 5 Bänden abgeschlossen

SANTA MARIA HEARTLAND
von Rise Torio
€ 8,50 (D) / € 8,80 (A)
O **Einzelband**

SARABA, YOKI HI – SOLANGE WIR ZUSAMMEN SIND
von Yuki Akaneda
€ 7,00 (D) / € 7,20 (A)
O **Band 1**
O **Band 2** 08/21
Bisher 6 Bände in Japan

PLUTO: URASAWA X TEZUKA
von Tezuka, Urasawa & Nagasaki
€ 14,90 (D) / € 15,30 (A)
O **Band 1-3, 6-7**
€ 12,90 (D) / € 13,30 (A)
O **Band 4-5**
€ 16,90 (D) / € 17,40 (A)
O **Band 8**
In 8 Bänden abgeschlossen

POISON CITY
von Tetsuya Tsutsui
€ 7,99 (D) / € 8,30 (A)
O **Band 1 & 2**
In 2 Bänden abgeschlossen

PONE – POSUKA DEMIZU ARTBOOK
von Posuka Demizu
€ 20,00 (D) / € 20,60 (A)
O **Artbook**

Q (KU)
von Tatsuya Shihira
€ 7,99 (D) / € 8,30 (A)
O **Band 1 bis 3**
€ 8,99 (D) / € 9,30 (A)
O **Band 4**
In 4 Bänden abgeschlossen

REAKTOR 1F – EIN BERICHT AUS FUKUSHIMA
von Kazuto Tatsuta
€ 12,99 (D) / € 13,40 (A)
O **Band 1 bis 3**
In 3 Bänden abgeschlossen

RENTAL GIRLFRIEND
von Reiji Miyajima
€ 7,00 (D) / € 7,20 (A)
O **Band 1 bis 8**
O **Band 9** 07/21
O **Band 10** 09/21
Bislang 16 Bände in Japan

REQUIEM OF THE ROSE KING
von Aya Kanno
€ 9,99 (D) / € 10,30 (A)
O **Band 1 bis 12**
O **Band 13** 08/21
Bislang 14 Bände in Japan

OUR SUMMER HOLIDAY
von Kaori Ozaki
€ 7,99 (D) / € 8,30 (A)
O **Einzelband**

OVERLORD
von Maruyama & Miyama
€ 6,99 (D) / 7,20 (A)
O **Band 1 bis 12**
€ 7,99 (D) / € 8,30 (A)
O **Band 13**
O **Band 14** 09/21
Bislang 15 Bände in Japan

OVERLORD Official Comic À La Carte Anthology
von Kugane Maruyama, diverse
€ 7,00 (D) / € 7,20 (A)
O **Band 1 bis 3**
Bislang 3 Bände in Japan

PANDORAHEARTS
von Jun Mochizuki
€ 6,95 (D) / € 7,20 (A)
O **Band 1, 5-6, 10-15, 17, 19**
€ 7,95 (D) / € 8,20 (A)
O **Band 18**
€ 8,95 (D) / € 9,20 (A)
O **Band 22**
€ 10,00 (D) / € 10,30 (A)
O **Band 2-4, 7-9, 16, 20-21, 23**
€ 14,00 (D) / € 14,40 (A)
O **Band 24**
In 24 Bänden abgeschlossen

PERSONAL PARADISE NEUEDITION
von Melanie Schober
€ 6,99 (D) / € 7,20 (A)
O **Band 1 bis 7**
O **Brave Brother 1.0**
lim. Ausgabe mit Schuber

PLEASE LOVE ME
von Aya Nakahara
€ 5,00 (D) / € 5,20 (A)
O **Band 1**
€ 7,00 (D) / € 7,20 (A)
O **Band 2 bis 8**
O **Band 9** 06/21
O **Band 10** 09/21
In 10 Bänden abgeschlossen

ONE PIECE
von Eiichiro Oda
€ 6,50 (D) / € 6,70 (A)
O **Band 1 bis 97**
O **Band 98** 09/21
Bislang 99 Bände in Japan

ONE PIECE: FLUCH DES HEILIGEN SCHWERTS
von Eiichiro Oda
€ 7,95 (D) / € 8,20 (A)
O **Band 1 & 2**
In 2 Bänden abgeschlossen

ONE PIECE PARTY
von Andoh & Oda
€ 6,50 (D) / € 6,70 (A)
O **Band 1 bis 6**
Bislang 6 Bände in Japan

ONE PIECE – SANJIS LECKERE PIRATENREZEPTE
von Eiichiro Oda
€ 24,90 (D) / € 25,60 (A)
O **Kochbuch**

ONE PIECE QUIZ BOOK
von Eiichiro Oda
€ 14,00 (D) / € 14,40 (A)
O **Einzelband**

ONE PIECE Z
von Eiichiro Oda
€ 9,95 (D) / € 10,20 (A)
O **Band 1 & 2**
In 2 Bänden abgeschlossen

ONE WEEK FRIENDS
von Matcha Hazuki
€ 6,99 (D) / € 7,20 (A)
O **Band 1 bis 7**
In 7 Bänden abgeschlossen

OPUS
von Satoshi Kon
€ 14,90 (D) / € 15,40 (A)
O **Band 1 & 2**
In 2 Bänden abgeschlossen

ORANGE
von Ichigo Takano
€ 7,99 (D) / € 8,30 (A)
O **Band 1 bis 6**
Bislang 6 Bände in Japan

CARLSEN MANGA! CHECKLIST

SUPER DRAGON BALL HEROES UNIVERSE MISSION

von Yoshitaka Nagayama
€ 6,50 (D) / € 6,70 (A)
O **Band 1**
O **Band 2** 08/21
Bislang 2 Bände in Japan

TAKANE UND HANA

von Yuki Shiwasu
€ 5,00 (D) / € 5,20 (A)
O **Band 1**
€ 6,99 (D) / € 7,20 (A)
O **Band 2 bis 14**
O **Band 15** 07/21
In 18 Bänden abgeschlossen

TANIGUCHI, JIRO

von Jiro Taniguchi
€ 12,90 (D) / € 13,30 (A)
O **Der Gourmet 2**
€ 14,90 (D) / € 15,40 (A)
O **Der Gourmet**
€ 16,00 (D) / € 16,50 (A)
O **Der Kartograph**
O **Die Schrift des Windes**
€ 16,90 (D) / € 17,40 (A)
O **Ihr Name war Tomoji**
€ 20,00 (D) / € 20,60 (A)
O **Im Jahrtausendwald**
€ 22,00 (D) / € 22,70 (A)
O **Unruhige Geister und stille Gefährten**
€ 25,00 (D) / € 25,70 (A)
O **Der spazierende Mann (erw. Neuausgabe)**
€ 28,00 (D) / € 28,80 (A)
O **Der Himmel ist blau, die Erde ist weiß – Gesamtausgabe**

TEMPEST CURSE

von Martina Peters
€ 6,95 (D) / € 7,20 (A)
O **Band 1 bis 3**
In 3 Bänden abeschlossen

THE ART OF SPLATOON

von Nintendo
€ 40,00 (D) / € 41,20 (A)
O **Artbook**

THE BOOK OF LIST - GRIMM'S MAGICAL ITEMS

von Izuco Fujiya
€ 6,95 (D) / € 7,20 (A)
O **Band 1 bis 5**
€ 8,95 (D) / € 9,20 (A)
O **Band 6**
In 6 Bänden abeschlossen

SOUL EATER MASSIV

von Atsushi Ohkubo
€ 5,00 (D) / € 5,20 (A)
O **Band 1**
€ 8,00 (D) / € 8,30 (A)
O **Band 2 bis 4**
O **Band 5** 06/21
O **Band 6** 08/21
In 12 Bänden abgeschlossen

SOUL EATER GUIDE BOOK

von Atsushi Ohkubo
€ 8,95 (D) / € 9,20 (A)
O **Einzelband**

SOUL EATER SOUL ART

von Atsushi Ohkubo
€ 24,90 (D) / € 25,60 (A)
O **Band 2**

SPLATOON

von Sankichi Hinodeya
€ 6,99 (D) / € 7,20 (A)
O **Band 1 bis 10**
O **Band 11** 07/21
Bislang 13 Bände in Japan

STILLE WASSER

von Kan Takahama
€ 16,90 (D) / € 17,40 (A)
O **Einzelband**

SUNNY

von Taiyo Matsumoto
€ 16,00 (D) / € 16,50 (A)
O **Band 1 & 2**
O **Band 3** 07/21
In 6 Bänden abgeschlossen

SÜSSE KATZE CHI: CHI'S SWEET ADVENTURES

von Konami Kanata & Kinoko Natsume
€ 8,00 (D) / € 8,30 (A)
O **Band 1 bis 4**
In 4 Bänden abgeschlossen

SUPER DRAGON BALL HEROES

von Yoshitaka Nagayama
€ 6,50 (D) / € 6,70 (A)
O **Band 1 bis 3**
Bislang 3 Bände in Japan

SHERLOCK

von Jay, Gatiss & Moffat
€ 12,99 (D) / € 13,40 (A)
O **Band 1, 2 und 4**
€ 14,99 (D) / € 15,50 (A)
O **Band 3**
€ 39,99 (D) / € 41,20 (A)
O **Band 1 bis 3 im Schuber**
Bislang 4 Bände in Japan

SHIBA – EIN HUND ZUM VERLIEBEN

von Mayumi Muroyama
€ 7,00 (D) / € 7,20 (A)
O **Einzelband**

SHIKIGAMI

von Yasaiko Midorihana
€ 10,00 (D) / € 10,30 (A)
O **Einzelband**

SKETCH EVERY DAY

von Simone Grünewald
€ 20,00 (D) / € 20,60 (A)
O **Zeichenbuch**

SKIP BEAT!

von Yoshiki Nakamura
€ 6,95 (D) / € 7,20 (A)
O **Band 1-8, 10-17, 19-21, 24-33, 35-37, 41-45**
€ 8,00 (D) / € 8,30 (A)
O **Band 9, 18, 22-23, 34, 38-40**
Bislang 45 Bände in Japan

SKULL PARTY

von Melanie Schober
€ 6,95 (D) / € 7,20 (A)
O **Band 1 bis 4**
In 4 Bänden abgeschlossen

SNACK WORLD

von Level-5, & sho.t
€ 7,00 (D) / € 7,20 (A)
O **Band 1 & 2**
In 2 Bänden abgeschlossen

SOUL EATER

von Atsushi Ohkubo
€ 6,50 (D) / € 6,70 (A)
O **Band 2, 4, 6-11, 13-18 & 24**
€ 7,95 (D) / € 8,20 (A)
O **Band 25**
In 25 Bänden abgeschlossen

SCHATTENARIE

von Zofia Garden & Anne Delseit
€ 6,95 (D) / € 7,20 (A)
O **Band 1 & 2**
In 2 Bänden abgeschlossen

SCHNEEBALLEN

von Inga Steinmetz
€ 12,00 (D) / € 12,40 (A)
O **Schneeballens Fall**
€ 14,00 (D) / € 14,40 (A)
O **Schneeballen – Verliebt in Japan**

SCHOKOHEXE, DIE

von Rino Mizuho
€ 6,50 (D) / € 6,70 (A)
O **Band 1-3, 5-7, 10-17**
O **Band 18** 07/21
€ 10,00 (D) / € 10,30 (A)
O **Band 4, 8-9**
Bislang 20 Bände in Japan

SEARCH AND DESTROY

von Osamu Tezuka & Atsushi Kaneko
€ 15,00 (D) / € 15,50 (A)
O **Band 1 & 2**
€ 18,00 (D) / € 18,50 (A)
O **Band 3** 09/21
In 3 Bänden abgeschlossen

SEKAIICHI HATSUKOI

von Shungiku Nakamura
€ 6,95 (D) / € 7,20 (A)
O **Band 1, 3, 8-12**
€ 10,00 (D) / € 10,30 (A)
O **Band 2-7**
€ 6,95 (D / € 7,20 (A)
O **Band 13** 06/21
Bislang 15 Bände in Japan

SEVEN DEADLY SINS

von Suzuki Nakaba
€ 6,50 (D) / € 6,70 (A)
O **Band 1 bis 37**
O **Band 38** 07/21
O **Band 39** 09/21
In 41 Bänden abgeschlossen

CARLSEN MANGA! CHECKLIST

YAMADA-KUN AND THE SEVEN WITCHES

von Miki Yoshikawa
€ 5,95 (D) / € 6,20 (A)
O **Band 1-5, 7-8, 10-17, 19-28**
€ 10,00 (D) / € 10,30 (A)
O **Band 6, 9, 18**
In 28 Bänden abgeschlossen

YOKOHAMA STATION FABLE

von Gonbe Shinkawa & Yuba Isukari
€ 8,00 (D) / € 8,30 (A)
O **Band 1** 06/21
In 3 Bänden abgeschlossen

YUNAS REISE ZUM ICH ODER MY SEX CHANGE EXPERIENCEE

von Yuna Hirasawa
€ 10,00 (D) / € 10,30 (A)
O **Einzelband** 08/21

ZWEI ESPRESSO

von Kan Takahama
€ 12,90 (D) / € 13,30 (A)
O **Einzelband**

ZOMBIE 100 - BUCKET LIST OF DEAD

von Makoto Yukimura
€ 7,00 (D) / € 7,20 (A)
O **Band 1**
O **Band 2** 08/21
Bisher 7 Bände in Japan

VIGILANTE – MY HERO ACADEMIA ILLEGALS

von Horikoshi, Furuhashi & Court
€ 6,99 (D) / € 7,20 (A)
O **Band 1 bis 8**
O **Band 9** 06/21
Bislang 11 Bände in Japan

VINLAND SAGA

von Makoto Yukimura
€ 7,95 (D) / € 8,20 (A)
O **Band 1 bis 23**
O **Band 24** 09/21
Bislang 25 Bände in Japan

WALKINDER, DIE

von Abi Umeda
€ 6,99 (D) / € 7,20 (A)
O **Band 1 bis 14**
O **Band 15** 07/21
Bislang 18 Bände in Japan

WEEKLY SHONEN HITMAN

von Kouji Seo
€ 7,00 (D) / € 7,20 (A)
O **Band 1 bis 3**
O **Band 4** 06/21
O **Band 5** 08/21
Bislang 13 Bände in Japan

WER BIST DU ZUR BLAUEN STUNDE

von Yuhki Kamatani
€ 10,00 (D) / € 10,30 (A)
O **Band 1 bis 3**
€ 12,00 (D) / € 12,40 (A)
O **Band 4**
In 4 Bänden abgeschlossen

WET MOON

von Atsushi Kaneko
€ 19,90 (D) / € 20,50 (A)
O **Band 1 & 2**
€ 24,90 (D) / € 25,60 (A)
O **Band 3**
In 3 Bänden abgeschlossen

YAKUZA GOES HAUSMANN

von Kousuke Oono
€ 7,50 (D) / € 7,80 (A)
O **Band 1 bis 4**
O **Band 5** 06/21
Bislang 6 Bände in Japan

3/11 – TAGEBUCH NACH FUKUSHIMA

von Yuko Ichimura & Tim Rittmann
€ 12,90 (D) / € 13,30 (A)
O **Einzelband**

TO THE ABANDONED SACRED BEASTS

von Maybe
€ 6,99 (D) / € 7,20 (A)
O **Band 1 bis 9**
€ 7,99 (D) / € 8,30 (A)
O **Band 10**
O **Band 11** 09/21
Bislang 12 Bände in Japan

TORIYAMA SHORT STORIES

von Akira Toriyama
€ 5,95 (D) / € 6,20 (A)
O **Band 2 bis 4, 7**
€ 6,95 (D) / € 7,20 (A)
O **Band 6**
€ 7,95 (D) / € 8,20 (A)
O **Band 5**
Bislang 8 Bände in Japan

TRIAGE X

von Shouji Sato
€ 6,95 (D) / € 7,20 (A)
O **Band 1 bis 5**
€ 7,95 (D) / € 8,20 (A)
O **Band 6 bis 20**
O **Band 21** 09/21
Bislang 22 Bände in Japan

UNLUCKY YOUNG MEN

von Fujiwara & Otsuka
€ 19,90 (D) / € 20,50 (A)
O **Band 1 & 2**
In 2 Bänden abgeschlossen

UNSERE FARBEN

von Gengoroh Tagame
€ 10,00 (D) / € 10,30 (A)
O **Band 1 & 2**
O **Band 3** 06/21
In 3 Bänden abgeschlossen

VAMPIRE KNIGHT – MEMORIES

von Matsuri Hino
€ 6,99 (D) / € 7,20 (A)
O **Band 1 bis 5**
Bislang 6 Bände in Japan

THE CASE STUDY OF VANITAS

von Jun Mochizuki
€ 7,99 (D) / € 8,30 (A)
O **Band 1 bis 8**
Bislang 9 Bände in Japan

THE DEMON PRINCE

von Aya Shouoto
€ 6,95 (D) / € 7,20 (A)
O **Band 1 bis 16**
In 16 Bänden abgeschlossen

THE GOLDEN SHEEP

von Kaori Ozaki
€(D) 8,00 / €(A) 8,30
O **Band 1 bis 3**
In 3 Bänden abgeschlossen

THE HEROIC LEGEND OF ARSLAN

von Yoshiki Tanaka
€ 6,99 (D) / € 7,20 (A)
O **Band 1 bis 12**
O **Band 13** 09/21
Bislang 13 Bände in Japan
€ 7,50 (D) / € 7,80 (A)
O **Doppelpack 1+2**

THE KILLER INSIDE

von Hajime Inoryu & Shota Ito
€ 7,50 (D) / € 7,80 (A)
O **Band 1** 08/21
Bislang 9 Bände in Japan

THE PROMISED NEVERLAND

von Shirai & Demizu
€ 6,99 (D) / € 7,20 (A)
O **Band 1 bis 17**
O **Band 18** 06/21
O **Band 19** 09/21
In 20 Bänden abgeschlossen

THE ROYAL TUTOR

von Higasa Akai
€ 6,99 (D) / € 7,20 (A)
O **Band 1 bis 13**
O **Band 14** 09/21
Bislang 16 Bände in Japan
€ 7,50 (D) / € 7,80 (A)
O **Doppelpack 1+2**

HALT!

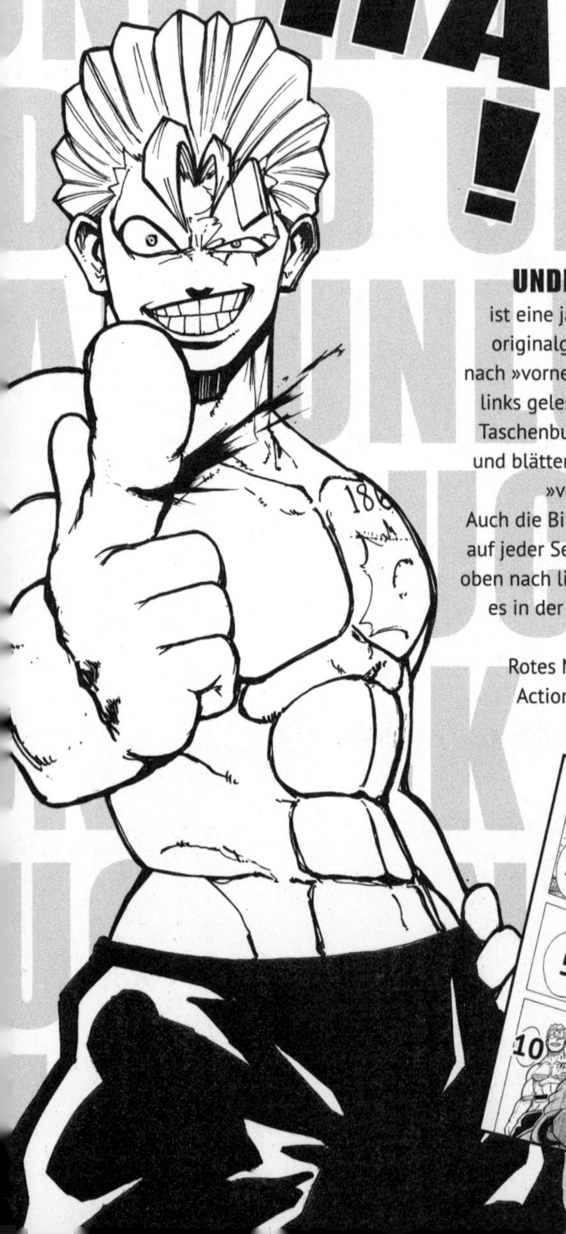

UNDEAD UNLUCK

ist eine japanische Serie, die originalgetreu von »hinten« nach »vorne« und von rechts nach links gelesen wird! Schlagt das Taschenbuch also »hinten« auf und blättert Seite für Seite nach »vorne« weiter!
Auch die Bilder und Sprechblasen auf jeder Seite werden von rechts oben nach links unten gelesen, wie es in der Grafik gezeigt wird!

Rotes Mützchen auf und Action auf Full Power!

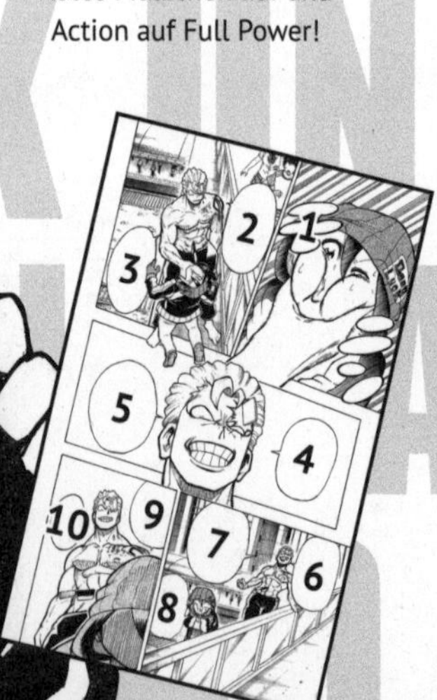